D0579157

YOUR FRENCH STUDENTS WILL COMMUNICATE FROM DAY ONE!

•

Le français vivant

•

A New French Textbook Series For The 90's

TEXTBOOK

The textbook program you've been waiting for is here!

Dialogues . . . at the beginning of each lesson dramatize a situation typical of everyday life in French-speaking countries.

Full-color photographs . . . taken on-location in French-speaking countries, depict contemporary settings and reinforce the cultural content.

Charts and tables . . . are colorfully presented to provide students with eye-catching reinforcement to the presentation of main grammatical topics.

Activités . . . review the content of both the narrative and structure presentation, helping students develop comprehension skills and stimulating practical use of the language through both written and oral expression.

Le français vivant offers you the most colorful and practical approach to language instruction available. The three-level program features an exciting mix of culture coverage, speaking, listening, reading, and writing materials to help your students gain a well-rounded understanding of French language and culture.

- **COMMUNICATIVE**

  Le français vivant emphasizes communication. Interaction exercises, practical information, realistic situations, and role playing activities are used to help students learn how to express themselves in French.

- **PROFICIENCY-BASED**

  Realistic situations are presented to stimulate and invite students to participate actively in learning French. Practical and functional exercises are placed directly after introductory narratives, grammar explanations, vocabulary, and readings, enabling students to practice new material while interrelating it to what has been introduced previously. This innovative approach helps students internalize and master the language. Group and paired activities are provided throughout the text to help students use the language "on their feet," encouraging proficiency in all aspects of the language.

- **CULTURE-ORIENTED**

  Cultural coverage of the French-speaking world is a very important part of this outstanding textbook series. Authentic cultural topics and situations are integrated with the text material, serving as a colorful backdrop to the presentation of language topics. Your students will gain insight into contemporary life, as well as the cultural similarities and differences of the French-speaking world.

MANAGEABLE LENGTH

The size and layout of each textbook make it possible to finish one level per year of classroom instruction. We've controlled the vocabulary of the program to roughly 900 active words for each level, helping students grasp and use the essential vocabulary they will need to express themselves in French. This focused approach to vocabulary presentation enables your students to concentrate on all aspects of language learning without being encumbered by an unrealistic vocabulary load.

COVERAGE OF BASIC GRAMMAR

Correlated to the latest curriculum thinking, the basic grammar of French is covered in the three-level program. Explanations are simple and examples in French (and English where necessary) clarify the grammar point being discussed.

EMPHASIS ON YOUNG PEOPLE

Illustrations, photos, and themes emphasize the daily experiences encountered by young adults. You'll find that your students will become enthusiastically involved when they see and read about French-peakers whose interests and activities are similar (as well as dissimilar) to theirs.

TOPICAL AND CONTEMPORARY

Chapter-opening narratives, vocabulary, cultural notes, and readings in French are all based on contemporary life in the French-speaking world. Each unit focuses on at least one major topic of current interest to young adults, while preparing them for common situations they may encounter as adults.

Le français vivant **offers you the most exciting new French textbook series available. Designed to help students use French with ease and confidence, this outstanding series will help your students internalize the language and culture of the French-speaking people.**

Lectures . . . offer insight into contemporary life in the French-speaking world. Presented in French, the *Lectures* provide students with interesting reading practice.

Actualités culturelles . . . present in-depth cultural information in English to broaden students' understanding of the French-speaking countries.

Interaction et application pratique . . . provides paired and group communicative exercises that encourage students to creatively use the grammar, vocabulary and cultural information presented in the chapter.

WORKBOOK

Individual student workbooks,

integrated with each lesson of the text-books, offer imaginative activities and exercises to help students become proficient in French. The workbooks recombine previously learned language concepts, while broadening students' understanding of the material.

Innovative exercises . . . correlated to the lessons in the textbook, offer an exciting way to hone language skills.

Realia . . . is offered to prepare students for language use in authentic situations.

Illustrations . . . are provided to reinforce the content and add eye-catching appeal.

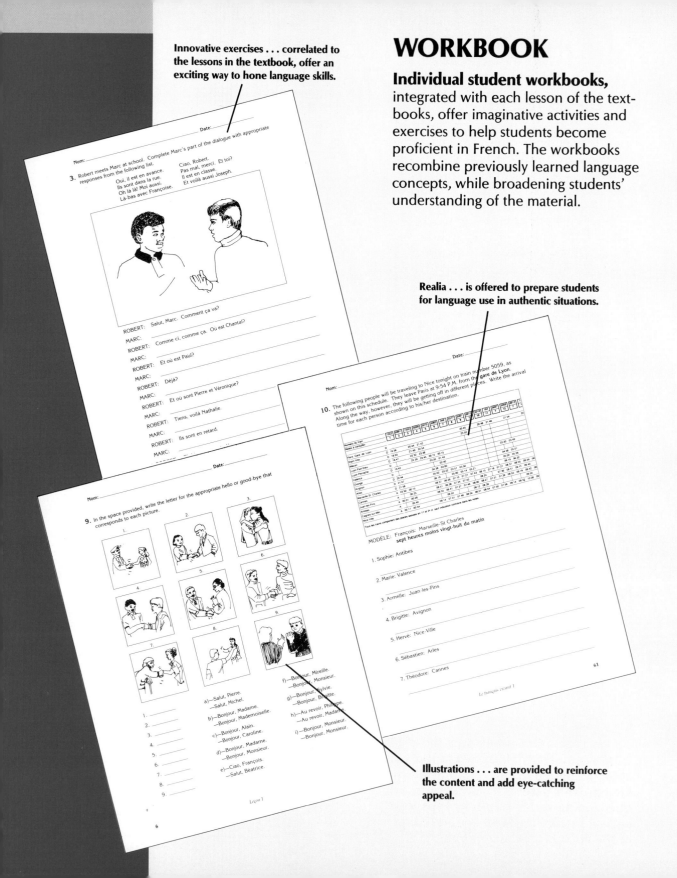

Nom: _____ Date: _____

3. Robert meets Marc at school. Complete Marc's part of the dialogue with appropriate responses from the following list.

Oui, il est en avance.
Ils sont dans la rue.
Oh là là! Moi aussi.
Là-bas avec Françoise.

Ciao, Robert.
Pas mal, merci. Et toi?
Il est en classe.
Et voilà aussi Joseph.

ROBERT: Salut, Marc. Comment ça va?
MARC: _____
ROBERT: Comme ci, comme ça. Où est Chantal?
MARC: _____
ROBERT: Et où est Paul?
MARC: _____
ROBERT: Déjà?
MARC: _____
ROBERT: Et où sont Pierre et Véronique?
MARC: _____
ROBERT: Tiens, voilà Nathalie.
MARC: _____
ROBERT: Ils sont en retard.
MARC: _____

Leçon 1

6

Nom: _____ Date: _____

9. In the space provided, write the letter for the appropriate hello or good-bye that corresponds to each picture.

1. _____
2. _____
3. _____
4. _____
5. _____
6. _____
7. _____
8. _____
9. _____

a)—Salut, Pierre.
   —Salut, Michel.
b)—Bonjour, Madame.
   —Bonjour, Mademoiselle.
c)—Bonjour, Alain.
   —Bonjour, Caroline.
d)—Bonjour, Madame.
   —Bonjour, Monsieur.
e)—Ciao, François.
   —Salut, Béatrice.
f)—Bonjour, Mireille.
   —Bonjour, Monsieur.
g)—Bonjour, Sylvie.
   —Bonjour, Brigitte.
h)—Au revoir, Philippe.
   —Au revoir, Madame.
i)—Bonjour, Monsieur.
   —Bonjour, Monsieur.

Leçon 1

Nom: _____ Date: _____

10. The following people will be traveling to Nice tonight on train number 5059, as shown on this schedule. They leave Paris at 9·54 P.M. from the gare de Lyon. Along the way, however, they will be getting off in different places. Write the arrival time for each person according to his/her destination.

MODÈLE: Francois: Marseille-St Charles
         sept heures moins vingt-huit du matin

1. Sophie: Antibes _____

2. Marie: Valence _____

3. Armelle: Juan-les-Pins _____

4. Brigitte: Avignon _____

5. Hervé: Nice-Ville _____

6. Sebastien: Arles _____

7. Theodore: Cannes _____

61

Le français vivant 1

TEACHER'S RESOURCE BINDER

Comprehensive resource material, including a tape manual, teacher's guide to the workbook and testing program, maps of France and the French-speaking world, and an abundance of additional activities on reproducible blackline masters, help you succeed in the classroom.

Reproducible activities . . . like this crossword puzzle, provide you with an abundance of practice material for your students.

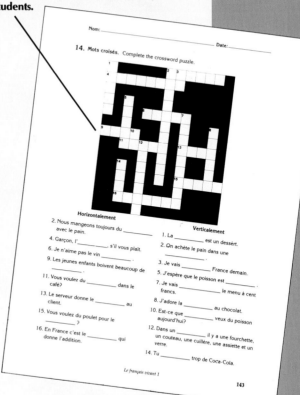

Nom: _____

Date: _____

14. **Mots croisés.** Complete the crossword puzzle.

Horizontalement

2. Nous mangeons toujours du _____ avec le pain.
4. Garçon, l'_____, s'il vous plaît.
6. Je n'aime pas le vin _____.
9. Les jeunes enfants boivent beaucoup de _____.
11. Vous voulez du _____ dans le café?
13. Le serveur donne le _____ au client.
15. Vous voulez du poulet pour le _____?
16. En France c'est le _____ qui donne l'addition.

Verticalement

1. La _____ est un dessert.
2. On achète le pain dans une _____.
3. Je vais _____ France demain.
5. J'espère que le poisson est _____.
7. Je vais _____ le menu à cent francs.
8. J'adore la _____ au chocolat.
10. Est-ce que _____ veux du poisson aujourd'hui?
12. Dans un _____ il y a une fourchette, un couteau, une cuillère, une assiette et un verre.
14. Tu _____ trop de Coca-Cola.

Le français vivant 1

143

Teacher's Resource Binder
Le français vivant 1

TESTING PROGRAM

A comprehensive testing program, featuring cassettes for listening comprehension and a test booklet for written work, offers you an easy-to-use method of measuring your students' understanding of the material. The testing program provides tests for each lesson of the textbooks, as well as semester and final examinations.

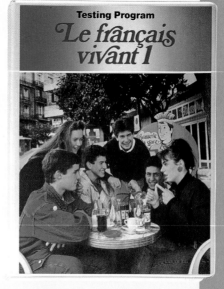

Testing Program
Le français vivant 1

LIVE-ACTION VIDEOS

Full-color, live-action videos are available. Filmed on-location in France, these exciting videos reinforce and expand on the material in the text, using a carefully controlled vocabulary. Your students will see and hear authentic situations that illustrate the topics they are studying, preparing them to use the language actively.

OVERHEAD TRANSPARENCIES

Full-color transparencies, offering illustrations of scenes, maps, and objects, provide an outstanding method of visually stimulating your students. These creatively designed materials serve as excellent springboards for communications as well as reinforcing the lesson content.

Le français vivant 1

Overhead Transparencies

EMC Publishing

40950

TAPE PROGRAM

A tape program, available for each level, contains the material for the *Dialogue, Expansion, Activities,* pronunciation practice, and *Lecture.* The use of varied voices on the cassettes will help your students develop an ear for the many nuances of the spoken language.

MICROCOMPUTER SOFTWARE

(Apple II Plus/e/c/GS and IBM-PC)

A nine-diskette microcomputer software program, ideal for reviewing, reinforcing and expanding the grammatical and cultural information is available. An added bonus is the dictionary diskette, which provides you with a comprehensive vocabulary list in both French/English and English/French.

Le français vivant offers you a comprehensive approach to teaching French.

Take a moment to look through this teacher's edition and you'll see why it's the most stimulating and contemporary approach to teaching French available.

EMC Publishing

300 York Avenue
St. Paul, Minnesota 55101
Toll-Free: 800-328-1452

WWY-101946

Le français vivant 1

About the authors

Alfred G. Fralin has a B.A. degree from Randolph-Macon College with a major in French and a minor in foreign language education. He received his M.A. and Ph.D. degrees in Romance languages from the University of North Carolina. The recipient of a NDEA Language Institute grant, Fralin has taught French using most of the modern foreign language methodologies. After teaching French at E. C. Glass High School in Lynchburg, Virginia, and Spanish at Southern High School in Durham, North Carolina, he is currently an associate professor of Romance languages at Washington and Lee University.

Fralin coauthored a French textbook used at Washington and Lee which he wrote specifically for intermediate-level students. He also developed materials for two mystery thrillers, *Poursuite inattendue* and *Drôle de mission*, written by his wife Christiane. As a participant in various foreign language workshops and conferences, Fralin has spoken on topics such as multi-media materials, integrating culture and language, literary studies in the classroom and advanced language courses.

For many years Fralin has traveled, lived and studied extensively in France and other French-speaking European countries. He periodically takes students to France for a semester of study in Paris and the Loire Valley. Recently he and his wife toured France, Switzerland, Belgium and Luxembourg, taking many of the pictures and gathering information for *Le français vivant*.

Christiane Szeps-Fralin is a native of Paris, France. She received a B.A. degree from Mary Baldwin College, her M.A. from Middlebury College and her Ph.D. from the University of Virginia. For many years Szeps-Fralin has taught French at all levels using various instructional techniques. She has taught in the elementary and junior high schools of Ashland, Lynchburg and Lexington, Virginia, and at Southern Seminary Junior College, Randolph-Macon Woman's College, Hollins College, Mary Baldwin College and the University of Virginia. She is currently an assistant professor of French at James Madison University in Harrisonburg, Virginia.

Szeps-Fralin is the author of two mystery thrillers, *Poursuite inattendue* and *Drôle de mission*. At foreign language workshops and conferences she has spoken about France, the French people, French literature, and culture as an incentive for reading.

Firmly attached to her native land, Szeps-Fralin returns to France at least once a year for an extended visit. In her role as director of foreign study programs, she sometimes takes students with her. She also travels to Martinique where her grandmother lives. Szeps-Fralin and her husband have returned from a tour of all the French-speaking European countries where they took pictures and did research for *Le français vivant*.

Le français vivant 1

Teacher's Edition

Alfred G. Fralin
Christiane Szeps-Fralin

Consultants

Joanne D. Barnes
Henry M. Gunn Senior High School
Palo Alto, California

Michelle d'Auriac Hartnett
Convent of the Sacred Heart
Greenwich, Connecticut

Dianne B. Hopen
Humboldt Senior High School
Saint Paul, Minnesota

Robert F. MacNeal
Central High School
Philadelphia, Pennsylvania

Charles K. Psychos
Georgetown Day High School
Washington, DC

Editor and Consultant

Sarah Vaillancourt

EMC Publishing, Saint Paul, Minnesota

448.2
FRA

Pacific Grove Public Library

ISBN 0-8219-0514-7

© 1991 by EMC Corporation
All rights reserved. No part of this publication may be
adapted, reproduced, stored in a retrieval system or
transmitted in any form or by any means, electronic,
mechanical, photocopying, recording, or otherwise without
permission from the publisher.

Published by EMC Publishing
300 York Avenue
St. Paul, Minnesota 55101
Printed in the United States of America
0 9 8 7 6 5 4 3 2 1

CONTENTS

SCOPE AND SEQUENCE CHART

UNITÉ	LEÇON	FONCTIONS DE COMMUNICATION	DIALOGUE
	préliminaire	asking and saying where someone lives asking and telling names counting from 0–31 asking and telling ages telling days, months, seasons naming classroom objects	*Qui parle français?*
1 *La vie scolaire*	**1** *La rentrée*	greeting people and saying farewell asking and telling how someone is asking and saying where someone is introducing people asking who someone is telling someone's occupation	*Devant le lycée*
	2 *À l'école avec les copains*	greeting people and saying farewell asking and telling how things are going asking and saying where people and things are saying that someone is early or late naming classroom objects	*Dans la cour*
	3 *Les cours et les profs*	asking and telling where people and things are describing people and courses in school expressing likes, dislikes, preferences counting from 0–10	*Où est la salle d'anglais?*
	4 *L'école et les métiers*	making suggestions counting from 11–30 asking and telling who someone is telling someone's occupation expressing likes, dislikes, preferences giving commands	*Chez les Caron*
2 *La France et les pays franco-phones*	**5** *De Luxembourg à Nice*	talking about traveling by plane asking and saying where someone is going talking about work asking for and giving information	*Deux copains voyagent ensemble*

	6
	De Paris à Lyon
		telling time
		talking about traveling by train
		asking and saying where someone is
		  from
		talking about French cities
		saying that something belongs to
		  someone
			Un voyage en train

	7 *En Europe et ailleurs*	welcoming people talking about music and singers expressing preferences in music naming countries and their capitals telling where places are located telling someone's nationality	*A 2 interviewe le chanteur français Julien Clerc*
	8 *En Afrique ou en Amérique*	expressing your opinions naming countries and their capitals telling where places are located telling someone's nationality asking and saying where you live	*Carole a une idée géniale*

EXPANSION	STRUCTURE ET USAGE	PRONONCIATION	ACTUALITÉ CULTURELLE	LECTURE
names numbers 0–31 age days, months, seasons classroom objects alphabet		stressed last syllable unpronounced consonants spelling marks		
greetings and farewells identifying people occupations language laboratory objects titles	*c'est (un/une)* *il/elle* indefinite articles gender of nouns	[a] [i]	French Greetings	
locations of people and things classroom objects greetings	definite articles plural of nouns *est/sont*	[ə] mute *e*		
descriptive adjectives school subjects numbers 0–10	present tense of *être* subject pronouns *tu* vs. *vous* negation *il/elle* and *ils/elles*	[y] [u]	Education	
numbers 11–30 occupations school subjects addition and subtraction	*être* with occupations infinitive present tense of *-er* verbs imperative of *-er* verbs definite articles of generality	[ɔ] [ɔ̃]		*C'est super!*
airport vocabulary obtaining information	present tense of *aller* *on* formation of questions position of adverbs	interrogative intonation	France	
housing time	*de* possession with *de* *à* and *de* + definite articles telling time	[e]		*Véronique et Charlotte ne vont pas à Nice.*
countries capital cities rivers in France nationalities	*en* + names of countries *à* + names of cities agreement of adjectives *quel*	final consonant + mute *e*	The French- Speaking World	
countries capital cities nationalities compass directions	*des* *les* vs. *des* present tense of *avoir* *de/d'* after the negative *au(x)* + names of countries	[ã]		*La leçon de géographie*

UNITÉ	LEÇON	FONCTIONS DE COMMUNICATION	DIALOGUE
3 *Au marché et à table*	**9** *Chez l'épicière et au marché*	asking prices expressing prices in francs expressing weights metrically counting from 31–60 buying and refusing to buy food items naming vegetables	*Madame Blanchard achète des légumes*
	10 *Un repas à la maison*	talking about cooking and eating describing cooking styles talking about food and meals naming foods, dishes and beverages saying what you're going to do changing your mind discussing food preferences	*Catherine et Denis font la cuisine*
	11 *Repas et manières de table*	talking about bicycling saying that you're hungry or thirsty telling what you must do talking about ailments naming fruit naming parts of the body	*Alain et Xavier ne vont pas maigrir*
	12 *Au restaurant et à la boulangerie*	ordering in a restaurant naming foods, dishes and beverages saying what you need to do naming objects in a table setting paying the bill describing a French breakfast	*Lionel emmène Annie au restaurant*
4 *La mode et les quatre saisons*	**13** *Les habits et les achats*	talking about shopping for clothes asking prices naming items of clothing and their colors describing what people are wearing talking about age counting from 61–999	*Sylvie a de la chance*
	14 *Des vacances et une fête*	naming the days of the week making vacation plans expressing ownership talking about tests and grades talking about winter sports	*Arnaud perd la tête*
	15 *Le temps, les saisons et les fêtes*	talking about skiing saying how someone looks talking about the weather naming the seasons saying that you're warm or cold telling the temperature	*Thierry ne comprend pas*
	16 *Fêtes en famille*	talking about family relationships talking about a birthday celebration saying the date telling the year naming the months expressing ordinal numbers	*L'anniversaire de Christian*

EXPANSION	STRUCTURE ET USAGE	PRONONCIATION	ACTUALITÉ CULTURELLE	LECTURE
money numbers 31–60 vegetables	qu'est-ce que expressions of quantity present tense of acheter irregular adjectives position of adjectives de + plural adjectives	[ɛ] [jɛ̃]	The Open-Air Market	
beverages desserts	present tense of faire partitive definite article vs. partitive aller + infinitive	intonation		Les petites aventures de Dédé
ailments fruit parts of the body	present tense of falloir present tense of -ir verbs imperative of -ir verbs present tense of vouloir	[s] [z]	Eating Habits and Meals	
desserts table setting and utensils breakfast	present tense of -e-er and -é-er verbs present tense of -cer and -ger verbs irregular adjectives present tense of boire	[ɛ]		Des éclairs pour le petit déjeuner?
clothing colors expressions of age	present tense of croire and voir colors numbers 61–999	[k]	Department Stores and Boutiques	
days of the week winter sports	present tense of -re verbs possessive adjectives	[e] [ɛ]		Une fête au Pays Basque
weather seasons temperature	present tense of mettre and prendre pour + infinitive	[l] [j]	Holidays	
family members months year dates ordinal numbers	present tense of pouvoir and devoir ordinal numbers dates demonstrative adjectives	[ø] [œ]		Vive la reine!

INTRODUCTION

Le français vivant is a three-level basic French program. These three texts together contain the fundamental structures and vocabulary of the French language. The program covers three years instead of the traditional two years to allow more in-class opportunities for students to actively engage in communicative, small-group activities as they work towards mastering the instructional objectives for each *Leçon*. Based on considerable research involving experienced educators throughout the country and state-of-the-art methods in contemporary foreign language instruction, *Le français vivant* has evolved as a practical, proficiency-based text designed to meet the needs of both students and teachers.

A variety of communicative activities after the *Expansion* and each section of the *Structure et usage* makes practice with vocabulary and structures meaningful. These exercises are based on typical situations that occur frequently in the everyday life of French-speakers. The *Interaction et application pratique* section in each lesson allows students to practice speaking French with their classmates in pairs or in small groups. Because structure, vocabulary and culture have been interrelated, students will begin to communicate in French using authentic expressions from the first day of instruction. In the *Leçon préliminaire* teachers may pick and choose from material selected because of its adaptability for the early days of language instruction. Since topics in this Introductory Lesson will be presented for mastery later on in the book, teachers can decide what degree of proficiency is appropriate at this point. Each level of *Le français vivant* has been designed to be completed in one school year. This allows two weeks for the *Leçon préliminaire*, about two weeks (including testing) for each *Leçon* and two to three days for each *Révision*. After each unit (four *Leçons*), the *Révision* permits a systematic review and reentry of structures and vocabulary previously introduced.

Supplementary materials may be used with the textbook for enrichment, additional practice, reinforcement or for individualization. These additional program components include an annotated Teacher's Edition, workbook, testing program, tape program, teacher's resource binder, live-action videos, overhead transparencies and microcomputer software. One of the greatest challenges we encounter in education today is reaching a large number of students, all with different abilities and various interests. The comprehensive instructional program of *Le français vivant* anticipates and provides for these differences.

ABOUT THIS TEACHER'S EDITION

The front section of this Teacher's Edition contains

- a complete overview of *Le français vivant 1* (including Communicative Functions) in the Scope and Sequence Chart
- a description of each section of the textbook along with a list of the other program components
- a suggested step-by-step approach to teaching one *Leçon*
- a list of the French expressions for basic punctuation marks (*La ponctuation*)
- a list of practical classroom expressions (*Expressions de communication*)
- a phonetic representation of the French alphabet (*L'alphabet phonétique*)
- a summary of items included in each review unit (*Révision*)
- additional games and activities for each lesson
- sources for additional information

This Teacher's Edition also includes an annotated version of the student text-book, printed in blue type for easy identification, which contains

- teaching suggestions
- suggestions for modifying activities
- suggestions for additional activities
- cultural notes (information that may be useful to teachers and interesting to students)
- additional background information
- linguistic notes
- help in pronunciation
- a list of the passive vocabulary words in each lesson
- answers to both oral and written activities (except where answers are personalized)
- a cassette symbol indicating which material is recorded as part of the cassette program
- the letters "Wkbk." suggesting at what point in the textbook there is a related workbook activity

Note: Teachers may wonder whether to use the *tu* or the *vous* form with their students. In *Le français vivant 1* the *tu* form is used in the *Leçon préliminaire* for ease in pronunciation (e.g., *je parle / tu parles*) and communication at this early stage. Students should continue to use the *tu* form with each other. But beginning with *Leçon 1*, the text addresses students in the *vous* form. The differences between *tu* and *vous* are explained in *Leçon 3*.

MAIN FEATURES OF THE PROGRAM

The following features have been incorporated into *Le français vivant 1*.

- Students use French for **communication** from the first day of instruction. Exercises and activities where students practice what they have learned are situationally based. Interaction exercises allow students to communicate with their classmates in meaningful contexts.
- The program is **proficiency-based**. Students become able to use French in realistic situations in the four skill areas of listening and understanding, speaking, reading and writing.
- The **manageable size** of the textbook makes it realistically possible to finish each level of the program in one year. Each of the sixteen regular *Leçons* can be covered and tested in two weeks.
- **Cultural awareness** is interwoven into each *Dialogue, Expansion* and *Activité* as well as highlighted in the *Actualité culturelle*. Students notice similarities as well as differences between themselves and French-speakers.
- The program is **comprehensive** since it includes the student textbook, Teacher's Edition, workbook, testing program, tape program, teacher's resource binder, live-action videos, overhead transparencies and microcomputer software.
- Although photos and illustrations show people of all age groups and differing walks of life, the main emphasis is on **young people**. Students become more enthusiastically involved when they see and read about French-speakers whose interests and activities are similar to theirs.
- The **flexibility** of the program makes it adaptable to a variety of needs and teaching situations. For example, the *Leçon préliminaire* can be covered only orally or both orally and in writing with varying degrees of detail, and the final written activity in each *Leçon* is optional. Needs of both slower and faster learners can be met by the appropriate use of ancillary materials such as the workbook, tape program, videos, transparencies and computer software.

COMPONENTS

Le français vivant is a three-level French language program written to meet the needs of today's language student. Each level includes the following components:

- textbook
- Teacher's Edition
- workbook
- workbook — Teacher's Edition
- testing program
- tape program
- teacher's resource binder
- live-action videos
- overhead transparencies
- microcomputer software

Textbook

The textbook contains a preliminary lesson, sixteen numbered lessons, four review lessons (designated by the letters A, B, C and D), a Grammar Summary, a French-English Vocabulary, an English-French Vocabulary and an Index. The lessons provide students with the vocabulary, structures and cultural understandings necessary to communicate in authentic French about a range of practical, everyday situations. The active vocabulary has been limited to less than one thousand words, and grammatical structures are regularly reintroduced to further insure student mastery of the material.

Dialogue — Each lesson (regular and review) begins with a dialogue which follows a natural format and dramatizes a situation typical of everyday life in French-speaking countries. The activities of young adults are emphasized, although speakers represent various age groups. On-location, full-color photographs precede each dialogue to reinforce the cultural content and make each situation more meaningful. Previously learned words and structures are regularly reintroduced. Each dialogue contains at least one instance in which each of the various grammar points presented in the lesson is used. The majority of new vocabulary words is active; that is, students will be expected to produce these words in *Activités* and recall them in later lessons. Following the dialogue a series of carefully structured comprehension questions reviews its content. You may choose to have your students respond orally or in writing. After the comprehension questions is a section entitled *À propos* where students answer personalized questions dealing with the dialogue's theme. As a reference, the English version of the *Dialogue* appears at the end of the text before the French-English vocabulary. This English equivalent helps students clarify the dialogue's meaning without giving an exact literal translation. Students should not compare individual words in French and English.

Notes culturelles — Directly after a *Dialogue* or *Expansion*, a series of brief notes informs students of subtle cultural realities in the French-speaking world. These comments are intended to heighten students' interest in and appreciation of the foreign culture and to provide insight into the daily life of French speakers.

Expansion — As its name suggests, this section expands upon the vocabulary and grammar topics introduced in the *Dialogue*. Additional words relating to the theme of the Introductory Dialogue are presented in dialogue form to create an authentic, practical situation. Since students' vocabulary will increase, they will be able to vary the content of the *Dialogue* and may create in class original conversations based on these topics. As a reference, the English version of the *Expansion* appears at the end of the text before the French-English Vocabulary. This English equivalent helps students clarify the meaning without giving an exact literal translation. Students should not compare individual words in French and English.

Activités — There are two groups of exercises. The first set appears after the *Expansion*. These activities check comprehension of the content of the *Dialogue* and *Expansion* as well as new vocabulary words and expressions. These exercises are written situationally to make them more realistic and relevant to students. They can also be based on visual cues (illustrations). Another series of activities follows the presentation of each grammar topic in the *Structure et usage*. Usually several exercises illustrate each point. Again, most of these activities are put in context to make students' communication more meaningful. You may choose whether students respond orally, in writing, or both. For easy identification, exercises with answers that have been recorded on tape are indicated in the Teacher's Edition with the cassette symbol. The final activity in each lesson, *Comment dit-on en français?* is optional and may be used at your discretion.

Structure et usage — Grammar explanations in English are presented in a practical and logical manner. English equivalents for the examples in French aid students' comprehension. Charts graphically reinforce the material wherever possible. Potential interference between the English and French structures is also mentioned.

Rédaction (beginning with *Leçon 13*) — This guided composition may be used at your discretion to give students the opportunity to practice their writing skills. Each composition's theme relates to that of the *Leçon*.

Prononciation — This section gives students the opportunity to practice and perfect their pronunciation of certain French sounds and intonation patterns. Sounds which may be especially difficult for English speakers to master have been isolated and may be contrasted with related sounds. Only words previously introduced are used as models.

Actualité culturelle (odd-numbered *Leçons*) — This section, written in English, offers important cultural information about the French-speaking world. It differs from the *Notes culturelles* because the topics are more general and are presented in greater depth. On-location photography reinforces the cultural content. To further expand the topic and to add variety to your presentation, you may use the corresponding live-action video segment. The content of this section of the text is thus enhanced by additional visuals allowing you to appeal to students with a variety of learning styles.

Lecture (even-numbered *Leçons* beginning with *Leçon 4*) — This French reading selection presents a situation that is thematically tied to the rest of the *Leçon*. These additional cultural situations occur often in everyday French life. New words and expressions are introduced as passive vocabulary and glossed in the margin for easy reference. Cognates appear in the End Vocabulary but are not glossed. Questions in the *Compréhension* section following each *Lecture* offer students the opportunity to practice expressing their thoughts in French as they demonstrate comprehension of the reading.

Proverbe (beginning with *Leçon 4*) — A well-known French proverb, which has been chosen because of its thematic or linguistic relationship to the *Leçon*, appears with its English equivalent.

Interaction et application pratique — This section actively involves students in using French as a tool for communication. There are segments devoted to pair work (*À deux*), small-group activities (*En groupes*) and those in which the whole class participates (*Tous ensemble*). The pair activities may take the form of creating and learning a dialogue, completing a survey or conducting an interview. Small-group activities may include completing or creating sentences, making lists/plans or giving descriptions. The whole class together may conduct a search for information or play a game. All these activities may require students to move around in the classroom while searching for information or performing some other thoughtful action to complete a task. Practice based on authentic models helps students internalize what they have learned in the *Leçon*. Each activity also includes a suggestion on how to check students' learning. You are encouraged to add your own ideas to this section allowing for even more oral practice and active involvement in learning French.

Vocabulaire actif — The vocabulary section at the end of the *Leçon* gives students a handy reference to the new, active vocabulary words introduced in the *Leçon*. Words are listed by category: nouns, adjectives, verbs and various expressions. The listing for each adjective includes both the masculine and feminine forms. There is a separate category for popular expressions.

Révision (after *Leçons 4, 8, 12* and *16*) — Each review lesson consists of a dialogue and activities, both designed to reenter the vocabulary and various grammatical structures learned in the four previous *Leçons*. The *Dialogue* contains no new active words and recombines previously learned vocabulary and structures. The exercises offer additional oral and written practice. Continuous review provides reinforcement and guarantees retention and mastery of concepts. Review exercises also stress the communicative aspects of the language and are an important part of a proficiency-based curriculum. From these activities you may choose the ones that best fulfill your students' needs.

Grammar Summary — This useful reference section summarizes for students' convenience the grammar introduced in *Le français vivant*. Present tense forms of all irregular verbs are also included.

Vocabulary — Both active and passive vocabulary words have been listed here in a French to English section and an English to French section that serve as a quick reference for use with this textbook. The number following the meaning of each word or expression indicates the lesson in which it appears for the first time.

Index — This thorough index contains a list of all the grammar points, major vocabulary headings and cultural topics covered in *Le français vivant* along with their location.

Teacher's Edition

This Teacher's Edition contains the following sections:

- Scope and Sequence Chart
- description of all the program's components
- teaching approaches (model lesson)
- punctuation marks
- classroom expressions
- phonetic alphabet
- summary of review units
- games and activities
- sources for additional information
- annotated version of the student textbook

Workbook

The workbook expands upon the textbook material. Exercises in the workbook are carefully coordinated with the text, and the text contains notations that tell where each workbook activity fits in. It includes additional written exercises that reinforce the language skills and the cultural content presented in the text. Again, many of these activities are written situationally to make them more realistic and relevant to students.

Workbook — Teacher's Edition

An answer key for all exercises contained in the workbook is available.

Testing program

Teaching for proficiency necessitates a means of evaluating to what degree students are attaining the program's goals and objectives. The testing program accompanying *Le français vivant* includes the test booklet, the test cassettes and the Teacher's Edition of the test booklet. The test booklet contains sixteen lesson tests, a comprehensive achievement test covering lessons one through eight (first semester test) and another covering lessons nine through sixteen (second semester test). Each individual lesson is accompanied by a series of daily worksheets/quizzes that may check vocabulary, structure or culture. The test booklet also includes student answer sheets for the listening comprehension and written tests.

Listening comprehension tests have been recorded for each lesson and are a part of the testing program. They measure overall comprehension of the material with special emphasis placed on comprehension of the recorded material, sound discrimination and understanding of the cultural content.

Written tests have been prepared for use after the completion of each regular lesson.

The Teacher's Edition of the test booklet contains the text of the material recorded for the listening comprehension tests and answer keys to both the listening comprehension and written tests.

Tape program

The tape program is an integral part of *Le français vivant*. The following material has been recorded on cassettes and is marked in this Teacher's Edition by a cassette symbol:

Dialogue — recorded first as a listening experience and then broken into manageable phrases for student repetition.

Expansion — for student repetition.

Activités — selected exercises for student response.

Prononciation — for student repetition.

Lecture — recorded as a listening experience.

Teacher's resource binder

The teacher's resource binder contains the following parts:

- Teacher's Edition of the workbook
- Teacher's Edition of the test booklet
- complete manual of the tape program
- additional activities to supplement those in the textbook and in the workbook
- two poster-sized full-color maps (France and the French-speaking world)

Live-action videos

A series of live-action videos filmed on location is part of *Le français vivant 1*. These videos reinforce the content of each *Leçon* as well as expand upon its vocabulary, structure and cultural material. Each lesson presented on the video-cassettes reviews, reinforces and expands the vocabulary and structures of the *Dialogue*, *Expansion* and *Actualité culturelle* (alternating lessons) all in an authentic format. Students will see and hear other situations which make use of the basic vocabulary and structures in each lesson. Additional, up-to-date cultural information aids understanding of the French-speaking world. A manual containing the complete script of each video is also available.

Overhead transparencies

A set of colorful overhead transparencies provides additional opportunities to teach and reinforce vocabulary in a creative, communicative manner. You may use them to review and expand upon the topics covered in the lessons. In this way students can apply their knowledge of vocabulary and culture using different visual stimuli.

Microcomputer software

A set of diskettes is available. This software, coordinated with the textbook, includes lessons that interrelate the vocabulary, structure and cultural material from *Le français vivant 1*. Practical exercises, tutorials, games, simulations and other various activities challenge and stimulate students as they learn French. You may also use this software to review, reinforce and expand upon the material presented in each lesson in the text. The software has the dual purpose of serving the needs of students who seek additional help as well as those who want challenges.

TEACHING APPROACHES

Model Lesson (*Leçon 4*)

Because instructional approaches and the length of class periods vary greatly among teachers and schools, it is difficult to provide a detailed lesson plan for each individual lesson that would apply to all students using this textbook series.

We have, however, selected one lesson from *Le français vivant 1* to provide some suggested guidelines for effective use of the materials. You may find this information helpful but may not want to follow each individual suggestion as presented. This section proposes how you might go about using this textbook if you schedule about two weeks for each lesson (including testing). Our suggested activities would take about 50 minutes daily. Assuming a schedule of 170 to 180 class days, *Le français vivant* can be covered entirely (sixteen regular lessons and four review lessons) in one year at the high school level. We have chosen *Leçon 4* as our model — a lesson still early in this program, yet including all the different sections of a typical lesson (excluding the cultural reading in English).

No specific reference is made here to videos, transparencies and software since some schools may not have access to these ancillary materials. If you do have them, use the specific transparency, segment or activity that is coordinated with the topic you are teaching. These materials can also be effectively used to provide for students with individual differences.

Note: The Teacher's Edition contains notations (beginning with the letters "Wkbk.") that tell where there is a related workbook activity. These notations come at the point in the text where all information necessary to complete a specific activity has been presented. They are numbered consecutively in the textbook. However, the model lesson plan (written with attention to variety and reentry) does not refer to these activities in the sequence in which they appear in the text.

Day 1

1. Warm-up
   — Review the numbers 0–10 (previously introduced in *Leçon 3*).
2. Introduce *Leçon 4* by explaining the lesson's objectives. (You may want to use the Scope and Sequence Chart in the Teacher's Edition and give special emphasis to the Communicative Functions.)
3. Introduce the dialogue *Chez les Caron*.
   — Play the recorded dialogue to acquaint your students with the sounds of native voices.
   — (Optional) Have students silently read the English version of the dialogue (found at the end of the student text before the End Vocabulary).
   — Practice pronunciation and intonation of the dialogue. Model the correct pronunciation for full group repetition, half group repetition and finally individual repetition. You may want to use the cassette tape which breaks the sentences into manageable phrases or words. Have students repeat these segments and then entire sentences.
   — Practice the dialogue orally using the textbook. Students can read individual parts while they relate sounds to the printed words.
   — Ask simple comprehension questions about the dialogue as soon as your students have a good understanding of the material. (*Bernard déjeune à l'école? Qui est dans la classe de Bernard? Paul et Carole rentrent maintenant?*) Later you may also want to use the questions appearing after the dialogue in the textbook. They are intended to elicit responses that use vocabulary from the dialogue.
   — Have students work in pairs to practice the dialogue for presentation before the class.
4. Read and discuss the *Note culturelle*. Ask students to comment on the advantages and disadvantages of the lunch schedule in French-speaking countries.
5. Introduce the numbers 11–30.
   — Have students repeat these numbers as a class, in small groups and individually. You may want to use the cassette tape (near the end of the *Expansion* segment) as a model for student repetition. Then have students take turns giving individual or groups of numbers in sequence. Next, have them count by twos forward and backward.
6. Play the game *Dring* (*Interaction et application pratique* 7) to practice the numbers 0–30.

Assignment:
1. Read the dialogue for meaning.
2. Answer the questions (*Compréhension*) following the dialogue.
3. Do *Activité 1*.

Day 2

1. Warm-up
   — Review the numbers 11–30.
2. Review *Activité 1*.
3. Have students complete Exercise 3 in the workbook. Afterwards, go over the material in class.
4. Review the dialogue.
   — Model the sentences for full group repetition, half group repetition and finally individual repetition. You may want to use the cassette tape.
   — Review the answers to the questions (*Compréhension*) following the dialogue.
   — Ask students to make simple statements in French about the dialogue. (*Bernard et Mme Caron sont à la maison. Paul et Carole ne rentrent pas.*) Encourage students to say anything they can about the dialogue situation, and correct errors if they occur.
   — Have students work in pairs to practice the dialogue for presentation before the class Day 4.
5. Present the infinitive. Relate this to material students have already learned.
6. Present regular -*er* verbs. Relate this to verb forms that students have previously learned and to the verb forms in the dialogue of this lesson.
   — Do *Activité 8*. As with nearly all activities in the textbook, you may have students complete the assignment in writing, orally or both. The book was designed to allow this flexibility. Try to maintain an adequate balance.
   — Have students complete *Activité 9*. Afterwards, go over the material in class.

Assignment:
1. Answer the questions in the *À propos* section.
2. Do *Activités 10* and *11*.

Day 3

1. Warm-up
   — Review the present tense of *être* (previously introduced in *Leçon 3*).
   — Review the numbers 0–30. You may want to use flash cards for this review.
2. Have students work in pairs to complete *Interaction et application pratique 2*.
3. Review regular -*er* verbs. You might do exercises with *aimer, étudier, habiter* and *parler*, having students answer chorally and then individually.
   — Review *Activités 10* and *11*.
4. Play the game "Concentration" to practice regular -*er* verbs. (This game is explained in the Additional Games and Activities section for *Leçon 4* in the Teacher's Edition.
5. Review the dialogue. You may want to use the cassette tape.
   — Review the answers to the questions in the *À propos* section following the dialogue.
   — Have students work in pairs to practice the dialogue for presentation before the class tomorrow.
6. Have students repeat words listed in the *Prononciation* section. You may want to use the cassette tape first. Check students' pronunciation to make sure that they can pronounce [ɔ] and [ɛ̃] correctly.

Assignment:
1. Prepare the dialogue with a partner for class presentation.
2. Prepare for a *dictée* on the dialogue.
3. Do Exercises 9 and 10 in the workbook.

Day 4

1. Warm-up
   — Play the cassette tape of the dialogue.
   — Quickly review the dialogue, having students repeat full sentences chorally, in small groups and finally individually.
2. Use this time for written and/or oral testing. You may try one or more of the following suggestions:
   — Have students present the dialogue with a partner in front of the classroom. (Grade on presentation, intonation, fluency and grammatical accuracy.)
   — Give a *dictée* on the dialogue. Choose lines that you feel your class has covered well and that illustrate structural items/vocabulary you have already covered.
   — Question your students orally basing your questions on the dialogue. See if students can give accurate responses. Do this as rapidly as possible, giving all students the opportunity to answer successfully if they have prepared well, regardless of their ability level. Begin with simple questions so that students will hear how easy communicating in French can be if they have prepared adequately.
   — (Optional) If your class is creative and highly motivated, have students rewrite the dialogue using numbers, vocabulary words and verbs that they have previously learned or just studied recently. Allow about ten minutes for them to produce this new dialogue. It may be presented orally to the class or handed in. If presented orally, grade on presentation, pronunciation, intonation, fluency, grammatical accuracy and integration of new vocabulary/structure. If handed in, grade on the last two categories mentioned.
3. Review Exercises 9 and 10 in the workbook to reenter regular *-er* verbs.
4. Expand the vocabulary and structures presented in the dialogue by introducing the first and final sections of the *Expansion* (*Vous êtes combien?* and addition/subtraction).
   — Have students work in pairs to practice sentences in the first section as well as addition/subtraction sentences in the final section.
   — While students are still in pairs, have them complete *Interaction et application pratique 1*.

Assignment:
1. Do *Activités* 2 and 3.

Day 5

1. Warm-up
   — Review occupations (previously introduced in *Leçon 1*) to prepare for the *Expansion*.
2. Expand the vocabulary and structures presented in the dialogue by introducing the middle section of the *Expansion* (*Vous êtes...?*).
   — Present other occupations.
   — Present *être* + occupation. You may want to use the cassette tape as a model for student repetition.
   — Do *Activité 6*.
   — Present the French names for additional academic courses. After students have practiced pronouncing these words, you may ask them individually *Qu'est-ce que vous aimez?* to see how they would answer.
3. Review regular *-er* verbs and relate the *-er* verbs they have already studied: *adorer, aimer, compter, déjeuner, étudier, habiter, parler* and *rentrer*. You could change subject pronouns and/or do quick changes from affirmative to negative.
4. Review the numbers 11–30.
   — Do *Activité 2*. (You may also change this into a subtraction activity if *moins* is substituted for *et*.) (Answers will be modified accordingly.)
   — Do *Activité 3*. (You may wish to vary this exercise by having students direct these questions to each other and then answer them.)

Assignment:
1. Do Exercises 1 and 2 in the workbook.

Day 6

1. Warm-up
   — Review regular *-er* verbs.
2. Have students work in pairs to complete *Interaction et application pratique* 5.
3. Present the imperative of *-er* verbs.
   — Relate the *Structure et usage* to the *Dialogue* and *Expansion*.
   — Do *Activités 12* and *13*.
4. Review the numbers 0–30.
   — Write several addition and subtraction problems on the board to practice these numbers, have students write problems on the board or make up flash cards. Call on individuals to read the entire problem with the correct answer in French. Or one student can ask the question and another can respond. This activity may also be done by pairs of students at their desks, allowing them to check each other on these numbers.
   — Play the game *Loto* (*Interaction et application pratique* 6) to practice the numbers 0–30.
5. Review *être* + occupation.
   — Review Exercises 1 and 2 in the workbook.

Assignment:
1. Do Exercises 11 and 12 in the workbook.

Day 7

1. Warm-up
   — Review the imperative of *-er* verbs.
   — Review Exercises 11 and 12 in the workbook.
2. Review the *Expansion*. Relate the *Expansion* to the *Dialogue* and *Structure et usage*. You may try one or more of the following suggestions:
   — Have students read orally the first section in pairs in front of the class. Some more capable students may be able to come up with an original dialogue substituting different numbers and academic courses for those given in the original.
   — Students may stand and present themselves following the examples in the middle of the *Expansion*. (They can state their names, languages they speak and what subjects they like and don't like.)
   — Students can ask each other addition and subtraction problems.
3. Do *Activité 7* to review *être* + occupation.
4. Have students work in pairs to complete *Interaction et application pratique 3*.
5. Present the definite articles of generality.
   — Relate the *Structure et usage* to the *Expansion*.
   — Do *Activité 16*. (You may want to repeat this activity, giving the cue, and students would respond using the *nous* form.)
6. Introduce the *Lecture*.
   — Play the cassette recording of the *Lecture* and have students listen and follow along in their textbooks.
   — Have students practice reading the *Lecture* orally after you model the correct pronunciation.
   — Ask simple comprehension questions about the *Lecture* as soon as your students have a good understanding of the material. (*Vincent, Marc et Jean-Michel sont ensemble cet après-midi? Ils sont à l'heure pour le cours de maths? Comment s'appelle le prof?*) Later you may also want to use the questions appearing after the *Lecture* in the textbook. They are intended to elicit responses that use vocabulary from the *Lecture*.

Assignment:
1. Read the *Lecture* for meaning.
2. Answer the questions (*Compréhension*) following the *Lecture*.
3. Do *Activités 17* and *18*.

Day 8

1. Outline for students the material to be tested on Day 10 and explain how it will be tested. Students may use this time to ask for help with specific problems they have encountered during the last seven days and may help you prepare specifically for tomorrow's review.
2. Warm-up
   — Have students complete the mini-interviews/survey described in *Interaction et application pratique 8*.
3. Review the definite articles of generality.
   — Review *Activités 17* and *18*.
4. Review the *Lecture*. You may want to play the cassette recording again so students can follow along and practice what they have read.
   — Ask the comprehension questions to see if students understand this section.
   — Have students ask each other simple questions.
   — Have students complete Exercise 14 in the workbook. Afterwards, go over the material in class.
5. Review regular *-er* verbs.
   — You may want to give students a worksheet or quiz on *-er* verbs. After students complete this sheet, they will know how much more work they must do on their own to be ready for the exam in two days.

Assignment:
1. Do Exercises 7, 8 and 13 in the workbook.
2. (Optional) If you have the computer software, this would be a good time to allow students access to the diskette for this lesson for review or enrichment or to offer capable students the opportunity to move ahead at their own pace.

Day 9

1. Collect Exercise 13 in the workbook. (Some students may volunteer to read their paragraphs to the class before handing them in.)
2. Present the proverb.
   — Have students practice saying it aloud.
   — Ask students if they can find a structural difference between the French and the English versions of the proverb. See whether they can find an English proverb similar to the French one.
3. Warm-up
   — Review Exercises 7 and 8 in the workbook.
4. Review the *Dialogue* and *Expansion*.
   — You may want to play the cassette recording again and point out one last time the relationship between these sections and the *Structure et usage*.
   — Do *Activités 4* and *5*.
5. Review *être* + occupation.
   — Have students complete Exercise 6 in the workbook. Afterwards, go over the material in class.
6. Review the numbers 11–30.
   — Have students complete Exercises 4 and 5 in the workbook. Afterwards, go over the material in class.
7. Review the imperative of *-er* verbs.
   — Do *Activités 14* and *15*.
8. (Optional) If you are going to divide the *Leçon 4* exam into two parts, administer the listening comprehension test today. The oral section of the exam is recorded and is part of the cassette program. A written tape script with all exam questions and an answer key are available also.
9. (Optional) If you have the computer software, this would be a good time to allow students access to the diskette for this lesson for review or enrichment or to offer capable students the opportunity to move ahead at their own pace.

Assignment:
1. Prepare for test on *Leçon 4*.

Day 10

1. Test students on *Leçon 4* using the testing program that accompanies *Le français vivant*.
   — Play the recorded test material as your students mark their answer sheets.
   — After your students have completed the listening comprehension test, they are now ready to begin the written test.

LA PONCTUATION

,	= une virgule
.	= un point
?	= un point d'interrogation
;	= un point virgule
:	= deux points
( )	= les parenthèses
" "	= les guillemets
'	= une apostrophe
—	= un tiret
-	= un trait d'union

EXPRESSIONS DE COMMUNICATION

À demain.	*See you tomorrow.*
Allez au laboratoire.	*Go to the laboratory.*
Allez au tableau.	*Go to the blackboard.*
Attention.	*Be careful.*
Bon appétit.	*Have a good meal.*
Bonne journée.	*Have a good day.*
Bon week-end.	*Have a good weekend.*
C'est bien.	*That's good.*
Comment dit-on?	*How do you say?*
Comment s'appelle-t-il?	*What's his name?*
Comment s'appelle-t-elle?	*What's her name?*
Continuons.	*Let's continue.*
Écoutez.	*Listen.*
Écrivez.	*Write.*
Encore.	*Again.*
Épelez.	*Spell.*
Fermez la porte.	*Close the door.*
Fermez le livre.	*Close your books.*
Je ne comprends pas.	*I don't understand.*
Lisez.	*Read.*
Maintenant, une dictée.	*And now a dictation.*
Montre-moi. . . .	*Show me. . . .*
Ouvrez la porte.	*Open the door.*
Ouvrez le livre à la page. . . .	*Open your book to page. . . .*
Prenez votre (vos) livre(s).	*Take out your book(s).*
Présente-moi. . . .	*Introduce me. . . .*
Présentez-nous. . . .	*Introduce us. . . .*
Prononcez.	*Pronounce.*
Répétez.	*Repeat.*
Répondez.	*Answer.*
Tous ensemble.	*All together.*

L'ALPHABET PHONÉTIQUE

A   [a]
B   [be]
C   [se]
D   [de]
E   [ə]
F   [ɛf]
G   [ʒe]
H   [aʃ]
I   [i]
J   [ʒi]
K   [ka]
L   [ɛl]
M   [ɛm]
N   [ɛn]
O   [o]
P   [pe]
Q   [ky]
R   [ɛr]
S   [ɛs]
T   [te]
U   [y]
V   [ve]
W   [dubləve]
X   [iks]
Y   [igrɛk]
Z   [zɛd]

REVIEW LESSONS

This is a summary of the items (excluding the *Dialogue*, *Compréhension* and *À propos* sections) found in each *Révision* (Review):

Révision A

asking questions

equivalent expressions

vocabulary

present tense of *être*

tu vs. *vous*

indefinite articles

dialogue completions

being early or late

addition and subtraction

definite articles

asking where something is

occupations

present tense of *-er* verbs

negation

imperative of *-er* verbs

Comment dit-on en français?

short compositions

Révision B

vocabulary

formation of questions: inversion, *à quelle heure, où*

telling time

present tense of *aller*

prepositions + names of countries

capital cities

cities and countries

compass directions

à and *de* + definite articles

agreement of adjectives

making sentences plural

sentence construction

negation

present tense of *avoir*

les vs. *des*

Révision C

formation of questions

answering questions

partitive

expressions of quantity

prices

addition and subtraction

agreement of adjectives

position of adjectives

present tense of *acheter*

aller + infinitive

present tense of irregular verbs

present tense of *-é-er, -ger* and *-cer* verbs

making sentences plural

vocabulary

Comment dit-on en français?

Révision D

clothing

colors

asking prices

numbers 0–1000

asking what color

present tense of *pouvoir*

possessive adjectives

expressions with *avoir*

present tense of regular verbs

present tense of irregular verbs

pour + infinitive

vocabulary

dates

days of the week, months, seasons

weather

ordinal numbers

demonstrative adjectives

family members

Comment dit-on en français?

ADDITIONAL GAMES AND ACTIVITIES

Leçon 1

A. You might play this game, using the vocabulary of *Leçon 1*, once you have presented the French alphabet and your class has practiced it. *Machine à écrire* checks spelling accuracy in French. To set up the game, divide the class into two teams. Then assign a letter of the alphabet to individual members of each team. Assign accent marks, too. In doing this, be sure each team has members that represent the whole alphabet and all accent marks. (If the class is small, then assign several letters or accent marks to single players.)

    Start the game by giving one team a word from the lesson to spell orally. They must do this so fast that they sound like a typewriter; hence, the name of the game. (You may set a time limit for calling out letters, say one or two seconds.) Let's take one example. The word is *une pendule*. The student with the letter *p* calls out that letter in French, and teammates with the appropriate letters complete in turn the spelling of *pendule*. By doing this, the team earns one point. Then the other team gets their shot at a word. Whenever a team fails, its rival gets a chance to spell the word and win another point. The game can last as long as you like, depending on the goal of the game.

B. After practicing the greetings in the *Dialogue* and *Expansion* and reading about them in the *Actualité culturelle*, act them out. Divide the class into groups of three. Have one group member introduce a second member to the third one. It might go something like this: *Martine, voici Philippe.* Martine responds, *Bonjour, Philippe,* and Philippe answers, *Bonjour, Martine.* As part of their greetings, students should shake hands in the French manner.

C. Tongue Twister: To review the sound [i] highlighted in *Leçon 1*, you might have students work on this tongue twister: *Ma pie tapie sur son tapis épie ta pie tapie sur son tapis.* They should repeat it as quickly as correct pronunciation will allow.

Leçon 2

A. *Le Pendu:* After your students have learned the vocabulary in this *Leçon*, you might play this game which resembles "Hangman." The object of *Le Pendu* is to spell out words before the figure of a hanged man takes shape. The game calls for some sheer guesswork, but it also reinforces spelling skill. A student at the blackboard writes a set of broken lines corresponding to the letters of a word he/she chooses from the lesson vocabulary. The class, one at a time, tries to guess the word by calling out letters. The student at the board writes a letter on the appropriate line if a right call is made. For every wrong call, this student draws elsewhere on the board a line that would become part of a hanged man. Drawing begins with a line-by-line sketch of a gallows. The number of lines needed to form the whole image should be predetermined.

B. Divide the class into two teams. Each team writes out a list of nouns learned in *Leçon 2*. The first team says the first noun on its list, and the first member of the opposite team replies with the correct definite article plus the noun. Give one point for each correct answer. The team with the greatest number of points wins.

C. Vocabulary review: Dictate a letter of the alphabet to the class, and then give students time to write any words they have previously learned in French which begin with that letter. After calling time (you can decide how long is appropriate), ask students to read their lists to the class. The student with the longest list of correct words wins.

Leçon 3

A. Tongue Twister: To practice the sound [y] highlighted in this lesson, you might have students work on this tongue twister. They should say *As-tu vu le tutu de tulle de Lili d'Honolulu?* as fast as correct pronunciation will allow.

B. Telephone numbers: Each student writes his/her telephone number on a small piece of paper you provide. Place all the numbers in a "hat." Have one student select a paper without looking and read the phone number aloud in French. All students listen to the number and when they hear theirs, they respond in French *C'est moi!*

C. Divide the class into two teams, each with a captain. Each team forms a list of words to be spelled in French by the other team. The captain of one team says the first word on the team's list, and the first member of the other team must spell the word correctly in French. If the team member cannot spell the word, her or his captain can earn half a point for the team by spelling it correctly. Each correct spelling is worth one point. The captain of the second team then gives the first player on the opposing team a word to spell and so on. The team with the greatest number of points wins.

Leçon 4

A. *Loto* ("Bingo"): Each student makes a rectangular card divided into thirty squares and fills in each square with a number from 1–30 in any order. One student will randomly call out numbers from 1–30 in French. As other students hear each number, they fill in its corresponding space. The winner, the first person to complete a horizontal line, can call out numbers in the next round.

B. *Jacques dit.* . . . : After your students have been introduced to commands and practiced them, you might play the French version of "Simon says." First give your students a command in the *vous* form. If before the command you say *Jacques dit*, they should perform the action ordered. If you do not say *Jacques dit*, however, they should ignore your command. Keep giving orders till you spot someone who either performs incorrectly or makes a motion when you have not said *Jacques dit*. He/she then comes to the front of the room and gives orders until someone else slips up. Some command forms that you might practice with students before beginning the game include *Levez-vous, Restez, Tournez. . ., Ouvrez. . ., Marchez. . ., Allez. . ., Regardez. . ., Indiquez. . ., Gardez. . ., Couvrez. . ., Enlevez. . ., Jetez. . ., Prenez. . ., Touchez. . ., Sautez. . ., Levez. . ., Baissez. . ., Fermez. . ., Asseyez-vous, droit(e)* and *gauche.*

C. "Concentration": To review the conjugations of certain verbs, you might play this game. For each student write out a different -*er* verb on an 8½″ × 11″ sheet of paper. (The game can also be played with -*ir* verbs, -*re* verbs, irregular verbs or a combination of verb types.) Tape one of the sheets to the desk top of each student. It must hang over the desk edge. Students move their desks into a circle, allowing them full view of the sheets.

The game begins as all students hit the tops of their desks with the palms of their hands twice and clap their hands twice. One assigned student (or you) then calls out one of the posted -er verbs plus a subject in this basic "1-2" rhythm (e.g., *habiter — tu*). Keeping to the "1-2" beat, all students hit their desk twice, clap twice and the student who has the verb *habiter* calls out *tu habites*. Then all students again hit their desk twice, clap twice and the student with the verb *habiter* calls out another verb and subject (e.g., *parler — nous*). This sets off another round of desk-tapping, hand-clapping and verb-calling. If a student misses his/her turn, mispronounces the verb or responds out of rhythm, the student flips his/her verb sheet up to signify he/she is out of the game. Continue playing, at as lively a pace as possible, until one student remains. (This game may strike senior high students as infantile, but it's a challenge to play it right, especially when it moves at a fast pace.)

D. Occupations: After your students have learned the nouns for various occupations, you might ask them to do this activity. Hand out old issues of French magazines (e.g., *Paris-Match, L'Express*) and have students find and clip out photos of people engaged in professions touched on in class. Next, students could write captions in French for the photos. Have them name the profession and tell what the person likes. For example, *Elle est lycéenne. Elle adore l'histoire.* Finally, you might have students present their work to the class, both showing their pictures and reading their captions.

Leçon 5

A. To check spelling of French words, you might have your students play this game. Divide the class into two teams and write a different French word on the board for each team. Then have a student from each team come to the board and write a new French word beginning with the last letter of the word you wrote. For example, if the first word is *Luxembourg*, the next one must begin with *g*. The game proceeds in this vein, each player building up his/her team's word list on the basis of the previous word. Let students know from the start that misspelled words will not count when it comes time to see who has the longer list.

B. Questions and answers: Make a list of questions relating to the material covered in *Leçon 5*. (The number of questions and answers should be equal to the number of students in your class.) Each question and answer should be written on a separate sheet of paper or 3″ × 5″ card. You may want to use colored cards so that all the questions will be on one color and the answers on another. Put all questions and answers in a small box or bag and mix them. Have each student take a paper. If the student has a question on his/her card, he/she will try to find the person who has its answer. If the student has an answer, he/she will try to find the person who has the question. Students perform this task speaking only French. Have the students stand by the person with their question or answer, and set a time limit (example: three minutes) for the activity. (Example: *Qui travaille pour Air Inter? Éric travaille pour Air Inter.*)

C. Divide the class into two teams for this version of "Telephone." Whisper a sentence to the first person on each team. This person then whispers it to the next and so on. The last person in each line has to say the complete sentence he/she has heard, and the team with the sentence closest to the original one wins.

Leçon 6

A. After the class reads and studies the *Dialogue (Un voyage en train)* and learns to tell time, you might hand out copies of a French train schedule. Then ask students to use the schedule to plan a trip between two cities that you name, one as the point of departure and the other as the point of arrival. Students must decide which is the best train to take and give reasons for their choice (e.g., speed, good accommodations).

B. Sentence construction: Make up sentences of equal length and difficulty and print them on construction paper. Cut each sentence apart into separate words and mix them up. Divide students into relay teams having the same number of students as the number of words in the sentences. Give one word card to each student. When you give the signal to begin, students look at their words. The first team to arrange themselves into a correct sentence is the winner.

C. Dictate a French word to your students. Have them list nouns (verbs, adjectives or all the words they know) that begin with each of the letters contained in that word. After calling time, have students read these lists to the entire class. The student with the most words wins.

Leçon 7

A. French popular music: Your students will enjoy listening to currently popular French songs. Choose a recording with words that are fairly clear and easy to understand, perhaps a slow song such as a ballad. Before playing it in class, give a little background information on the singer and song. Next, you might pass out to each student a sheet of the lyrics. Leave blank spaces on the sheets for words that the students already know. Ask the students to write in the missing words as you play the selection several times. To cap off this activity, you might give the English version of the entire song for your class.

B. *D'où es-tu?*: Prepare an index card for each student that contains a name and a location (Example: Céline — Poitiers, France) and pass the cards out to the students. Tell them that they are going to assume the identity of the person on their card, and that they are from whatever city and country is written on the card. They must learn their name and hometown because the cards will be collected before the activity begins. Next, pass out a list of all the names. Students take these lists with them as they move about the classroom asking each other *Tu t'appelles comment?* and *D'où es-tu?* As they learn where their classmates are from, they write down the hometown next to the correct name. The activity ends when the majority of the students have their lists completed (in approximately ten to fifteen minutes depending on the size and level of the class).

C. Dictate a relatively long word in French. Give students time to use the letters in this word to form other French words. The student with the longest list of correct words wins. Be sure to check these lists orally with the class so all can benefit from the correctly formed words.

Leçon 8

A. *Devinettes*: To review geography, students can prepare riddles in French asking about France's neighbors, seas, cities, rivers, mountains and other French-speaking countries. Here are several examples: *C'est la mer au sud-est de la France. Qu'est-ce que c'est?* (Answer: *C'est la mer Méditerranée.*) *C'est le continent au sud de l'Europe. Qu'est-ce que c'est?* (Answer: *C'est l'Afrique*).

B. Nationalities: After your students have learned the nationality terms in *Leçons* 7 and 8, you might give them this activity to do. After passing out old issues of French magazines, have students find and clip out photos of people from a variety of countries. Next, students could write French captions for the photos. Besides naming the nationality and homeland of the photo subject, captions might cite a trait or two of the country in question. If the added facts are linked to the picture, all the better. A caption could read like this: *Il est allemand. Il habite en Allemagne. L'Allemagne est à l'est de la France.* (Note that the sample makes heavy use of the language of nationality. To foster this kind of focus, tell students to draw upon words learned in class.) Finally all students should be ready to present their work to the class.

C. *J'ai.... Qui a...?*: To reinforce the forms of *avoir* and to review numbers, you can prepare a card that has two parts for each student in class: the first part says, for example, *J'ai 8*, and the second part says, for example, *Qui a 16-5?* (Make sure in preparing the cards that the answer to the question *Qui a...?* on one card appears on a *J'ai...* card.) Shuffle the cards and deal them out to each member of the class, one per student, until the cards are exhausted. To begin the activity, choose a student who reads the top portion of his/her card (*J'ai...*). This student then pauses and reads the bottom half of the card (*Qui a...?*). The student in the class having at the top of his/her card the answer to the *Qui a...?* question responds by reading his/her entire card in the same manner. The process continues until the first student answers, and then the activity is over.

Leçon 9

A. *Dring*: After presenting and practicing the numbers 0–60, you might play this game. Similar to the English game called "Buzz," *Dring* drills knowledge of numbers in French. The game starts with the students standing up and ends when only one of them remains on his/her feet. Students count off in French. (The first student says *zéro*, the second *un*, the third *deux*, etc.) They must watch out when an arbitrarily chosen number or its multiple comes up. Traditionally, the number is 7 (although the game plays well with numbers like 5, 6 or 8). Students must also be alert when it's their turn to give either a number containing 7 (e.g., 17) or a multiple of 7 (e.g., 14, 21, 28). The student says *Dring* in lieu of *sept* or any of the numbers related to it. The teacher spots those responding incorrectly and asks each in turn to sit down. Of course, a student can slip up and be seated even when the number to be given has nothing to do with 7. The count picks up after the next student in line corrects the error by saying *Dring* or the right number, depending on the type of mistake made. Though students compete against each other, the whole class will take pride in keeping this game going for longer and longer stretches.

B. Recipes: This activity will give your class practice in handling the metric system. Find recipes written in French, such as those in *Elle* magazine, and distribute them. Then have students translate them (with the help of a French-English dictionary) and convert the metric measurements into U.S. equivalents.

C. *Qu'est-ce qu'il y a dans le sac?*: After your students have learned the French names for various vegetables in the *Dialogue* and *Expansion* of this lesson, they might play this game. Assign one student to bring a vegetable to class concealed in a bag. To discover what it is, classmates ask the student questions. These should be simple questions, answerable by *Oui* or *Non*. (For example: *Est-ce que c'est un légume vert?*) The mystery object could be a prize for the student who pinpoints its identity. The winner supplies the vegetable if the class should take up the game some other day.

Leçon 10

A. "Jeopardy": After your students have read and studied *Leçon 10*, they might play this game as a review before the exam at the end of the lesson. The game resembles the old TV program by the same name. The teacher constructs a game board out of cardboard, cloth or similar material. It should be large enough to accommodate five rows of pockets vertically and five rows of pockets horizontally. Making and lining up the pockets is the next step in setting up the game. The five pockets in each vertical row should each contain a question, all in the same category. (This makes for a total of 25 questions representing five different categories.) Above the top row of each set of horizontal pockets, attach (with paper clips or pins) a card labeling each category.

Your next job is to write up questions from areas that you want to quiz. (For *Leçon 10* you might fix on such categories as *la nourriture, faire, le partitif, aller + l'infinitif* and *le vocabulaire*.) Note that the questions should be in French, except for those in any information area covered by an *Actualité culturelle*. For every category, try to write questions along a scale of increasing difficulty and place them accordingly in the pockets. Customarily, the question at the top of any row is the easiest of the five of its kind.

Equipped with the tools of the game, the class should be divided into two teams. Before playing, all students should know that the questions have a degree of difficulty corresponding to their location on the board. A correct answer could earn them from one to five points, depending on the level of difficulty of the question. Have a student from one team choose a category and whichever question from it that he/she wants to try. Then do the same for the other team. Whenever a question is missed, give the next player in line on the opposing team a shot at it. A correct answer increases the team's point total. As the questions begin to run out, a lot of strategy comes into play. For example, a team trailing far behind will take a chance on the tougher but more valuable questions.

B. *Pictionnaire*: In this French version of the American game, students will orally identify in French, through sketched clues, as many words as possible in a designated time period. Divide the class into three or four equal teams. Roll the die to determine the order of play. The highest roller starts. Each team selects an order for picturists (the ones who will draw clues on the board.) Each student must participate in drawing. The picturist positon must rotate every time a team sketches. There are six categories: Pe = Person, Pl = Place, O = Object, V = Verb, Ph = Phrase and AP = All Play. (The All Play is sketched simultaneously by picturists of all respective teams at the start of the timer. Some slips of paper in each category have a star on them. The words on these slips of paper become an All Play.)

A roll of the die determines the category (i.e., Pe = 1, Pl = 2, etc.). The timer is turned on and the picturist begins sketching clues for the team. The picturist may not use verbal or physical communication to teammates during the round. He/she may not use letters or numbers in the drawings. Sketching and guessing continue until the word is identified in the foreign language or until time is up. If the team guesses the word correctly, a point is awarded. Whether the word is identified or not, rotate to the next team. At the end of the designated time period the team with the most points wins.

C. To practice the vocabulary for food items you can play this memory game. Start by saying *Je vais au marché et j'achète du pain*. The first student repeats what you have said and adds another item: *Je vais au marché et j'achète du pain et du coca*. Every time a student is unable to repeat what has gone before, he/she is eliminated. If this game is played with teams, the team with the most players at the end of the time allotted for this activity is the winner. (Beginning classes may write down the items as they are said and read them off, adding their own contribution at the end. After students have become familiar with the material, they can also work from memory.)

Leçon 11

A. After your students have been introduced to -*ir* verbs and practiced using at least six of them, they might play this dice game. (The game can be used to drill any group of regular or irregular verbs.) First divide the class into groups of two, pairing off students with the understanding that each group member plays against his/her partner. Then give all groups two dice, each a different color, say green and red. Next, show the class a transparency you have made, with two columns, one green and the other red. The green column will read: 1 = *je*, 2 = *tu*, 3 = *il/elle*, 4 = *nous*, 5 = *vous* and 6 = *ils/elles*. The red column will read: 1 = *finir*, 2 = *choisir*, 3 = *maigrir*, 4 = *grossir*, 5 = *réussir* and 6 = *obéir* (or any other series of six -*ir* infinitives.)

Call for the roll of the dice. With each roll, two colors and two sets of dots appear. Four dots on a green die and six dots on a red die mean, for example, that the roller must say the corresponding subject and verb shown on the transparency (i.e., *nous obéissons*). If done correctly, he/she earns the total point value of the dice (i.e., 4 + 6 = 10). Players take turns at the dice and keep a running count of their own score. They can build up their scores quickly by rolling doubles. In this case the roller should respond *tu choisis*, according to our example, and so earn four points. The lucky roller can go on to double his/her score by giving the corresponding plural or singular form of this subject and verb, i.e., *vous choisissez*. When time runs out, the winners are, of course, the students with the highest score in their group.

B. After your students have read and studied the section on table manners in the *Actualité culturelle* (Eating Habits and Meals), you might have them perform the following Gouin series. First, you can model these sentences accompanied by the appropriate gesture (table manners).

> *Je prends une pomme (banane, poire, etc.).*
> *Je pèle la pomme.*
> *Je coupe la pomme en quatre parties.*
> *Avec la fourchette toujours dans la main gauche, je mange les morceaux de pomme.*

Next, the students can discuss or write a list of the observed table manners that differ from those in the United States. (Students should note that the table is set differently; hands remain on the table; fruit is peeled and cut, then eaten with a fork; the fork stays in the left hand, etc.) Then each student can try to reproduce the Gouin series as accurately as possible in both words and actions.

C. Tongue Twisters: To practice the sound [s] highlighted in this lesson, you might have students work on these tongue twisters: 1. *Combien coûtent ces six saucissons? Ces six saucissons coûtent six sous. Six sous, ces six saucissons? Six sous, c'est trop cher.* 2. *Un chasseur sachant chasser chassait sans son chien de chasse.* Students should say them as quickly as correct pronunciation will allow.

Leçon 12

A. As a culminating activity for the study of this unit (*Au marché et à table*), you might accompany your students to a French restaurant in your town or nearby. Before going, you could request a copy of the menu and discuss the various offerings with your students to help them choose.

B. Have students list several categories dealing with food, such as *fruits, légumes, viandes, desserts, boissons*, etc. Then have them write as many French words under each category as they can. When they have prepared these lists, have one student say the alphabet silently. At your command of *Arrêtez!*, the student says aloud the letter he or she was saying silently at that moment. Students then give words that begin with that letter in each of the categories. If done as a game of competition, each half of the class can be one team and count the number of words team members have written.

C. Write on the board a key phrase in the *Leçon*, such as *le petit déjeuner*. Then have students form as many familiar French words as they can from the letters found in this expression. (From our example one can form *jeune, dîner, été, être, étudier, idée, tu, je, ne, en*, etc.) The student who compiles the longest list of correctly formed and spelled words within the time allowed wins the game.

Leçon 13

A. After your students have learned the terms for clothing items and colors and have read the *Actualité culturelle* (Department Stores and Boutiques), you might have them do this activity. Pass out fairly recent issues of French fashion magazines (e.g., *Elle*, *Vogue*) and tell students to find and clip out photos of the latest styles. The pictures they collect should display a wide variety of clothes in various colors. Next, they could write captions in French that name

B. Verb Tic Tac Toe: To practice regularly formed -re verbs (-er, -ir or common irregular verbs), have students work in pairs. Each of the two students plays with a different-colored pen. Pass out a copy of the Tic Tac Toe worksheet to each pair. The heading of the worksheet is the infinitive of the verb to be conjugated. In the grid each of the nine boxes contains one subject pronoun the items and colors depicted. (For example, *Elle porte une robe grise et des chaussures noires.*) Finally, you might have the students present their work to the class, both showing their pictures and reading their captions.

B. *Qui suis-je?*: This game is a good warm-up activity and encourages students to speak French while it improves their listening skills and reviews question formation. Put an information grid on the board or overhead projector. It is composed of twelve boxes, each of which includes five items. In each box the first line has a French first name (e.g., Brigitte). The second line has a descriptive adjective that relates to this person (e.g., *contente*). The third line tells what the person studies in school (e.g., *fait de l'espagnol*). The fourth line tells what occupation this person is interested in (e.g., *médecin*). The last line tells which language this person speaks (e.g., *parle espagnol*). Review the grid vocabulary with the students. Then lead them into the formation of questions that would evoke this information as an answer. The next step is to rephrase the question until it can be answered by *oui* or *non*. The student who leads off the game chooses one name from the grid but gives no hint as to whom he/she has chosen. He/she calls on classmates to ask questions which can be answered by only *oui* or *non*. A student continues to ask questions until he/she receives a *non* answer. The student who is first to guess *Qui est-ce?* is the winner. He/she may be the next to lead the game.

C. Number race: Make two sets of ten 12″ × 12″ pieces of construction paper with one numeral from 0–9 on each piece of paper. Divide students into two teams of ten each. Give each student a piece of paper with a numeral on it. The teams line up behind a marker. Call out a number in French from 0–98. (Double numbers, such as 77 or 88, will not work.) The students who are holding the numerals which make up that number run forward to another marker. The team to display the correct number first wins a point.

Leçon 14

A. To practice possessive adjectives in French, pass around a large grocery bag into which students put something belonging to them and for which they know the French expression. (Such objects may include *un cahier, un crayon, un stylo, un livre, une chaussure, un bonbon*, etc.) When each student has put an object into the bag, one student reaches into it without looking and takes out an object. The student then says in French that the object isn't his/hers. Next, the student asks another classmate if the object belongs to him/her. (*Ce n'est pas mon crayon. À qui est le crayon?*) If the student responds that the object is his/hers (*C'est mon crayon*), the object is returned to the owner and you take the bag to another student. If the student says that the object isn't his/hers, he/she asks whose it is (*Ce n'est pas mon crayon. À qui est le crayon?*), and the owner says that it's his/hers (*C'est mon crayon*). The activity continues in this manner.

(*je, tu, il, elle, on, nous, vous, ils, elles*). Students proceed as in the English game and write the correct verb form in the box to match the given pronoun. If a student makes a mistake, his/her opponent can correct the mistake, steal the square and proceed with his/her regular turn. Two evenly matched students will have no winner, only a draw.

C. To practice sentence formation, begin telling a story that uses themes or vocabulary introduced in *Leçon 14*. Have each student add a sentence until the story has been completed. It might be interesting to record the story and play it back.

Leçon 15

A. After your students have finished studying temperature readings in Celsius and Fahrenheit, suggest that they each keep a week-long chart of the day's high and low temperatures, recording this data in both Celsius and Fahrenheit degrees.

B. To practice the vocabulary used in expressing the weather, make small pictures on a transparency of each weather expression. Cut them into separate pictures and place all of them on the overhead. Make sure the students know what each one is. Turn off the overhead and remove one picture. Turn it on again and ask them in French which picture you removed. The student who guesses it is the next to remove a picture from the overhead.

C. To review any or several verb tenses, play this game by dividing the class into two teams. Give the first person on the first team an infinitive; he/she must respond with a specified form or forms in one or more tenses. If the student is unable to do this, the turn passes to the first person on the other team until a correct answer is given. Keep score of the total number of correct answers for each team. The team with the greatest number of correct answers wins.

Leçon 16

A. After your students learn the days of the week, the months of the year and the date in French, you might have them make French calendars. Some students could make a calendar of the entire year, while others could make a monthly calendar listing the holidays, special school events, tests, etc. for that particular month. (A monthly calendar could be displayed in a prominent place in the classroom.) The rest of your students could make the calendars for upcoming months. All students should work on these projects as part of a team you form.

B. Birthday cards: After your students have read and studied the *Dialogue* of *Leçon 16* (*L'anniversaire de Christian*), you might suggest that they make original birthday cards in French. If one student has a birthday during the study of this *Leçon*, the others could each make him/her a card and plan a party, complete with refreshments, songs and games with a French flavor to them.

C. The Next Word: To review vocabulary from *Leçon 16*, divide the class into two teams. A player from each team calls out any day, month, number or word from a sequential group. A corresponding person from the other team has to say the next item in sequence.

SOURCES FOR INFORMATION

Teachers interested in obtaining realia such as brochures and posters as well as other pedagogical aids may contact the agencies listed below.

Tourist offices

- French Government Tourist Office
610 Fifth Avenue
New York, NY 10020
tel: (212) 757-1125
- French Government Tourist Office
645 North Michigan Avenue
Chicago, IL 60611
tel: (312) 337-6301
- French Government Tourist Office
4 Burnett North
San Francisco, CA 94131
tel: (415) 986-4161
- French Government Tourist Office
9401 Wilshire Boulevard
Beverly Hills, CA 90211
tel: (213) 272-2661
- Canadian General Tourist Division
1251 Avenue of the Americas
Sixteenth Floor
New York, NY 10020
tel: (212) 586-2400
- Tourisme Québec
Ministère du Tourisme
CP 20000
Québec, Québec G1K 7X2
tel: (418) 643-5959
- Office de Tourisme de la communauté urbaine de Québec
60, rue d'Auteuil
Québec, Québec G1R 4C4
tel: (418) 692-2471
- Office des congrès et du tourisme du Grand Montréal
1010 St. Catherine West
Montréal, Québec
tel: (514) 871-1129
- Belgian Tourist Office
745 Fifth Avenue, Room 714
New York, NY 10151
tel: (212) 758-8130
- Luxembourg National Tourist Office
801 Second Avenue
New York, NY 10017
tel: (212) 370-9850

- Swiss National Tourist Office
  608 Fifth Avenue
  New York, NY 10020
  tel: (212) 757-5944
- Monaco Government Tourist Office
  845 Third Avenue
  New York, NY 10022
  tel: (212) 759-5227
- Caribbean Tourism Association
  20 East 46th Street
  New York, NY 10017
  tel: (212) 682-0435

Embassies

- French Embassy
  4101 Reservoir Road NW
  Washington, DC 20007
  tel: (202) 944-6000
- Canadian Embassy
  3006 Massachusetts Avenue NW
  Washington, DC 20008
  tel: (202) 797-0200

Consulates

(Each consulate gives information only for its district.)
- French Consulate
  737 North Michigan Avenue
  Chicago, IL 60611
  tel: (312) 787-5359
- French Consulate
  540 Bush Street
  San Francisco, CA 94108
  tel: (415) 397-4330
- French Consulate
  Wilshire Tower
  48350 Wilshire Boulevard
  Third Floor
  Beverly Hills, CA 90211
  tel: (213) 653-3120
- Canadian Consulate
  630 Fifth Avenue, Suite 2720
  New York, NY 10111
  tel: (212) 757-3080

Cultural services

- French Cultural Services
  972 Fifth Avenue
  New York, NY 10021
  tel: (212) 439-1400

Audio-visual materials, such as documentary and language teaching films as well as feature-length films, radio and television programs on cassettes, are available through FACSEA (Society for French-American Cultural Services and Educational Aid) at the French Cultural Services in New York.

Call the French Cultural Services for catalogues of traveling exhibits your school may borrow.

Also contact this agency for information on *au pair* positions in France. These are arrangements where young women (and occasionally young men) perform various household duties and care for children in France in exchange for a monthly allowance and the experience of living with a French family.

— Cultural Services of the French Consulate
  737 North Michigan Avenue, Suite 2020
  Chicago, IL 60611
  tel: (312) 664-3525

The above service provides information on France as well as study programs in France.

— French Cultural Service
  126 Mount Auburn Street
  Cambridge, MA 02138
  tel: (617) 354-3464
— French Cultural Service
  3305 St. Charles Avenue
  New Orleans, LA 70115
  tel: (504) 897-6385
— French Cultural Service
  1 Biscayne Tower, Suite 1710
  PO Box 11-1435
  2 South Biscayne Boulevard
  Miami, FL 33111
  tel: (305) 372-1376
— French Cultural Service
  Wortham Tower
  2727 Allen Parkway, Suite 951
  Houston, TX 77019
  tel: (713) 528-2231

Airlines

— Air France
  888 Seventh Avenue
  New York, NY 10106
  tel: (212) 830-4000
— Air Canada
  488 Madison Avenue
  New York, NY 10033
  tel: (212) 869-1900
— Air Afrique
  666 Fifth Avenue
  New York, NY 10103
  tel: (212) 247-0100

— Swissair
608 Fifth Avenue
New York, NY 10020
tel: (718) 481-4500

Commercial sources

— Food and Wines from France, Inc.
24 East 21st Street
New York, NY 10010
tel: (212) 477-9800
— French-American Chamber of Commerce
509 Madison Avenue, Suite 1900
New York, NY 10022
tel: (212) 371-4466

French language newspaper

— Journal Français d'Amérique
1051 Divisadero Street
San Francisco, CA 94115
tel: 1-800-272-0620 or
(415) 921-5100

French language radio broadcasts

— Radio Canada International
CP 6000, Succursale A
Montréal, Québec H3C 3A8
tel: (514) 597-7825

News, weather and sports broadcasts in French are aired on shortwave frequencies 5960, 9755 and 11955 (kHz).

Pen pals

— American Association of Teachers of French
Bureau de Correspondance Scolaire
57 East Armory Avenue
Champaign, IL 61820
tel: (217) 333-2842

National offices in France

Contact the following three organizations for pedagogical information, teaching materials and arranging visits to French schools.

— Centre régional de Documentation Pédagogique (C.R.D.P.)
37–39, rue Jacob
75270 Paris Cédex 06
tel: 42.60.37.01

— Institut National de la Recherche Pédagogique (I.N.R.P.)
  29, rue d'Ulm
  75005 Paris
  tel: 43.29.21.64
— Centre International d'Études Pédagogiques (C.I.E.P.)
  1, avenue Léon Journault
  92310 Sèvres
  tel: 45.34.75.27

Contact the following organization to purchase posters and slides.

— Documentation Française
  29–31 quai Voltaire
  75430 Paris Cédex 07
  tel: 42.61.50.10

For audio-visual materials from France, contact

— Centre National de Documentation Pédagogique (C.N.D.P.)
  29, rue d'Ulm
  75005 Paris
  tel: 43.29.21.64

The final two offices supply information on teaching French as a foreign language, teaching materials and information about French civilization and daily life. (The second office also has slides and tapes.)

— Bureau pour l'Enseignement de la Langue et de la Civilisation
  française à l'Étranger (B.E.L.C.)
  9, rue Lhomond
  75005 Paris
  tel: 47.07.42.73
— Centre de Recherche et d'Étude pour la Diffusion du Français (C.R.E.D.I.F.)
  11, avenue Pozzo di Borgo
  92211 Saint-Cloud
  tel: 46.02.63.01

Le français vivant 1

Alfred G. Fralin
Christiane Szeps-Fralin

Consultants

Joanne D. Barnes
Henry M. Gunn Senior High School
Palo Alto, California

Michelle d'Auriac Hartnett
Convent of the Sacred Heart
Greenwich, Connecticut

Dianne B. Hopen
Humboldt Senior High School
St. Paul, Minnesota

Robert F. MacNeal
Central High School
Philadelphia, Pennsylvania

Charles K. Psychos
Georgetown Day High School
Washington, DC

Editor and Consultant

Sarah Vaillancourt

EMC Publishing, Saint Paul, Minnesota

Acknowledgments

The authors wish to express their gratitude to the many people in French-speaking countries who assisted in the photography used in the textbook. The authors also would like to thank the following professionals who contributed to the creative effort beyond the original manuscript: Chris Wold Dyrud (illustrations), Carol Evans-Smith (layout), Cyril John Schlosser (design) and William Salkowicz (maps at the beginning of the book). Special tribute should also go to G. Gina Protano for editorial assistance and Céline Dufresne for creative suggestions. Finally, the authors would like to thank their children, Sharyn and Nicolas, for their understanding and patience during the development of this textbook series.

ISBN 0-8219-0513-9

© 1991 by EMC Corporation

All rights reserved. No part of this publication may be adapted, reproduced, stored in a retrieval system or transmitted in any form or by any means, electronic, mechanical, photocopying, recording, or otherwise without permission from the publisher.

Published by EMC Publishing
300 York Avenue
St. Paul, Minnesota 55101

Printed in the United States of America
0 9 8 7 6 5 4 3 2 1

Introduction

Bienvenue au monde francophone! Welcome to the French-speaking world!

You may have various reasons for choosing to study French. But you also may wonder if you will ever use it or what good it will do you. Before you begin to learn French, see how many of our reasons are similar to yours.

* Approximately 200 million people throughout the world speak French. Right here in North America you can easily find French speakers in Louisiana, New England and across the Canadian border in the province of Quebec. Not only in France, but in other European countries, in Africa and in Asia, French is used daily as the principal language of communication. As our globe continues to shrink and countries and peoples grow closer and closer, it is important for us to be able to communicate with others so that we are not tongue-tied Americans. We need to begin to understand the way of life of people in these diverse French-speaking countries.

* But it is not just learning to speak French that will allow you to open the door to the French-speaking world. It is the knowledge, insight and appreciation of French culture that will allow you to broaden your understanding of how others live, think and react. Language and culture go hand in hand, and together they reflect the spirit of French speakers. By understanding and appreciating French culture, you will learn what we English speakers have in common with French speakers as well as how we differ. And knowing a foreign culture and language will help you to know your own culture and language better.

* Since French is one of the primary international languages, people who speak and understand it are an asset in the business world. In fields such as international trade, investment, government service, technology and manufacturing, multinational companies employ hundreds of thousands of Americans, both here and abroad, who have proficiency in at least one foreign language. Just knowing French will not assure you of the job you want, but it is excellent job insurance because it increases your employment opportunities. Along with a primary skill, French may be the key that gives you the competitive edge by doubling your chances to obtain the job you want.

Le français vivant, as its name suggests, presents the French language as a living, dynamic tool for communication. From the beginning you will learn to interact with your classmates *en français* as you express yourself on topics that have been selected in order to reflect the culture and everyday life in French-speaking countries and to interest you. Don't hesitate to practice your French at every opportunity both during and outside of class. It is natural to make mistakes, but your ability to speak French and your confidence will improve with continued practice. As you begin your journey to the French-speaking world, we wish you a good trip and good luck. Or, as we say in French, *Bon voyage et bonne chance!*

Table of Contents

Unité 1
Leçon 1

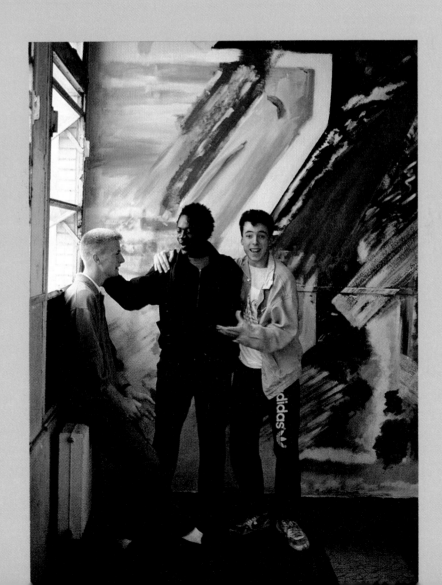

Unité 2
Leçon 5

Leçon 6

Unité 3
Leçon 9

Leçon 10

Unité 4
Leçon 13

Leçon 14

Leçon 15

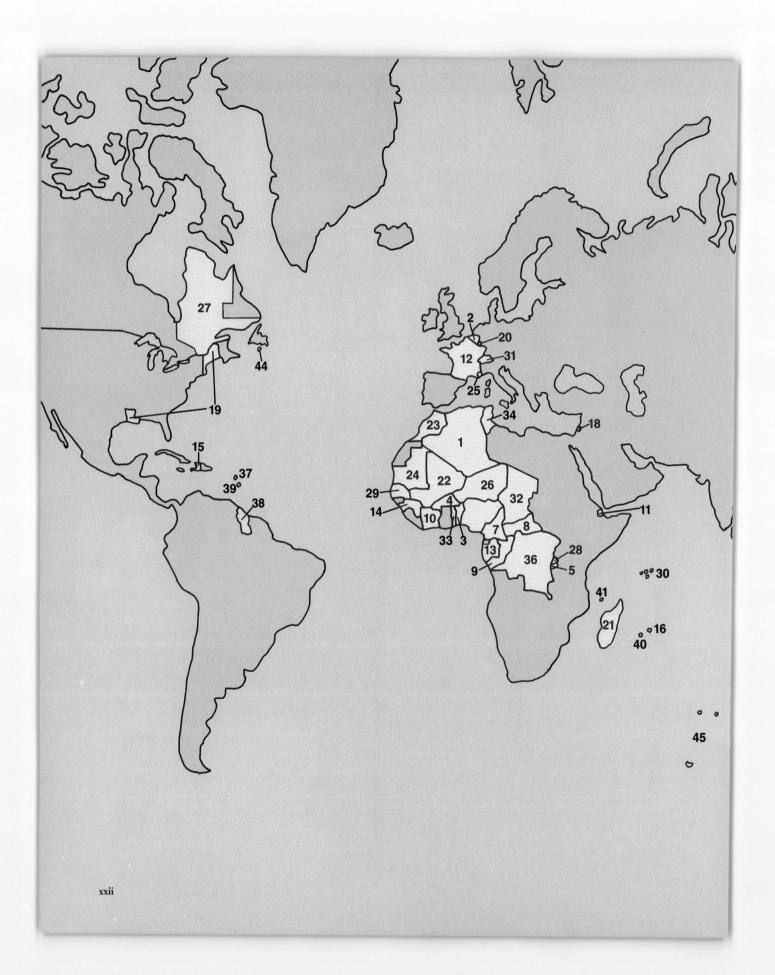

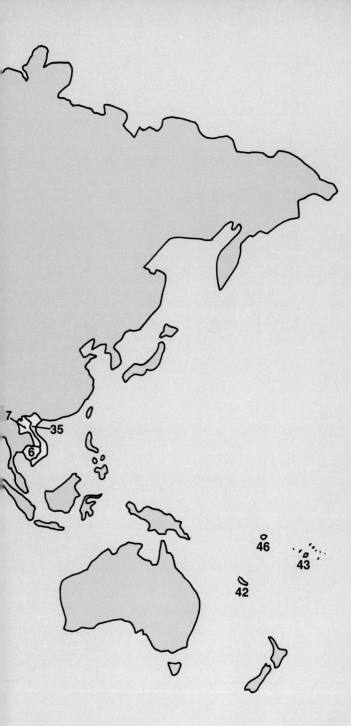

Les pays francophones

It's not only in France that people speak French. In more than 30 countries of the world, there are about 200 million people who speak French either as their mother tongue or as an unofficial second language. These countries are called *les pays francophones* (French-speaking countries). They are very different. There are European countries, of course, like France and Switzerland, and there is Canada, but there are also African countries and tropical islands.

1. **l'Algérie**
2. **la Belgique**
3. **le Bénin**
4. **le Burkina-Faso**
   (la république du...)
5. **le Burundi**
   (la république du...)
6. **le Cambodge**
7. **le Cameroun**
   (la république du...)
8. **Centrafricaine**
   (la république...)
9. **le Congo**
   (la république du...)
10. **la Côte-d'Ivoire**
11. **Djibouti**
    (la république de...)
12. **la France**
13. **le Gabon**
    (la république du...)
14. **la Guinée**
15. **Haïti**
    (la république d'...)
16. **l'île Maurice**
17. **le Laos**
18. **le Liban**
19. **la Louisiane, la Nouvelle-Angleterre**
20. **le Luxembourg**
21. **Madagascar**
    (la république de...)
22. **le Mali**
    (la république du...)
23. **le Maroc**
24. **la Mauritanie**
    (la république de...)
25. **Monaco**
26. **le Niger**
27. **le Québec**
28. **le Ruanda**
29. **le Sénégal**
    (la république du...)
30. **les Seychelles**
31. **la Suisse**
32. **le Tchad**
33. **le Togo**
34. **la Tunisie**
35. **le Viêt-nam**
36. **le Zaïre**
    (la république du...)

La France d'outre-mer

Did you know that the islands of *Martinique* and *Guadeloupe* (more than 6,000 kilometers from Paris) are, in fact, French? They are overseas departments or *départements d'outre-mer (les DOM)*. There are four in all. The others are *la Guyane française* and *la Réunion*.

The inhabitants of these islands have the same rights as the mainland French. They have the same government with the same president and the same system of education, and they often take trips to France.

There are also overseas territories or *territoires d'outre-mer (les TOM)*, which are more independent and have their own system of government.

les départements
37. **la Guadeloupe**
38. **la Guyane française**
39. **la Martinique**
40. **la Réunion**

les territoires
41. **l'île Mayotte**
42. **la Nouvelle-Calédonie**
43. **la Polynésie française**
44. **Saint-Pierre-et-Miquelon**
45. **les Terres australes et antartiques françaises**
46. **Wallis-et-Futuna**

Christophe Subrenat
16 ans
Toulouse, France

Verdier

Leçon préliminaire

Myriam Zongo
15 ans
Dakar, Sénégal

André Tremblay
19 ans
Montréal, Canada

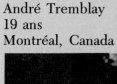

Hélène Toussaint
17 ans
Fort-de-France, Martinique

Communicative
Functions

- asking and saying
  where someone lives
- asking and telling
  names
- counting from 0–31
- asking and telling
  ages
- telling days, months,
  seasons
- naming classroom
  objects

Notre-Dame est à Paris.

Qui habite à Toulouse?

Qui parle français?

—Je m'appelle Emmanuelle.
J'ai 14 ans.
Je parle français.
J'habite à Paris. Paris est en France.

—Je m'appelle Christophe.
J'ai 16 ans.
Je parle français.
J'habite à Toulouse. Toulouse est en France.

—Je m'appelle Brigitte.
J'ai 13 ans.
Je parle français.
J'habite à Lyon. Lyon est en France.

—Je m'appelle Jean-Marc.
J'ai 18 ans.
Je parle aussi français.
J'habite à Genève. Genève est en Suisse.

—Je m'appelle Myriam.
J'ai 15 ans.
Je parle aussi français.
J'habite à Dakar. Dakar est au Sénégal.

—Je m'appelle André.
J'ai 19 ans.
Je parle aussi français.
J'habite à Montréal. Montréal est au Canada.

—Je m'appelle Hélène.
J'ai 17 ans.
Je parle aussi français.
J'habite à Fort-de-France. Fort-de-France est à la Martinique.

IMPORTANT: It is necessary that the **Leçon préliminaire** be done before beginning **Leçon 1.** It is not optional. Preferably, it could be done orally before students have seen the book. An exclusively oral introduction to French would condition students to associate sound with meaning and to realize that they can learn French without always having to rely on the book. ATTENTION: Since many of the activities for the **Leçon préliminaire** appear only in the Teacher's Edition and not in the student's book, the teacher should direct these activities carefully. It is essential that students be able to do all of them well before starting **Leçon 1.**

To help you communicate in French as much as possible from the first day, we have provided a list of useful classroom expressions (**Expressions de communication**), which you will find under Teaching Approaches in the introductory pages of this book.

Wkbk. 1
Wkbk. 2

The English version of these Introductory Dialogues is at the end of the textbook. All subsequent dialogue and **Expansion** equivalents are similarly located. You may wish to have students learn such dialogues before they see their English equivalents. Have students find terms that resemble English words in them. Ask them to guess meanings. Note also the use of dashes in French to show alternating speakers.

Activity 1: Point out the countries and cities where French is spoken using the maps at the beginning of this book. You may want to introduce **Qu'est-ce que c'est?** at this point so that students can answer you and later ask their classmates to locate and identify these places.

At least half of the African countries use French to communicate with one another.

In this Introductory Lesson only the singular forms of **s'appeler, parler** and **habiter** are used. Regular **-er** verbs are explained in **Leçon 4.** Reflexive verbs will be introduced in the second-year book.

Myriam habite au Sénégal, à Dakar.

Le Sénégal

Montréal est au Canada.

Montmorency, au Canada

Hélène habite à la Martinique.

3

—Et toi?
Tu parles français ou anglais?
—Je parle anglais. Et je parle un peu français.

Compréhension

Répondez en français. (Answer in French.)

1. Emmanuelle parle français? Oui, ____.
2. Christophe habite à Paris? Non, ____.
3. Qui habite à Lyon?
4. Jean-Marc parle aussi français? Oui, ____.
5. Qui habite au Sénégal?
6. Myriam parle aussi français? Oui, ____.

Oui, Emmanuelle parle français.

Non, Christophe habite à Toulouse.

Brigitte habite à Lyon.

Oui, Jean-Marc parle aussi français.

Myriam habite au Sénégal.

Oui, Myriam parle aussi français.

À propos

1. Tu parles anglais?
2. Tu parles français?
3. Tu habites à Paris?

Expansion

—Et le garçon?
Il s'appelle comment?
—Il s'appelle...

—Et la fille?
Elle s'appelle comment?
—Elle s'appelle...

Alain	Christophe	Agnès	Caroline
Alexandre	Daniel	Alice	Catherine
Antoine	David	Anne	Cécile
Arnaud	Didier	Anne-Marie	Chantal
Bernard	Éric	Annie	Charlotte
Bruno	Étienne	Barbara	Christiane
Charles	François	Béatrice	Christine
Christian	Frédéric	Brigitte	Claire

Instructions are given first in French and then in English. Those that recur are not translated.

The À propos section of each lesson asks questions that are personal or that require personal opinions. Therefore, the answers will vary and do not appear in the Teacher's Edition.

Beginning with Leçon 1 this text will address students in the vous form. However, in the Leçon préliminaire, the tu form has been used for ease in pronunciation and communication at this early stage. Instruct students to use tu with one another. The difference between vous and tu will be explained in Leçon 3.

Stress the response of Je...to a question beginning with Tu...?

Activity 2: With the class, look at the lists of first names for boys and girls and pronounce them for repetition. Let students find French equivalents of their own names if possible. Then ask each to introduce a classmate. Stress masculine and feminine forms.

Modèle: Voici Hélène. Elle habite à...et elle parle anglais.

Georges	Luc	Claudine	Marie
Gérard	Marc	Colette	Marie-France
Guillaume	Mathieu	Denise	Marie-Louise
Henri	Michel	Élisabeth	Marie-Madeleine
Hervé	Nicolas	Élise	Marielle
Jacques	Olivier	Élodie	Martine
Jean	Patrick	Émilie	Michèle
Jean-Charles	Paul	Françoise	Mireille
Jean-Claude	Philippe	Gabrielle	Monique
Jean-Louis	Pierre	Giselle	Nathalie
Jean-Paul	Richard	Hélène	Nicole
Jean-Pierre	Robert	Isabelle	Sabine
Jérémy	Thierry	Jeanne	Sophie
Jérôme	Thomas	Julie	Suzanne
Julien	Vincent	Laure	Sylvie
Laurent	Xavier	Marguerite	Véronique
Louis	Yves	Marianne	Virginie

Wkbk. 3

Elle s'appelle Marianne.

Marianne, who symbolizes the French Republic, is pictured as a young woman of the French Revolution. From time to time the French choose a famous French woman who, in their opinion, best represents the spirit of France. Brigitte Bardot and Catherine Deneuve have been models for Marianne.

Activity 3: Point to the pictures of people in this lesson and ask the class and individuals **Qui est-ce?**

Activity 4: See whether students know one another's names by asking them **Qui est-ce?** while pointing to individuals in the class.

Activity 5: Point to a student, for example, Édouard, and say **Voilà Édouard.** Then ask everybody else **Qui est-ce?** Students should answer in unison **C'est Édouard.** Repeat this activity until all understand and can do it.

Tu t'appelles comment?

—Et toi?
   Tu t'appelles comment?
—Je m'appelle. . . .

Activités

1. Répondez en français.

1. **Il s'appelle comment?**
   Il s'appelle André.

2. **Elle s'appelle comment?**
   Elle s'appelle Brigitte.

3. **Elle s'appelle comment?**
   Elle s'appelle Myriam.

5. **Il s'appelle comment?**
   Il s'appelle Jean-Marc.

4. **Elle s'appelle comment?**
   Elle s'appelle Hélène.

Expressions of age will be presented in **Leçon 13**.

The following sections on age, numbers, the calendar, days, months, dates and seasons are included here so that your students can begin to communicate orally on these everyday subjects. They are optional. These subjects will be presented again for oral and written mastery later on in this book.

—Et Christophe Subrenat?
  Il a quel âge?
—Il a 16 ans.

—Et Emmanuelle Verdier?
  Elle a quel âge?
—Elle a 14 ans.

LES NOMBRES

The numbers 0–10 will be introduced in **Leçon 3** and 11–30 in **Leçon 4**.

0 zéro	*8* huit	*16* seize	*24* vingt-quatre
1 un	*9* neuf	*17* dix-sept	*25* vingt-cinq
2 deux	*10* dix	*18* dix-huit	*26* vingt-six
3 trois	*11* onze	*19* dix-neuf	*27* vingt-sept
4 quatre	*12* douze	*20* vingt	*28* vingt-huit
5 cinq	*13* treize	*21* vingt et un	*29* vingt-neuf
6 six	*14* quatorze	*22* vingt-deux	*30* trente
7 sept	*15* quinze	*23* vingt-trois	*31* trente et un

—Et toi?
   Tu as quel âge?
—J'ai . . . ans.

—Tu as quel âge? —J'ai treize ans.

Activity 6: Pair students and have them ask each other and answer the question **Tu as quel âge?** Individuals then can report their partner's age to the class (**Il/Elle a . . . ans.**)

2. Répondez en français.

1. André a quel âge?

André a 19 ans.

2. Myriam a quel âge?

Myriam a 15 ans.

3. Jean-Marc a quel âge?

Jean-Marc a 18 ans.

4. Hélène a quel âge?

Hélène a 17 ans.

5. Brigitte a quel âge?

Brigitte a 13 ans.

3. Répondez en français.

      MODÈLE: Treize et trois?
             Seize.

1. Six et vingt-trois?   Vingt-neuf.
2. Dix-sept et quatre?   Vingt et un.
3. Quinze et cinq?   Vingt.
4. Un et onze?   Douze.
5. Dix-neuf et huit?   Vingt-sept.
6. Quatorze et dix?   Vingt-quatre.
7. Neuf et vingt-deux?   Trente et un.
8. Sept et dix-huit?   Vingt-cinq.

Days of the week will be presented in **Leçon 14**. The date and months of the year will be introduced in **Leçon 16**.

—Quel jour est-ce?

—C'est samedi.

  C'est le douze janvier.

(Note that in French dates the day is given before the month.)

LE CALENDRIER

JANVIER

lundi	mardi	mercredi	jeudi	vendredi	samedi	dimanche
	1	2	3	4	5	6
7	8	9	10	11	12	13
14	15	16	17	18	19	20
21	22	23	24	25	26	27
28	29	30	31			

LES JOURS

 lundi

 mardi

 mercredi

 jeudi

vendredi

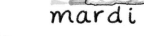 samedi

 dimanche

Point out that days
of the week and
months of the year
are not capitalized
in French.

4. Regardez (*look at*) le calendrier et répondez en français.
   1. Le vingt-neuf, c'est lundi ou mardi?   C'est mardi.
   2. Le vingt-trois, c'est mercredi ou jeudi?   C'est mercredi.
   3. Le treize, c'est samedi ou dimanche?   C'est dimanche.
   4. Le vingt-cinq, c'est vendredi ou mardi?   C'est vendredi.
   5. Le quatorze, c'est lundi ou dimanche?   C'est lundi.
   6. Le dix-sept, c'est samedi ou jeudi?   C'est jeudi.

LES MOIS

janvier   février   mars   avril

mai   juin   juillet   août

septembre   octobre   novembre   décembre

LES SAISONS

Seasons will be presented in **Leçon 15** as will weather expressions.

L'AUTOMNE	L'HIVER	LE PRINTEMPS	L'ÉTÉ
septembre	décembre	mars	juin
octobre	janvier	avril	juillet
novembre	février	mai	août

5. Quel mois est-ce? Quelle saison est-ce? Répondez en français. (Which month is it? Which season is it? Answer in French.)

MODÈLE:  **C'est décembre. C'est l'hiver.**

1.

C'est octobre. C'est l'automne.

2.

C'est novembre. C'est l'automne.

3.

C'est février. C'est l'hiver.

4.

C'est avril. C'est le printemps.

5.

C'est juillet. C'est l'été.

6.

C'est janvier. C'est l'hiver.

6. Exprimez ces dates en français. (Express these dates in French.)

MODÈLE: 25/1
C'est le vingt-cinq janvier.

1. 31/12   C'est le trente et un décembre.
2. 12/10   C'est le douze octobre.
3. 11/8   C'est le onze août.
4. 23/3   C'est le vingt-trois mars.
5. 19/6   C'est le dix-neuf juin.
6. 4/9   C'est le quatre septembre.
7. 13/2   C'est le treize février.
8. 21/5   C'est le vingt et un mai.

Tu parles un peu français?

À propos

1. Tu t'appelles comment?
2. Tu as quel âge?
3. Tu habites à Miami?
4. Tu parles un peu français?
5. Quel jour est-ce?
6. Quel mois est-ce?
7. Quelle saison est-ce?

Activity 7: Have students repeat names of these classroom objects in unison, then individually. After sufficient practice have students point to these objects with each person adding an object.

Modèle: Élève 1: **Voilà un cahier.**
 Élève 2: **Voilà un cahier et un pupitre.**
 Élève 3: **Voilà un cahier, un pupitre et une gomme.**

Une salle de classe

In French schools, students sit together at tables (**tables**) rather than in separate desks (**pupitres**). The word **pupitre** is used in this book so that your students may describe their own seats.

7. Qu'est-ce que c'est? Répondez en français.

MODÈLE: **C'est une gomme.**

1. C'est un pupitre.

2. C'est une feuille de papier.

3. C'est une fenêtre.

4. C'est un tableau noir.

5. C'est une porte.

6. C'est un bureau.

7. C'est un stylo.

8. C'est un cahier.

9. C'est un dictionnaire.

10. C'est un calendrier.

11. C'est un crayon.

12. C'est un livre.

Activity 8: Present the command **Montrez-moi un livre.** Give the response **Voilà un livre,** while touching a book. Change objects until students have shown you in your classroom the things illustrated in this book.
Modèle:
Martine, montrez-moi une porte.
Voilà une porte.

Activity 9: Present the command **Montre-moi,** explaining to students that they would use this form with one another rather than **Montrez-moi.** Put them in pairs and have them repeat Activity 8.

Activity 10: Pair students and have them repeat this activity among themselves, pointing to the various objects in the classroom.

L'alphabet français

The French alphabet has 26 letters, just as the English alphabet does.

letter	French name	letter	French name
A	a	O	o
B	bé	P	pé
C	cé	Q	ku
D	dé	R	erre
E	e	S	esse
F	effe	T	té
G	gé	U	u
H	hache	V	vé
I	i	W	double vé
J	ji	X	iks
K	ka	Y	i grec
L	elle	Z	zède
M	emme		
N	enne		

Activity 11: Have students repeat the vowels in unison and then individually. Then have them do chains of letters, adding a letter each time.
Modèle:
Élève 1: a b c
Élève 2: a b c d
Élève 3: a b c d e
Finally you may have students or the whole class say the alphabet in French to test their memory.

Prononciation

la syllabe accentuée

In a French word the last syllable is stressed the most, just a little more than the others. In an English word the last syllable may or may not be stressed the most. Note differences of stress in some French words and their English equivalents.

French	English
automo**bile**	**au**tomobile
choco**lat**	**choc**olate
secré**taire**	**sec**retary
restau**rant**	**rest**aurant
perfor**mance**	per**for**mance
mu**sique**	**mus**ic

les consonnes non-prononcées

Generally in French a consonant is not pronounced when it is the last letter of a word.

A slash (/) through a letter, as in this section, indicates that the letter is not pronounced.

chocola/t	Gérar/d
restauran/t	Luxembour/g
françai/s	

In French the consonant **h** is never pronounced.

/Henri	t/héâtre
/hôpital	discot/hèque
/hôtel	

les signes orthographiques

There are five French spelling marks. Each one has its own purpose and is required for the correct spelling of certain words. The acute accent mark or **l'accent aigu** (´) over the vowel **e** changes the sound of **e** from [ə] to [e]: e [ə] → é [e].

café [kafe]
Gérard [ʒerar]

The grave accent mark or **l'accent grave** (`) over the vowel **e** changes the sound of **e** from [ə] to [ɛ]: e [ə] → è [ɛ].

crème [krɛm]
discothèque [diskotɛk]

Activity 12: Have the class and individuals read aloud the Introductory Dialogue and other appropriate parts of this lesson (after considerable practice or repetition with recording or model). Control pronunciation.

Although phonetic symbols are used in pronunciation sections throughout this book, it is up to you to decide whether to use them. You will find a phonetic representation of the French alphabet under Teaching Approaches in the introductory pages of this book. Recordings of pronunciation sections offer students ample opportunity to practice new sounds.

Over an **a** and a **u**, the grave accent mark indicates a difference in meaning between two words spelled the same way.

la	the, her, it
là	there
ou	or
où	where

Here you can explain briefly that the circumflex accent affects only the pronunciation of the vowels a, e and o. In French â has the sound [a], ê has the sound [ɛ] and ô has the sound [o]. The diaeresis over a vowel shows that the vowel is pronounced separately from the adjacent vowel, the two vowels making not one sound but two. Note the separation of the sounds [a] and [i] in naïveté. Compare the pronunciation of ai [ɛ] and aï [ai] in French. Note separation of the [o] and [ɛ] sounds in Noël.

Activity 12: Have students pronounce and spell their French names. (See Activity 2.) If you have a lab, you may want to assign extra work for those having trouble perceiving and reproducing sounds.

Activity 13: Check student comprehension of spelling marks by having them write from dictation a, a circonflexe (â), i, i tréma (ï), u, u accent grave (ù), o, o accent circonflexe (ô), e, e accent grave (è), e accent aigu (é), e accent circonflexe (ê) and e tréma (ë).

Two other spelling marks used with vowels are:
1) the circumflex accent or **l'accent circonflexe**: (ˆ)

    rêverie [rɛvri]
    dîner [dine]

2) the diaeresis or **le tréma**: (¨)

    naïveté [naivte]
    Noël [noɛl]

The mark sometimes added to the consonant **c** is a cedilla or **cédille**: (ˌ).

    français [frãsɛ]
    garçon [garsɔ̃]

The cedilla softens the [ka] sound of **c** before the vowels **a, o** and **u**. The letter **ç** never appears before an **e** or an **i**.

Hélène parle français à la Martinique.

Vocabulaire actif

Introductory Dialogues and **Expansion** sections in each lesson introduce active and passive vocabulary. Active vocabulary, or **Vocabulaire actif**, are words that you're expected to master before proceeding any farther. Passive vocabulary are words that you're expected to recognize. Both types of words will appear in the End Vocabulary.

noms

l'anglais (m.)   *English (language)*
un an   *year*
un bureau   *(teacher's) desk*
un cahier   *notebook*
un calendrier   *calendar*
le Canada   *Canada*
une classe   *class*
un crayon   *pencil*
un dictionnaire   *dictionary*
une fenêtre   *window*
une feuille de papier   *sheet of paper*
une fille   *girl*
le français   *French (language)*

la France   *France*
un garçon   *boy*
une gomme   *eraser*
un livre   *book*
la Martinique   *Martinique*
une porte   *door*
un pupitre   *student desk*
une salle de classe   *classroom*
le Sénégal   *Senegal*
un stylo   *pen*
la Suisse   *Switzerland*
un tableau noir   *blackboard*

verbes

j'ai   *I have*
je m'appelle   *my name is*
  il s'appelle/elle s'appelle
    his/her name is
  tu t'appelles   *your name is*
est   *is*
  c'est   *it is*

il/elle habite   *he/she lives*
  j'habite   *I live*
  tu habites   *you live*
il/elle parle   *he/she speaks*
  je parle   *I speak*
  tu parles   *you speak*

expressions diverses

à   *in*
au   *in*
aussi   *also, too*
comment   *what*
elle   *she*
en   *in*
et   *and*
il   *he*
je (j')   *I*
le, la, l'   *the*
non   *no*

ou   *or*
oui   *yes*
(un) peu   *(a) little, not much, not many*
Qu'est-ce que c'est?   *What is it?*
qui   *who, whom*
toi   *you*
tu   *you*
un, une   *a, an*
voici   *here is*
voilà   *there is*

Frequent dictations can be very effective, and students like them. You can begin this practice now by giving une **dictée** on part of this lesson. In the future you may benefit from the following procedure: give a dictation at the beginning of a class period, have students correct their own copies and then regive the dictation later in the period, collecting it afterwards. Such repetition helps to assure thorough learning.

In your **dictées** you may want to use French names for the punctuation marks. For your convenience they're included under Teaching Approaches in the introductory pages of this book.

La vie scolaire

Unité 1

La rentrée

Leçon 1

Communicative
Functions

- greeting people and saying farewell
- asking and telling how someone is
- asking and saying where someone is
- introducing people
- asking who someone is
- telling someone's occupation

Devant le lycée

All words in this dialogue are active. They will be used in activities and will appear in the vocabulary of this lesson.

Aujourd'hui c'est la rentrée, et Martine parle à une amie.

MARTINE: Bonjour, Marie-Christine. Comment ça va?*

MARIE-CHRISTINE: Très bien, merci. À propos, comment va Sylvie?

MARTINE: Elle va bien.

MARIE-CHRISTINE: Et où est Jean-Luc? Il est à l'école?

MARTINE: Oui, il est en classe.

MARIE-CHRISTINE: Tiens, voilà Philippe.

MARTINE: Qui est Philippe?

MARIE-CHRISTINE: C'est un ami. Il est sympa.

* **Comment ça va**? (*How's it going?*) is an informal expression and is used only with friends and family.

Notes culturelles
1. Every year the first day of school, **la rentrée**, is a very important event. Since it occurs in all French **lycées** on the same day, it is almost like a national holiday for many students. Having shopped for school supplies, they become increasingly excited and nervous about the prospects for the new school year. Indeed, commercial advertising plays a major role in creating the festive mood that pervades the country, especially in the big cities, during the first week of September.
2. In saying **Bonjour**, two French girls would kiss each other once or twice on each cheek.
3. Many French-speaking people have double first names beginning with **Marie** for girls and **Jean** for boys.
    Marie-Claire   Jean-Pierre

For further information on French greetings, see the cultural reading (**Actualité culturelle**) at the end of this lesson.

Stores advertise back-to-school clothes and supplies for **la rentrée**.

Jean-Luc est à l'école.

Compréhension

Répondez en français.

1. Qui parle à Marie-Christine?   Martine parle à Marie-Christine.
2. Où est Martine?   Martine est devant le lycée.
3. Comment va Sylvie?   Sylvie va bien.
4. Jean-Luc est à l'école?   Oui, Jean-Luc est en classe.
5. Qui est Philippe?   C'est un ami.
6. Philippe est sympa?   Oui, Philippe est sympa.

À propos

(Always answer the questions in the **À propos** section as they relate to *you*.)

1. Comment ça va?
2. Qui va très bien?
3. Qui est en classe?
4. Qui est sympa?

Tiens, voilà Philippe.

Expansion

les salutations

Bonjour.   Salut.   Bonsoir.

Au revoir.   Salut.   Bonsoir.

Salut.

Ciao.

une rencontre

PHILIPPE:	Salut, Marie-Christine.
MARIE-CHRISTINE:	Salut. Philippe, voici Martine. Martine, Philippe.
PHILIPPE:	Bonjour, Martine. Excuse-moi, mais le cours de Monsieur Blot commence maintenant.
MARIE-CHRISTINE:	Alors, au revoir, Philippe.
PHILIPPE:	Ciao.

Wkbk. 4
Wkbk. 5

un professeur et un laboratoire de langues

MARTINE:	Qui est Monsieur Blot?
MARIE-CHRISTINE:	C'est un professeur, un professeur de langues.

It is important to tell students that most of the words or expressions introduced in the **Expansion** section of each lesson are active. They will be listed in the **Vocabulaire actif** and will be used in activities. (Passive words are listed only in the End Vocabulary and are not used in activities.) **Alors, commence, enfin, excuse-moi, maintenant, rencontre** and **salutation** are the passive vocabulary words in this **Expansion.**

Possession with **de** (*of*) will be studied in greater detail in **Leçon 6.**

Model for correct pronunciation the irregular non-nasal sound [mə] of **mon** in **Monsieur.**

Ciao [tʃao] is the Italian farewell familiarly used in French.

Voici le laboratoire de langues.

Wkbk. 6
Wkbk. 7

une carte

une affiche

une pendule

une télévision (une télé)

un magnétophone

un écouteur

une chaise

un magnétoscope

une table

une cassette

Qui est-ce?

—Voici une femme.
—Qui est-ce?
—C'est Madame Blot. C'est un médecin.

Wkbk. 8

It would be more common to hear **Voilà une femme**. The French use both **voici** and **voilà** to mean "here is."

Help students pronounce **femme** [fam] correctly.

—Voici un garçon.
—Qui est-ce?
—C'est Stéphane Durand. C'est un lycéen. C'est un élève de Monsieur Blot.

Point out the difference between **élève** (*pupil or secondary school student*) and **lycéen(ne)** (*high school student*).

Marie est **lycéenne**. C'est **l'élève** de Mme Blot. *Marie is a high school student. She is Mrs. Blot's student.*

Mention, also, the difference between masculine **lycéen** and feminine **lycéenne**. It will be presented later on in this lesson.

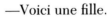

—Voici une fille.
—Qui est-ce?
—C'est Madeleine Lenoir. C'est une lycéenne, et c'est aussi une élève de Monsieur Blot.

—Voici un homme.
—Qui est-ce?
—C'est Monsieur Garneau. C'est un informaticien.

Wkbk. 9
Wkbk. 10
—Voici aussi Mademoiselle Lombard. C'est une interprète. Elle parle français et anglais.

—Enfin, voici un artiste et une secrétaire, Monsieur et Madame Bouquet.

Salut! Comment ça va?

Activités

1. Trouvez dans le dialogue d'introduction ou dans l'**Expansion** les mots qui manquent au dialogue suivant. (Find in the Introductory Dialogue or in the **Expansion** the words missing from the following dialogue.)

LAURENT:	___, Richard. Comment ça va?	Bonjour/Salut
RICHARD:	Très bien, ___.	merci
LAURENT:	Comment ___ Caroline?	va
RICHARD:	Elle va ___. À propos, ___ est Robert?	bien / où
LAURENT:	Il ___ à l'école.	est
RICHARD:	___, voilà Monsieur Hamon.	Tiens
LAURENT:	___ est Monsieur Hamon?	Qui
RICHARD:	C'est un ___ de langues. Bien, au revoir, Laurent.	professeur
LAURENT:	___, Richard.	Ciao/Au revoir

2. Choisissez l'expression qui complète chaque phrase d'après l'**Expansion**. (Choose the expression that completes each sentence according to the **Expansion**.)

1. Voici Monsieur Blot. C'est ___ de langues.　　　　　　b

   a. un laboratoire　　b. un professeur
   c. un élève　　d. un interprète

2. Qui est Madame Blot?　　　　　　c

   a. C'est une informaticienne.　　b. C'est un professeur.
   c. C'est un médecin.　　d. C'est une lycéenne.

3. Voici Stéphane. C'est un lycéen. C'est aussi ___ de　　a
   Monsieur Blot.

   a. un élève　　b. un secrétaire
   c. un artiste　　d. un professeur

4. Qui est Madeleine Lenoir?　　　　　　d

   a. C'est une artiste.　　b. C'est un lycée.
   c. C'est un professeur.　　d. C'est une lycéenne.

5. Qui est Mademoiselle Lombard?　　　　　　d

   a. C'est une élève.　　b. C'est une secrétaire.
   c. C'est une lycéenne.　　d. C'est une interprète.

6. Voici Monsieur Bouquet. C'est ___.　　　　　　c

   a. un informaticien　　b. un médecin
   c. un artiste　　d. un professeur

3. Complétez les phrases d'après les images. (Complete the sentences according to the pictures.)

MODÈLE:

Voilà un calendrier.

1.　　　2.　　　3.　　　4.

Voilà une carte.　Voilà une chaise.　Voilà un cahier.　Voilà une gomme.

5.　　　6.

Voilà un magnétoscope.　Voilà un écouteur.

7.

Voilà une table.

8.

Voilà un tableau noir.

Directions to activities appear either in the form of instructions or in the form of a situation. When in the form of situations, they are given only in English.

4. Without her glasses, your teacher can't distinguish people or things in the classroom. Help her.

MODÈLE: C'est un stylo?
          Non, Madame. C'est un crayon.

1. C'est un homme?

Non, Madame. C'est une femme.

2. C'est un pupitre?

Non, Madame. C'est un bureau.

3. C'est une fille?

Non, Madame. C'est un garçon.

4. C'est une fenêtre?

Non, Madame. C'est une porte.

5. C'est un professeur?

Non, Madame. C'est un lycéen (élève).

6. C'est un livre?

Non, Madame. C'est un dictionnaire.

7. C'est un magnétophone?

Non, Madame. C'est une télévision.

8. C'est une pendule?

Non, Madame. C'est une affiche.

Structure et usage

le pronom *c'*

The pronoun **ce** combines with the verb **est** to become **c'est. C'est** means basically "it is" or "that is."

Comment on the **liaison** after t in **C'est une télé.**

C'est une télé.   *It's (That's) a TV set.*
C'est un crayon.   *It's a pencil.*

In a question **c'est** becomes **est-ce?** (*is it? is that?*)

Est-ce un lycée?   *Is that a high school?*
Est-ce une fille?   *Is it a girl?*

C'est also means "he/she is" in the expression **c'est un(e)** when it refers to a person already named or identified.

—Est-ce Monsieur Carel?
—Oui, c'est un artiste.
—Et est-ce Madame Rousseau?
—Oui, c'est un professeur.

Is that Mr. Carel?
Yes, he's an artist.
And is that Mrs. Rousseau?
Yes, she's a professor.

Comment on the **liaison** after n in **C'est un artiste**.

5. Marc is looking at photos of people in your class and asking questions. Answer him affirmatively, beginning with **Oui**.

> MODÈLE: Qui est-ce? Est-ce Martine?
> **Oui, c'est Martine.**

1. Qui est-ce? Est-ce Jean? Oui, c'est Jean.
2. Qui est-ce? Est-ce Marie-France? Oui, c'est Marie-France.
3. Qui est-ce? Est-ce un élève? Oui, c'est un élève.
4. Qui est-ce? Est-ce Monsieur Blot? Oui, c'est Monsieur Blot.
5. Qui est-ce? Est-ce une élève? Oui, c'est une élève.
6. Qui est-ce? Est-ce Charles? Oui, c'est Charles.
7. Qui est-ce? Est-ce Colette? Oui, c'est Colette.

6. Sabine notices some people she knows. Ask her if they are the people you think they are.

> MODÈLE: Voilà une amie. (Nicole)
> **Est-ce Nicole?**

1. Voilà un ami. (Jean-Claude) Est-ce Jean-Claude?
2. Et voilà une artiste. (Madame Hamel) Est-ce Madame Hamel?

This activity offers a chance to practice rising interrogative intonation.

C'est un ami.

Voilà une artiste. (Paris)

Sylvie est en classe.

3. Et voilà un interprète. (Monsieur Gros)   Est-ce Monsieur Gros?
4. Voilà aussi une informaticienne.   Est-ce Mademoiselle Carel?
   (Mademoiselle Carel)
5. Et voilà un garçon. (Jérémy)   Est-ce Jérémy?
6. Et voilà une amie. (Marie)   Est-ce Marie?

les pronoms *il* et *elle*

A masculine name can be replaced by **il**. A feminine name can be replaced by **elle**.

—Où est Jean-Luc?	*Where is Jean-Luc?*
—**Il** est à l'école.	*He's in school.*
—Comment va Sylvie?	*How's Sylvie?*
—**Elle** va bien.	*She's fine.*

Wkbk. 11

7. The principal, Mr. Lévy, wants to know where the following students are. Tell him that they are in class.

   MODÈLE: Où est Jean-Luc?
             Il est en classe.

   1. Où est Sylvie?   Elle est en classe.
   2. Où est Louis?   Il est en classe.
   3. Où est Mélanie?   Elle est en classe.
   4. Où est Étienne?   Il est en classe.
   5. Où est Émilie?   Elle est en classe.
   6. Où est François?   Il est en classe.
   7. Où est Didier?   Il est en classe.
   8. Où est Cécile?   Elle est en classe.

le genre et l'article indéfini

A noun is the name of a person, place or thing. In French every noun has a gender, either masculine or feminine. You should remember the gender of each French noun that you learn. Look for the gender of a noun in whatever precedes it. A noun preceded by **un** is masculine, and a noun preceded by **une** is feminine. **Un** and **une**, meaning "a" or "an," are indefinite articles and are known as gender determiners.

un garçon   *a boy*
une fille   *a girl*

8. Frank cannot distinguish boys' names from girls' names in French. As he leafs through your address book, tell him what he needs to know.

MODÈLES: a)   Gabrielle   b)   Christian
               C'est une fille.   **C'est un garçon.**

C'est Gabrielle.

C'est Christian.

You may want to do this variation of **Activité 8**. To elicit some negative answers, you can ask whether certain boy students are girls or vice versa.
Modèle:
Voilà Julien. Est-ce une fille?
Non, c'est un garçon.

Here is another variation of **Activité 8**. You may imagine these people are older and use **homme** and **femme** in responses instead of **garçon** and **fille**.
Modèle:
Gabrielle
C'est une femme.

1. Julien   C'est un garçon.
2. Marie-Claude   C'est une fille.
3. Martine   C'est une fille.
4. Jean-Marie   C'est un garçon.
5. Thierry   C'est un garçon.
6. Christiane   C'est une fille.
7. Jacques   C'est un garçon.
8. Anne-Sophie   C'est une fille.

le genre et les noms

In French

*   nouns that refer to a male are usually masculine, and nouns that refer to a female are usually feminine.

            un homme   une femme

* some nouns that denote occupations have the same spelling. Only determiners like **un** and **une** distinguish their gender.

un artiste   une artiste

un secrétaire   une secrétaire

* some masculine nouns can be made feminine by adding an **e**.

un ami   une amie

* masculine nouns that end in **-en** are made feminine by doubling the final **n** and adding **e**.

un informaticien   une informaticienne

un lycéen   une lycéenne

* two nouns, **médecin** and **professeur**, are always masculine, whether they refer to a man or a woman.

—Voilà Madame Petit.	*There is Mrs. Petit.*
—Est-ce un professeur?	*Is she a teacher?*
—Non, c'est un médecin.	*No, she's a doctor.*

* all things have a gender, too. Note the determiners **un** and **une** in responses to the question **Qu'est-ce que c'est?** (*What is it?*)

—Qu'est-ce que c'est?	*What is it?*
—C'est une école. C'est un lycée.	*It's a school. It's a high school.*

The answer to **Qu'est-ce que c'est?** is a thing. The answer to **Qui est-ce?** is a person. **Un** or **une** does not precede the titles **Monsieur, Madame** and **Mademoiselle**.

—Qui est-ce? Est-ce Madame Petit?	*Who is it? Is it Mrs. Petit?*
—Non, c'est Mademoiselle Carel.	*No, it's Miss Carel.*

Wkbk. 12
Wkbk. 13
Wkbk. 14

C'est un
lycée.

C'est un professeur.

9. Maurice wants to know what work some people do. Tell him.

> MODÈLE: Michel (lycéen)
> **C'est un lycéen.**

1. Madame Lucas (professeur)   C'est un professeur.
2. Jean-Claude (artiste)   C'est un artiste.
3. Mademoiselle Tissot (secrétaire)   C'est une secrétaire.
4. Madame Gervais (médecin)   C'est un médecin.
5. Monsieur Laval (informaticien)   C'est un informaticien.
6. Marie-Hélène (élève)   C'est une élève.
7. Monsieur Lucas (interprète)   C'est un interprète.
8. Marielle (lycéenne)   C'est une lycéenne.

10. Identifiez les objets en employant **C'est un** ou **C'est une**. (Identify the objects using **C'est un** or **C'est une**.)

> MODÈLE: Qu'est-ce que c'est?
> **C'est un lycée.**

1.
C'est une pendule.

2.
C'est une cassette.

3.
C'est un pupitre.

4.
C'est un magnétophone.

5.
C'est une fenêtre.

6.
C'est un livre.

7.
C'est un stylo.

8.
C'est un laboratoire de langues.

11. Ajoutez **un** ou **une** seulement si c'est nécessaire. (Add **un** or **une** only if necessary.)

1. Voilà _____ Monsieur Laval.   —
2. C'est _____ médecin.   un
3. Qui est-ce? Est-ce _____ Madame Laval?   —
4. Oui, c'est _____ Lucile Laval.   —
5. C'est _____ secrétaire.   une
6. Et qu'est-ce que c'est? Est-ce _____ télévision?   une
7. Non, c'est _____ magnétoscope, le magnétoscope de Giselle.   un
8. Qui est _____ Giselle?   —
9. C'est _____ amie.   une

Giselle est une amie.

Translation activities near the end of each lesson, like this one, are optional.

12. Comment dit-on en français? (How do you say in French?)

MICHEL:	Hello, Sophie. How's it going?	Bonjour, Sophie. Comment ça va?
SOPHIE:	Very well, thanks. And you?	Très bien, merci. Et toi?
MICHEL:	Fine (Well). Hey, who's that?	Bien. Tiens, qui est-ce?
SOPHIE:	It's Mrs. Duval. She's a teacher.	C'est Madame Duval. C'est un professeur.
MICHEL:	And there's a man, too. It's Mr. Duval.	Et voilà un homme aussi. C'est Monsieur Duval.
SOPHIE:	By the way, he's a doctor.	À propos, c'est un médecin.
MICHEL:	Good-bye, Sophie.	Au revoir, Sophie.
SOPHIE:	Bye, Michel.	Salut (Ciao), Michel.

 # Prononciation

le son [a]

The sound [a] in French is similar to the sound of the letter "a" in the English words "calm" and "father." Note that the French sound [a] is shorter and clearer than the English "a" sound.

à	parle
ami	Canada
voilà	Madame Sarlat va à la fenêtre.
habite	

le son [i]

The sound of the French vowel **i** is similar to the sound of the letters "ee" in the English word "see." The French sound [i] is also shorter than the English "i" sound. In fact all French vowels are shorter than English vowels.

il	ami
livre	aussi

qui	Christine
pupitre	Philippe habite à la Martinique.

Actualité culturelle

French Greetings

French people either kiss each other lightly once or twice on each cheek, or they shake hands when they meet. The way in which they greet relatives or friends depends on their relationship. Family members kiss whether they are of the same or of the opposite sex. In the case of good friends, women and girls as well as men and women kiss each other. So do boys and girls.

Girls kiss each other from two to four times.

Family members kiss hello and good-bye.

Boys use formal greetings such as a handshake.

People shake hands when saying good-bye.

However, men and boys shake hands. The French handshake is very brief and consists only of one short up-down movement, unlike the American one which may last several seconds.

The most common French greetings are **Bonjour** (*Hello* or *Good day*), **Bonsoir** (*Good evening*) and **Salut** (*Hi* or *Bye*). **Bonjour** and **Bonsoir** are used to greet anyone, and **Salut** is used to greet close friends and sometimes family members. When parting, the French say **Au revoir** (*Good-bye*) at the same time that they repeat the handshake or exchange kisses. The Italian word **Ciao** (*Bye*) is sometimes used in the place of **Au revoir**, but it is used informally with friends and family members only and usually after they exchange kisses or shake hands.

CAREFUL: When greeting others, particularly adults, the French are usually very polite. To the greetings **Bonjour** and **Au revoir** they add the person's first name if they know the person and are on familiar terms with him or her. They add the title **Monsieur** (*Sir* or *Mr.*), **Madame** (*Madam* or *Mrs.*) or **Mademoiselle** (*Miss*) if they wish to show respect for the person or if the person is a stranger to them. In France, for instance, you would not say just **Bonjour** or **Au revoir** to a teacher. You would say **Bonjour, Monsieur** or **Au revoir, Madame.**

You may put your students into pairs to practice greeting and saying farewell in France. Have students shake hands in the French manner as each says Bonjour and then Au revoir.

Wkbk. 15

Interaction et application pratique

À deux (*In pairs*)

1. Create in French your own version of two friends meeting and talking in front of school. Use only expressions you have learned so far and limit your dialogue to four lines. Learn your parts and present your dialogue to the class. Remember the French handshake and other gestures.

2. With a classmate take turns asking the following questions. After you both have responded, take turns reporting to the class what your partner has said.

   Demandez à un(e) autre élève... (*Ask another student*...)
   1. ...what his/her name is.
   2. ...how it's going.
   3. ...how old he/she is.
   4. ...if he/she lives in Denver.
   5. ...if he/she speaks French.
   6. ...where another classmate is.
   7. ...how this other classmate is.

3. With a partner see how many things each of you can identify using **voilà** or **voici**. (You will use **voilà** for objects farther away from you and **voici** for those that are closer.) List identifications that you both make and see whose list is longer.

   MODÈLE: une feuille de papier (ici)
   Voici une feuille de papier.

4. With a classmate identify in French some objects and people around you using words you have already learned. Take turns asking what something or who someone is.

   MODÈLES: a) Qu'est-ce que c'est?
   C'est une pendule.
   b) Qui est-ce?
   C'est Jean-Luc.

5. With a different partner take turns pointing to objects and people while asking the question **Est-ce**...? Ask the wrong question so that your partner will answer **Non** and then correct you.

   MODÈLES: a) Est-ce un pupitre? (table)
   Non, c'est une table.
   b) Est-ce Alexandre? (Christophe)
   Non, c'est Christophe.

6. Again change partners and ask questions that call for a **Oui** or **Non** answer depending on the person or thing indicated.

   MODÈLES: a) Est-ce une affiche? (affiche)
   Oui, c'est une affiche.
   b) Est-ce Jean-Marie? (Marie-Thérèse)
   Non, c'est Marie-Thérèse.

Ciao!

7. With your partner act out (with gestures and words) the different ways you would greet each other in French according to the following situations.
   a)   You meet for the first time.
   b)   You are close friends.
   c)   You have met several times before.
   d)   You are relatives.
   e)   You meet your teacher.

En groupes (*In groups*)

8. Form groups. In each group someone points to a pen, for instance, and says **Voilà un stylo**. Moving clockwise, a person in the group repeats the sentence to the next person, who repeats it and adds an item while pointing to the item added. If someone in the group makes an error, the group starts over. After two minutes each group stops and writes its sentence on the board.

> MODÈLE: **Voilà un stylo.**
> **Voilà un stylo et un crayon.**
> **Voilà un stylo, un crayon et un élève.**

Vocabulaire actif

noms

une affiche   *poster*
un(e) ami(e)   *friend*
un(e) artiste   *artist*
une carte   *map; card*
une cassette   *cassette*
une chaise   *chair*
un cours   *course, class*
une école   *school*
un écouteur   *headphone*
un(e) élève   *student, pupil*
une femme   *woman*
un homme   *man*
un informaticien, une
   informaticienne   *computer specialist*
un(e) interprète   *interpreter*

un laboratoire   *laboratory*
une langue   *language*
un lycée   *high school*
un lycéen, une lycéenne   *high school
   student*
un magnétophone   *tape recorder*
un magnétoscope   *VCR*
un médecin   *doctor*
une pendule   *clock*
un professeur (prof)   *teacher,
   professor*
la rentrée   *first day of school*
un(e) secrétaire   *secretary*
une table   *table*
une télévision (télé)   *television set*   The technical word for
a television set is **un
téléviseur**, but in current
French, people commonly
use **la télévision** to refer
both to the set and to
television (TV) in general.

adjectif

sympa (sympathique)   *nice*

verbes

c'est   *he/she is*
est-ce?   *is it? is that? is he? is she?*
Tiens!   *Hey!*

va: Comment ça va?   *How's it going?*
   Comment va...?   *How is...?*
   Il/Elle va bien.   *He's (She's) fine.*

expressions diverses

à   *to*
aujourd'hui   *today*
au revoir   *good-bye*
bien   *well*
bonjour   *hello*
bonsoir   *good evening*
ça   *it*
ciao   *bye*
comment   *how*
de (d')   *of; from*

devant   *in front of*
Madame   *Mrs., Madam*
Mademoiselle   *Miss; young lady*
mais   *but*
merci   *thanks*
Monsieur   *Mr., Sir*
où   *where*
salut   *hi; bye*
très   *very*

---

expression courante

à propos   *by the way*

À l'école avec les copains

Leçon 2

Communicative Functions

- greeting people and saying farewell
- asking and telling how things are going
- asking and saying where people and things are
- saying that someone is early or late
- naming classroom objects

Eh bien, au revoir.

Students play soccer (called **football**) in the courtyard.

Dans la cour*

All words in this dialogue and **Expansion** are active vocabulary.

Explain that putting the definite article **les** before **copains** gives **copains** a special meaning, i.e., "the guys." It refers to friends (boys or boys and girls) who pal around together in the same group.

Explain that **bien** has various meanings, depending on the context. (**Eh bien** = *well then, in that case.*)

CHANTAL:	Salut, Paul. Comment ça va?
PAUL:	Pas mal, merci. Où est François? Il est ici dans la cour?
CHANTAL:	Non, il est devant le lycée avec les copains.
PAUL:	Tiens, ils sont en retard.
CHANTAL:	Oh là là! Moi aussi.
PAUL:	Eh bien, au revoir, Chantal.

* Note that **une cour** is a courtyard, but **un cours** is a course or class.

Note culturelle
Every French high school has a paved interior courtyard where students gather before and between classes, do outdoor exercises for gym classes and relax with friends.

Compréhension

Répondez en français.

1. Où sont Paul et Chantal?
2. Comment va Paul?
3. Où est François?
4. Avec qui est François?
5. Les copains sont en retard?
6. Qui est aussi en retard?

Paul et Chantal sont dans la cour.
Pas mal.
Il est devant le lycée.
Il est avec les copains.
Oui, les copains sont en retard.
Chantal est aussi en retard.

À propos

(Remember that this section always relates to *you*.)

1. Comment ça va aujourd'hui?
2. Le professeur de français, est-ce un homme ou une femme?
3. Il/Elle s'appelle comment?
4. Comment va le cours de français? Bien? Mal?

Ils sont en avance.

Expansion

à l'école

JACQUES: Tiens, où est Carole?

GEORGES: Elle est déjà en classe avec Marie.

JACQUES: Elles sont en avance.

dans la salle de classe

ALAIN: Monsieur, s'il vous plaît, où est le taille-crayon?

LE PROFESSEUR: Là-bas sur le mur.

SYLVIE: Et l'ordinateur?

LE PROFESSEUR: Là, sur la table.

SYLVIE: Et les disquettes sont dans le sac?

LE PROFESSEUR: Non, dans la boîte sous la table.

Les ordinateurs sont sur les tables.

Elles sont dans la rue.

dans la rue

ÉLISE: Bonjour, Nicole. Ça va?

NICOLE: Comme ci, comme ça.

ÉLISE: Et les cours?

NICOLE: Ça va.

Comment on the literal meaning of idioms **en avance** (*in advance*) and **en retard** (*in delay*).

Note the difference between **en classe** (*in class*) and **dans la salle de classe** (*in the classroom*).

Point out the difference between the adverb **là** (*there*) and the definite article **la** (*the*).

Wkbk. 1

Comment on the idiomatic meaning of the question **Ça va?** as this dialogue is studied.

Wkbk. 2
Wkbk. 3
Wkbk. 4

Activités

1. Choisissez l'expression qui complète chaque phrase d'après le dialogue d'introduction ou l'**Expansion**.

   1. Les copains sont devant ____.   d

      a. la salle de classe   b. la cour
      c. le taille-crayon   d. le lycée

   2. Carole et Marie sont ____.   c

      a. en retard   b. dans la cour
      c. en avance   d. sous la table

   3. François est avec ____.   a

      a. les copains   b. les filles
      c. le professeur   d. l'école

   4. Carole est ____ en classe.   b

      a. pas mal   b. déjà
      c. en retard   d. sur le mur

   5. ____ est en retard.   c

      a. Le professeur   b. Carole
      c. François   d. Paul

   6. L'ordinateur est ____.   d

      a. dans la rue   b. dans le sac
      c. sur le mur   d. sur la table

Carole et Marie sont déjà en classe.

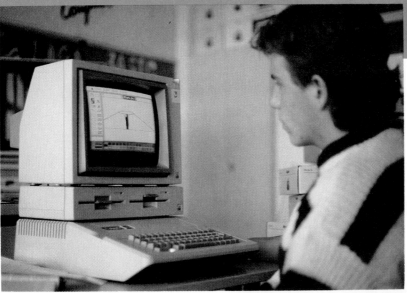

Est-ce un informaticien?

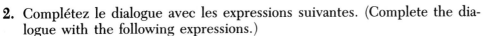

Les lycéens sont à l'école.

2. Complétez le dialogue avec les expressions suivantes. (Complete the dialogue with the following expressions.)

C'est Thierry.
C'est Marie-Madeleine.
Ciao, Caroline.
Oui, il est là-bas avec Arnaud.

Comme ci, comme ça. Et toi?
Non, elle est en avance.
Elles sont en classe.
Bonjour, Caroline.

MODÈLE: CAROLINE: Bonjour, Anne.
          ANNE: **Bonjour, Caroline.**

CAROLINE: Ça va?

ANNE: _____ Comme ci, comme ça. Et toi?

CAROLINE: Pas mal, merci. Où sont Marie et Christiane?

ANNE: _____ Elles sont en classe.

CAROLINE:	Tiens, voilà un garçon. Qui est-ce?
ANNE:	_____ C'est Thierry.
CAROLINE:	Où est Pierre, ici dans la cour?
ANNE:	_____ Oui, il est là-bas avec Arnaud.
CAROLINE:	Qui est la fille là-bas avec le prof?
ANNE:	_____ C'est Marie-Madeleine.
CAROLINE:	Denise est en retard?
ANNE:	_____ Non, elle est en avance.
CAROLINE:	Eh bien, au revoir, Anne.
ANNE:	_____ Ciao, Caroline.

Le prof is used in casual or informal conversation when talking about a certain teacher or professor. Only the long form (**le professeur**) is acceptable in formal speech.

3. Charles is a foreign exchange student. He wants to know the French name of each object pictured below. Answer him.

MODÈLE: Qu'est-ce que c'est?
C'est un ordinateur.

1. Qu'est-ce que c'est?
C'est une fenêtre.

2. Qu'est-ce que c'est?
C'est un cahier.

3. Qu'est-ce que c'est?
C'est un taille-crayon.

4. Qu'est-ce que c'est?
C'est un tableau noir.

5. Qu'est-ce que c'est?
C'est une cassette.

6. Qu'est-ce que c'est?
C'est une gomme.

7. Qu'est-ce que c'est?
C'est une chaise.

Structure et usage

les articles définis au singulier: *le, la, l'*

In French the singular definite articles or determiners are **le**, **la** or **l'**, meaning "the." **Le** precedes a masculine word beginning with a consonant sound.

Le professeur est devant **le** lycée.   *The teacher is in front of **the** high school.*

La precedes a feminine word beginning with a consonant sound.

   La boîte est sur **la** table.   *The box is on **the** table.*

L' is used, instead of **le** or **la**, before a masculine or a feminine word beginning with a vowel sound.

   l'ami (m.)
   l'école (f.)
   l'homme (m.)
   l'interprète (m., f.)

Wkbk. 5

Explain the use of (*m.*) and (*f.*) in vocabulary lists of some books to indicate the gender of nouns that begin with a vowel sound. Point out that **un** and **une** indicate the gender of nouns in this book with a few exceptions like **l'anglais** (*m.*) (*English language*).

4. Certain members of the French Club have invited guests to their meeting. Ask who they are.

   MODÈLE: une artiste avec le professeur
               Qui est l'artiste avec le professeur?

  1. un homme avec Monsieur Leblanc   Qui est l'homme avec Monsieur Leblanc?
  2. un garçon avec Madame Chabrier   Qui est le garçon avec Madame Chabrier?
  3. une élève avec Jean-Charles   Qui est l'élève avec Jean-Charles?
  4. une fille avec les copains   Qui est la fille avec les copains?
  5. un professeur avec Mademoiselle Latour   Qui est le professeur avec Mademoiselle Latour?
  6. un élève avec Marie-Claude   Qui est l'élève avec Marie-Claude?
  7. une femme avec le prof   Qui est la femme avec le prof?

5. You are the new French teacher. You cannot find certain things that you need for class. Ask where they are.

   MODÈLE: **Où est la table?**

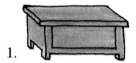

1.   2.   3.

Où est le bureau?   Où est l'écouteur?   Où est le livre de français?

4.   5.   6.   7.

Où est la feuille de papier?   Où est le calendrier?   Où est le magnétophone?   Où est la télé?

6. Tell the custodian where the following items are in your classroom. Using the illustration below, form a sentence for each lettered item that contains one of the following prepositions: **avec, dans, sur** and **sous**.

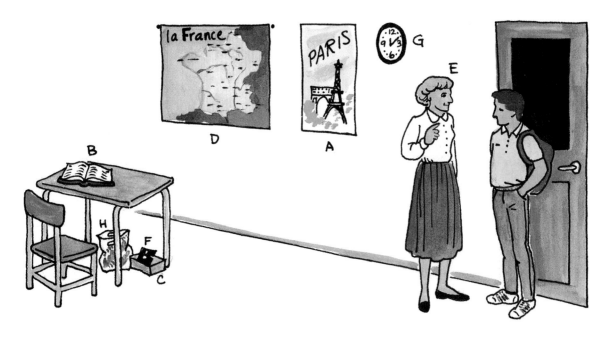

MODÈLE: A
L'affiche est sur le mur.

1. B   Le dictionnaire est sur la table.
2. C   La boîte est sous la table.
3. D   La carte est sur le mur.
4. E   Le professeur est avec l'élève.
5. F   La disquette est dans la boîte.
6. G   La pendule est sur le mur.
7. H   Le sac est sous la table.

Qui est la fille avec Pierre et Jean-Marc?

7. Complétez les phrases avec **le, la** ou **l'**, selon le cas. (Complete the sentences with **le, la** or **l'**, as suitable.)

1. ___ disquette est dans ___ ordinateur.   La/l'
2. Qui parle à ___ amie de Pierre?   l'
3. ___ copain de Marc est dans ___ cour.   Le/la
4. ___ lycéen est à ___ école.   Le/l'
5. Où est ___ copine de Bernard?   la
6. ___ élève de Madame Brun est ici.   L'
7. Il est dans ___ laboratoire de langues.   le

le pluriel de l'article défini et des noms

Les (*the*) is the plural form of the definite articles **le, la** and **l'**. The **s** of **les** is silent before a consonant sound.

singulier	pluriel
le livre	les livres
la table	les tables

Model these forms carefully, especially for control of **s**.

The **s** of **les** is pronounced [z] before a vowel sound.

l'amie	les‿amies
	[z]

l'homme	les‿hommes
	[z]

Explain that the curved mark ‿ is not a part of French spelling. It is used here only to indicate a linking of sounds. **Liaison** is explained later in the lesson.

Here is a review of definite articles.

Singular			Plural
Before consonant sound		Before vowel sound	
Masculine	Feminine		
le sac	**la** rue	**l'** ordinateur	**les** disquettes

An **s** is also added to most French singular nouns to form the plural. This **s** is never pronounced.

le lycée	les lycées
l'école	les écoles
	[z]

Nouns that end in **s** in the singular do not change in the plural.

le cours	les cours

The sound [le] of **les** is often the only indication in spoken French that the noun is plural. Always be careful to distinguish the sound of **les** from the sounds of **le** and **la**.

Wkbk. 6

Voilà le [lə] calendrier.   Voilà les [le] calendriers.
Voici la [la] disquette.   Voici les [le] disquettes.

8. Mr. Lesage is shopping and asks for the following items. Tell him where they are.

    MODÈLE: Un taille-crayon?
               Voilà les taille-crayons.

When making a compound noun plural, the part formed from a verb (e.g., **taille** from **tailler**) is not pluralized.

1. Un magnétoscope?   Voilà les magnétoscopes.
2. Une carte?   Voilà les cartes.
3. Un ordinateur?   Voilà les ordinateurs.
4. Une cassette?   Voilà les cassettes.
5. Un cahier?   Voilà les cahiers.
6. Une pendule?   Voilà les pendules.

9. Complétez les phrases avec **le, la, l'** ou **les,** selon le cas.

1. Voilà ＿＿ livres sous ＿＿ pupitre.   les/le
2. ＿＿ cartes sont sur ＿＿ mur.   Les/le
3. ＿＿ élève est avec ＿＿ artistes.   L'/les
4. ＿＿ hommes sont en retard.   Les
5. ＿＿ femme est à ＿＿ école.   La/l'
6. Voilà ＿＿ sacs devant ＿＿ télé.   les/la
7. Mireille parle français dans ＿＿ cours de Monsieur Blot.   le

les formes *est* et *sont* du verbe *être*

Est (*is*) and **sont** (*are*) are two of the present tense forms of the irregular verb **être** (*to be*). **Est** is singular. **Sont** is the plural of **est**.

The remaining forms of **être** will be presented in **Leçon 3.**

Sophie **est** dans la cour.   *Sophie **is** in the courtyard.*
Pierre **est** devant l'école.   *Pierre **is** in front of the school.*
Les copains **sont** là-bas.   *The friends **are** over there.*

Où sont les copains?
(Martinique)

The **t** of **est** and **sont** is frequently pronounced before a word beginning with a vowel sound. The sound of **t** and the vowel are connected, as the curved mark shows: ‿ . This mark does not appear in written French. It is added sometimes in this book to help you learn required linking of words, called **liaison**.

Charles est‿en France.
　　　　[t]

Charles is in France.

Laure et Marc sont‿ici.
　　　　　　[t]

Laure and Marc are here.

Wkbk. 7
Wkbk. 8
Wkbk. 9
Wkbk.10
Wkbk.11
Wkbk.12

Explain the difference between **Laure et Marc sont ici** and **Voici Laure et Marc.**

Passive vocabulary and cognates may be used in photo captions.

Les touristes sont à Notre-Dame. (Paris)

Laure est avec Marc.

David est devant la porte. (Reims)

You may point out that **liaison** occurs or is required only in a limited number of cases. For example,

* the **n** of **un** is linked to the vowel sound that follows.

　　un‿homme
　　un‿élève
　　un‿interprète

* the **s** in **les** is linked as the sound [z] to the vowel sound that follows.

　　les‿amis
　　les‿élèves

* the **t** in **est** or **sont** is linked to the vowel sound that follows.

　　Il est‿à l'école.
　　Ils sont‿en classe.

10. Alain is mistaken. Correct him.

MODÈLE:　Jérémy est en retard. (Alain et Françoise)
Non, Alain et Françoise sont en retard.

1. David est là-bas. (Claire)

Non, Claire est là-bas.

2. Marthe et Suzanne sont avec Véronique. (Virginie)

Non, Virginie est avec Véronique.

3. Charlotte est en classe. (Gérard et Anne)

   Non, Gérard et Anne sont en classe.

4. Thomas et Yves sont devant l'école. (Jacques)

   Non, Jacques est devant l'école.

5. Isabelle est en avance. (Daniel et Cécile)

   Non, Daniel et Cécile sont en avance.

6. Monsieur et Madame Dumas sont dans la rue. (Mademoiselle Dumas)

   Non, Mademoiselle Dumas est dans la rue.

7. Les copains sont à Montréal. (Les copines)

   Non, les copines sont à Montréal.

11. Martine is making comments about certain people. Tell her that the same is true for other people.

   MODÈLE: Marianne est à l'école. (Lise et Roger)
   Lise et Roger sont aussi à l'école.

1. Les élèves sont dans la rue. (les professeurs)

   Les professeurs sont aussi dans la rue.

2. Stéphanie est avec Paul. (Marcel)

   Marcel est aussi avec Paul.

3. Les copains sont dans la cour. (Colette)

   Colette est aussi dans la cour.

4. Jacques est en avance. (Anne et Marc)

   Anne et Marc sont aussi en avance.

5. Le prof est en classe. (Monique)

   Monique est aussi en classe.

6. Jean et Nathalie sont en retard. (André et Daniel)

   André et Daniel sont aussi en retard.

7. Les médecins sont là-bas. (l'interprète)

   L'interprète est aussi là-bas.

12. Complétez les phrases avec **est** ou **sont**, selon le cas.

1. Marie ___ à l'école.   est
2. Roger et le professeur ___ dans la salle de classe.   sont
3. Monsieur Blanchard ___ dans la rue.   est
4. Les copains ___ là-bas.   sont

Jacques et Rose sont là-bas.

5. La disquette ___ sur la table.　　　　est
6. Où ___ la boîte?　　　　est
7. Où ___ les cahiers?　　　　sont

13. You can't find the following classroom objects. Ask your teacher where they are.

MODÈLE:　**Où sont les crayons?**

1.
Où sont les affiches?

2.
Où sont les boîtes?

3.
Où sont les ordinateurs?

4.
Où sont les disquettes?

5.
Où sont les écouteurs?

6.
Où sont les magnétophones?

7.
Où sont les chaises?

8.
Où sont les stylos?

14. Changez les mots en italique au pluriel ou au singulier, selon le cas. (Change the words in italics to the plural or to the singular, as appropriate.)

MODÈLE:　*Les cassettes sont* dans la boîte.
　　　　La cassette est dans la boîte.

1. *Les filles sont* à l'école.　　　　La fille est à l'école.
2. *L'élève est* en classe.　　　　Les élèves sont en classe.
3. Où *est la secrétaire?*　　　　Où sont les secrétaires?
4. *Le crayon est* sur le cahier.　　　　Les crayons sont sur le cahier.
5. Où *sont les hommes?*　　　　Où est l'homme?
6. Où *sont les dictionnaires?*　　　　Où est le dictionnaire?
7. Où *sont les cours* de Monsieur Blot?　　　　Où est le cours de Monsieur Blot?
8. *La chaise est* devant la porte.　　　　Les chaises sont devant la porte.

Catherine est avec les copines.

This activity is optional.

15. Comment dit-on en français?

CAROLINE:	Hi, François. How's it going?	Salut, François. Comment ça va?
FRANÇOIS:	Not bad, thanks. And you?	Pas mal, merci. Et toi?
CAROLINE:	Everything's fine. Hey, where are Catherine and Jean-Pierre?	Ça va. Tiens, où sont Catherine et Jean-Pierre?
FRANÇOIS:	Catherine is with (the) girl friends and Jean-Pierre is in the courtyard.	Catherine est avec les copines (amies) et Jean-Pierre est dans la cour.
CAROLINE:	Well then, good-bye, François.	Eh bien, au revoir, François.
FRANÇOIS:	Bye, Caroline.	Ciao (Salut), Caroline.

Prononciation

Remind students of recordings on each **Prononciation** section.

[ə] et *e* muet

The vowel **e** without an accent mark is either pronounced [ə] or is silent, in which case it is referred to as **e muet**.

It is pronounced [ə]

*   when it occurs at the end of one-syllable words.

de   je   le

*   when it occurs at the end of the first syllable in words of more than one syllable.

| Denise | fenêtre | retard |
| devant | René | secrétaire |

It is usually silent or unpronounced

* when it occurs at the end of words containing more than two letters.

amie¢	fenêtre¢	porte¢
affiche¢	fille¢	rue¢
chaise¢	France¢	Suisse¢
élève¢	livre¢	une¢

* when it occurs after the first syllable of certain words and before the last one.

| made¢moiselle | méde¢cin | Cathe¢rine |

Interaction et application pratique

À deux

1. Prepare in French an original dialogue where two friends meet either in the courtyard, in a classroom or on the street. Use only expressions you have learned so far and limit your dialogue to six lines. Then learn your parts and present this dialogue to your class.

2. With a partner take turns asking the question **Où est...? / Où sont...?** while pointing to a person or persons in your classroom. Then answer each other's question using **voici** or **voilà**, as suitable.

   MODÈLES: a) Où est Jean-Paul? (ici)
   Voici Jean-Paul.
   b) Où sont Diane et Vincent? (là-bas)
   Voilà Diane et Vincent.

3. Repeat the preceding activity asking the question **Où est...? / Où sont...?** about a student or students other than those in your classroom. Possible answers might include **dans la cour / dans la rue / dans la classe de Monsieur (Madame)... / devant le lycée / avec....**

4. With a different partner take turns asking the question **Où est...? / Où sont...?** while pointing to a thing or things in your classroom. Then answer each other's question using **voici** or **voilà**, as suitable.

5. With a partner take turns asking the question **Où est...? / Où sont...?** while pointing to objects in your classroom that are on, under or in another object. Then answer each other's question using **sur, sous** or **dans.**

   MODÈLE: Où est la pendule? (sur le mur)
   La pendule est sur le mur.

6. Draw any five classroom objects you've already learned on a sheet of paper. Your partner will do likewise. When your partner finishes, look at his/her paper and try to identify each item. After you finish, your partner will ask questions about your drawings.

   MODÈLE: Est-ce un taille-crayon? (taille-crayon)
   Oui, c'est un taille-crayon.

En groupes

7. Imagine a conversation between two French students meeting in the courtyard at school. Your group has two minutes to list on a transparency as many as possible of the French students' different questions and answers. The transparency with the longest list can be put on the overhead for all to correct.

MODÈLES: a) Ça va?
                 Oui, très bien.
           b) Où est Diane?
                 Elle est en classe.

8. With your group draw small pictures on one sheet of paper of the various classroom objects you've already learned. Cut them into separate pictures and place them on a flat surface so all can see. Have a person in your group remove one picture while other students close their eyes. After opening their eyes, students can ask this person if a certain item is the one missing. The student who guesses it is the next to remove a picture from the collage.

MODÈLE: Est-ce le sac? (sac)
              Oui, c'est le sac.

Oh là là!

Vocabulaire actif

noms

une boîte   *box*
un copain, une copine   *friend*
  les copains   *guys*
une cour   *courtyard*
une disquette   *diskette*

un mur   *wall*
un ordinateur   *computer*
une rue   *street*
un sac   *bag*
un taille-crayon   *pencil sharpener*

verbes

Ça va?   *Is everything OK?*
  Ça va.   *Everything's fine.*
être   *to be*

s'il vous plaît   *please*
sont   *are*

expressions diverses

à   *at*
avec   *with*
comme ci, comme ça   *so-so*
dans   *in*
déjà   *already*
elles   *they (f.)*
en avance   *early*
en retard   *late*
ici   *here*
ils   *they (m.)*

là   *there; here*
là-bas   *over there*
les   *the*
mal   *badly, poorly*
moi   *me, I*
pas   *not*
  pas mal   *not bad*
sous   *under*
sur   *on*

---

expressions courantes

eh bien   *well then, in that case*
Oh là là!   *Wow! Good grief! Oh no!*

Les cours et les profs

Leçon 3

Communicative Functions

- asking and telling where people and things are
- describing people and courses in school
- expressing likes, dislikes, preferences
- counting from 0–10

Où est la salle d'anglais?

Toujours and à tout à l'heure are the passive vocabulary words in this dialogue.

C'est toujours la rentrée et les élèves sont dans la cour.

MARIELLE: Il y a deux cours d'anglais. Tu es où?

JÉRÔME: Moi, je suis dans la salle six. Et toi?

MARIELLE: Je suis dans la salle quatre avec Monsieur Bertier.

JÉRÔME: À tout à l'heure, alors.

Alors was introduced as a passive vocabulary word in Leçon 1, but it will now become active.

MARIELLE: Pardon, Madame, où est le cours de M.* Bertier?

LE PROF: Là, en face. Mais, ce n'est pas Monsieur, c'est Mme* Bertier.

MARIELLE: Ah bon? Et c'est maintenant?

LE PROF: Oui, et nous sommes à l'heure.

MARIELLE: Ah,** vous êtes....

LE PROF: Oui, je suis Mme Bertier.

Maintenant was also introduced as a passive vocabulary word in Leçon 1, but it will now become active.

* **M.** is the abbreviation for **Monsieur. Mme** stands for **Madame. Mlle** is the abbreviation for **Mademoiselle.** Note the absence of a period after **Mme** and **Mlle,** while the abbreviation for **Monsieur** is followed by a period.

** Typical French interjections differ from those that are typically English because of subtle variations in word usage or spelling. For example, **Ah** in French is "Oh" in English, and **Oh là là!** is "Oh no!," "Wow!" or "Good grief!" depending on the feeling expressed. The French also like to shorten words, and so **sympathique** may be **sympa,** and **mathématiques** may be **maths.** Things like these make French unique and often reflect the mentality of French speakers.

While traditional-minded teachers still address their students with **vous,** many new teachers in France prefer to use **tu,** attempting to gain confidence and camaraderie with their students.

Note culturelle

In addressing Mme Bertier, Marielle uses the formal **vous** (*you*), expressing respect for her teacher. In addressing Jérôme, however, Marielle uses the familiar **tu** (*you*) because they are friends of the same age. In this lesson you will learn to use **tu** and **vous,** depending on age and your relationship with someone.

You use **tu** with close friends.

More formal dealings require the use of **vous.**

Young people automatically use **tu** with their peers.

Compréhension

Répondez en français.

1. Où sont Marielle et Jérôme?
2. Il y a deux cours de français?
3. Qui est dans la salle six?
4. Qui est avec le professeur Bertier?
5. Comment s'appelle le professeur d'anglais de Marielle?
6. Marielle et le prof d'anglais sont en retard?

Marielle et Jérôme sont dans la cour.

Non, il y a deux cours d'anglais.

Jérôme est dans la salle six.

Marielle est avec le professeur Bertier.

Le professeur d'anglais de Marielle s'appelle Mme Bertier.

Non, Marielle et le prof d'anglais sont à l'heure.

À propos

1. Vous êtes où maintenant? Dans le cours de français?
2. Vous êtes en retard ou à l'heure?
3. Le professeur de français est en avance ou à l'heure?
4. Le professeur de français est sympa?

LES COURS

le français
l'anglais
la biologie
l'espagnol
les mathématiques
les sciences
l'allemand

Expansion

après le cours d'anglais

MARIELLE: Mme Bertier est sympathique, n'est-ce pas?

RACHELLE: Non, elle est désagréable et l'anglais est difficile.

Après and *n'est-ce pas?* are the passive vocabulary words in this **Expansion.**

MARIELLE: Mais non. C'est formidable. Moi, j'adore les langues. Une langue est toujours utile.

RACHELLE: Je n'aime pas l'anglais, l'allemand et l'espagnol. Je préfère la biologie, les sciences et les mathématiques.

Comment briefly on the use of the definite article in French where English uses none. Examples are before the word **salle** in the Introductory Dialogue and in the **Compréhension** section and before names of languages in the **Expansion** section. The definite article will be treated more thoroughly in **Leçon 4**.

Work on the pronunciation of **comptez** with nasal **om** and silent **p**.

More will be said later about the pronunciation of numbers. It is important at first to give good models of sounds without too much emphasis on detail.

Wkbk. 1
Wkbk. 2

Have the entire class repeat the numbers after you and then one student at a time. Next have students give one number at a time in sequence from **zéro** to **dix**.

Other activities for numbers include counting in reverse **de dix à zéro**, counting by twos (**par deux**) and so on. Addition and subtraction begin in the next lesson.

Activités

1. Complétez la série. (Complete the series.)

MODÈLE: zéro, deux, quatre...
zéro, deux, quatre, six, huit, dix

1. dix, sept, quatre...   dix, sept, quatre, un
2. un, deux, quatre...   un, deux, quatre, sept/huit
3. neuf, sept, cinq...   neuf, sept, cinq, trois, un
4. zéro, trois, six...   zéro, trois, six, neuf
5. dix, neuf, sept...   dix, neuf, sept, quatre, zéro
6. un, trois, cinq...   un, trois, cinq, sept, neuf

Mireille en
Amérique

2. Mireille, a visiting French student, wants the telephone numbers of some of her American friends. Tell her in French what they are.

> MODÈLE: Marc: 241–9547
> **Marc: deux-quatre-un-neuf-cinq-quatre-sept**

French phone numbers are expressed in double digits, eight digits in all. They will be introduced in a later lesson.

1. Julie: 837–3690   Julie: huit-trois-sept-trois-six-neuf-zéro
2. Sara: 924–1682   Sara: neuf-deux-quatre-un-six-huit-deux
3. Robert: 507–6093   Robert: cinq-zéro-sept-six-zéro-neuf-trois
4. Claire: 724–8150   Claire: sept-deux-quatre-huit-un-cinq-zéro
5. Anne: 238–1074   Anne: deux-trois-huit-un-zéro-sept-quatre
6. Paul: 893–2657   Paul: huit-neuf-trois-deux-six-cinq-sept

3. Patrick has the wrong room numbers. Correct him.

> MODÈLE: Élodie est dans la salle deux? (1)
> **Non, Élodie est dans la salle un.**

Qui est dans la salle neuf?

1. Paul et Virginie sont dans la salle un aussi? (5)   Non, Paul et Virginie sont dans la salle cinq.
2. Ah bon? Et Richard est dans la salle cinq? (8)   Non, Richard est dans la salle huit.
3. Mais où sont Giselle et Marie-France? Dans la salle sept? (10)   Non, Giselle et Marie-France sont dans la salle dix.
4. Alors, Diane est aussi dans la salle dix? (4)   Non, Diane est dans la salle quatre.
5. Mais où sont Bruno et Julien? Dans la salle neuf? (3)   Non, Bruno et Julien sont dans la salle trois.
6. Et Jean-Marc est dans la salle six? (2)   Non, Jean-Marc est dans la salle deux.
7. Où est Marie? Dans la salle cinq? (7)   Non, Marie est dans la salle sept.
8. Et Sylvie est dans la salle quatre? (9)   Non, Sylvie est dans la salle neuf.

4. Complétez les phrases d'après les images. Employez des noms de matières scolaires. (Complete the sentences according to the pictures. Use names of school subjects.)

MODÈLE: J'adore ____.
J'adore les mathématiques (maths).

1. Je n'aime pas ____.
Je n'aime pas les sciences.

2. J'aime ____.
J'aime les langues.

3. J'adore ____.
J'adore le français.

4. Je n'aime pas ____.
Je n'aime pas la biologie.

5. J'aime ____.
J'aime l'espagnol.

6. J'adore ____.
J'adore l'allemand.

5. Nicolas states opinions that are the exact opposite of yours. Tell him so by expressing the opposite.

MODÈLE: Marcel est sympathique.
Mais non! Marcel est désagréable.

1. Le français est difficile. Mais non! Le français est facile.
2. Le sac est sous le bureau. Mais non! Le sac est sur le bureau.
3. La biologie est facile. Mais non! La biologie est difficile.

La biologie est difficile?

Ils sont sur les Champs-
Élysées. (Paris)

4. Henri est en retard.   Mais non! Henri est en avance.
5. Le prof d'allemand est désagréable.   Mais non! Le prof d'allemand est sympathique.
6. David et Jeanne sont en avance.   Mais non! David et Jeanne sont en retard.

Structure et usage

le présent du verbe *être* et les pronoms sujets

Être (*to be*) is called an irregular verb because its forms follow an unpredictable pattern. Note the words that precede the forms of **être** in the present tense.

Present Tense of *être*			
Subject Pronoun	Verb		
je	**suis**	Je **suis** en classe.	I *am* in class.
tu	**es**	Tu **es** formidable!	You *are* terrific!
il/elle	**est**	Il/Elle **est** en retard.	He/She *is* late.
nous	**sommes**	Nous **sommes** ici.	We *are* here.
vous	**êtes**	Vous **êtes** à l'école.	You *are* at school.
[z]			
ils/elles	**sont**	Ils/Elles **sont** à Paris.	They *are* in Paris.

Model these forms for class and individual repetition. After students have learned the subject pronouns in the next chart, you may also do some quick exercises like the following:
1. Substitution
   Modèle:
   Je suis ici. (nous)
   Nous sommes ici.
2. Transformation (sing. → pl., pl. → sing.)
   Modèle:
   Il est là-bas.
   Ils sont là-bas.

Wkbk. 3

Pronouns replace the names of people or things. The words used before the forms of **être** in the preceding chart are subject pronouns. Each subject pronoun is the subject of a particular verb form and cannot be used without it. For example,

* **je** goes with **suis**,

   Je suis dans la salle six.   *I am in room six*.

* **tu** goes with **es,**

    Tu es aussi dans la salle six.   *You are also in room six.*

* **nous** goes with **sommes**

    Alors **nous** sommes avec M. Blot.   *Then we are with Mr. Blot.*

* and **vous** goes with **êtes.**

    Vous‿êtes en avance.   *You are early.*
        [z]

The s in **vous** is silent before a consonant but is pronounced [z] before a vowel sound.

The subject pronoun **qui** (*who*) goes with the **il/elle** verb form.

    Qui est en retard?   *Who is late?*

The pronoun **on** is presented in **Leçon 5.**

In French the singular subject pronouns are **je, tu, vous, il** and **elle.** The plural ones are **nous, vous, ils** and **elles.**

Stress that:
* **je** questions are answered with **tu** or **vous** (singular).
* **tu** or **vous** (singular) questions are answered with **je.**
* **nous** questions are answered with **vous.**
* **vous** (plural) questions are answered with **nous.**

Subject Pronouns		
singular		**plural**
(I)	je ◄──────────────►	nous (we)
(you)	tu	
		vous (you)
(you)	vous	
(he)	il ◄──────────────►	ils (they)
(she)	elle ◄──────────────►	elles (they)

Impersonal **il/elle** (*it*) and **ils/elles** (*they*) are treated later on in this lesson.

Elles refers to two or more women. **Ils** refers to two or more men or to a combination of men and women.

Claire et Laure sont à l'école.	**Elles** sont dans la cour.
Marc et Paul sont devant le lycée.	**Ils** sont en avance.
Robert et Anne sont avec Jérôme.	**Ils** sont dans la salle.

Wkbk. 4

6. Complétez les phrases avec **je, tu, il, elle, nous, vous, ils** ou **elles,** selon le cas.

1. ___ suis dans la salle six.   Je
2. Marie et Pierre sont déjà là. ___ sont en avance.   Ils
3. Le prof est dans la rue. ___ est avec Mme Bertier.   Il
4. ___ es dans le cours de Monsieur Sinclair.   Tu
5. Madame, ___ êtes sympathique!   vous
6. Voilà Françoise. ___ est formidable.   Elle

Would you use **tu** or **vous** with a policeman?

M. Sinclair est prof de biologie.

7. Voici Isabelle et Caroline. ___ sont avec Paul.   Elles

8. ___ sommes avec les copains.   Nous

7. The principal, Ms. Paquette, wants to know where certain people are. Tell her.

> MODÈLE: Jean-Paul / là-bas
>
> **Il est là-bas.**

1. Laure / à Montréal   Elle est à Montréal.
2. le professeur de français / dans la salle deux   Il est dans la salle deux.
3. les élèves / dans la cour   Ils sont dans la cour.
4. nous / en classe   Nous sommes en classe.
5. tu / dans la rue   Tu es dans la rue.
6. les filles / en Suisse   Elles sont en Suisse.
7. vous / devant le lycée   Vous êtes devant le lycée.
8. je / dans la salle neuf   Je suis dans la salle neuf.

tu vs. *vous*

In French it is important to use **tu** and **vous** correctly when you talk to someone. Use the familiar **tu** to express affection or friendship. Use the formal **vous** to express distant respect.

Use **tu** with:
1. a good friend
2. a close relative
3. a person your age
4. a child
5. a pet

Use **vous** with:
1. an adult stranger
2. a distant relative
3. a person older than you
4. a mere acquaintance
5. a person of authority Wkbk. 5

Kiki, tu es adorable.

Un biscuit, s'il te plaît.

Tu es en retard!

Vous is also the plural of **tu** and of the formal singular **vous**. Always use **vous** when speaking to two or more people.

> Jean et Georges, **vous** êtes dans le cours d'anglais, non?

Tu is replaced by **toi** (*you*) in a double subject restated with plural **vous**.

> Nathalie et **toi**, vous êtes en avance.   *Nathalie and **you** are early.*

Je is replaced by **moi** (*me, I*) in a double subject restated with **nous**.

> Jacques et **moi**, nous sommes en retard.   *Jacques and **I** are late.*

8. Philippe is always annoyed when others are late. Help him decide whether to use **tu es** or **vous êtes** in speaking to the following people.

> MODÈLE: his little brother Jean-Marc
> **Tu es en retard!**

1. his teacher, Mrs. Bertier   Vous êtes en retard!
2. his friend, Hélène   Tu es en retard!
3. two friends, Roger and Marianne   Vous êtes en retard!
4. his classmate, Laurent   Tu es en retard!
5. his father   Tu es en retard!
6. his mother and father   Vous êtes en retard!
7. his girlfriend's mother   Vous êtes en retard!
8. an unfamiliar gentleman   Vous êtes en retard!

9. Gérard is a new student from Quebec at your school in France and you want to help him. Answer his questions in the affirmative.

> MODÈLES: a)   Tu es dans le cours de Mme Lanvin?
> **Oui, je suis dans le cours de Mme Lanvin.**
> b)   Je suis dans la salle huit?
> **Oui, tu es dans la salle huit.**

1. Tu parles aussi français?   Oui, je parle aussi français.
2. Tu es l'ami de Robert?   Oui, je suis l'ami de Robert.
3. Tu es dans la salle cinq?   Oui, je suis dans la salle cinq.
4. Je suis dans le cours de M. Mollard?   Oui, tu es dans le cours de M. Mollard.
5. Tu habites aussi dans la rue de l'École?   Oui, j'habite aussi dans la rue de l'École.
6. Je suis en avance?   Oui, tu es en avance.
7. Je suis dans la salle en face?   Oui, tu es dans la salle en face.

la négation avec *ne*...*pas*

In French the two words **ne** and **pas** (*not*) are used to make a verb negative. **Ne** precedes the verb. **Pas** follows it.

Je **ne** suis **pas** en retard.   *I am **not** late.*
Irène **ne** parle **pas** espagnol.   *Irène does **not** speak Spanish.*

Do some exercises with être, positive to negative or negative to positive.

Ils sont en avance.

Ne becomes **n'** before a vowel sound.

Vous **n'**êtes pas à l'heure.   *You are **not** on time.*   Wkbk. 6

Alain **n'**aime pas les maths.   *Alain does **not** like math.*   Wkbk. 7

10. Refaites l'**Activité 9** en répondant négativement par **Non** et **ne...pas.** (Do
Activité 9 again answering negatively with **Non** and **ne...pas.**)

     MODÈLE: Tu es dans le cours de Mme Lanvin?
                   Non, je ne suis pas dans le cours de Mme Lanvin.

11. Now you and a French friend are traveling in Europe and you meet two
other travelers in a café near the train station. Answer their questions in
the affirmative.

     MODÈLES: a)   Vous êtes amis?
                      Oui, nous sommes amis.
                b)   Nous sommes dans la rue Carnot?
                      Oui, vous êtes dans la rue Carnot.

   1. Vous êtes copains?   Oui, nous sommes copains.
   2. Nous sommes en face d'une école?   Oui, vous êtes en face d'une école.
   3. Vous êtes de Chicago?   Oui, nous sommes de Chicago.
   4. Nous sommes en retard?   Oui, vous êtes en retard.
   5. Nous sommes en France?   Oui, vous êtes en France.
   6. Vous êtes en avance?   Oui, nous sommes en avance.
   7. Vous êtes lycéens?   Oui, nous sommes lycéens.

12. Refaites l'**Activité 11** en répondant négativement par **Non** et **ne...pas.**

     MODÈLE: Nous sommes dans la rue Carnot?
                   Non, vous n'êtes pas dans la rue Carnot.

13. Your friend Anne-Sophie thinks that she, you and other people are late. In fact everyone is early. Tell her so.

> MODÈLE: Je suis en retard.
> **Non, tu n'es pas en retard. Tu es en avance.**

1. Chantal et toi, vous êtes en retard.

Non, nous ne sommes pas en retard. Nous sommes en avance.

2. Alors, Eric est en retard.

Non, il n'est pas en retard. Il est en avance.

3. Mais David et moi, nous sommes en retard.

Non, vous n'êtes pas en retard. Vous êtes en avance.

4. Caroline et Martine sont en retard.

Non, elles ne sont pas en retard. Elles sont en avance.

5. Nicolas et Denise sont en retard.

Non, ils ne sont pas en retard. Ils sont en avance.

6. Brigitte est en retard.

Non, elle n'est pas en retard. Elle est en avance.

7. Tu es en retard.

Non, je ne suis pas en retard. Je suis en avance.

14. Complétez le dialogue suivant avec les formes convenables du verbe **être**. (Complete the following dialogue with the appropriate forms of the verb **être**.)

> CLAIRE: Bonjour, Pierre! Bonjour, Marie! Vous ＿＿ en avance.

êtes

> MARIE: Ah bon, nous ne ＿＿ pas en retard?

sommes

> CLAIRE: Non, mais où ＿＿ Jean-Luc?

est

> PIERRE: Jean-Luc? Il ＿＿ devant le lycée.

est

Où sont les élèves? (Paris)

CLAIRE:	Tiens, voici Annie. Salut, Annie! Tu ___ en retard.	es
ANNE:	Mais, non. Je ___ à l'heure. Et Angèle et Hervé? Ils ___ où?	suis sont
CLAIRE:	Ils ___ déjà en classe.	sont

les pronoms sujets impersonnels: *il/elle, ils/elles*

The subject pronouns **il/elle** and **ils/elles** are called personal when they refer to people. When they refer only to things, they are impersonal. Impersonal **il** or **elle** means "it." Impersonal **ils** or **elles** means "they."

Impersonal **il** refers to a masculine singular noun. Impersonal **elle** refers to a feminine singular noun.

—Le livre est sur la table?
—Non, **il** est dans le bureau.   *No, it is in the desk.*
—La carte est sur le mur?
—Non, **elle** est sur la table.   *No, it is on the table.*

Impersonal **elles** refers

* to a feminine plural noun

   —Où sont les chaises?
   —**Elles** sont dans la salle.   *They are in the room.*

* or to a group of feminine nouns.

   —Où sont la chaise et la table?
   —**Elles** sont en classe.   *They are in class.*

Impersonal **ils** refers

* to a masculine plural noun,

   —Où sont les écouteurs?
   —**Ils** sont sur la table.   *They are on the table.*

* to a group of masculine nouns

   —Où sont l'écouteur et l'ordinateur?
   —**Ils** sont dans le laboratoire.   *They are in the laboratory.*

* or to a mixed group.

   —Où sont les livres (m.) et les cassettes (f.)?
   —**Ils** sont aussi sur la table.   *They are also on the table.*   Wkbk. 10

15. Complétez les phrases avec **il, ils, elle** ou **elles**, selon le cas.

   1. Les boîtes ne sont pas sur la table. ___ sont devant la porte.   Elles

   2. Le stylo et la feuille de papier ne sont pas dans le sac. ___ sont dans le pupitre.   Ils

   3. L'ordinateur n'est pas dans la salle de M. Martin. ___ est dans le laboratoire.   Il

4. L'affiche n'est pas sous le calendrier. ___ est sur le mur.   Elle

5. Les crayons ne sont pas ici. ___ sont là-bas.   Ils

6. La disquette n'est pas dans la boîte. ___ est sur le bureau.   Elle

7. Les écouteurs et les magnétophones ne sont pas dans la salle deux. ___ sont dans la salle trois.   Ils

16. The people and things below do not belong in the courtyard. Express your concern. Begin with **Oh là là!** and form a question, using **il/elle** and **ils/elles**.

MODÈLE: **Oh là là! Il est dans la cour?**

1.
Oh là là! Elles sont dans la cour?

2.
Oh là là! Ils sont dans la cour?

3.
Oh là là! Elle est dans la cour?

4.
Oh là là! Ils sont dans la cour?

5.
Oh là là! Elle est dans la cour?

6.
Oh là là! Elles sont dans la cour?

7.
Oh là là! Ils sont dans la cour?

8.
Oh là là! Il est dans la cour?

This activity is optional.

17. Comment dit-on en français?

It's the first day of school.   C'est la rentrée.

ALAIN: Excuse me, Sir, but is this Miss Berne's class?   Pardon, Monsieur, mais c'est le cours de Mademoiselle Berne?

M. BERNE: It's Mrs. Berne, but she's not at school today.   C'est Madame Berne, mais elle n'est pas à l'école aujourd'hui.

ALAIN: Oh really? And you are the teacher then?   Ah bon? Et vous êtes le professeur alors?

M. BERNE: Yes, I am Mr. Berne, and you are . . . .   Oui, je suis Monsieur Berne, et vous êtes . . . .

Les élèves sont dans la cour.

ALAIN:	I'm Alain.	Je suis Alain.
M. BERNE:	But where are the students?	Mais où sont les élèves?
ALAIN:	They are in the courtyard. I'm early.	Ils sont dans la cour. Je suis en avance.

Prononciation

les sons [y] et [u]

The sound [y] of the French vowel **u** is similar, but not identical, to the sound of the first "u" in the English word "bureau." To make the sound [y], round your lips tightly and say the English sound "ew." Keep your mouth locked in one position and do not move your lips once the sound is made.

Bruno	pupitre	Suzanne
bureau	rue	tu
Luc	salut	une
mur	sur	utile

The sound [u] of the letters **ou** in French is similar to the sound "oo" in the English word "moo." To make the sound [u], keep your mouth locked in the proper position and do not move your lips once the sound is made.

bonjour	écouteur	où
cours	nous	vous

Because Martinique is considered part of France, it, too, follows the same schedule.

Actualité culturelle
Education

The French public educational system is the same all over France. So, throughout the country, students in the **troisième**—the French third grade which is equivalent to the American ninth grade—use similar textbooks and follow almost the same course schedules.

After elementary school and when they are about eleven years old, students enter the **sixième** or sixth grade. They attend a **collège** or C.E.S. (**Collège d'Enseignement Secondaire**), which is somewhat like junior high school. The French system of numbering the grades is different from ours. The grades progress in descending numerical order. After four years at the **collège**, students have the choice of terminating their studies, going to a vocational school or entering the **lycée**. Here they complete grades two, one and the final year (**terminale**). These last two years at the **lycée** prepare for the national exam, the **baccalauréat** (**le bac**), which usually determines eligibility to attend a university. After grade one (**la première**), students take a first exam (**le bac français**) covering French language and literature. When they're eighteen years old, after the last year, they take the second part of the **bac** in various subject areas. This last exam is very difficult, and about seventy percent of the candidates pass it the first time.

UNITED STATES   FRANCE

GRADE	CLASS	AGE	GRADE	CLASS
6		11	6	Collège
7	Junior High	12	5	(C.E.S.)
8		13	4	
9		14	3	
10	Senior High	15	2	Lycée
11		16	1	
12		17	terminale	

Certain **collèges** may divide each grade into several sections: 1, 2, 3, 4, etc., depending on the particular foreign languages the student has chosen to study. For instance, a typical student in 3ème 5 will study French, English, Spanish, chemistry, physics, natural sciences, history, geography, algebra, geometry, physical education and drawing for one year. A first foreign language, usually English or German, is required in the **sixième**. A second language is added two years later in the **quatrième**, when a pupil is generally thirteen years old.

Most students take two foreign languages.

However, all these classes do not meet each day. This student may have French three times a week, English twice a week, history and geography once a week, physics once a week, geometry twice a week, Spanish twice a week, and so on. The French grading system is also different from ours. It is based on numbers from one to twenty with twenty as the highest, and ten as the lowest passing grade. Fifteen or more is a very good grade.

ANNÉE SCOLAIRE 1989-1990	ÉTABLISSEMENT: LYCÉE MONTAIGNE - PARIS - 06 EMPLOI DU TEMPS					ÉLÈVE: MAURER Guillaume CLASSE DE: 1ère S₂			
	8 À 9.30	9 À 10.30	10 À 11.30	11 À 12.30		14 À 15	15 À 16	16 À 17	
Lundi	SCIENCES NATURELLES	PHYSIQUE	ANGLAIS			HISTOIRE			
Mardi	ITALIEN	FRANÇAIS	MATHÉMA-TIQUES			ANGLAIS	SCIENCES NATURELLES		
Mercredi	PHYSIQUE	PHYSIQUE	HISTOIRE	HISTOIRE					
Jeudi	HISTOIRE	MATHÉMA-TIQUES	MATHÉMA-TIQUES			ITALIEN	FRANÇAIS	ANGLAIS	
Vendredi	8h00 PHYSIQUE	MATHÉMA-TIQUES	MATHÉMA-TIQUES	ITALIEN		ÉDUCATION PHYSIQUE ET SPORTIVE			
Samedi	MATHÉMA-TIQUES	FRANÇAIS	FRANÇAIS						

The French school day is considerably longer than the American one. It usually begins at 8:00 or 8:30, includes a long lunch period and ends at 4:30 or 5:00 p.m. In most **collèges** and **lycées** there are Saturday morning classes but none on Wednesday afternoons.

Charlemagne was a ninth-century ruler who helped unify France.

In the center of the larger French cities, **lycées** are usually impressive old historic buildings. In Paris, for instance, some **lycées** are named for famous historical figures, such as Saint Louis, Louis le Grand, Henri IV and Charlemagne, who were interested in education. Others bear the names of famous authors. The typical French high school student is generally unaccustomed to the modern surroundings of many American high schools. Extracurricular activities generally occur outside the school in France, and sports are much less important in French **lycées** than they are in American high schools. Thus, there is relatively little unity or school spirit in a particular school. Young French people go to school almost exclusively to study and to learn. They socialize primarily away from the high school. For example, they may often meet at a favorite café or in a youth club.

Wkbk. 11

Wkbk. 12

Wkbk. 13

Students still find time to relax with friends at a café. (Brittany)

Pinball (**flipper**) is another popular student pastime.

Interaction et application pratique

À deux

1. Alternating with your partner, count from **zéro** to **dix** in French. Begin with **zéro**, your partner says **un**, you say **deux**, etc. Then count in reverse.

2. With a different partner hold up from one to ten fingers. Your partner will say in French the number that represents how many fingers he/she sees. Reverse roles. See who can respond the quickest.

3. Write down five different numbers (0–10) on five small pieces of paper. Your partner will do likewise. Exchange papers with your partner, keeping the papers in order. Tell him/her what your first number is. Your partner will tell you if his/her number matches yours.

   MODÈLES: a) six (six)
   Oui, c'est ça.
   b) huit (deux)
   Non, c'est deux.

4. Ask your partner who speaks certain languages. The response should be someone you know. Reverse roles and then with your class compile a list of people that you know who speak languages other than English.

   MODÈLE: Qui parle espagnol?
   Monsieur Calderon parle espagnol.

5. Interview your partner about what musicians, movies or entertainers he/she prefers. State what you like and then ask your partner what he/she prefers. Reverse roles, repeat the activity and then compile the results with your whole class.

   MODÈLE: J'aime Lionel Richie. Et toi?
   Moi, je préfère Bruce Springsteen.

6. Interview your partner about what classes he/she is taking. After both of you have asked and answered questions, report back to the class what you have learned.

   MODÈLE: Tu es en maths?
   Oui, je suis en maths.

7. In French list six different subjects while your partner lists six possible locations. Then together form six sentences that use a form of the verb **être** to join your two sentence parts. Share your most creative sentences with the class.

   MODÈLES: a) Élève 1: **Le prof**
   Élève 2: **devant la fenêtre**
   Élèves 1 et 2: **Le prof est devant la fenêtre.**
   b) Élève 1: **Michel et Brigitte**
   Élève 2: **sous la table**
   Élèves 1 et 2: **Michel et Brigitte sont sous la table.**

En groupes

8. Your group has two minutes to see how many different ways the statement **Je suis**... can be completed. Have one person from the group list the possible completions on a transparency. Next complete the sentence **C'est un(e)**... in as many ways as possible. Again, record the completions. The transparency with the longest list can be put on the overhead for all to correct.

Il y a cinq élèves devant les fenêtres de la classe.

Vocabulaire actif

noms

l'allemand (m.) *German (language)*
la biologie *biology*
l'espagnol (m.) *Spanish (language)*

les mathématiques (maths) (f.) *math*
une salle *room*
une science *science*

adjectifs

désagréable *unpleasant*
difficile *hard, difficult*
facile *easy*

formidable *great, terrific*
utile *useful*

verbes

adore *love, adore*
aime *like, love*
comptez *count*
es *are*
êtes *are*

il y a *there is, there are*
préfère *prefer*
sommes *are*
suis *am*

expressions diverses

à l'heure *on time*
ah *oh*
alors *(well) then*
ce (c') *it, this, that, they*
cinq *five*
deux *two*
dix *ten*
elle *it*
en face (de) *opposite, facing*
huit *eight*
il *it*
maintenant *now*

ne (n')...pas *not*
neuf *nine*
nous *we, us*
pardon *excuse me*
quatre *four*
sept *seven*
six *six*
trois *three*
un, une *one*
vous *you*
zéro *zero*

The numbers 0–31 were already introduced as passive vocabulary in the **Leçon préliminaire**.

The subject pronouns je, tu, il and elle were introduced in the **Leçon préliminaire**. Ils and elles were presented in **Leçon 2**. These pronouns are not repeated in this vocabulary list but will appear in the End Vocabulary.

> **expression courante**
>
> **ah bon** *oh really*

Leçon 4

Communicative Functions

- making suggestions
- counting from 11–30
- asking and telling who someone is
- telling someone's occupation
- expressing likes, dislikes, preferences
- giving commands

Ils déjeunent ensemble.

Chez les Caron*

Chez is the passive vocabulary word in this dialogue.

Bernard déjeune à la maison.

BERNARD:	C'est super, Maman! Je suis dans la classe de Michel.
MME CARON:	Ah bon! Et vous êtes combien?**
BERNARD:	Nous sommes vingt-cinq. Paul et Carole sont encore à l'université?
MME CARON:	Oui, ils ne rentrent pas. Mais, Papa est là.
BERNARD:	Ah, Papa est là? Eh bien, déjeunons maintenant, d'accord?

* In the heading **Chez les Caron** the name **Caron** is plural, but it does not end in **s**. The French do not add an **s** to ordinary family names and proper nouns to make them plural.
** Instead of "How many of you are there?" the French would say "How many are you?" or **Vous êtes combien**? This is a good example of a difference in structure between French and English and of the plural meaning of **vous**, as Mme Caron is referring to Bernard and his classmates.

> **Note culturelle**
> In French-speaking countries, secondary school students usually have two hours for lunch. A student like Bernard would have to be back in class at 1:30 or 2:00 P.M.

Compréhension

Répondez en français.

1. Où déjeune Bernard? — Il déjeune à la maison.
2. Qui est Mme Caron? — Mme Caron (C') est la maman de Bernard.
3. Ils sont combien dans la classe de Michel? — Ils sont vingt-cinq.
4. Où sont Paul et Carole? — Ils sont à l'université.
5. Ils déjeunent à la maison? — Non, ils ne rentrent pas.
6. Qui déjeune aussi avec Bernard et Mme Caron? — Papa déjeune aussi avec Bernard et Mme Caron.

À propos

1. Vous êtes à l'université ou au lycée?
2. Vous êtes combien en français?
3. Comment est le professeur de français? Super?
4. Le prof de français déjeune avec les élèves ou avec les professeurs?

Vous êtes combien en français?

Expansion

All words in the **Expansion** are active vocabulary.

Vous êtes combien?

ANNE: Vous êtes combien en maths?

MARC: Nous sommes vingt-sept, onze garçons et dix-huit filles.

ANNE: Mais, vous n'êtes pas vingt-sept. Combien font onze et dix-huit?

MARC: Vingt-neuf.

ANNE: Alors, vous êtes vingt-neuf.

MARC: Dis donc, tu comptes bien. Moi, je n'aime pas les maths.

All forms of the verb **faire** will be presented in **Leçon 10.**

Vous êtes...?

Je m'appelle Christian. J'habite à Lille, et je suis ouvrier.

Je m'appelle Bruno. Je suis mécanicien, et j'aime la musique. Et vous, vous aimez la musique?

At this point you can ask students **Qu'est-ce que vous aimez?** to see how they would answer.

Moi, je suis Mohammed. Je suis scientifique et chercheur. J'aime la biologie, les mathématiques et l'informatique. Je parle français et j'habite à Alger, la capitale de l'Algérie. Vous étudiez l'informatique?

Wkbk. 1

Mohammed aime l'informatique.

Wkbk. 2 Moi, je suis Julie. Je suis lycéenne. Je n'aime pas l'informatique. Je préfère l'histoire et la géographie. J'habite à Paris, la capitale de la France.

Et moi, je m'appelle Mme Desroches. Je suis professeur de mathématiques, et j'adore les maths. Comptez avec moi.

11 onze	**16** seize	**21** vingt et un	**26** vingt-six
12 douze	**17** dix-sept	**22** vingt-deux	**27** vingt-sept
13 treize	**18** dix-huit	**23** vingt-trois	**28** vingt-huit
14 quatorze	**19** dix-neuf	**24** vingt-quatre	**29** vingt-neuf
15 quinze	**20** vingt	**25** vingt-cinq	**30** trente

Wkbk. 3
Wkbk. 4
Wkbk. 5

Have students repeat numbers as a class and individually. Then have them take turns giving individual or groups of numbers in sequence. Next, have them count by twos forward and backward.

—Combien font dix et dix?
—Dix et dix font vingt.
—Et combien font trente moins quinze?
—Trente moins quinze font quinze.

ATTENTION: Note the hyphen in the compound numbers 17–19 and 22–29. The number 21 contains the word **et** and no hyphen. **Un** becomes **une** in any French number preceding a feminine noun. Il y a vingt et une filles dans le cours d'histoire.

Ils sont trois.

Activités

1. You are a waiter (waitress), and you have to give the number of clients you
have seated at certain tables.

      MODÈLE: Table 13 (5)
                  À la table treize ils sont cinq.

1. Table 12 (2)   À la table douze ils sont deux.
2. Table 17 (6)   À la table dix-sept ils sont six.
3. Table 27 (8)   À la table vingt-sept ils sont huit.
4. Table 19 (11)   À la table dix-neuf ils sont onze.
5. Table 10 (4)   À la table dix ils sont quatre.
6. Table 21 (3)   À la table vingt et un ils sont trois.
7. Table 14 (7)   À la table quatorze ils sont sept.
8. Table 15 (9)   À la table quinze ils sont neuf.

2. Xavier is having trouble adding numbers in his math class. Help him.

      MODÈLE: Six et cinq font dix.
                  Non, Xavier. Six et cinq font onze.

1. Sept et sept font treize.   Non, Xavier. Sept et sept font quatorze.

This activity can also be an exercise in subtraction if **moins** is substituted for **et** and answers are modified accordingly.

Xavier n'aime pas les maths.

2. Dix-neuf et dix font vingt.　　　　　Non, Xavier. Dix-neuf et dix font vingt-neuf.

3. Douze et onze font vingt-deux.　　　Non, Xavier. Douze et onze font vingt-trois.

4. Neuf et dix-huit font vingt-six.　　　Non, Xavier. Neuf et dix-huit font vingt-sept.

5. Seize et cinq font vingt.　　　　　　Non, Xavier. Seize et cinq font vingt et un.

6. Quinze et treize font vingt.　　　　　Non, Xavier. Quinze et treize font vingt-huit.

7. Dix-sept et huit font vingt-quatre.　　Non, Xavier. Dix-sept et huit font vingt-cinq.

3. Now give Xavier some subtraction and addition problems to solve.

MODÈLE:　　30
　　　　　　− 0
Combien font trente moins zéro?

You may wish to have students direct these questions to each other and then answer them.

1.　24
　 − 9

2.　18
　 +11

3.　13
　 +14

4.　20
　 − 8

5.　15
　 − 5

6.　26
　 + 4

7.　22
　 − 1

Combien font vingt-quatre moins neuf?

Combien font dix-huit et onze?

Combien font treize et quatorze?

Combien font vingt moins huit?

Combien font quinze moins cinq?

Combien font vingt-six et quatre?

Combien font vingt-deux moins un?

4. Complétez les phrases d'après les images.

1. Aujourd'hui Bernard rentre à la ___.

maison

2. Carole et Paul déjeunent à l' ___.

université

3. Bruno aime la ___.

musique

4. Christian est ___.

ouvrier

5. Julie n'étudie pas l' ___. 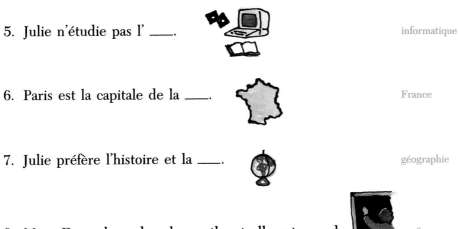 informatique

6. Paris est la capitale de la ___. France

7. Julie préfère l'histoire et la ___. géographie

8. Mme Desroches adore les maths et elle est ___ de professeur
mathématiques.

5. Complétez les phrases avec le mot convenable.

a. informaticienne   e. papa
b. comptez   f. scientifique/chercheur
c. Alger   g. utile
d. lycéen   h. combien

1. ___ est la capitale de l'Algérie.   c
2. ___ font quinze et douze?   h
3. M. Caron est le ___ de Bernard.   e
4. ___ de onze à trente, s'il vous plaît.   b
5. Un ___ aime les sciences.   f
6. Une ___ étudie l'informatique.   a
7. Le français est une langue ___.   g
8. Un ___ n'est pas à l'université. Il est à l'école.   d

Structure et usage

le verbe *être* + nom de métier

Note the difference between the French and the English in these sentences.

Je suis mécanicien.   *I am a mechanic.*
Tu n'es pas artiste.   *You aren't an artist.*
Elle est scientifique.   *She's a researcher.*

In French, **un(e)** is omitted after the forms of **être** and before the name of a trade or profession. There is no article with the corresponding plural forms either.

Il est informaticien.

Nous sommes médecins.	*We are doctors.*
Vous êtes secrétaires?	*Are you secretaries?*
Ils sont interprètes.	*They are interpreters.*

With **c'est**, however, **un(e)** is used before names of occupations.

—Voilà Mlle Goulet. Elle est ouvrière?
—Non, c'est une chercheuse.
—Et voici M. Goulet. Il est professeur?
—Non, c'est un informaticien.

Wkbk. 6

6. Robert wants to know what work certain people do. Answer him.

MODÈLE: Alors, Mme Bertier est prof. Et Henri?
Il est médecin.

1. Et toi?
    Je suis lycéen(ne).

2. Et Alain et Louis?
    Ils sont informaticiens.

3. Et Christine?
    Elle est scientifique/chercheuse.

4. Et Annie et Mireille?
    Elles sont artistes.

5. Et Mlle Corbin?
    Elle est secrétaire.

6. Et Jean-Michel?
    Il est mécanicien.

7. Et Denis et Cyrielle?
    Ils sont chercheurs/scientifiques.

Il est artiste à Montmartre.
(Paris)

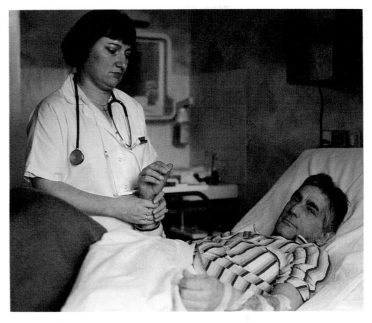

Elle est médecin.

7. Répondez en employant **Non, c'est un(e)** avec le mot entre parenthèses.
   (Reply using **Non, c'est un(e)** with the word in parentheses.)

   MODÈLE· Voilà Martine. Elle est lycéenne? (ouvrière)
   Non, c'est une ouvrière.

   1. Voilà Mlle Vidal. Elle est secrétaire?
      (professeur)   Non, c'est un professeur.

   2. Voilà M. Chartrier. Il est informaticien?
      (artiste)   Non, c'est un artiste.

   3. Voilà Mme Villette. Elle est chercheuse?
      (interprète)   Non, c'est une interprète.

   4. Voilà Annie. Elle est professeur? (médecin)   Non, c'est un médecin.

   5. Voilà Raoul. Il est lycéen? (scientifique)   Non, c'est un scientifique.

   6. Et voilà aussi Martin. Il est ouvrier?
      (mécanicien)   Non, c'est un mécanicien.

l'infinitif et le présent des verbes réguliers en -er

A verb is a word that expresses action or a state of being. The infinitive is its basic form. It is also the form of the verb found in the end vocabulary of this book or in dictionaries. **Aimer** (*to like, to love*), **étudier** (*to study*), **habiter** (*to live*) and **parler** (*to speak, to talk*) are infinitives and are called -**er** verbs because their infinitives end in -**er**. They are also called regular verbs because their forms follow a predictable pattern.

Regular -**er** verbs, such as **parler**, have six forms in the present tense. To form the present tense of a regular -**er** verb, find the stem of the verb by removing the -**er** ending from its infinitive.

parl er

Now add the endings (-**e**, -**es**, -**e**, -**ons**, -**ez**, -**ent**) to the stem of the verb depending on the corresponding subject pronoun.

Here is the present tense of **parler**.

Vous habitez à Monaco?

Explain that the infinitive **être** is irregular because its stem and endings vary so much in the present tense. Point out the regularity in stems and endings of -**er** verbs and explain that the majority of them are regular. The irregular verb **aller** will be presented in the next lesson.

Wkbk. 7
Wkbk. 8
Wkbk. 9
Wkbk. 10

			Present Tense of *parler*	
Subject Pronoun	+ Stem	+ Ending		
je	parl	-e	Je **parle** français.	I *speak* French.
tu	parl	-es	Tu **parles** anglais.	You *speak* English.
il/elle	parl	-e	Il/Elle **parle** en classe.	He/She *speaks* in class.
nous	parl	-ons	Nous **parlons** allemand.	We *speak* German.
vous	parl	-ez	Vous **parlez** avec le prof.	You *speak* with the teacher.
ils/elles	parl	-ent	Ils/Elles **parlent** espagnol.	They *speak* Spanish.

ATTENTION:
1. Of the six endings, only -**ons** and -**ez** are pronounced. The others are silent.
2. **Je** becomes **j'** and **ne** becomes **n'** before verbs that begin with a vowel sound, such as **aimer**, **étudier** and **habiter**: **j'aime / je n'aime pas, j'étudie / je n'étudie pas, j'habite / je n'habite pas.**
3. Each present tense verb form in French consists of only one word but has more than one meaning.

Marc **parle** anglais.
 { Marc *speaks* English.
 { Marc *does speak* English.
 { Marc *is speaking* English.

Vous respectez le prof! (Paris)

Here you could have students do oral practice with these verbs already studied: **adorer, aimer, compter, déjeuner, étudier, habiter, parler** and **rentrer**. They could do subject substitutions with one verb at a time.
Modèle:
Je déjeune à l'école. (vous)
Vous déjeunez à l'école.
Or they could do quick changes from affirmative to negative.
Modèle:
J'habite à New York.
Je n'habite pas à New York.

Marc ne **parle** pas anglais.   { Marc *does* not *speak* English.
                                   { Marc *is* not *speaking* English.

Marc **parle** anglais?   { *Does* Marc *speak* English?
                                   { *Is* Marc *speaking* English?

Besides **aimer, étudier, habiter** and **parler**, other regular -**er** verbs you have seen so far are **adorer, compter, déjeuner** and **rentrer**.

8. The principal has called you into his office. Answer all his questions affirmatively.

MODÈLE: Vous parlez anglais dans le cours de français?
          Oui, je parle anglais dans le cours de français.

1. Vous êtes encore en retard aujourd'hui?   Oui, je suis encore en retard aujourd'hui.
2. Vous aimez le prof d'histoire?   Oui, j'aime le prof d'histoire.
3. Vous étudiez en classe?   Oui, j'étudie en classe.
4. Vous êtes un ami de Patrick?   Oui, je suis un ami de Patrick.
5. Vous déjeunez à la maison?   Oui, je déjeune à la maison.
6. Vous habitez en face de l'école?   Oui, j'habite en face de l'école.
7. Vous rentrez à la maison maintenant?   Oui, je rentre à la maison maintenant.

Ils déjeunent à l'école.

9. Complétez les phrases avec la forme convenable du verbe entre parenthèses.

1. Je ___ français. (parler)   parle
2. Nous ___ les langues. (aimer)   aimons
3. Les élèves ___ en classe. (étudier)   étudient
4. Vous ___ à la maison maintenant? (rentrer)   rentrez
5. Qui ___ ici? (habiter)   habite
6. J' ___ les sciences. (adorer)   adore
7. Tu ___ à l'école? (déjeuner)   déjeunes
8. Mme Desroches ___ en français. (compter)   compte

10. Paul wants to know whether certain people are studying computer science. Tell him that they are not.

MODÈLE: Daniel étudie l'informatique?
          Non, il n'étudie pas l'informatique.

1. Denise étudie l'informatique?   Non, elle n'étudie pas l'informatique.
2. Et les copains?   Non, ils n'étudient pas l'informatique.
3. Et Marie-Claire?   Non, elle n'étudie pas l'informatique.
4. Et Isabelle et Giselle?   Non, elles n'étudient pas l'informatique.
5. Et Martine et vous, vous étudiez   Non, nous n'étudions pas l'informatique.
   l'informatique?
6. Et toi?   Non, je n'étudie pas l'informatique.
7. Et Luc et Chantal?   Non, ils n'étudient pas l'informatique.

11. Now Paul asks some other questions about people. Answer him.

MODÈLE: Qui aime les maths? (je)
          J'aime les maths.

1. Qui ne compte pas bien? (Martine   Martine et Christine ne comptent pas bien.
   et Christine)
2. Qui parle allemand? (vous)   Vous parlez allemand.
3. Qui ne déjeune pas à l'école? (tu)   Tu ne déjeunes pas à l'école.

4. Qui ne rentre pas à la maison? (nous)

    Nous ne rentrons pas à la maison.

5. Qui adore le prof? (les lycéens)

    Les lycéens adorent le prof.

6. Qui étudie en classe? (Monique)

    Monique étudie en classe.

7. Qui n'est pas à l'heure? (le prof)

    Le prof n'est pas à l'heure.

8. Qui habite à Alger? (Mohammed)

    Mohammed habite à Alger.

l'impératif des verbes en *-er*

Imperative verb forms express orders or commands and also suggestions in French. Each French verb has three command forms whose subjects are understood to be **tu**, **vous** and **nous**. These subjects, however, are not used with commands. Compare the following commands with corresponding present tense forms.

Present Tense	Imperative	
tu étudies	**Étudie** maintenant.	*Study* now.
tu n'étudies pas	**N'étudie pas** maintenant.	*Don't study* now.
vous étudiez	**Étudiez** bien.	*Study* well.
vous n'étudiez pas	**N'étudiez pas** en classe.	*Don't study* in class.
nous étudions	**Étudions** aujourd'hui.	*Let's study* today.
nous n'étudions pas	**N'étudions pas.**	*Let's not study.*

ATTENTION: 1. For **-er** verbs only, the final **s** in the present tense **tu** form is dropped to make the command.

2. The **nous** imperative form expresses a suggestion and has the meaning "*let's* + verb."

Wkbk. 11

Wkbk. 12

Attention!

12. You have been left in charge of your little brother. Tell him what he must do before your parents return.

> MODÈLE: déjeuner
> **Déjeune.**

1. rentrer   Rentre.
2. étudier la biologie   Étudie la biologie.
3. parler français avec Paul   Parle français avec Paul.
4. compter en anglais   Compte en anglais.
5. étudier les maths   Étudie les maths.
6. parler espagnol avec Marie   Parle espagnol avec Marie.

Answers:
1. Ne rentre pas.
2. N'étudie pas la biologie.
3. Ne parle pas français avec Paul.
4. Ne compte pas en anglais.
5. N'étudie pas les maths.
6. Ne parle pas espagnol avec Marie.

13. Refaites l'**Activité 12** en répondant négativement.

> MODÈLE: déjeuner
> **Ne déjeune pas.**

Answers:
1. Rentrez.
2. Étudiez la biologie.
3. Parlez français avec Paul.
4. Comptez en anglais.
5. Étudiez les maths.
6. Parlez espagnol avec Marie.

14. Refaites l'**Activité 12** comme si vous parliez à votre petit frère et votre petite soeur en même temps. (Do **Activité 12** again as if you were speaking to both your little sister and little brother.)

> MODÈLE: déjeuner
> **Déjeunez.**

15. Suggest to your friends that you all do the following things now.

> MODÈLE: étudier la biologie
> **Étudions la biologie maintenant.**

1. compter de zéro à vingt   Comptons de zéro à vingt maintenant.
2. rentrer à la maison   Rentrons à la maison maintenant.
3. parler avec les professeurs   Parlons avec les professeurs maintenant.
4. étudier la géographie   Étudions la géographie maintenant.
5. déjeuner   Déjeunons maintenant.
6. parler allemand   Parlons allemand maintenant.

Ils étudient la biologie.

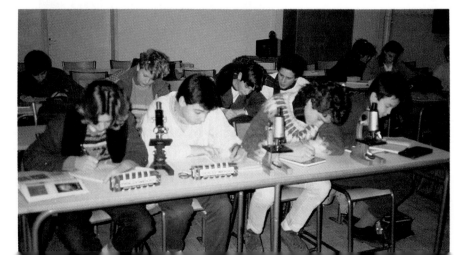

Elles adorent le piano.

l'usage de l'article défini

In French the definite article **le, la, l'** or **les** often has a meaning or purpose that the English definite article "the" does not have. **Le, la, l'** or **les** often means "all" or "in general," as in the following statements.

La musique est utile.

$\begin{cases} (\textbf{\textit{All}}) \textit{ Music is useful.} \\ \textit{Music } (\textbf{\textit{in general}}) \textit{ is useful.} \end{cases}$

J'aime l'histoire.

*I like history (**in general**).*

Le Canada est formidable.

*(**All of**) Canada is great.*

Of course, in English the words "all" or "in general" are usually not expressed. So, French often uses the definite article where English uses none.

ATTENTION: When the name of a language follows the verb **parler**, French uses no definite article. Compare the following sentences.

Nous étudions le français.	*We are studying French.*
Nous parlons français.	*We speak French.*

Wkbk. 13

16. Anne-Marie wants to know what you like at school. Tell her in French.

MODÈLE: professeurs
J'adore les professeurs.

1. informatique — J'adore l'informatique.
2. langues — J'adore les langues.
3. maths — J'adore les maths.
4. sciences — J'adore les sciences.
5. musique — J'adore la musique.
6. histoire — J'adore l'histoire.
7. espagnol — J'adore l'espagnol.
8. français — J'adore le français.

You might provide the cue, and students would respond in the **nous** form.

J'adore les maths.

Vous aimez le rock? (Canada)

17. Employez ou non l'article défini dans chaque phrase, selon le cas. (Either use or don't use the definite article in each sentence, as suitable.)

1. ___ français est une langue utile.   Le
2. Nous adorons ___ Suisse.   la
3. Maman parle ___ allemand.   —
4. Vous étudiez ___ espagnol?   l'
5. Je préfère ___ histoire et ___ maths.   l'/les
6. J'aime aussi ___ musique.   la
7. Vous aimez ___ français?   le
8. Qui parle ___ anglais?   —

This is an optional activity.

18. Comment dit-on en français?

M. LECLERC:	Are you a (high school) student?	Vous êtes lycéenne?
NATHALIE:	No, I am not a student. And you, Sir, are you a teacher?	Non, je ne suis pas lycéenne. Et vous, Monsieur, vous êtes professeur?
M. LECLERC:	Yes. How much is eleven and four, no, eleven minus four?	Oui. Combien font onze et quatre, non, onze moins quatre?
NATHALIE:	Fifteen, no, seven.	Quinze, non, sept.
M. LECLERC:	Oh, you like math?	Ah, vous aimez les maths?
NATHALIE:	Yes, I love math and languages also.	Oui, j'adore/aime les maths et les langues aussi.
M. LECLERC:	And do you speak French?	Et vous parlez français?
NATHALIE:	Yes, a little. I speak English, but I love French.	Oui, un peu. Je parle anglais, mais j'adore/aime le français.

Prononciation

les sons [ɔ] et [ɔ̃]

The sound [ɔ], or open **o**, is just one of the sounds for the letter **o** in French. It is called open **o** because the mouth must be more open than closed to form it.

bi**o**logie	éc**o**le	Paul
Car**o**le	espagn**o**l	p**o**rte
c**o**pain	h**o**mme	pr**o**fesseur

The sound [ɔ̃] is an open nasal sound. It is represented by **on** or **om**. In either case the **n** or **m** is not pronounced, and the sound [ɔ̃] comes out through the nose.

b**on**soir	garç**on**	c**om**bien
cray**on**	n**on**	c**om**préhensi**on**
f**on**t	s**on**t	c**om**pter

Lecture

C'est super!

Vincent, Marc et Jean-Michel sont lycéens. Ils sont toujours ensemble:°[1] ils sont en classe ensemble, ils étudient et ils déjeunent ensemble.　　*together*

Cet° après-midi,° ils sont dans le bus.[2] Oh là là, mais ils sont en retard pour° le cours de maths de Monsieur Simon! Et Monsieur Simon est toujours à l'heure.　　*This/afternoon*　*for*

Les copains sont toujours ensemble.

Voilà le bus.
(Paris)

Ils parlent dans le bus.

In **Lecture** sections, words like **toujours**, which has been previously introduced as passive vocabulary, will not be noted again but will appear in the End Vocabulary.

Cognates like **le bus** are not glossed but are passive vocabulary words and appear in the End Vocabulary.

Tiens, tiens...qui est le monsieur devant, dans le bus? Il parle avec deux hommes. Est-ce Monsieur Simon? Mais oui! Et il est en retard aussi. C'est super!

Wkbk. 14

¹The symbol ° following a certain word means that it is a new passive vocabulary word. It is glossed in the right margin and will appear in the End Vocabulary.

²**Le bus** is the shortened form of **l'autobus** (*bus*).

Passive vocabulary words may appear in the **Compréhension** section following a **Lecture**.

Répondez en français.

1. Où sont Vincent, Marc et Jean-Michel?
2. Ils sont en avance pour le cours de maths?
3. M. Simon est toujours en retard?
4. Où est Monsieur Simon?
5. Il parle avec qui?
6. Il est à l'heure?

Ils sont dans le bus.

Non, ils ne sont pas en avance.

Non, il est toujours à l'heure.

Il est dans le bus.

Il parle avec deux hommes.

Non, il est en retard.

Proverbe

Ask students to find a structural difference (definite articles) between the French and the English versions of the proverb. See whether they can find an English proverb similar to the French one.

Since new words appearing in a proverb are translated, they will not be listed in the vocabulary.

Les bons comptes font les bons amis.   *Debts paid off make good friends.*

Interaction et application pratique

À deux

1. Using the question **Combien font**...?, create five addition and five subtraction problems to be solved by your partner. Remember not to use numbers over 30 in either your problems or answers.
   MODÈLE: Combien font quinze et dix?
              Quinze et dix font vingt-cinq.
2. With your partner take turns finding out in French how many students there are in your various courses. (Just ask about those classes for which you know the French equivalents.) Report back to the class what you have learned.
   MODÈLE: Vous êtes combien en histoire?
              Nous sommes vingt-cinq.

3. With your partner list as many French names of occupations as you can. Then take turns asking your partner to name someone he/she knows who practices that occupation. Later with your class compile a list of people that you know who hold these various jobs.

    MODÈLE: Qui est médecin?

                M. Smith est médecin.

4. Interview your partner about the things that he/she likes. After both of you have asked and answered questions, report back to the class what you have learned about your partner.

    MODÈLES: a) Tu aimes la musique?

                  Oui, j'aime la musique.

            b) Tu aimes le cours d'anglais?

                  Non, je n'aime pas le cours d'anglais.

5. Take turns with your partner describing yourself in French. Make sure to use only French vocabulary that you already know. (Verbs you might include are **être, adorer, aimer, déjeuner, étudier, habiter** and **parler**.) Then tell the rest of the class what you have learned about your partner.

Tous ensemble (*All together*)

6. With your classmates play the French version of "Bingo," called **Loto**. Each student makes a rectangular card divided into 30 squares and fills in each square with a number from 1–30 in any order. One student will randomly call out numbers from 1–30 in French. As you hear each number, fill in its corresponding space. The winner, the first person to complete a horizontal line, can call out numbers in the next round.

7. With your classmates play **Dring** in French. This game is similar to the English game "Buzz." Pick a number lower than 10, for instance, 4. To begin, each student counts off in French, starting with **zéro**. When the number 4, a number containing 4 or a multiple of 4 comes up, the student whose turn it is must say **Dring** instead of the number. (Between 0–30 you would say **Dring** instead of 4, 8, 12, 14, 16, 20, 24 and 28.)

8. Each student has a sheet of paper with the following statements written on it:

1. Je déjeune à l'école.
2. J'habite avec Maman et Papa.
3. Je suis en retard.
4. Je parle un peu allemand.
5. J'aime l'informatique.

Now, as you walk around your classroom, find a different person who can answer each question affirmatively. You will say to someone, for example, **Tu déjeunes à l'école?** When you find a person who answers **Oui, je déjeune à l'école**, this person will initial your sheet. The first student to have all five affirmative responses is the winner.

Vocabulaire actif

noms

l'Algérie (f.) *Algeria*
une capitale *capital*
un chercheur, une chercheuse
 researcher
la géographie *geography*
l'histoire (f.) *history; story*
l'informatique (f.) *computer science*
une maison *house, home*
maman (f.) *mom, mother*

un mécanicien, une mécanicienne
 mechanic
un métier *trade, profession, craft*
la musique *music*
un ouvrier, une ouvrière *(factory)*
 worker, laborer
papa (m.) *dad, father*
un(e) scientifique *scientist*
une université *university*

adjectif

super *super, terrific, great*

verbes

adorer *to love, to adore*
aimer *to like, to love*
compter *to count*
déjeuner *to eat lunch*
étudier *to study*
font *is (from* faire = *to do, to make)*
 Combien font 1 et 1? *How much is 1 and 1?*

Combien font 2 moins 1? *How much is 2 minus 1?*
habiter *to live*
parler *to speak, to talk*
préférer *to prefer*
rentrer *to come home, to return*

expressions diverses

combien *how much, how many*
dix-huit *eighteen*
dix-neuf *nineteen*
dix-sept *seventeen*
douze *twelve*
encore *still*
moins *minus*

onze *eleven*
quatorze *fourteen*
quinze *fifteen*
seize *sixteen*
treize *thirteen*
trente *thirty*
vingt *twenty*

The compound numbers 21–29 are not included in the vocabulary.

---

expressions courantes

d'accord *OK*
dis donc *say (now)*

Sophie et Daniel sont à l'école

Each review lesson emphasizes the material of the immediately preceding four lessons.

The dialogue of this review lesson contains no new active or passive vocabulary words.

DANIEL: Salut, Sophie. Comment ça va?

SOPHIE: Pas mal, merci. Et toi?

DANIEL: Très bien, merci. Tiens, voilà Stéphanie et Richard. Ils sont en classe avec nous.

SOPHIE: Ah bon? Nous sommes combien alors?

DANIEL: Il y a treize garçons et onze filles. Treize et onze font vingt-quatre. Alors, nous sommes vingt-quatre.

Compréhension

Répondez en français.

1. Qui parle ici? Sophie et Daniel parlent.
2. Ils parlent allemand? Non, ils parlent français.
3. Ils sont à la maison? Non, ils sont à l'école.
4. Comment va Daniel? Il va très bien.
5. Qui est en classe avec Daniel et Sophie? Richard et Stéphanie sont en classe avec Daniel et Sophie.
6. Il y a trente élèves en classe? Non, il y a vingt-quatre élèves en classe.

À propos

1. Comment ça va?
2. Vous êtes où? Dans le cours de français?
3. Vous êtes combien en français?
4. Vous aimez le français?
5. Vous parlez espagnol?

Activités

1. Posez les questions qui occasionneraient les réponses suivantes. Employez la forme **tu**. (Ask the questions which would prompt the following answers. Use the **tu** form.)

   1. Je m'appelle Laurence. Tu t'appelles comment?
   2. Très bien, merci. Comment ça va?
   3. Non, je suis lycéenne. Tu es (artiste, médecin...)?
   4. Non, j'habite à Nice. Tu habites à (Paris, Chicago...)?
   5. Oui, je parle français. Tu parles français?
   6. Non, je déjeune à l'école. Tu déjeunes à la maison?

2. Trouvez l'équivalent le plus proche de l'expression donnée. (Find the closest equivalent for the given expression.)

   1. élève   a. aimer   i
   2. cours   b. pas mal   d

Laurence déjeune à l'école.

3. lycée	c. copain	f
4. adorer	d. classe	a
5. bien	e. scientifique	b
6. ami	f. école	c
7. au revoir	g. formidable	h
8. super	h. ciao	g
9. chercheur	i. lycéen	e

3. Complétez les phrases d'après les images.

MODÈLE: Voilà ____.
Voilà un cahier.

1. C'est ____.   C'est une affiche.

2. Marie est sympa. C'est ____ sympa.   C'est une fille sympa.

3. Il y a ____ sous la télé.   Il y a un magnétoscope sous la télé.

4. Le professeur d'anglais est ____.   Le professeur d'anglais est une femme.

5. Le prof de français est ____.   Le prof de français est un homme.

6. Il y a ____ sur la table.   Il y a un livre sur la table.

7. C'est ___.   C'est une fenêtre.

8. Il y a aussi ___ sur le mur.   Il y a aussi une pendule sur le mur.

4. Tell the following people that they are late.

MODÈLE: un ami
Tu es en retard.

1. trois amis   Vous êtes en retard.
2. maman   Tu es en retard.
3. un professeur   Vous êtes en retard.
4. un copain   Tu es en retard.
5. deux copines   Vous êtes en retard.
6. une femme   Vous êtes en retard.
7. papa   Tu es en retard.

Qui est en retard?

5. Ajoutez **un** ou **une** seulement si c'est nécessaire.

1. Est-ce ___ professeur? Oui, c'est ___ Mme Brun.   un/—
2. Voilà ___ chaise dans ___ salle de classe.   une/une
3. Voici ___ laboratoire de langues dans ___ lycée.   un/un
4. C'est ___ Robert. C'est ___ élève de M. Duhamel.   —/un
5. Qui est-ce? C'est ___ M. Renaud? Oui, c'est ___ médecin. —/un
6. Il y a ___ écouteur et aussi ___ magnétophone sur la table. un/un

6. Dans la liste suivante trouvez la phrase qui entraînerait chaque réponse.
Soyez logique. (In the following list find the phrase that would bring about
each answer. Be sure your choice is logical.)

Qui est M. Benoît?   Qui est Chantal?
Où est Marius?   Au revoir, Bernard.
Comment ça va?   Monique n'est pas là?
Qui est-ce?   Bonjour, Charlotte.

1. — _____   Comment ça va?
   —Très bien, merci. Et toi?
2. — _____   Qui est Chantal?
   —C'est une amie.
3. — _____   Où est Marius?
   —Là, devant le lycée.

Comment ça va?

Catherine est en avance.

4. — _____   Au revoir, Bernard.
   —Ciao, Jacques.

5. — _____   Bonjour, Charlotte.
   —Salut, Pierre.

6. — _____   Qui est-ce?
   —C'est Mlle Clarius.

7. — _____   Qui est M. Benoît?
   —C'est un professeur.

8. — _____   Monique n'est pas là?
   —Non, elle ne va pas bien.

7. Some people are early, not late. Say so in French.

   MODÈLE: André et Philippe
             Ils sont en avance. Ils ne sont pas en retard.

   1. Stéphanie et Caroline   Elles sont en avance. Elles ne sont pas en retard.

   2. nous   Nous sommes en avance. Nous ne sommes pas en retard.

   3. vous   Vous êtes en avance. Vous n'êtes pas en retard.

   4. Georges   Il est en avance. Il n'est pas en retard.

   5. tu   Tu es en avance. Tu n'es pas en retard.

   6. je   Je suis en avance. Je ne suis pas en retard.

   7. Catherine   Elle est en avance. Elle n'est pas en retard.

   8. Marcel et Catherine   Ils sont en avance. Ils ne sont pas en retard.

8. Complétez les phrases d'après les images.

MODÈLE: _____ est sur _____.
L'affiche est sur le mur.

1. _____ est dans _____.
La disquette est dans la boîte.

2. _____ sont dans _____.
Les garçons sont dans la rue.

3. _____ est sur _____.
La carte est sur le mur.

4. _____ sont dans _____.
Les cassettes sont dans le sac.

5. _____ est sur _____.
L'ordinateur est sur la table.

6. _____ est avec _____.
Le crayon est avec le stylo.

7. _____ est sur _____.
La feuille de papier est sur le bureau.

9. Exprimez ces questions en français.

MODÈLE: 4 − 4 = ?
Combien font quatre moins quatre?

1. 29 − 8 = ?   Combien font vingt-neuf moins huit?
2. 16 + 6 = ?   Combien font seize et six?
3. 14 + 4 = ?   Combien font quatorze et quatre?
4. 30 − 23 = ?   Combien font trente moins vingt-trois?
5. 1 + 11 = ?   Combien font un et onze?

6. $13 - 3 = ?$ Combien font treize moins trois?

7. $15 + 5 = ?$ Combien font quinze et cinq?

8. $28 - 9 = ?$ Combien font vingt-huit moins neuf?

Answers:
1. Vingt-neuf moins huit font vingt et un.
2. Seize et six font vingt-deux.
3. Quatorze et quatre font dix-huit.
4. Trente moins vingt-trois font sept.
5. Un et onze font douze.
6. Treize moins trois font dix.
7. Quinze et cinq font vingt.
8. Vingt-huit moins neuf font dix-neuf.

10. Répondez aux questions de l'**Activité 9**.

    MODÈLE: Combien font quatre moins quatre?
           Quatre moins quatre font zéro.

11. Remplacez **un(e)** par **le, la** ou **l'**, selon le cas et répétez. (Replace **un(e)** with **le, la** or **l'**, as suitable, and repeat.)

1. Voilà un sac.   Voilà le sac.
2. Voilà une affiche.   Voilà l'affiche.
3. Voilà une boîte.   Voilà la boîte.
4. Voilà un stylo.   Voilà le stylo.
5. Voilà une école.   Voilà l'école.
6. Voilà un ordinateur.   Voilà l'ordinateur.
7. Voilà un médecin.   Voilà le médecin.
8. Voilà une maison.   Voilà la maison.

Entrez sans fumer
merci...

C'est une affiche.

12. Jean-Charles knows where some people and things are, but you are looking for the ones below. Ask him where they are.

    MODÈLE: Voilà les écouteurs.
           D'accord, mais où sont les cassettes?

1. Voici la table.
    D'accord, mais où est la chaise?

2. Voilà les cahiers.
    D'accord, mais où sont les livres?

3. Voilà le professeur.
    D'accord, mais où sont les élèves?

4. Voici les stylos.
    D'accord, mais où sont les crayons?

5. Voici la boîte.
    D'accord, mais où est la disquette?

6. Voilà la salle de classe.
    D'accord, mais où est le professeur?

7. Voilà les cassettes.
    D'accord, mais où sont les magnétophones?

8. Voilà l'informaticien.
    D'accord, mais où est l'ordinateur?

13. Using **Il/Elle est**, tell what work each person below does.

You may have students do this activity again, using **C'est un(e)**.

MODÈLE: **Il est médecin.**

1.
Elle est lycéenne.

2.
Il est ouvrier.

3.
Elle est scientifique/chercheuse.

4.
Il est informaticien.

5.
Elle est professeur.

6.
Il est mécanicien.

7.
Elle est artiste.

8.
Il est secrétaire.

14. Complétez les phrases avec la forme convenable du verbe entre parenthèses.

1. Nous ____ français et anglais. (parler)   parlons
2. Vous ____ en espagnol. (compter)   comptez
3. Maurice ____ avec Joëlle. (déjeuner)   déjeune
4. J' ____ l'informatique. (aimer)   aime

Joëlle adore l'informatique.

Catherine est dans le cours de Mme Bénichou.

5. Les cassettes ___ sur la table. (être) sont
6. Tu ___ le français. (adorer) adores
7. Catherine ___ en face de l'école. (habiter) habite
8. Georges et Monique ___ en classe. (étudier) étudient

15. Refaites l'**Activité 14** à la forme négative.

16. Tell the following people to return home. Use the imperative form.

MODÈLE: un copain
           Rentre à la maison.

1. maman et papa Rentrez à la maison.
2. le professeur Rentrez à la maison.
3. un garçon de cinq ans Rentre à la maison.
4. M. et Mme Sardou Rentrez à la maison.
5. deux copines et vous, aussi Rentrons à la maison.
6. une amie Rentre à la maison.
7. papa Rentre à la maison.
8. le médecin Rentrez à la maison.

17. Dans le paragraphe suivant employez ou non **le, la, l'** ou **les,** selon le cas.

Bonjour! Je m'appelle Catherine. Je suis ___ lycéenne. —
Je suis dans ___ cours de Mme Bénichou. Je suis dans ___ le/la
salle trois. Je parle ___ anglais et j'adore ___ français. —/le
Mais, je n'aime pas ___ maths. Je préfère ___ histoire et les/l'
___ garçons. les

Answers:
1. Nous ne parlons pas français et anglais.

2. Vous ne comptez pas en espagnol.
3. Maurice ne déjeune pas avec Joëlle.
4. Je n'aime pas l'informatique.
5. Les cassettes ne sont pas sur la table.
6. Tu n'adores pas le français.
7. Catherine n'habite pas en face de l'école.
8. Georges et Monique n'étudient pas en classe.

Ils n'habitent pas à Paris.

18. Changez les mots en italique au pluriel ou au singulier, selon le cas.

      MODÈLE: *J'habite* ici.
                  Nous habitons ici.

1. *Je parle* allemand.   Nous parlons allemand.
2. *Ils n'aiment* pas la géographie.   Il n'aime pas la géographie.
3. *Tu habites* à Paris?   Vous habitez à Paris?
4. *Vous rentrez* maintenant?   Tu rentres maintenant?
5. *Nous étudions* en classe.   J'étudie en classe.
6. *Elle n'adore* pas l'histoire.   Elles n'adorent pas l'histoire.
7. *Elles sont* en retard.   Elle est en retard.
8. *Il* ne *déjeune* pas à l'école?   Ils ne déjeunent pas à l'école?

This activity is optional.

19. Comment dit-on en français?

MAMAN:	Where are Sophie and Stéphanie, still at school?	Où sont Sophie et Stéphanie, encore à l'école?
OLIVIER:	Yes, Mom. They are with Mr. Lanson, the English teacher.	Oui, Maman. Elles sont avec M. Lanson, le professeur d'anglais.
MAMAN:	Oh really! He's very nice.	Ah bon! Il est très sympathique.
OLIVIER:	Yes, Mom, and he likes the students.	Oui, Maman, et il aime les élèves.
MAMAN:	Then, the students like the course!	Alors, les élèves aiment le cours!
OLIVIER:	Yes, but English is difficult. And he doesn't speak French in class.	Oui, mais l'anglais est difficile. Et il ne parle pas français en classe.
MAMAN:	Hey, there are Sophie and Stéphanie. Let's eat lunch, then.	Tiens, voilà Sophie et Stéphanie. Déjeunons, alors.

Activities 20 and 21 may be done either in writing or orally.

20. Tell as much as possible about yourself in French, using expressions you have learned with affirmative and negative **je** forms of the verbs **aimer, adorer, déjeuner, être, étudier, habiter** and **parler**. Try to use each of these verbs in at least one sentence. Talk about the first day of school, for example, the subjects you are studying, the subjects you like or dislike; tell who your teachers are, who your friends (**copains/copines**) are and which classes they're in, and so on. You might want to begin with sentences such as:

> **C'est la rentrée. Je suis en français, en maths. . . . J'aime l'anglais. . . .**

21. With a classmate create a short paragraph about yourselves. Use the **nous** form of all the verbs listed for **Activité 20**. Tell what both of you like and dislike, what you study and do in general. You might want to begin with sentences such as:

> **Roger et moi sommes en histoire. Nous n'aimons pas le cours d'histoire, mais le prof est sympa. . . .**

Le prof d'anglais est très sympathique.

Les copines déjeunent ensemble.

Unité 2

La France et les pays francophones

De Luxembourg à Nice

Leçon 5

Communicative Functions

- talking about traveling by plane
- asking and saying where someone is going
- talking about work
- asking for and giving information

Voilà le Concorde, un avion supersonique.

All words in the dialogue and **Expansion** are active vocabulary.

Be sure that students separate the sounds [a] and [e] in the word a**é**roport.

Call attention to different interrogative intonation patterns in the Introductory Dialogue and **Expansion** sections of the lesson. These patterns and the four question forms will be explained later in this lesson.

Note that Patrick says he's going on vacation "avec la famille." The use of the definite article **la**, rather than the possessive adjective **ma**, gives the sentence a more conversational and familiar tone.

Deux copains voyagent ensemble

Patrick va à Nice.[1] Quand il arrive à l'aéroport de Luxembourg,[2] il rencontre un copain, Éric.

PATRICK: Tiens, Éric, bonjour!
ÉRIC: Salut, Patrick. Où vas-tu?
PATRICK: Je vais en vacances avec la famille. Nous allons à Nice.
ÉRIC: Ah, vous allez à Nice? Moi aussi. Alors, on voyage ensemble, n'est-ce pas?

plus tard

ÉRIC: Je travaille maintenant à Nice.
PATRICK: Ah bon? Pour qui est-ce que tu travailles?
ÉRIC: Pour Air Inter.[3] Je renseigne et j'aide les passagers.
PATRICK: Alors, tu es au bureau d'information?
ÉRIC: Oui, c'est ça. Et toi?
PATRICK: Moi, je suis toujours avec Luxair,[4] et je voyage beaucoup. J'aime bien voyager en avion.

Notes culturelles
1. Nice is a famous resort city on the French Riviera.
2. The city of Luxembourg is the capital of Luxembourg, a small country neighboring France to the north. French is one of its two official languages.
3. **Air Inter**, which offers air travel within France, is one of France's nationally owned airlines. **Air France** is the other one, and it is international.
4. **Luxair** is Luxembourg's national airline.

Est-ce que vous aimez voyager en avion?

LIGNES AÉRIENNES INTÉRIEURES

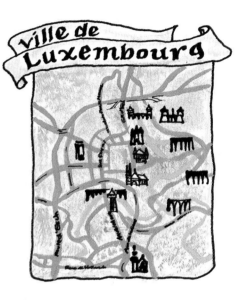

Compréhension

Répondez en français.

1. Où sont Patrick et Éric?   Ils sont à l'aéroport de Luxembourg.
2. Où va Patrick?   Il va à Nice.
3. Il voyage comment?   Il voyage en avion.
4. Patrick travaille aujourd'hui?   Non, il va en vacances / il ne travaille pas aujourd'hui.
5. Où travaille Éric maintenant?   Il travaille à Nice.
6. Pour qui travaille Éric?   Il travaille pour Air Inter.
7. Il renseigne les passagers?   Oui, il renseigne les passagers.
8. Pour qui travaille Patrick?   Il travaille pour Luxair.

À propos

1. Vous aimez les vacances?
2. Vous allez en vacances avec les copains?
3. Vous voyagez beaucoup?
4. Vous voyagez en avion?
5. Vous travaillez? Où?

IT 59 77 85
ORLY

Before assigning the questions in the **Compréhension** and **À propos** sections, point out the use of **est-ce que** or inversion in questions and the forms of **aller** in the Introductory Dialogue. Students should be familiar with these forms in order to answer the questions. A full explanation of question formation and the verb **aller** appear in the grammar section.

Expansion

Éric désire un billet et demande une place.

The forms of à + definite articles will be explained in Leçon 6.

Il va au guichet Luxair.

L'EMPLOYÉ:	Vous désirez, Monsieur?
ÉRIC:	Un aller pour Nice, s'il vous plaît.
L'EMPLOYÉ:	Dans la section fumeurs ou non-fumeurs?
ÉRIC:	Non-fumeurs.
L'EMPLOYÉ:	Un moment, s'il vous plaît. Je regarde.
ÉRIC:	Merci, Monsieur.
L'EMPLOYÉ:	Vol 017, euh..., il reste une place dans l'avion. Elle est dans la section non-fumeurs.
ÉRIC:	Très bien.

Make sure that students notice the difference between the noun **un aller** and the infinitive **aller**.

plus tard

ÉRIC:	À propos, où est Claudine? Toujours à Luxembourg?
PATRICK:	Non, elle habite à Paris.
ÉRIC:	Et travaille-t-elle toujours pour Matra?
PATRICK:	Oui, elle est ingénieur. Mais elle voyage souvent.

Wkbk. 1
Wkbk. 2

Où est Claudine?

TARIFS DES LIAISONS

PAR LIGNES

LIAISONS Elles ne sont mentionnées qu'une fois, dans l'ordre alphabétique des villes. Par exemple, pour "TOULOUSE-NICE", regarder à "NICE".	Tarif normal (Y) aller simple en F	Tarif abonnés aller simple en F	Prix des cartes d'abonnement 1 an (1)
		546	2580
		648	3440
AJACCIO-LYON	780	546	2580
AJACCIO-PARIS	925	648	3440
BASTIA-LYON	780	553	2940
BASTIA-PARIS	925	487	2420
BIARRITZ-LYON	790	553	2610
BORDEAUX-MARSEILLE	695	662	3110
BORDEAUX-NICE	790	424	2190
BORDEAUX-PARIS	945	490	2420
BREST-PARIS	605	546	2580
CALVI-LYON	700	648	3440
CALVI-PARIS	780	420	1980
CLERMONT-FERRAND-PARIS	925	417	1960
GRENOBLE-PARIS	600	511	2610
LILLE-LYON	595	781	3330
LILLE-MARSEILLE	730		
	1115		

Les passagers sont au guichet.

Note culturelle
The French company Matra is a leader in advanced technology for the aerospace industry, particularly for the Ariane rocket and Hermès space shuttle. Matra also designs and sponsors one of the French boats in the America's Cup Regatta.

Activités

1. Complétez les phrases avec l'expression convenable d'apres le dialogue d'introduction ou l'**Expansion**.

   1. ___ est en France, mais ___ n'est pas en France.

      a. Martinique   b. Luxembourg
      c. Nice   d. Suisse

   2. Patrick va en ___ avec la famille.

      a. Suisse   b. retard   c. Algérie   d. vacances

   3. Éric parle ___ à Patrick.

      a. en retard   b. en avance
      c. un moment   d. plus tard

   4. Éric travaille pour ___.

      a. Air Inter   b. Luxair
      c. Matra   d. Air France

   5. Au ___ on renseigne les passagers.

      a. informatique   b. école
      c. bureau d'information   d. informaticien

6. Éric désire un ____ pour Nice. b

   a. non-fumeurs   b. aller
   c. aéroport   d. place

7. Claudine voyage ____. a

   a. souvent   b. toujours
   c. maintenant   d. aujourd'hui

8. Éric et Patrick voyagent ____. b

   a. au bureau   b. en avion
   c. pour la famille   d. dans la section fumeurs

2. Complétez chaque phrase d'après le dialogue d'introduction ou l'**Expansion**. Employez la forme convenable du verbe de la liste suivante.

aider	rencontrer
aller	rester
désirer	travailler
habiter	voyager

1. Patrick et Éric ____ ensemble.   voyagent
2. À l'aéroport Patrick ____ un copain, Éric.   rencontre
3. Patrick ____ en vacances avec la famille.   va
4. Éric ____ pour Air Inter.   travaille
5. Éric ____ les passagers.   aide
6. Au guichet Éric ____ un billet.   désire
7. Il ____ une place dans la section non-fumeurs.   reste
8. Claudine ____ à Paris.   habite

3. You have just run into Catherine, a friend you haven't seen for a while. Answer her questions.

> MODÈLE: Tu habites toujours à Luxembourg? (oui)
> **Oui, j'habite toujours à Luxembourg.**

1. Tu es ingénieur? (non)   Non, je ne suis pas ingénieur.
2. Tu travailles pour Luxair? (oui)   Oui, je travaille pour Luxair.
3. Tu aimes les aéroports? (oui)   Oui, j'aime les aéroports.
4. Tu arrives toujours à l'aéroport en avance? (oui)   Oui, j'arrive toujours à l'aéroport en avance.
5. Tu déjeunes à l'aéroport? (non)   Non, je ne déjeune pas à l'aéroport.
6. Tu renseignes les passagers? (oui)   Oui, je renseigne les passagers.
7. Tu aides souvent les passagers? (oui)   Oui, j'aide souvent les passagers.
8. Tu voyages beaucoup? (non)   Non, je ne voyage pas beaucoup.

4. Later you are introduced to an official for Luxair airlines. Do **Activité 3**

again, changing the subject pronoun to **vous** and changing the verb accordingly.

> MODÈLE: Tu habites toujours à Luxembourg?
> **Vous habitez toujours à Luxembourg?**

5. Complétez les phrases d'après les images.

> MODÈLE: Les deux copains voyagent ____.
> **Les deux copains voyagent ensemble.**

Answers:
1. Vous êtes ingénieur?
2. Vous travaillez pour Luxair?
3. Vous aimez les aéroports?
4. Vous arrivez à l'aéroport en retard?
5. Vous déjeunez à l'aéroport?
6. Vous renseignez les passagers?
7. Vous aidez souvent les passagers?
8. Vous voyagez beaucoup?

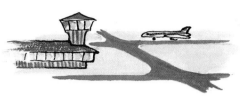

1. Patrick rencontre Éric à l' ____.

    Patrick rencontre Éric à l'aéroport.

2. Les passagers vont au ____ Luxair.

    Les passagers vont au guichet Luxair.

3. Éric désire un ____ pour Nice.

    Éric désire un billet/aller pour Nice.

4. Éric demande une ____ dans la section non-fumeurs.

    Éric demande une place dans la section non-fumeurs.

5. C'est le ____ 017.

    C'est le vol 017.

6. Éric est un ____.

    Éric est un passager.

7. Claudine est ____ à Paris.

    Claudine est ingénieur à Paris.

L'ingénieur travaille sur un ordinateur.

Structure et usage

le présent du verbe irrégulier *aller*

Aller (*to go*) is the only -er verb that has an irregular stem and endings. Here is the present tense of **aller**.

Have students repeat after you the forms of **aller**, stressing **liaison** with **nous** and **vous**. You may give affirmative forms to be changed to the negative and do subject substitution exercises. Also have students give plurals for singulars and singulars for plurals.

Explain that **liaison** is optional between the **je, tu, nous, vous** and **ils/elles** present tense forms of aller and a word beginning with a vowel sound, for example, **Je vais à l'école, Tu vas à l'école, Nous allons à l'école** and so on.

aller		
je **vais**	Je ne **vais** pas au guichet.	I'm not going to the ticket counter.
tu **vas**	**Vas**-tu à Luxembourg?	Are you going to Luxembourg?
il/elle **va**	Elle **va** en vacances.	She's going on vacation.
nous **allons**	Nous **allons** souvent à Nice.	We often go to Nice.
vous **allez**	Vous **allez** en classe?	You're going to class?
ils/elles **vont**	Ils **vont** à l'aéroport.	They go to the airport.

Wkbk. 3

ATTENTION: 1. Each present tense form of **aller** has three meanings, just as other present tense -er verb forms do.
   je vais — *I go, I do go, I am going*

2. As we've already seen, **aller** has other different meanings:
   a. Comment ça va? — *How's it going?*
      Ça va? — *Is everything OK?*
      Ça va. — *Everything's fine.*
   b. **Aller** is used in talking about someone's health.
      Comment vas-tu (allez-vous)? — *How are you?*
   c. **Aller bien** means "to be fine" or "to feel well."
      Je vais bien, merci. — *I'm fine (well), thanks.*

3. Remember that the **tu** imperative form of **aller** is the present tense **tu** form minus the final **s**. Note the forms of **aller** in the following commands.
   Jean-Pierre, va en classe. — *Jean-Pierre, go to class.*

   Monsieur, allez au guichet. — *Sir, go to the ticket counter.*

   Allons à l'université. — *Let's go to the university.*

Wkbk. 4

Wkbk. 5

6. Complétez chaque phrase avec la forme convenable du verbe **aller**.

1. Paul et Robert ___ à Luxembourg. *vont*
2. Comment ___-vous? *allez*
3. Moi, je ne ___ pas en vacances. *vais*
4. Où ___ Jean-François? *va*
5. Sophie, tu es en retard. ___ à l'école! *Va*
6. Annie, tu ___ à Paris, n'est-ce pas? *vas*

Les touristes vont
beaucoup au Sacré-Cœur.
(Paris)

7. Nous n' _____ pas à la maison.　　　　allons

8. Les femmes _____ au guichet Luxair.　　vont

7. People you know are going to various places. Tell where they are going.

MODÈLE:　Éric / à Paris
　　　　　Il va à Paris.

1. Éric et Patrick / à Nice　　　　Ils vont à Nice.
2. moi, je / à l'école　　　　　　Moi, je vais à l'école.
3. vous / à l'aéroport　　　　　　Vous allez à l'aéroport.
4. nous / à Luxembourg　　　　　Nous allons à Luxembourg.
5. tu / en France　　　　　　　　Tu vas en France.
6. Marc / dans la section fumeurs　Il va dans la section fumeurs.
7. Anne et Lise / dans la cour　　　Elles vont dans la cour.
8. la famille / en vacances　　　　Elle va en vacances.

8. Refaites l'**Activité 7** à la forme négative.

MODÈLE:　Éric / à Paris
　　　　　Il ne va pas à Paris.

le pronom sujet *on*

The subject pronoun **on** (*one*) is used often in French. It is singular—it always takes the **il/elle** verb form—but often has a plural meaning. Besides "one," **on** may mean "we," "you," "they" or "people" (in general).

Alors, on voyage ensemble.　　　　　*Then, we're traveling together.*

Answers:
1. Ils ne vont pas à Paris.
2. Moi, je ne vais pas à l'école.
3. Vous n'allez pas à l'aéroport.
4. Nous n'allons pas à Luxembourg.
5. Tu ne vas pas en France.
6. Il ne va pas dans la section fumeurs.
7. Elles ne vont pas dans la cour.
8. Elle ne va pas en vacances.

Explain that the photo here shows an advertisement for FM radio. **FM** or **Fréquence Modulée** means Frequency Modulation.

You may briefly mention that **on** can sometimes be expressed in English using the passive voice as in this example.

Also mention **liaison** in cases such as **on aime, on adore, on est, on habite, on arrive, on étudie** and **on aide.**

Wkbk. 6

Vous aimez la radio?

On parle français à Luxembourg.

They (People) speak French in Luxembourg. (French is spoken in Luxembourg.)

There is **liaison** after **on** and before a vowel sound.

On͜ aime le cours de français?
[n]

Do you like French class?

9. Tell if you are in school (**à l'école**) or at the airport (**à l'aéroport**) when the following things happen.

MODÈLE: demander une place
           On est à l'aéroport.

1. compter de zéro à trente en français   On est à l'école.
2. renseigner les passagers   On est à l'aéroport.
3. être dans la section non-fumeurs   On est à l'aéroport.
4. arriver au guichet   On est à l'aéroport.
5. aider les élèves   On est à l'école.
6. aller en vacances   On est à l'aéroport.
7. regarder le tableau noir   On est à l'école.
8. rencontrer les copains dans la cour   On est à l'école.

10. You're in charge of the check-in counter at the nearest airport. Tell your new employees the airport's policies, using **on**, the correct form of the verb in parentheses and making your statement affirmative or negative, according to the situation.

MODÈLES: a)   Ici ____ beaucoup. (travailler)
                  Ici on travaille beaucoup.
            b)   Ici ____ la télé. (regarder)
                  Ici on ne regarde pas la télé.

1. Ici ____ en retard. (arriver)   Ici on n'arrive pas en retard.
2. Ici ____ toujours à l'heure. (être)   Ici on est toujours à l'heure.
3. Ici ____ les passagers. (renseigner)   Ici on renseigne les passagers.
4. Ici ____ les billets. (compter)   Ici on compte les billets.

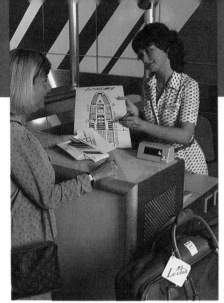

La femme au guichet aide la passagère. (Paris)

5. Ici ___ au guichet. (déjeuner)   Ici on ne déjeune pas au guichet.
6. Ici ___ anglais et français. (parler)   Ici on parle anglais et français.
7. Ici ___ les passagers. (aider)   Ici on aide les passagers.

trois façons de poser des questions

Three ways to ask a question answerable by "yes" or "no" are:

1. by a questioning or rising tone of voice.

   Vous voyagez souvent?   *Do you travel often?*

Here are many chances
to practice the rising
intonation of a yes/no
question. **L'intonation
interrogative** is explained
in the **Prononciation**
section later in this lesson.

2. by putting **est-ce que** right before the subject. **Est-ce que** has no meaning by itself, and it serves only to change a statement into a question.

   Est-ce que Paul va à Paris?   { *Does Paul go to Paris?*
                                    { *Is Paul going to Paris?*

   Est-ce que before a vowel sound becomes **est-ce qu'**.

   Est-ce qu'ils arrivent en retard?

Wkbk. 7

See if students can give
both the English
equivalents of this
sentence: "Are they
arriving late?" and
"Do they arrive late?"

3. by adding the expression **n'est-ce pas?** at the end of a statement. **N'est-ce pas?** means basically "isn't that so?" and may be interpreted in various ways, depending on context.

   Vous allez à Paris, n'est-ce pas?   *You're going to Paris, aren't you?*
   Les Latour habitent ici, n'est-ce   *The Latours live here, don't they?*
   pas?

Wkbk. 8

11. Changez chaque phrase en une question. Employez **est-ce que**. (Change each statement to a question. Use **est-ce que**.)

   MODÈLE: Marie-Claire regarde la télé.
              Est-ce que Marie-Claire regarde la télé?

Have students do this
exercise again using rising
intonation to form the
questions.

1. Vous habitez en France.   Est-ce que vous habitez en France?
2. On va à Paris.   Est-ce qu'on va à Paris?
3. Ils sont ingénieurs.   Est-ce qu'ils sont ingénieurs?
4. C'est Louise.   Est-ce que c'est Louise?
5. Tu études toujours.   Est-ce que tu études toujours?
6. Henri voyage souvent.   Est-ce qu'Henri voyage souvent?
7. Nous travaillons beaucoup.   Est-ce que nous travaillons beaucoup?

12. Refaites l'**Activité 11** et changez chaque phrase en une question. Employez **n'est-ce pas.**

   MODÈLE: Marie-Claire regarde la télé.
   Marie-Claire regarde la télé, n'est-ce pas?

les questions par l'inversion

Inverting or reversing the order of a verb and its subject pronoun is a more formal way of asking a question in French. With simple inversion the word order is:

verb + hyphen + subject pronoun

Où allez-vous?   *Where are you going?*
Quand déjeunent-ils?   *When are they eating lunch?*
Vont-ils à l'aéroport?   *Are they going to the airport?*
  [t]
Est-ce un avion?   *Is that an airplane?*

ATTENTION: Inverting the pronoun **je** and its verb is not common. Form **je** questions with **est-ce que.**
   Est-ce que je vais en vacances?

When the verb ends with a vowel, a **t** is added between the verb and the subject. The order is:

verb + hyphen + t + hyphen + *il, elle* or *on*

and the *t* is pronounced.

Va-t-elle à Luxembourg?   *Is she going to Luxembourg?*
  [t]
Travaille-t-il ici?   *Does he work here?*
  [t]
Voyage-t-on ensemble?   *Are we traveling together?*
  [t]

Answers:
1. Vous habitez en France, n'est-ce pas?
2. On va à Paris, n'est-ce pas?
3. Ils sont ingénieurs, n'est-ce pas?
4. C'est Louise, n'est-ce pas?
5. Tu études toujours, n'est-ce pas?
6. Henri voyage souvent, n'est-ce pas?
7. Nous travaillons beaucoup, n'est-ce pas?

Emphasize the sound [t] in **liaison** here and in additional cases like **Est-elle dans la cour?** and **Sont-ils à l'école?**

Stress the importance of including the **t** in spelling. Explain, also, that when a verb already ends in **t** (as in the **ils/elles** form or **est**), no **t** is added.

The final **t** of the plural **ils/elles** verb form is normally silent. With inverted **ils** or **elles**, however, this **t** is pronounced.

Rencontrent-ils un ami?   *Are they meeting a friend?*
[t]

However, if the subject is a noun, the word order in French is:

---

subject noun + verb + hyphen + subject pronoun

Marie arrive-t-elle à l'heure?   *Does Marie arrive on time?*

In this question the inverted subject pronoun (**elle**) agrees with the subject noun (**Marie**) in gender and in number.

Les deux amis vont-ils à Paris?   *Are the two friends going to Paris?*
Les cartes sont-elles sur le mur? *Are the maps on the wall?*

You may have students do **Activité 11** once more using inversion.

Wkbk. 9

13. You are conducting a survey of people at the airport. Ask them the following questions, using the inverted **vous** form of the indicated verb.

MODÈLE: voyager / souvent
         Voyagez-vous souvent?

1. aimer / les aéroports   Aimez-vous les aéroports?
2. rentrer / en France   Rentrez-vous en France?
3. habiter / ici   Habitez-vous ici?
4. travailler / à Paris   Travaillez-vous à Paris?
5. aller / en vacances   Allez-vous en vacances?
6. rencontrer / un ami   Rencontrez-vous un ami?
7. désirer / un billet   Désirez-vous un billet?
8. être / dans la section non-fumeurs Êtes-vous dans la section non-fumeurs?

Elle préfère la section non-fumeurs.

On va souvent à Nice en vacances.

14. A friend you have not seen for a while has just phoned you. Ask questions about your friend's activities, using the inverted **tu** form of the indicated verb.

> MODÈLE: comment / aller
> **Comment vas-tu?**

1. où / être — Où es-tu?
2. où / habiter — Où habites-tu?
3. où / étudier — Où étudies-tu?
4. pour qui / travailler — Pour qui travailles-tu?
5. où / aller en vacances — Où vas-tu en vacances?
6. avec qui / voyager — Avec qui voyages-tu?
7. quand / arriver ici — Quand arrives-tu ici?
8. quand / rentrer à Montréal — Quand rentres-tu à Montréal?

15. Chantal tells you what certain people are doing. Ask her where, using inversion and the appropriate subject pronoun.

> MODÈLE: Pierre déjeune.
> **Où déjeune-t-il?**

1. Les copains étudient. — Où étudient-ils?
2. Annie et Cécile voyagent. — Où voyagent-elles?
3. Brigitte travaille. — Où travaille-t-elle?
4. Marie-France est en Suisse. — Où est-elle?
5. Les filles vont en vacances. — Où vont-elles?
6. On parle français. — Où parle-t-on français?
7. Pierre rencontre Marc. — Où rencontre-t-il Marc?
8. Les Caron habitent là-bas. — Où habitent-ils?

16. Changez en questions les phrases suivantes. Employez l'inversion si (*wherever*) possible.

> MODÈLE: Claudine étudie.
> **Claudine étudie-t-elle?**

1. Éric et Michel arrivent à l'heure.   Éric et Michel arrivent-ils à l'heure?
2. Je vais à l'école aujourd'hui.   Est-ce que je vais à l'école aujourd'hui?
3. Les filles regardent la télé.   Les filles regardent-elles la télé?
4. Patrick rencontre les copains.   Patrick rencontre-t-il les copains?
5. C'est une passagère.   Est-ce une passagère?
6. Vous travaillez beaucoup.   Travaillez-vous beaucoup?
7. Nous déjeunons à l'aéroport.   Déjeunons-nous à l'aéroport?
8. Tu désires un billet.   Désires-tu un billet?

la place des adverbes

Adverbs describe verbs, adjectives and other adverbs. Adverbs tell how, how much, where, why or when something exists or happens. Here are some adverbs you have already seen. Compare the position of these French adverbs with their English equivalents.

Adverbs		
aussi	Tu parles **aussi** français.	You *also* speak French.
beaucoup	J'aime **beaucoup** l'histoire.	I like history *a lot*.
bien	Ils travaillent **bien** ensemble.	They work *well* together.
déjà	Elles déjeunent **déjà**.	They're *already* eating lunch.
souvent	Nous regardons **souvent** la télé.	We *often* watch TV.
toujours	Il est **toujours** avec Luxair.	He is *still* with Luxair.

In French, adverbs usually come right after the verb they describe. In English their position is more variable.

Wkbk. 10

17. Nathalie has just returned from a long trip. Tell her what's happening when, how, how much and how often by adding the words in parentheses to the following statements.

> MODÈLE: Je vais en France. (souvent)
> **Je vais souvent en France.**

1. Les Dupois arrivent à Nice. (déjà)   Les Dupois arrivent déjà à Nice.
· 2. Claudine travaille pour Matra. (toujours)   Claudine travaille toujours pour Matra.
3. Je suis à l'université. (encore)   Je suis encore à l'université.
4. Brigitte et Cécile étudient. (maintenant)   Brigitte et Cécile étudient maintenant.

5. Nous parlons espagnol. (un peu)   Nous parlons un peu espagnol.
6. Patrick voyage pour Luxair. (beaucoup)   Patrick voyage beaucoup pour Luxair.
7. Les copains aiment la musique. (bien)   Les copains aiment bien la musique.
8. Éric renseigne les passagers. (aussi)   Éric renseigne aussi les passagers.

This is an optional activity.

18. Comment dit-on en français?

MLLE PERRET:	Ma'am?	Madame?
L'EMPLOYÉE:	Hello, Miss. What can I do for you?	Bonjour, Mademoiselle. Vous désirez?
MLLE PERRET:	Flight 016, when does it arrive, please?	Le vol 016, quand arrive-t-il, s'il vous plaît?
L'EMPLOYÉE:	It's arriving now.	Il arrive maintenant.
MLLE PERRET:	Well then, it's early.	Alors, il est en avance.
L'EMPLOYÉE:	No, it's late. It's often late.	Non, il est en retard. Il est souvent en retard.
MLLE PERRET:	Oh really? It also goes to Nice, doesn't it?	Ah bon? Il va aussi à Nice, n'est-ce pas?
L'EMPLOYÉE:	Yes. Are you going to Nice?	Oui. Allez-vous à Nice?
MLLE PERRET:	Yes, there's the ticket.	Oui, voilà le billet.

Mlle Perret va à Nice.

Prononciation

l'intonation interrogative

How many different ways can you ask this same question in English: "Where are you going?" Patterns in tone and rhythm give a language its own particular musicality, which is just as meaningful as the words and sentences themselves. In French there are basically two intonation patterns for questions. They are:

* rising intonation for questions requiring a yes/no answer. Your voice goes up.

  Vous voyagez souvent?

  Est-ce que vous allez à Nice?

  Éric déjeune à l'aéroport, n'est-ce pas?

  Les passagers aiment-ils le vol?

* falling intonation for all other types of questions. Your voice goes down.

  Comment allez-vous?

  Combien font quinze et quinze?

Go back and have students do **Activités 13–17** again, concentrating on intonation.

Actualité culturelle

France

With a population of about fifty-six million people, France seems small compared to the United States. Roughly the size of Texas, it has a hexagonal or six-sided shape. In fact the French often refer to their country as **l'hexagone**.

France is often called "the hexagon" because of its six-sided shape.

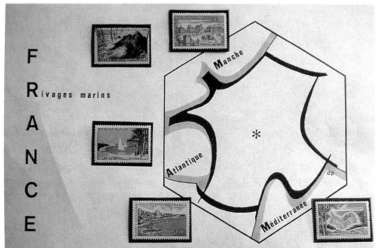

Grape growing in
France (Nérigean)

Rolling farmland in the
Basque Country

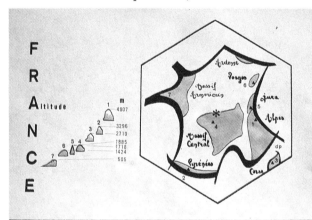

The Alps and the Pyrenees are the
best known of France's many
mountain ranges.

The Pyrenees form
France's border with
Spain.

Mt. Blanc in the
French Alps is the
highest peak in
Europe.

France is on the western edge of Europe. It borders Belgium, Luxembourg and Germany on the northeast, Switzerland and Italy on the east and Spain on the southwest. Four bodies of water touch France: the Mediterranean Sea on the southeast, the Atlantic Ocean on the west and the English Channel and part of the North Sea on the northwest. Although similar in latitude to Newfoundland, France enjoys a temperate climate, thanks to the Gulf Stream current that warms it all year long.

France's physical features and scenery contrast sharply from region to region. It's hard to picture such a variety of landscapes in a country this size. France has it all—from deep river gorges to towering peaks, from lush green pastures to golden wheat fields and from fruitful vineyards to abundant forests. Of all France's natural wonders, we are perhaps most familiar with the mountains and the Riviera. The Alps in the east and the Pyrenees in the southwest boast some of the most famous scenery and ski resorts in the world. Fashionable for years, the sun-drenched Riviera beaches along the Mediterranean coast in the southeast attract vacationers from all countries. However, many French people and tourists alike prefer the scenery of the blue-green Jura and Vosges mountains in the east and the rugged, dry mountains of the **Massif Central** in central France. Popular, too, are the sandy Atlantic beaches in the west as well as the rocky coasts of Brittany and Normandy in the northwest.

Abundant sources of water dot the French landscape. With so many streams and canals, it's even possible to tour the country by water, crisscrossing it in every direction. France's four major rivers include the **Seine**, the **Loire**, the **Garonne** and the **Rhône**. The **Seine** winds its way through Paris to Le Havre on the English Channel. Many famous Renaissance castles or **châteaux** adorn

Cannes, on the Riviera, is as famous for its film festival as for its sunny climate.

The best surfing in France is at Biarritz on the Atlantic Coast.

Brittany's rugged scenery attracts many vacationers.

Chambord is the largest of the Loire Valley castles.

Strasbourg, near the German border, has storybook charm with a distinct regional flavor.

Note that Lyons and Marseilles end with an s in English but not in French.

the valley of the **Loire**, France's longest river. The **Garonne** waters the fertile Bordeaux vineyards. The powerful **Rhône**, fed by the Alps, flows through the city of Lyons before emptying into the Mediterranean near Marseilles, the largest port. France shares the Rhine River with Germany near Strasbourg, another important French city.

With more than ten million inhabitants, including the suburbs, Paris is by far France's largest city and also its capital. We've already noted Le Havre, Bordeaux, Lyons, Marseilles and Strasbourg, some of France's major cities. Others include Nice on the Riviera, Toulouse in the southwest, Orléans in the center and Lille in the north.

Wkbk. 11
Wkbk. 12
Wkbk. 13

Another meaning for this proverb is "Money attracts money," or "The rich get richer."

Proverbe

L'eau va à la rivière.   *Water goes to the river.*

Interaction et application pratique

À deux

1. With your partner create an original eight-line dialogue in French between a traveler and the employee at the airport ticket counter. Use only expressions you have learned so far. Then learn your parts and present your dialogue to the class.

2. Using only vocabulary you've already learned, write five different affirmative sentences in French. Your partner will prepare separately five other

sentences. Then take turns saying your sentence to your partner. Your partner will repeat your sentence, changing it into a question in four different ways, using rising intonation, **est-ce que, n'est-ce pas?** and inversion.

MODÈLE: Papa déjeune à la maison.
1. **Papa déjeune à la maison?**
2. **Est-ce que Papa déjeune à la maison?**
3. **Papa déjeune à la maison, n'est-ce pas?**
4. **Papa déjeune-t-il à la maison?**

3. Using the verbs given below, write ten different questions using the **tu** form. Your partner will prepare separately another set of questions. Then, imagining that your partner is a new student at school, find out as much as you can about this person. You might ask, for instance, where he/she lives, what things he/she likes, if he/she works, if he/she travels, etc. Then let your partner interview you. Afterwards tell the class what you've found out about each other.

aimer	déjeuner	étudier	parler	travailler
aller	être	habiter	regarder	voyager

4. With your same partner choose your ten best questions from Activity 3 and change each verb from the **tu** to the **vous** form. Then interview two other classmates together. They will answer with **nous** when they agree or with **je** when each has a different answer. Finally, report to the class what they have said.

5. With your partner draw a small outline map of France with dots representing the major cities. Take turns pointing to a dot and asking your partner to identify the city.

MODÈLE: Qu'est-ce que c'est? (Nice)
C'est Nice.

En groupes

6. In a group of five people, each person will secretly write a short affirmative sentence about a certain fictitious couple, **Daniel et Chantal.** One student starts by whispering his/her statement twice to the person on the right who whispers it twice to the next person, etc. The last person to receive the message can write it on a transparency. Repeat this procedure four more times until each group member has begun one sentence. At the end the whole class can read and correct together the sentences from each group on the overhead. You may want to use the verbs listed in Activity 1 as well as the following adverbs to create your sentences.

aujourd'hui	beaucoup	déjà	maintenant	toujours
aussi	bien	encore	souvent	un peu

MODÈLE: aller / souvent
Daniel et Chantal vont souvent en vacances.

7. Repeat Activity 6, making your sentences negative.

> MODÈLE: étudier / maintenant
>
> **Daniel et Chantal n'étudient pas maintenant.**

Tous ensemble

8. Each student has a sheet of paper with the following statements written on it:
   1. Je vais en vacances avec la famille.
   2. Je voyage souvent.
   3. J'aide Maman et Papa à la maison.
   4. Je ne regarde pas souvent la télé.
   5. Je travaille beaucoup.

   Now, as you walk around your classroom, find a different person who can answer each question affirmatively. You will say to someone, for example, **Vas-tu en vacances avec la famille?** When you find a person who answers **Oui, je vais en vacances avec la famille**, this person will initial your sheet. The first student to have all five affirmative responses is the winner.

Roissy-Charles de Gaulle est un aéroport à Paris.

Vocabulaire actif

noms

un aéroport   *airport*
un aller   *one-way ticket*
un avion   *airplane*
un billet   *ticket*
un bureau d'information   *information desk*
un(e) employé(e)   *employee, clerk, salesperson*
une famille   *family*
un guichet   *ticket counter, ticket window*

un ingénieur   *engineer*
un moment   *moment*
un passager, une passagère   *passenger*
une place   *seat*
une section   *section*
   une section fumeurs   *smoking section*
   une section non-fumeurs   *non-smoking section*
les vacances (f.)   *vacation*
   en vacances   *on vacation*
un vol   *flight*

verbes

aider   *to help*
aller   *to go*
arriver   *to arrive*
demander   *to ask (for)*
désirer   *to want*
   Vous désirez?   *What can I do for you? What would you like?*
regarder   *to look (at), to watch*

renseigner   *to give information*
rencontrer   *to meet*
rester   *to remain*
   il reste   *there is (are)...left (remaining)*
travailler   *to work*
voyager   *to travel*

expressions diverses

au   *to (the), at (the)*
beaucoup   *a lot, much, very much*
bien   *really*
en   *by*
euh   *uhm*
ensemble   *together*
est-ce que   *(phrase introducing a question)*
n'est-ce pas?   *isn't that so?*

on   *one, you, we, they, people*
plus   *more*
pour   *for*
quand   *when*
souvent   *often*
tard   *late*
   plus tard   *later*
toujours   *still; always*

> **expression courante**
> **C'est ça.**   *That's right.*

De Paris à Lyon

Leçon 6

Communicative Functions

- telling time
- talking about traveling by train
- asking and saying where someone is from
- talking about French cities

Un voyage en train

On est à Paris. Il est cinq heures de l'après-midi. Jeanne et Yves Martin arrivent en autobus* à la gare de Lyon,[1] et ils vont au guichet.

L'EMPLOYÉ: Monsieur, Madame.

YVES: À quelle heure est le prochain train pour Lyon,[2] s'il vous plaît?

L'EMPLOYÉ: À huit heures. Euh**...non, pardon. Il est à huit heures cinq précises.[3] Vous désirez deux places?

YVES: Oui, en seconde.[4] Merci. Et quand arrive-t-il?

L'EMPLOYÉ: À minuit.

Il est neuf heures du soir. Dans le train Yves et Jeanne parlent aux deux autres passagers du compartiment.[5]

JEANNE: Vous voyagez souvent en train?

LA DAME: Toujours. C'est très agréable. Vous êtes de Paris?

YVES: Oui, et vous, d'où êtes-vous?

LE MONSIEUR: De Rouen, et on va à Dijon.

JEANNE: Nous, on va à Lyon et après, à Marseille.

* In French un **autobus** or un **bus** is a city bus. The French word for a long-distance bus between cities like a "Greyhound" is **un autocar** or **un car**.

** **Euh** expresses hesitation in spoken French and allows extra time for thought.

At this level it is not imperative to show how **précis(e)(s)** is used in time expressions.

Précises and **seconde** are the passive vocabulary words in this dialogue.

Demonstrate the use of **euh** in French. Students should be encouraged to use **euh** instead of English sounds for pauses or hesitations in speech.

Le train, c'est très agréable.

LA PREMIÈRE CLASSE POUR LES JEUNES

POUR LES COUPLES ET LES FAMILLES

Voilà le port de Marseille.

Le TGV est un train très rapide.

Notes culturelles
1. The **gare de Lyon** is one of six beautiful old train stations in Paris.
2. Lyons is a river port in eastern France and one of the country's largest and most important cities. Strategically located at the point where the Saône and Rhône rivers come together, Lyons was founded during the Roman occupation of Gaul in the first century B.C.
3. French trains are well known for punctuality. They are almost always on schedule.
4. On French trains one may travel either first-class (**en première**) or second-class (**en seconde**). First class is more luxurious and comfortable than second class and, therefore, more expensive.
5. Passenger cars of French trains may be divided into compartments, or they may be open and have seats from one end to the other, like a bus.

The Rhone river flows through Lyons on its way to the Mediterranean.

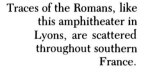

Traces of the Romans, like this amphitheater in Lyons, are scattered throughout southern France.

Compréhension

Répondez en français.

1. À quelle heure les Martin arrivent-ils à la gare de Lyon?

   Ils arrivent à la gare de Lyon à cinq heures de l'après-midi.

2. Arrivent-ils à la gare en train?

   Non, ils arrivent à la gare en autobus.

3. Avec qui parlent-ils au guichet?

   Ils parlent avec un employé.

4. À quelle heure est le prochain train pour Lyon?

   (Il est) À huit heures cinq (précises).

5. Avec qui parlent-ils dans le train?

   Ils parlent aux deux autres passagers du compartiment.

6. Où est-ce que les Martin habitent?

   Ils habitent à Paris.

7. Où vont-ils après Lyon?

   Ils vont à Marseille.

À propos

1. Arrivez-vous à l'école en autobus?
2. Voyagez-vous souvent en train?
3. Parlez-vous aux passagers quand vous voyagez en autobus ou en train?
4. D'où êtes-vous? De Paris? De Cleveland?

Expansion

All words in the **Expansion** are active vocabulary.

Il est onze heures et demie du matin. À Lyon Yves et Jeanne cherchent l'adresse des Latour, les amis des parents d'Yves. Enfin, ils trouvent l'immeuble. Ils sonnent à la porte de la concierge.[1]

YVES: Pardon, Madame, on cherche l'appartement[2] des Latour.

LA CONCIERGE: Oui, c'est ici. Mais, euh...quelle heure est-il?

YVES: Il est midi et quart.

LA CONCIERGE: Alors, ils sont probablement au café.[3] D'habitude, ils déjeunent là à midi.

YVES: Bon. Eh bien, on va au café. Est-ce que c'est loin?

Wkbk. 1   LA CONCIERGE: Non, non. C'est au coin de la rue.

Newer apartment buildings have neither maids' rooms nor a concierge.

The small windows on the top floor of these apartments used to house the maids' quarters.

Notes culturelles
1. Until recently every French apartment building had a **concierge**, a caretaker or building superintendent. He or she received free lodging in exchange for protecting, supervising and cleaning the building. Today many buildings no longer have one. It is cheaper to install electronic security systems and to hire others to do the cleaning.
2. In the larger French cities almost everyone lives in apartments. One-family houses are rare within the city limits.
3. Many French people of all ages have a favorite café where they go for lunch. They also meet friends here after work or school to socialize or to have refreshments.

Shutters and a slate roof are typical features of houses in northern France. (Brittany)

The café is an integral part of French life—a place to relax, read and watch the passersby.

Vous aimez les sandwichs?

On cherche un café sympa. (Paris)

Activités

1. Trouvez l'explication de l'expression donnée. (Find the explanation of the given expression.)

1. maman et papa	a. à la gare	e
2. où on trouve les passagers	b. le bureau d'information	c
3. où on demande une place	c. le compartiment	g
4. où arrive un train	d. l'employé	a
5. l'homme qui travaille au guichet	e. les parents	d
6. après l'après-midi	f. la concierge	h
7. la femme qui travaille dans l'immeuble	g. au guichet	f
8. où l'employé renseigne les passagers	h. le soir	b

2. Complétez les phrases d'après le dialogue d'introduction ou l'**Expansion.**

1. Les Martin voyagent ___ train. *en*
2. Ils désirent deux places en ___. *seconde*
3. ___ Lyon, Yves et Jeanne vont à Marseille. *Après*
4. Les Latour sont de ___. *Lyon*
5. Ils habitent un ___ dans un ___. *appartement/immeuble*
6. Il est ___ quand les Martin trouvent l'immeuble. *midi et quart*
7. Les Latour ne sont pas là. Ils sont probablement ___. *au café*
8. Alors, Yves et Jeanne ___ au café. *vont*

Il est midi. Ils vont au
café. (Paris)

3. Brigitte tries to remember details about the Martins' trip to Lyons, but she makes mistakes. Correct her.

> MODÈLE: Les Martin arrivent à la gare à huit heures.
> **Non, ils arrivent à la gare à cinq heures.**

1. Jeanne et Yves sont de Lyon.
   Non, ils sont de Paris.
2. L'homme qui travaille au guichet est ingénieur.
   Non, il est employé.
3. La dame trouve le train désagréable.
   Non, elle trouve le train agréable.
4. À Lyon ils cherchent la gare.
   Non, à Lyon ils cherchent l'appartement des Latour.
5. Les Latour sont les parents d'Yves.
   Non, les Latour sont les amis des parents d'Yves.
6. Les Martin sonnent à la porte des Latour.
   Non, ils sonnent à la porte de la concierge.
7. Dans l'immeuble ils parlent aux Latour.
   Non, ils parlent à la concierge.
8. Les Latour déjeunent à l'appartement.
   Non, ils déjeunent au café.

Structure et usage

la préposition *de*

The preposition **de** (*of, from, in, about*) has many uses. **De** appears in compound nouns like **le livre de français** (*the French book*) and **la gare de Lyon** (*the Lyons train station*). However, **de** may also mean "from."

—D'où êtes-vous?   *Where are you from?*
—Je suis de New York.   *I'm from New York.*

EAU DE TOILETTE
Santos de Cartier
Paris

Wkbk. 2

Leçon 6   145

4. Jacques wants to know what cities the following people are from. Tell him.

MODÈLE: les Latour / Lyon
Les Latour sont de Lyon.

1. Jeanne et Yves / Paris
2. le concierge / Marseille
3. la dame / Montréal
4. nous / St. Paul
5. moi, je / Washington
6. Mohammed / Alger
7. les parents de Christophe / Genève
8. Myriam / Dakar

Jeanne et Yves sont de Paris.
Le concierge est de Marseille.
La dame est de Montréal.
Nous sommes de St. Paul.
Moi, je suis de Washington.
Mohammed est d'Alger.
Les parents de Christophe sont de Genève.
Myriam est de Dakar.

"MOI C'EST BERNARD DE TOULOUSE"

la possession avec *de*

De, meaning "of," expresses possession or ownership.

la salle de Mme Bertier   *Mrs. Bertier's room*

La salle de Mme Bertier means, literally, "the room of Mrs. Bertier." The English structure *'s* does not exist in French. To show possession the word order is:

object   +   *de*   +   owner

l'amie de Christine   *Christine's friend*
le billet d'Yves   *Yves' ticket*
le livre d'un élève   *a student's book*

Wkbk. 3

De becomes **d'** before a word beginning with a vowel sound.

5. Identify the things pictured below that belong to Jeanne.

MODÈLE: **Voilà l'immeuble de Jeanne.**

1. _____

Voilà les parents de Jeanne.

2. _____

Voilà la famille de Jeanne.

3.  _____

Voilà le lycée de Jeanne.

4.  _____

Voilà les amis / copains de Jeanne.

5. _____

Voilà l'ordinateur de Jeanne.

6. _____

Voilà le stylo de Jeanne.

7. _____

Voilà le dictionnaire de Jeanne.

6. Jean-Pierre asks what certain things are. After hesitating, confirm what he says. Also tell him to whom/what the things belong.

> MODÈLE: C'est un billet? (Jeanne)
> **Euh...oui, c'est le billet de Jeanne.**

1. C'est un appartement? (Hervé)   Euh...oui, c'est l'appartement d'Hervé.
2. C'est une adresse? (Matra)   Euh...oui, c'est l'adresse de Matra.
3. C'est une salle? (M. Bertier)   Euh...oui, c'est la salle de M. Bertier.
4. C'est un café? (la gare)   Euh...oui, c'est le café de la gare.
5. C'est un aéroport? (Lyon)   Euh...oui, c'est l'aéroport de Lyon.
6. C'est un cahier? (un élève)   Euh...oui, c'est le cahier d'un élève.
7. C'est une maison? (Véronique)   Euh...oui, c'est la maison de Véronique.

les prépositions *à* et *de* avec l'article défini

The prepositions **à** and **de** do not change before the definite articles **la** and **l'**.

—Vas-tu à la gare?   *Are you going to the train station?*
—Non, je vais à l'université.   *No, I'm going to the university.*
Où est le billet de la dame?   *Where is the lady's ticket?*
Voici la famille de l'employé.   *Here's the employee's family.*

Before the definite article **le**, however, **à** and **de** change form. They combine with **le** as follows:

> *à* + *le* = *au*   to (the), at (the), in (the)
> *de* + *le* = *du*   of (the), from (the), in (the), about (the)

Je vais au guichet.   *I'm going to the ticket counter.*
Où est le crayon du prof?   *Where is the teacher's pencil (the pencil of the teacher)?*

Wkbk. 4
Wkbk. 5

Un billet pour Grenoble,
en seconde, s'il vous plaît.
(Paris)

Les élèves vont à l'école. (Paris)

On va à la gare.

7. Complétez les phrases avec **à la, à l'** ou **au.**

1. Les Martin arrivent ___ gare.   à la
2. Ils vont ___ guichet.   au
3. Ils parlent ___ employé.   à l'
4. Ils déjeunent ___ café de la gare.   au
5. Quand les Martin arrivent à Lyon, ils vont ___   à l'
   immeuble où habitent les Latour.
6. Ils parlent ___ concierge.   à la
7. Les Latour ne sont pas ___ maison.   à la
8. Mais plus tard ils rentrent ___ appartement.   à l'

8. Say that the following people are going to the indicated places. Use **à la, à l'** ou **au.**

> MODÈLE: Éric / école
> **Éric va à l'école.**

1. je / aéroport   Je vais à l'aéroport.
2. tu / maison   Tu vas à la maison.
3. le professeur / tableau noir   Le professeur va au tableau noir.
4. Jeanne et Yves / guichet   Jeanne et Yves vont au guichet.
5. vous / cours de français   Vous allez au cours de français.
6. Arielle / gare   Arielle va à la gare.
7. nous / laboratoire de langues   Nous allons au laboratoire de langues.
8. les Latour / café   Les Latour vont au café.

9. Irène talks all the time. What is she talking about now?

   MODÈLE: l'employé
   Elle parle de l'employé.

   1. le vol 017   Elle parle du vol 017.
   2. le cours d'anglais   Elle parle du cours d'anglais.
   3. la section fumeurs   Elle parle de la section fumeurs.
   4. le voyage en train   Elle parle du voyage en train.
   5. l'artiste   Elle parle de l'artiste.
   6. le prof   Elle parle du prof.
   7. le lycée   Elle parle du lycée.
   8. la dame   Elle parle de la dame.

LES INNOVATIONS SUR LES T.G.V. DU FUTUR

Before the definite article **les**, **à** and **de** have a different form. They combine with **les** as follows:

Help students listen for the difference between à + singular or plural definite articles (that is, between au, à la, à l' and aux) before they start using them. Give them the following expressions, asking whether they could be singular only, singular or plural or plural only.
   au(x) guichet(s)
   à l'aéroport
   au(x) parent(s)
   aux hommes
   aux employés
   à l'heure
   au(x) passager(s)
   à la gare
   aux dames

> *à + les = aux*   to (the), at (the), in (the)
> *de + les = des*   of (the), from (the), in (the), about (the)

Vous parlez aux garçons.   *You speak to the boys.*
Voici l'appartement des Latour.   *Here is the Latours' apartment (the apartment of the Latours).*

The **x** in **aux** is silent before a consonant sound and pronounced [z] before a vowel sound.

—Parle-t-il aux profs?   *Is he speaking to the teachers?*
—Non, il parle aux‿amies de   *No, he's speaking to Lucie's friends.*
Lucie.   [z]

The **s** in **des** is silent before a consonant sound and pronounced [z] before a vowel sound.

—Parles-tu des cours?   *Are you speaking about the courses?*
—Je parle des‿élèves.   *I'm speaking about the students.*
         [z]

Wkbk. 6
Wkbk. 7

Explain that in English "to speak about" really means "to speak of." Remind students that the French equivalent for both of these expressions is **parler de**.

10. Complétez les phrases avec **à la**, **à l'**, **au** ou **aux**.
   À qui parle-t-on?

   1. Je parle ____ élève.   à l'
   2. Thomas parle ____ professeurs.   aux
   3. Rachelle parle ____ dame.   à la
   4. Vous parlez ____ hommes devant vous.   aux
   5. Marc parle ____ copine d'Yves.   à la
   6. Anne-Sophie parle ____ ami de Jacques.   à l'
   7. Nous parlons ____ médecin.   au

8. On parle toujours ___ concierges.   aux

9. Yves et Jeanne parlent ___ passager du compartiment.   au

 11. Say that people are coming from the following places.

> MODÈLE: le café
> **On arrive du café.**

1. la gare   On arrive de la gare.
2. l'aéroport   On arrive de l'aéroport.
3. les cours   On arrive des cours.
4. l'école   On arrive de l'école.
5. la maison   On arrive de la maison.
6. les laboratoires   On arrive des laboratoires.
7. le lycée   On arrive du lycée.
8. le guichet   On arrive du guichet.

 12. Charlotte wants to know what certain things are. Confirm what she says, and tell her to whom/what the things belong.

> MODÈLE: C'est un laboratoire? (universìté)
> **Oui, c'est le laboratoire de l'université.**

1. C'est un appartement? (la dame)   Oui, c'est l'appartement de la dame.
2. C'est un cahier? (l'élève)   Oui, c'est le cahier de l'élève.
3. C'est une adresse? (l'immeuble)   Oui, c'est l'adresse de l'immeuble.
4. C'est un employé? (la gare)   Oui, c'est l'employé de la gare.
5. C'est un livre? (le cours de français)   Oui, c'est le livre du cours de français.
6. C'est un magnétoscope? (les parents Oui, c'est le magnétoscope des parents
   de Marc)   de Marc.
7. C'est un magnétophone? (le prof)   Oui, c'est le magnétophone du prof.
8. C'est un immeuble? (les amis d'Éric) Oui, c'est l'immeuble des amis d'Éric.

13. Jean-Paul talks about everything and everybody, just like Irène. Say whom or what he is talking about.

> MODÈLE: l'amie de Charles
> **Maintenant il parle de l'amie de Charles.**

1. les amis de Charles   Maintenant il parle des amis de Charles.
2. le cours de français   Maintenant il parle du cours de français.
3. l'université   Maintenant il parle de l'université.
4. l'école   Maintenant il parle de l'école.
5. les vacances   Maintenant il parle des vacances.
6. le vol 023   Maintenant il parle du vol 023.
7. les hommes   Maintenant il parle des hommes.
8. la copine d'Alain   Maintenant il parle de la copine d'Alain.

Quelle heure est-il?

l'heure

Quelle heure est-il?

Il est un¢ heure.
[t]

Il est deux heures.
[z]

Il est trois heures.
[z]

Il est quatr¢ heures.

Il est cinq heures cinq.
[k]

Il est six heures moins vingt.
[z]

Il est huit heures et quart.
[t]

Il est neuf heures moins le quart.
[v]

Wkbk. 8

In conversational French you often hear **Il est quelle heure?** or **Quelle heure il est?**

Explain that after the number **une**, the word **heure** is singular; and that after all numbers above **une**, the word **heures** is plural.

Liaison between numbers and the word **heure(s)** is indicated by the phonetic symbols [t], [z], [k] and [v]. Have students repeat each hour of the day after you. Point out especially the sound [v] of f in **neuf** as well as the dropped vowel sound in **un¢ heure** [ynœr] and in **quatr¢ heures** [katrœr], indicated here by a slash mark (/) through the e of **une** and **quatre**. You may write French time abbreviations on the board or use a fake clock while asking the question **Quelle heure est-il?**

Il est dix heures et demie.
[z]

Note that the adjective **demi** is masculine following **midi** or **minuit** but is feminine (**demie**) after expressions using **heure**(s).

Il est midi.

Il est minuit et demi.

ATTENTION: 1. In French the word **heure**(s) (*o'clock*), abbreviated as an **h**, is always used in telling time. In English, however, the expression "o'clock" is often omitted.

J'arrive à onze heures.   *I'm arriving at eleven (o'clock).*
Il est 10 h 10.   *It's 10:10.*

Although the 24-hour time system isn't presented at this point, you may mention that:

* this is the so-called official system of schedules (school classes, planes, trains, TV programs, etc.) and appointments.
* digital clocks are making the 24-hour time system more popular.
* the 24-hour time system uses only numbers for all hours and minutes, for example, **douze heures** for **midi**, **zéro heure** for **minuit**, **quinze** for **et quart** and **trente** for **et demie**.
* the 24-hour system never uses the word **moins**. In this system 10 h 35 = **dix heures trente-cinq**, whereas in the 12-hour system it is **onze heures moins vingt-cinq**.

Remind students that they are to use the formula **moins + nombre (de minutes)** when they say the time expressed in abbreviations such as **9 h 35** and **1 h 45** that show minutes above **et demie** (*thirty*). On the 12-hour clock these two times would be **dix heures moins vingt-cinq** and **deux heures moins le quart**.

2. According to the 12-hour system of telling time,

* minutes before the hour follow the word **moins** (*minus*). The minutes are subtracted from the next hour.

Il est sept heures moins vingt-cinq.

* minutes after the hour
  * are given simply as numbers

Il est six heures vingt-neuf.

  * that do not exceed twenty-nine.

Il est onze heures moins vingt.

* the words **quart** and **demi(e)** indicate the quarter hour and the half hour as follows:

À quelle heure est le train?

* **moins le quart** = fifteen (minutes) of/to, quarter of/to.

Je rentre à cinq heures moins le quart.	*I come home at quarter of five.*

* **et quart** = fifteen (past), quarter (after).

Le vol arrive à huit heures et quart.	*The flight arrives at eight fifteen.*

* **et demi(e)** = thirty (minutes), half past.

On déjeune à midi et demi.	*We eat lunch at twelve thirty.*
Le vol 007 est à sept heures et demie.	*Flight 007 is at 7:30.*

3. To ask or tell what time something happens, use **à quelle heure** = (at) what time.

À quelle heure arrive-t-on?	*(At) What time are we arriving?*
On arrive à midi.	*We're arriving at noon.*

4. To clarify the difference between A.M. and P.M., use

* **du matin** = in the morning or A.M.

Il est six heures du matin.	*It's six o'clock in the morning.* *It's 6:00 A.M.*

* **de l'après-midi** = in the afternoon or P.M.

Elle rentre à une heure de l'après-midi.	*She comes home at one in the afternoon.*

* **du soir** = in the evening or P.M., beginning at 6:00 P.M.

Je rencontre Annie à dix heures du soir.	*I'm meeting Annie at 10:00 P.M.*

You should mention that the word **midi** is never followed by **de l'après-midi** and that the word **minuit** is never followed by **du soir**.
Wkbk. 10
Wkbk. 11
Wkbk. 12
Wkbk. 13

Leçon 6   153

14. Répondez, selon le cas. Précisez le moment de la journée. (Answer, as indicated. Specify A.M. or P.M.)

MODÈLE: Quelle heure est-il?
Il est deux heures du matin.

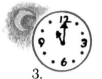

1.
Il est une heure
de l'après-midi.

2.
Il est quatre heures
du matin.

3.
Il est onze heures
du soir.

4.
Il est midi.

5.
Il est sept heures
du soir.

6.
Il est minuit.

7.
Il est trois heures
de l'après-midi.

8.
Il est neuf heures
du matin.

15. Exprimez l'heure, selon le cas.

MODÈLE: 10 h 25
Il est dix heures vingt-cinq.

1. 2 h 10   Il est deux heures dix.
2. 4 h 47   Il est cinq heures moins treize.
3. 9 h 22   Il est neuf heures vingt-deux.
4. 3 h 45   Il est quatre heures moins le quart.
5. 12 h 55   Il est une heure moins cinq.
6. 6 h 30   Il est six heures et demie.
7. 11 h 15   Il est onze heures et quart.
8. 7 h 40   Il est huit heures moins vingt.

16. Guy has just arrived in France from Quebec, and he's visiting your school. Answer his questions.

MODÈLE: À quelle heure va-t-on à l'école? (8:00)
On va à l'école à huit heures.

1. À quelle heure les profs arrivent-ils?   Ils arrivent à sept heures et demie.
   (7:30)

2. À quelle heure est le cours d'anglais?   Il est à huit heures et quart.
   (8:15)

3. À quelle heure déjeune-t-on? (11:45)   On déjeune à midi moins le quart.

4. À quelle heure les profs déjeunent-ils?
   (12:10)

   Ils déjeunent à midi dix.

5. À quelle heure est le cours d'histoire?
   (1:20)

   Il est à une heure vingt.

6. À quelle heure rentre-t-on? (4:25)

   On rentre à quatre heures vingt-cinq.

7. À quelle heure les profs rentrent-ils?
   (5:40)

   Ils rentrent à six heures moins vingt.

17. Anne-Marie from Lyons is touring the United States. As she arrives in certain cities, she needs to know what time it is in France so that she can phone her parents. Help her determine French time by adding the appropriate number of hours in parentheses to American time.

If you have introduced the 24-hour time system, you may have students do **Activités 14 et 17** again using it.

   MODÈLE: Il est six heures du soir à New York. (6)
             Il est minuit à Lyon.

   1. Il est neuf heures du matin à Chicago.
      (7)

      Il est quatre heures de l'après-midi à Lyon.

   2. Il est midi à San Francisco. (9)

      Il est neuf heures du soir à Lyon.

   3. Il est quatre heures de l'après-midi à Los Angeles. (9)

      Il est une heure du matin à Lyon.

   4. Il est deux heures du matin à Denver. (8)

      Il est dix heures du matin à Lyon.

   5. Il est dix heures du matin à Dallas. (7)

      Il est cinq heures de l'après-midi à Lyon.

   6. Il est huit heures du matin à Miami. (6)

      Il est deux heures de l'après-midi à Lyon.

   7. Il est neuf heures du soir à Atlanta. (6)

      Il est trois heures du matin à Lyon.

   8. Il est minuit à Washington. (6)

      Il est six heures du matin à Lyon.

18. Comment dit-on en français?

This is an optional exercise.

   Deux amis déjeunent ensemble.

ALAIN:	Hey, Suzanne, there are Mr. and Mrs. Pajaud over there!	Tiens, Suzanne, voilà M. et Mme Pajaud là-bas!
SUZANNE:	Yes, they usually arrive at the café at noon.	Oui, ils arrivent d'habitude au café à midi.
ALAIN:	Do they eat lunch here?	Déjeunent-ils ici?
SUZANNE:	Yes, they often eat lunch at the café.	Oui, ils déjeunent souvent au café.
ALAIN:	Hey, there's (*il y a*) a man with the Pajauds today, isn't there?	Tiens, il y a un homme avec les Pajaud aujourd'hui, n'est-ce pas?

SUZANNE:	Oh yes. It's Mr. Dupré.	Ah oui. C'est Monsieur Dupré.
ALAIN:	Where's he from?	D'où est-il?
SUZANNE:	He's from Lille.	Il est de Lille.
ALAIN:	What time is it?	Quelle heure est-il?
SUZANNE:	Oh no! It's already one fifteen.	Oh là là! Il est déjà une heure et quart.
ALAIN:	Well then, are we going to math class?	Alors, est-ce qu'on va (est-ce que nous allons) au cours de maths?

Prononciation

le son [e]: é et les terminaisons -er et -ez

The vowel **e** with an acute accent (**é**) is always pronounced [e], a sound similar to that of the letter "a" in the English word "age." But the sound [e] in French requires much greater muscle tension than it does in English. The corners of the mouth are pulled back into a smiling position and the lips are tightly drawn for the French [e].

aéroport	lycée
café	médecin
déjà	télé
école	université
géographie	

The infinitive ending **-er** and the present tense ending **-ez** are also pronounced [e].

chercher / cherchez	étudier / étudiez
désirer / désirez	trouver / trouvez

The word **et** is also pronounced [e].

ATTENTION: The final **t** in the word **et** (*and*) is never pronounced. **Liaison** never occurs between the final **t** of **et** and a word beginning with a vowel sound.

Jeanne et Yves vont à Lyon.

Be sure to emphasize that there is no **liaison** between the **t** of **et** and a word beginning with a vowel sound, but that there is **liaison** between the **t** of **est** and a word beginning with a vowel sound.

Yves et elle vont en vacances.
Ils voyagent en France et en Suisse.
Louis est avec Jeanne et Odile.

Lecture

Véronique et Charlotte ne vont pas à Nice.

Véronique et Charlotte habitent à Lille dans le nord° de la France. Aujourd'hui elles vont en vacances à Nice. D'abord,° elles prennent° le train à Lille et arrivent à Paris à la gare du Nord. Là, elles prennent le métro° et arrivent à la gare de Lyon à midi.

north
First
take

subway

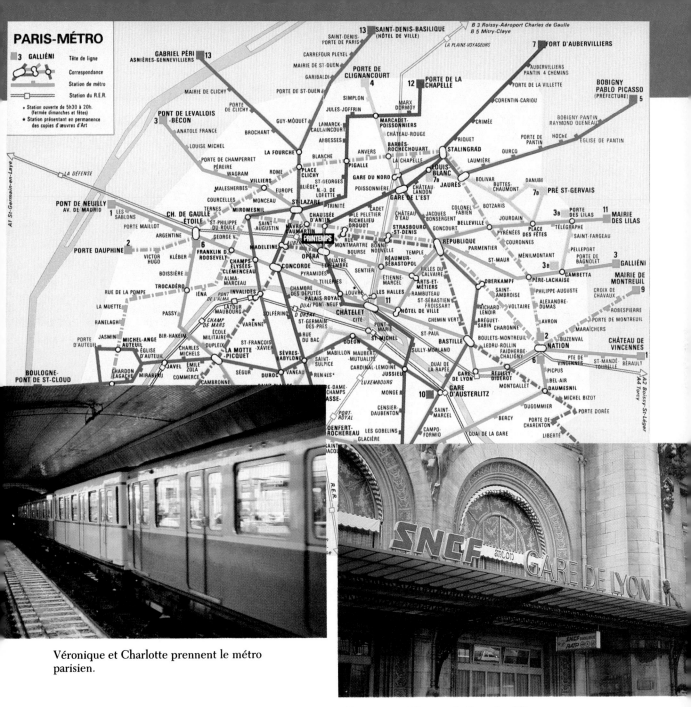

Véronique et Charlotte prennent le métro parisien.

Elles arrivent à la gare de Lyon à midi.

Ensuite,° elles cherchent le train pour Nice. Où est-il? Il est en gare,° et le départ° est à une heure et demie. Super! Véronique et Charlotte sont en avance, elles déjeunent au café de la gare. Ce n'est pas loin.

Next
en gare = in the station/departure

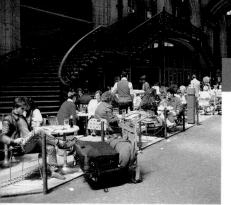

Le café de la gare n'est pas loin. (Paris)

Le TGV va à Nice.

Est-ce que Véronique et Charlotte sont à Nice?

You may want to give a
dictation (**dictée**) on part of
the reading.

Wkbk. 14
Wkbk. 15

Au café elles parlent beaucoup, et elles oublient° l'heure.   forget
Maintenant il est deux heures dix. Où est le train? Il est loin
de Paris maintenant. Et où sont Véronique et Charlotte? Elles
ne sont pas dans le train. Elles sont au café de la gare, et
elles parlent toujours. Alors, elles ne vont pas à Nice.

Répondez en français par des phrases complètes. (Answer in French with
complete sentences.)

1. D'où sont Véronique et Charlotte?   Elles sont de Lille.

2. Où est Lille?   Lille est dans le nord de la France.

3. Où les deux amies vont-elles en vacances?   Elles vont en vacances à Nice.

4. Où vont-elles d'abord?   D'abord, elles vont à Paris.

5. Comment voyagent-elles?   Elles voyagent en train.

6. Comment vont-elles de la gare du Nord à   Elles prennent le métro.
    la gare de Lyon?

7. À quelle heure est le départ du train pour   Il est à une heure et demie.
    Nice?

8. Où Véronique et Charlotte déjeunent-   Elles déjeunent au café de la gare.
    elles?

9. Est-ce que Véronique et Charlotte   Non, elles parlent et oublient
    prennent le train?   l'heure et le train.

10. Où sont Véronique et Charlotte à deux   Elles sont toujours au café de la gare
    heures dix?   à Paris.

Proverbe

Il y a loin de la coupe aux lèvres.

There's a long way from the cup to the lips.

This proverb means that a lot can happen between the conception of an idea or dream and its realization.

Interaction et application pratique

À deux

1. With your partner create an original eight-line dialogue in French between a traveler and the employee at the railroad station ticket counter. Use only expressions you have learned so far. Then learn your parts and present your dialogue to the class.

2. With your partner create an original eight-line dialogue in French between someone looking for another person and the **concierge** at this person's residence. Use only expressions you have learned so far. After learning your parts, perform your dialogue for the class.

3. Take turns with a partner making quick sketches like the one below and asking **Quelle heure est-il?** Add a moon or a sun to your drawing to suggest the difference between A.M. and P.M. Respond to the question based on the drawing.

    MODÈLE: Quelle heure est-il?
    Il est neuf heures du soir.

4. Take turns with your partner naming popular American TV programs. See if your partner knows the time of each one.

    MODÈLE: "60 Minutes"
    "60 Minutes" est à sept heures du soir.

5. Interview your partner about what time he/she does certain things. Take turns asking and answering questions. Afterwards tell the class about your partner's daily schedule. You may want to use verbs from the following list:

aller	déjeuner	étudier	rentrer
arriver	être	parler	travailler

    MODÈLE: À quelle heure déjeunes-tu?
    Je déjeune à midi moins le quart.

6. Take turns with your partner asking if he/she is planning to go to the following places today. After you both have asked and answered these questions, take a survey of your classmates to see how many are going to these places today.

aéroport	école
café	gare
cours d'anglais	laboratoire
cours de maths	maison d'un(e) ami(e)

MODÈLE: Vas-tu à l'aéroport aujourd'hui?
           Non, je ne vais pas à l'aéroport aujourd'hui.

7. With your partner take turns identifying objects in the classroom and saying whose they are.
MODÈLE: Voilà un bureau.
           Oui, c'est le bureau du prof.

En groupes

8. With your group think of as many different completions as possible for each of the following sentences. Have one person from the group list the possible completions on a transparency. Do one sentence at a time, spending not more than one minute on each sentence. Afterwards several transparencies can be put on the overhead for all to correct.
   1. Aujourd'hui je vais ____.
   2. On parle à ____.
   3. On parle aux ____.
   4. C'est l'appartement du ____.
   5. On parle de l' ____.
   6. À quelle heure ____?

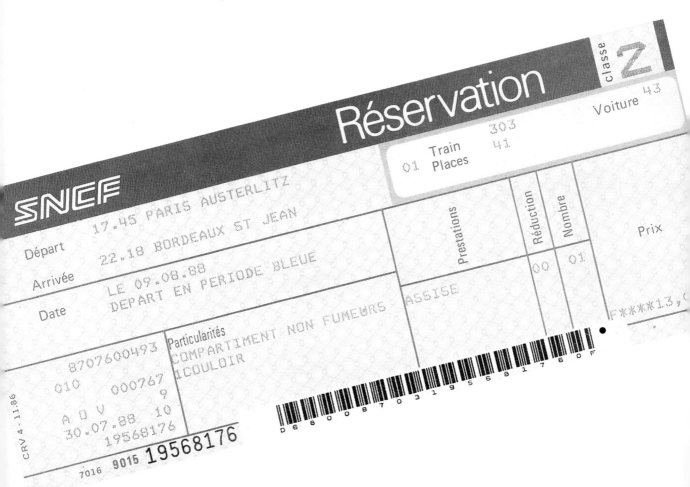

Vocabulaire actif

noms

une adresse *address*
un appartement *apartment*
un après-midi *afternoon*
  de l'après-midi *P.M. (in the afternoon)*
un autobus (bus) *(city) bus*
un café *café; coffee*
un coin *corner*
un compartiment *compartment*
un(e) concierge *caretaker, building superintendent, doorkeeper*
une dame *lady*
une gare *railroad (train) station*
l'heure *hour, o'clock, time (of day)*
  à quelle heure *(at) what time*
  Quelle heure est-il? *What time is it?*

un immeuble *(apartment) building*
un matin *morning*
  du matin *A.M. (in the morning)*
midi *noon*
minuit *midnight*
un monsieur *gentleman, man*
un parent *parent; relative*
un quart *quarter*
  et quart *fifteen (past), quarter (after)*
  moins le quart *fifteen (minutes) of/to, quarter of/to*
un soir *evening*
  du soir *P.M. (in the evening)*
un train *train*
un voyage *trip*

adjectifs

agréable *pleasant*
autre *other, another*
bon, bonne *good, fine, well*

demi(e) *half*
  et demi(e) *thirty (minutes), half past*
prochain(e) *next*

verbes

chercher *to look for*
sonner *to ring*

trouver *to find*

expressions diverses

après *after, afterwards*
au *in (the)*
aux *at (the), in (the), to (the)*
d'habitude *usually*
de (d') *in, about*
des *of (the), from (the), in (the), about (the)*

du *of (the), from (the), in (the), about (the)*
enfin *finally*
loin *far*
probablement *probably*
quel, quelle *what, which*
  Quelle heure est-il? *What time is it?*

Leçon 7

Communicative Functions

- welcoming people
- talking about music and singers
- expressing preferences in music
- naming countries and their capitals
- telling where places are located
- telling someone's nationality

A 2[1] interviewe le chanteur français Julien Clerc[2]

MICHEL DRUCKER: Julien Clerc, bienvenue à "Champs-Élysées."[3] Comment allez-vous?

JULIEN CLERC: Très bien, merci.

MICHEL DRUCKER: Vous chantez beaucoup, n'est-ce pas?

JULIEN CLERC: Oui, je chante un peu partout en France, et le travail est intéressant.

MICHEL DRUCKER: Alors, vous êtes content?

JULIEN CLERC: Très content, et tout va bien.

MICHEL DRUCKER: Mais, selon vous, comment va la musique française?

JULIEN CLERC: Elle va aussi très bien. Elle est dynamique et vivante.[4]

MICHEL DRUCKER: Vous voyagez beaucoup, n'est-ce pas?

JULIEN CLERC: Oui, en effet. Demain je vais en Afrique, au Sénégal.[5]

MICHEL DRUCKER: Pourquoi retournez-vous si souvent au Sénégal?

JULIEN CLERC: Parce que c'est un pays agréable. J'aime beaucoup la musique africaine. Et je trouve les Sénégalais sympathiques.

Wkbk. 1

All words in the dialogue and **Expansion** are active vocabulary.

Michel Drucker interviews singers who promote their records on his program at 8:40 P.M. on Saturday.

The French music industry has suffered because of the popularity of English and American groups.

Note that the word **vivant(e)** is used in the title of this book.

Au(x) + masculine country names will be presented in **Leçon 8.**

Be sure to emphasize the correct pronunciation of **pays,** meaning "country."

Notes culturelles
1. **A 2 (Antenne 2)** is television channel 2 in France. Other French television stations are **TF 1, FR 3, La Cinq, M6** and **Canal Plus. Canal Plus** is a cable movie channel.
2. Julien Clerc is a famous French singer. One of his parents is from the French West Indies. He recorded the hit song "Mélissa" in Senegal with a group of Senegalese singers and musicians. African music has become quite popular in France during the late 1980s.
3. "Champs-Élysées" is a highly rated television show. Each week it features a French or foreign show business celebrity in an interview and performance. **Les Champs-Élysées** is also a wide and beautiful Parisian avenue, perhaps the most famous avenue in the world.
4. French rock and pop music are alive and well. Julien Clerc is only one of many distinctively French singers known in almost all French-speaking countries. **Gold** is a popular French rock group.
5. Senegal, on the west coast of Central Africa, is a country that used to be a French colony. French is still an important language in Senegal.

The **Arc de Triomphe** stands at one end of the **Champs-Élysées**. (Paris)

La musique africaine est dynamique.

Compréhension

Répondez en français.

1. Comment va Julien Clerc?
   Il va très bien.
2. Où est-ce qu'il chante?
   Il chante un peu partout en France.
3. Comment va la musique française, selon Julien Clerc?
   Elle va bien. Elle est dynamique et vivante.
4. Quand va-t-il en Afrique?
   Il va en Afrique demain.
5. Où va-t-il en Afrique?
   Il va au Sénégal.
6. Pourquoi retourne-t-il au Sénégal?
   Parce que c'est un pays agréable.
7. Aime-t-il la musique africaine?
   Oui, il aime beaucoup la musique africaine.
8. Comment Julien Clerc trouve-t-il les Sénégalais?
   Il trouve les Sénégalais sympathiques.

*You may answer a **pourquoi** question starting with **parce que** (**Activité 6**) or give a complete sentence response.*

À propos

1. Est-ce que tout va bien aujourd'hui?
2. Chantez-vous? Chantez-vous bien ou mal?
3. Êtes-vous content(e)?
4. Selon vous, est-ce que la musique africaine est intéressante?
5. Aimez-vous la musique anglaise?

Expansion

Model for correct
pronunciation the word
Europe [ørɔp].

Wkbk. 2
Wkbk. 3

—Voici une carte de deux continents. Elle montre l'Europe et l'Afrique. Sur la carte il y a huit pays européens et deux pays africains. Il y a aussi dix villes importantes. Voici les pays et la capitale de chaque pays.

Quelle est la capitale de la France?
—C'est Paris.

Le symbole de Paris

166   Leçon 7

Serge est belge.

Le Rhône à Avignon

—Oui, c'est ça. En France il y a quatre fleuves importants: la Seine, la Loire, la Garonne et le Rhône.

Wkbk. 4

—Serge Fournel est belge. Il habite à Bruxelles, la capitale de la Belgique, et il parle français.

—Voici Caroline Savary.

—D'où est-elle?

—De Berne.

—Berne? C'est dans quel pays?

Caroline est de Berne.

—En Suisse.

—Alors Caroline est suisse. Parle-t-elle français?

—Oui, beaucoup de Suisses parlent français. Mais on parle aussi allemand en Suisse.

On parle français et allemand en Suisse. (Bienne)

Leçon 7   **167**

Michèle habite
à Luxembourg.

Luxembourg est la capitale du
Luxembourg.

Because the preposition à
precedes names of cities,
we know that Michèle lives
in the city of Luxembourg.
(**Elle habite au
Luxembourg** means that
she lives in the country of
Luxembourg.)

—Michèle Clair habite à Luxembourg. Elle est luxembourgeoise, et elle parle
aussi français.

Activités

1. Trouvez dans le dialogue d'introduction ou dans l'**Expansion** les mots qui
manquent.

1. Julien Clerc trouve le travail de chanteur ____.   intéressant
2. Selon Julien, ____ est très dynamique.   la musique française
3. ____ Julien Clerc va en Afrique.   Demain
4. Julien retourne souvent au Sénégal ____ c'est un   parce que
   pays agréable.
5. L'Afrique est un ____.   continent
6. Genève et Lyon sont deux ____.   villes
7. Paris est la ____ de la France.   capitale
8. La Seine est un ____.   fleuve

2. Écrivez une phrase convenable d'après le dialogue d'introduction. Employez les mots clés qui sont indiqués en ajoutant les articles. Ces mots ne
sont pas en ordre. (Write a suitable sentence according to the Introductory
Dialogue. Use the key words that are indicated adding articles. These
words are not in order.)

    MODÈLE: trouver / Julien Clerc / sympathique / Sénégalais
                    Julien Clerc trouve les Sénégalais sympathiques.

1. Julien Clerc / français / interviewer /   Michel Drucker interviewe le
   chanteur / Michel Drucker   chanteur français Julien Clerc.

2. bien / aller / Julien Clerc / très

Julien Clerc va très bien.

3. chanter / partout / France / il / un peu / en

Il chante un peu partout en France.

4. français / être / musique / vivant

La musique française est vivante.

5. aller / demain / au / Afrique / Sénégal / il / en

Demain il va en Afrique, au Sénégal.

6. agréable / être / Sénégal / pays

Le Sénégal est un pays agréable.

7. beaucoup / africain / Julien Clerc / musique / aimer

Julien Clerc aime beaucoup la musique africaine.

3. Employez la carte et répondez à la question **Qu'est-ce que c'est?**

Geographical nouns introduced via the illustration in the **Expansion** section are used in exercises, although not all of them (i.e., rivers and cities) appear in the active vocabulary.

MODÈLE: A

C'est la France.

1. B   C'est le Sénégal.
2. C   C'est la Loire.
3. D   C'est la Suisse.
4. E   C'est le Luxembourg.
5. F   C'est l'Algérie.
6. G   C'est la Garonne.
7. H   C'est la Belgique.

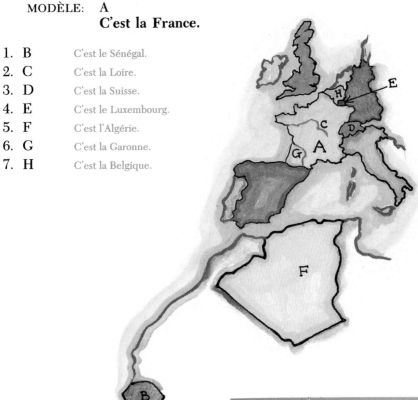

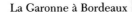

La Garonne à Bordeaux

4. Qu'est-ce que c'est? Est-ce une ville, un fleuve, un pays ou un continent?

MODÈLE: Nice
C'est une ville.

1. la Seine — C'est un fleuve.
2. le Luxembourg — C'est un pays.
3. Luxembourg — C'est une ville.
4. Dakar — C'est une ville.
5. l'Europe — C'est un continent.
6. le Rhône — C'est un fleuve.
7. l'Angleterre — C'est un pays.
8. l'Afrique — C'est un continent.

5. Help Michel learn capital cities. Answer his questions.

MODÈLE: Madrid?
C'est la capitale de l'Espagne.

1. Et Rome? — C'est la capitale de l'Italie.
2. Et Londres? — C'est la capitale de l'Angleterre.
3. Et Bonn? — C'est la capitale de l'Allemagne.
4. Et Paris? — C'est la capitale de la France.
5. Et Berne? — C'est la capitale de la Suisse.
6. Et Alger? — C'est la capitale de l'Algérie.
7. Et Bruxelles? — C'est la capitale de la Belgique.

6. Your friend Dominique always asks you why you do certain things. Tell her.

MODÈLE: Pourquoi retournes-tu en France? (adorer Paris)
Parce que j'adore Paris.

1. Pourquoi chantes-tu? (aimer la musique) — Parce que j'aime la musique.
2. Pourquoi rentres-tu à la maison? (déjeuner avec la famille) — Parce que je déjeune avec la famille.
3. Pourquoi vas-tu à la gare? (voyager en train) — Parce que je voyage en train.
4. Pourquoi n'aides-tu pas Maman? (regarder la télé) — Parce que je regarde la télé.
5. Pourquoi n'es-tu pas en classe? (être en retard) — Parce que je suis en retard.
6. Pourquoi regardes-tu la carte? (chercher la capitale de l'Angleterre) — Parce que je cherche la capitale de l'Angleterre.
7. Pourquoi es-tu au guichet? (demander une place) — Parce que je demande une place.
8. Pourquoi vas-tu à l'Université de Paris? (étudier les langues) — Parce que j'étudie les langues.

Il chante devant le Centre
Pompidou. (Paris)

Structure et usage

la préposition *en* et les noms de pays féminins

Names of countries, regions and continents also have a gender in French, just
like other nouns. Many of them ending in **-e** are feminine. Use **en** (*in, to*)
before the feminine names of countries, regions and continents.

You may want to review en
and à expressions in the
Leçon préliminaire.

Les Dupré habitent en France.   *The Duprés live in France.*
Les Dupré vont en Afrique.   *The Duprés are going to Africa.*
           [n]

Wkbk. 5

Emphasize **liaison** between
en and a vowel sound.

7. Denis doesn't know the countries where certain cities are located. Answer
his questions.

      MODÈLE: Où est Paris?
                  Paris est en France.

    1. Où est Genève?   Genève est en Suisse.

Genève est sur le lac Léman.

EN COLOMBIE

En Italie

EN AFRIQUE

2. Où est Londres? Londres est en Angleterre.
3. Où est Madrid? Madrid est en Espagne.
4. Où est Lyon? Lyon est en France.
5. Où est Rome? Rome est en Italie.
6. Où est Bruxelles? Bruxelles est en Belgique.
7. Où est Alger? Alger est en Algérie.
8. Où est Bonn? Bonn est en Allemagne.

8. Sandrine asks questions about where certain people are. Answer her.

MODÈLE: Où Janine étudie-t-elle? (Suisse)
Elle étudie en Suisse.

1. Où Pierre voyage-t-il? (Allemagne) Il voyage en Allemagne.
2. Où habitent les Latour? (France) Ils habitent en France.
3. Où sont les copines d'Yves? (Italie) Elles sont en Italie.
4. Où est Maria? (Espagne) Elle est en Espagne.
5. Où arrives-tu? (Belgique) J'arrive en Belgique.
6. Où Julien Clerc chante-t-il? (Afrique) Il chante en Afrique.
7. Où vas-tu en vacances? (Angleterre) Je vais en vacances en Angleterre.
8. Où les Dupont travaillent-ils? (Europe) Ils travaillent en Europe.

la préposition à et les noms de ville

Use **à** (*in, to*) before the names of cities.

Wkbk. 6
Wkbk. 7

Je suis à Bruxelles. *I'm in Brussels.*
Je retourne à Genève. *I'm returning to Geneva.*

Les Alpes suisses

Il y a beaucoup de concerts à Genève.

Allez-vous en France?

9. You work at the airport ticket counter. Tell your coworker where the following people are going.

> MODÈLE: les Latour / Lyon
> **Les Latour vont à Lyon.**

1. Mme Dumas / Dakar   Mme Dumas va à Dakar.
2. M. Marchand / Washington   M. Marchand va à Washington.
3. M. et Mme Letendre / Genève   M. et Mme Letendre vont à Genève.
4. Mlle Vadeboncoeur / Québec   Mlle Vadeboncoeur va à Québec.
5. M. Pajaud / Bruxelles   M. Pajaud va à Bruxelles.
6. M. et Mme Garry / Paris   M. et Mme Garry vont à Paris.
7. les Paquette / Montréal   Les Paquette vont à Montréal.

10. According to Jean-Marc, some people are returning to their countries. Ask him whether they are going to the capitals of their countries.

> MODÈLE: Pauline et Suzette retournent en France.
> **Vont-elles à Paris?**

1. Peggy et Marguerite retournent en Angleterre.   Vont-elles à Londres?
2. Marco et Ada retournent en Italie.   Vont-ils à Rome?
3. Amine retourne en Algérie.   Va-t-il à Alger?
4. Maria retourne en Espagne.   Va-t-elle à Madrid?
5. Kurt retourne en Allemagne.   Va-t-il à Bonn?
6. Je retourne en Suisse.   Vas-tu à Berne?
7. Les Durand retournent en Belgique.   Vont-ils à Bruxelles?

You may have students do
Activité 10 two more times.
1) Change the form of
retourner in the
statement to a form of
être and answer
accordingly.
Modèle:
Pauline et Suzette sont
en France.
Sont-elles à Paris?
2) Change the form of
retourner in the
statement to a form of
habiter and answer
accordingly.
Modèle:
Pauline et Suzette
habitent en France.
Habitent-elles à Paris?

11. Complétez les phrases avec **en** ou **à**, selon le cas.
Julien Clerc habite ____ France. Mais il voyage   en
beaucoup. Demain il va ____ Afrique, ____ Alger ____   en/à/en
Algérie. Après il chante ____ Dakar.   à

Michel Drucker habite ___ Paris. Demain il
va ___ Suisse, ___ Genève. Et après il
interviewe un chanteur anglais ___ Angleterre,
___ Londres.

à

en/à

en

à

l'accord des adjectifs au masculin et au féminin

Adjectives describe nouns and pronouns. Adjectives are either masculine or feminine, just like nouns. Masculine adjectives like **content** and **intéressant** describe masculine nouns or pronouns.

Voici Antoine.

Il est **content**.

Julien Clerc est un chanteur **intéressant**.

Feminine adjectives describe feminine nouns or pronouns. To form the feminine of most adjectives, add an **e** to its masculine form.

> masculine adjective + *e* = feminine adjective

Voici Annette.

Elle est **contente**.

Content and contente are pronounced differently because adding an e to a word causes the final consonant to be pronounced. If the final consonant before e is s, the sound of this s is [z].
Examples:
anglais / anglaise
    [z]
important / importante
    [t]
allemand / allemande
    [d]
Direct students to the **Prononciation** section of this lesson which treats this point.

Wkbk. 9

Wkbk. 10

Vanessa est une chanteuse **intéressante**.

If the masculine adjective already ends in -**e**, there is no change in the feminine.

Antoine est **belge**. Annette est **belge** aussi.
Le français est **facile**. La géographie est **facile** aussi.

In French, adjectives usually follow the nouns they describe.

M. Thibault est un prof dynamique.

ATTENTION: Adjectives of nationality and names of languages do not begin with a capital letter in French.
Pierre regarde une carte **allemande**.
J'adore le français.
However, nouns of nationality do begin with a capital letter.
Julien Clerc aime les Sénégalais.

12. Ajoutez la forme convenable de l'adjectif après le nom. (Add the appropriate form of the adjective after the noun.)

Le théâtre africain est
intéressant. (Paris)

Nancy est en France—où est le Sénégal?

1. Katia est une copine. (sympathique)   Katia est une copine sympathique.
2. Le français est une langue. (vivant)   Le français est une langue vivante.
3. Je cherche un livre. (intéressant)   Je cherche un livre intéressant.
4. Le Sénégal est un pays. (africain)   Le Sénégal est un pays africain.
5. Julien Clerc est un chanteur.   Julien Clerc est un chanteur
   (dynamique)   dynamique.
6. Dakar est une ville. (important)   Dakar est une ville importante.
7. Pauline est une élève. (content)   Pauline est une élève contente.
8. La Seine est un fleuve. (français)   La Seine est un fleuve français.

13. Colette is looking at photos of couples. She knows only the nationality of the man in each couple. Tell her that the woman is of the same nationality.

> MODÈLE: Joseph est français. Et Christine?
> **Elle est française aussi.**

After doing **Activité 13** as presented here, have students do it in reverse, books closed.
Modèle:
Christine est française. Et Joseph?
Il est français aussi.

1. Thierry est africain. Et Claudine?   Elle est africaine aussi.
2. Charles est suisse. Et Sabine?   Elle est suisse aussi.
3. Pierre est belge. Et Chantal?   Elle est belge aussi.
4. Kondoura est sénégalais. Et Aïsha?   Elle est sénégalaise aussi.
5. Kurt est allemand. Et Karen?   Elle est allemande aussi.
6. Gregory est anglais. Et Sandra?   Elle est anglaise aussi.
7. Pablo est espagnol. Et Carmen?   Elle est espagnole aussi.
8. Marcel est luxembourgeois. Et Anne?   Elle est luxembourgeoise aussi.

14. Colette is looking at the same photo. She knows something about one person in each couple, but she wonders about the other person. Answer her questions.

> MODÈLE: Joseph est dynamique. Et Christine?
> **Elle est dynamique aussi.**

1. Thierry est content. Et Claudine?   Elle est contente aussi.

Martine est sympa.

2. Sabine est agréable. Et Charles?   Il est agréable aussi.
3. Chantal est vivante. Et Pierre?   Il est vivant aussi.
4. Kondoura est sympathique. Et Aïsha?   Elle est sympathique aussi.
5. Karen est formidable. Et Kurt?   Il est formidable aussi.
6. Gregory est désagréable. Et Sandra?   Elle est désagréable aussi.
7. Carmen est intéressante. Et Pablo?   Il est intéressant aussi.
8. Marcel est dynamique. Et Anne?   Elle est dynamique aussi.

15. Choisissez l'expression qui complète la phrase correctement et logique-ment. (Choose the expression that completes the sentence correctly and logically.)

1. J'aime beaucoup Martine. Elle est ___.   b

   a. content   b. sympathique
   c. chanteur   d. anglais

2. L'allemand est ___.   c

   a. en Europe   b. importante
   c. intéressant   d. un pays

3. Monique chante parce qu'elle est ___.   d

   a. un chercheur   b. européen
   c. demie   d. contente

4. Bernard n'est pas suisse. Il est ___.   b

   a. contente   b. luxembourgeois
   c. un mécanicien   d. française

5. Catherine Lara est chanteuse. Elle est ___.   a

   a. française   b. très content
   c. informaticien   d. espagnol

6. Le Rhône est un fleuve ___.   d

   a. africain   b. belge
   c. ville   d. important

7. Le prof de français est ___.   ??

   a. super   b. sympa
   c. formidable   d dynamique

l'accord des adjectifs au pluriel

In French, adjectives are either singular or plural, just like nouns. To describe a plural noun or pronoun, add an s to the masculine or feminine singular form of the adjective. The s is not pronounced.

$$\text{singular adjective} \ + \ s \ = \ \text{plural adjective}$$

Le Luxembourg et la Belgique sont deux pays européens.

Voici deux dames.   Elles ne sont pas contentes.

An adjective that describes both a masculine and a feminine noun is masculine plural.

Et voici Antoine et Annette.   Ils sont contents.

If the masculine singular adjective already ends in -s, there is no change in the plural.

   —M. Martin est anglais, n'est-ce pas?
   —En effet, M. et Mme Martin sont anglais.

Wkbk. 11

16. Your friend Thomas wants to know what you think about the following people or things. Tell him that you think they're interesting.

    MODÈLE: Les cours de français?
              Ils sont intéressants.

   1. Le prof d'anglais?   Il est intéressant.
   2. Les pays africains?   Ils sont intéressants.
   3. La musique française?   Elle est intéressante.
   4. Les copines de Sandrine?   Elles sont intéressantes.
   5. Le travail d'informaticien?   Il est intéressant.
   6. Les voyages en train?   Ils sont intéressants.
   7. Les langues?   Elles sont intéressantes.
   8. Les villes espagnoles?   Elles sont intéressantes.

17. You work for a bank. Some of your clients live in foreign capitals. Ask if their nationality is that of the country where they live.

    MODÈLE: M. Zongo habite à Dakar.
              Est-il sénégalais?

M. Hiang est aussi sénégalais.

1. Mme Mitchell habite à Londres.　　　*Est-elle anglaise?*
2. Mlle Schmidt et Mme Hauser habitent à Bonn.　　*Sont-elles allemandes?*
3. M. Alvarez habite à Madrid.　　　*Est-il espagnol?*
4. Mlle Laevens habite à Bruxelles.　　*Est-elle belge?*
5. Les Delon habitent à Berne.　　　*Sont-ils suisses?*
6. Mme Dufour et Mlle Beaupré habitent à Paris.　　*Sont-elles françaises?*
7. Les Laroche habitent à Luxembourg.　　*Sont-ils luxembourgeois?*

18. Changez les mots en italique au pluriel et faites tous les changements nécessaires. (Change the words in italics to the plural and make all necessary changes.)

MODÈLE: *Le livre* de français est intéressant.
Les livres de français sont intéressants.

1. *La disquette* est utile.　　　*Les disquettes sont utiles.*
2. *Le cours* de langues est facile.　　*Les cours de langues sont faciles.*
3. *Le prof* est dynamique.　　　*Les profs sont dynamiques.*
4. *Je* suis content.　　　　*Nous sommes contents.*
5. *La femme* est anglaise.　　　*Les femmes sont anglaises.*
6. Es-*tu* luxembourgeoise?　　　*Êtes-vous luxembourgeoises?*
7. *L'employé* est désagréable.　　*Les employés sont désagréables.*
8. *L'amie* de Bernard est sympathique.　　*Les amies de Bernard sont sympathiques.*

l'adjectif interrogatif *quel*

The adjective **quel** asks the question "which" or "what" and comes before the noun it describes. Its feminine form is **quelle**.

Quel chanteur aimez-vous?　　　*Which singer do you like?*
Dans quel pays habites-tu?　　　*In which country do you live?*
Quelle heure est-il?　　　*What time is it?*

Wkbk. 12

Quel becomes **quels** before a masculine plural noun, and **quelle** becomes **quelles** before a feminine plural noun.

Quels profs sont sympathiques?　　　*Which teachers are nice?*
Quelles langues parles-tu?　　　*What languages do you speak?*

Quelle musique aimez-vous?

There is **liaison** after **quels** or **quelles** before a word beginning with a vowel sound.

Quels‿élèves sont dans la cour?   *Which students are in the courtyard?*   Wkbk. 13
[z]

ATTENTION: The forms of **quel** may also come directly before the verb **être**. In this case **quel** agrees with the noun after **être**.

$$\boxed{\textbf{\textit{Quel (Quelle) est}} \quad + \quad \textbf{singular noun}}$$

Quelle est la capitale du pays?   *What is the capital of the country?*

$$\boxed{\textbf{\textit{Quels (Quelles) sont}} \quad + \quad \textbf{plural noun}}$$

Quels sont les continents?   *What are the continents?*

19. Christiane is looking for certain people and things. Find out exactly whom or what she is looking for by asking questions with a form of **quel**.

MODÈLE: Je cherche une carte.
Quelle carte cherches-tu?

1. Je cherche un ami.   Quel ami cherches-tu?
2. Je cherche une rue.   Quelle rue cherches-tu?
3. Je cherche deux livres.   Quels livres cherches-tu?
4. Je cherche quatre filles.   Quelles filles cherches-tu?
5. Je cherche un professeur.   Quel professeur cherches-tu?
6. Je cherche trois cassettes.   Quelles cassettes cherches-tu?
7. Je cherche deux pays sur la carte.   Quels pays cherches-tu?
8. Je cherche une place.   Quelle place cherches-tu?

20. Complétez chaque question avec la forme convenable de **quel**.

1. ___ cours est difficile?   Quel
2. ___ langues parlez-vous?   Quelles
3. ___ pays sont en Afrique?   Quels
4. À ___ heure allez-vous à la gare?   quelle
5. Dans ___ compartiment voyagent-ils?   quel
6. ___ employés travaillent au guichet?   Quels
7. Dans ___ villes chante-t-il?   quelles
8. À ___ école vont-elles?   quelle

La Grand-Place à Bruxelles

This is an optional activity. **21.** Comment dit-on en français?

M. HAREL:	Hello, Miss. Which languages do you speak?	Bonjour, Mademoiselle. Quelles langues parlez-vous?
MLLE MONOT:	I speak German, Spanish, English and...	Je parle allemand, espagnol, anglais et...
M. HAREL:	And French?	Et français?
MLLE MONOT:	That's right.	C'est ça.
M. HAREL:	Where are you from?	D'où êtes-vous?
MLLE MONOT:	I'm from Brussels.	Je suis de Bruxelles.
M. HAREL:	Then you are Belgian?	Alors, vous êtes belge?
MLLE MONOT:	No, I'm French, but I don't live in France. I live in Belgium, in Brussels, but I return to France often.	Non, je suis française, mais je n'habite pas en France. J'habite en Belgique, à Bruxelles, mais je retourne souvent en France.
M. HAREL:	Why?	Pourquoi?
MLLE MONOT:	Because I'm a singer. I often sing in Paris. I like cities very much, and Paris is great.	Parce que je suis chanteuse. Je chante souvent à Paris. J'aime beaucoup les villes, et Paris est formidable.

Prononciation

la consonne finale + e muet

Before doing this section of the lesson with students, you may want to make a list of masculine adjectives (already studied and not used as examples here) that undergo sound changes when they become feminine. After students have studied the

Masculine nouns and adjectives often add a mute (or silent) **e** to form the feminine. A change in pronunciation occurs when this happens. The **e** causes the silent final consonant to be pronounced in the feminine form.

    Il est content.   Elle est contente.

[t]

Il est allemand.   Elle est allemande.
[d]

French speakers make distinctions between masculine and feminine, when possible, through changes in word endings. You should be careful to make them, too.

ATTENTION: The silent final **s** of the masculine form is pronounced [z] when a mute **e** is added to it.
Il est français.   Elle est française.
[z]

Prononciation section, ask them to make the words in your list feminine. (Examples may include vivant, intéressant, important, anglais, luxembourgeois, etc.)

Actualité culturelle

The French-Speaking World

Did you know that approximately two hundred million people in more than thirty countries throughout the world speak French? Have you ever wondered why the French language is so important?

French is the major language not only in France but also in parts of other European countries—Belgium, Luxembourg and Switzerland—as well as in the tiny principality of Monaco. Another French-speaking region, the Mediterranean island of Corsica, lies near the west coast of Italy. Napoléon's native land, Corsica remains today one of France's nearly one hundred administrative divisions (**départements**).

Monaco, on the Riviera, covers less than one square mile.

Corsica's climate and landscape draw many tourists. (Bonifacio)

You'll find Arab culture with a French tinge in Morocco. (Tangier)

Guadeloupe and Martinique are Caribbean islands, which the French call **les Antilles**.

Until the 1950s France ruled over a very large colonial empire, mainly in Africa, but also in Indochina, Polynesia, the West Indies and even South America. Almost all of France's former colonies have now become independent. However, a good number of them still continue to observe various French customs, while retaining French as their official language. In fact, in some of these countries French is virtually the only means of communication between people who speak different native dialects. Certain former colonies—Senegal, Cameroon and the Ivory Coast (all in West Africa)—have kept close economic and cultural ties with France. So have the islands of Madagascar and Réunion in the Indian Ocean. Since Réunion is a **D.O.M.**,[1] it still belongs to France.

On the other hand, some former French colonies in North Africa have gained complete independence and adopted Arabic as their national language. In Algeria, Morocco and Tunisia (together known as **le Maghreb**), the French influence remains highly visible today.

As for the French presence in the Far East, not all traces of it have disappeared. Quite a few people still speak French in Vietnam, Laos and Cambodia. At one time these countries also belonged to the French colonial empire. And New Caledonia, off the coast of Australia, and French Polynesia, with its famous paradise island of Tahiti, are still French territories or **T.O.M.**[2]

Like the British, Spaniards and Portuguese, the French played an important role in the conquest of the New World. They colonized the West Indies and explored and later settled large parts of North America. People here still practice French traditions in varying degrees. They speak French, whether

The French influence is evident in **la Nouvelle-Orléans**. (New Orleans)

mixed with local dialects or not, in the Republic of Haïti and also in the South American country of French Guyana. Like the West Indian islands of Guadeloupe and Martinique, French Guyana is also a **D.O.M.**

Of course, Americans enjoy perhaps the closest contact with the French-speaking Canadians of the province of Quebec. These Canadians descended from French settlers who stayed in Canada and also from French pioneers and trappers who helped win New England, the Mississippi Valley and the Great Northwest for Europe. Some of them, called "Acadians," traveled south to settle the Louisiana Territory around New Orleans. Today their descendants are known as "Cajuns." In fact "Cajun" comes from the word **Acadien**, showing the persistence of the French culture in the United States. Names of American cities like Terre Haute (Indiana), Boise (Idaho), Saint Louis (Missouri), Des Moines (Iowa) and Pierre (South Dakota) also indicate another obvious trace of the French presence in this country.

These "Acadians" were forced by the British to leave Nova Scotia in the eighteenth century.
You may want to have students do some research on the Cajun influence in Louisiana, perhaps in the area of cuisine.

Wkbk. 14

Notes culturelles
1. A **D.O.M.** is **un Département d'Outre-Mer**, an overseas state. Since residents of these areas are full-fledged French citizens, they enjoy all the rights that mainland French citizens have.
2. A **T.O.M.** is **un Territoire d'Outre-Mer**, an overseas protectorate. Residents of these areas have no voice in French politics.

Proverbe

Tous les chemins mènent à Rome.   *All roads lead to Rome.*

Explain that this proverb implies that there is more than one way to skin a cat or to reach the same goal.

Interaction et application pratique

À deux

1. With your partner write an original eight-line dialogue in which one of you is a well-known singer and the other is an interviewer. Be sure your interview contains only words and expressions you've already learned. You

may want to ask questions such as **Comment allez-vous?, Aimez-vous le travail de chanteur/chanteuse?, Où chantez-vous?, Voyagez-vous beaucoup?** and so on. After you have learned your parts, you can present your interview to the class.

2. With your partner take two minutes to complete the statement **On parle français....** Your completions should be a list in French of the countries or places where French is spoken. Compare your list with others in the class to see which list is the longest and most correct.

3. Do Activity 2 again, substituting the names of other languages for **français**.

4. With your partner quickly sketch a small outline map of France and her nearby countries. Add dots to represent the capital city of each country. Take turns pointing to a country or to a dot asking your partner to identify the country or city.

      MODÈLES: a) Qu'est-ce que c'est? (l'Angleterre)
                  C'est l'Angleterre.
             b) Qu'est-ce que c'est? (Bonn)
                  C'est Bonn.

En groupes

5. With your group see how many different names of countries and nationalities you can substitute for **Suisse** and **Suisses** in the statement **J'aime la Suisse et les Suisses.** After three minutes see which group has the longest list.

6. In your group see who can make the longest sentence from the statement **M. et Mme Leblanc vont en France.** Use only the French names of countries learned so far. The first person repeats the statement. The second person adds a country, for example, **M. et Mme Leblanc vont en France et en Espagne.** Thereafter, each group member takes a turn, repeating the whole new sentence and adding another country. See which group can make the longest sentence without error.

7. Do Activity 6 again, substituting names of cities for those of countries.

8. With your group think of as many different completions as possible for each of the following sentences. Have one person from the group list the possible completions on a transparency. Do one sentence at a time, spending not more than one minute on each sentence. Afterwards several transparencies can be put on the overhead for all to correct.
   1. Julien Clerc chante ____.
   2. Avec qui ____?
   3. Pourquoi ____?
   4. Quel ____?
   5. Je voyage ____.
   6. Le/La/Les ____ est/sont intéressant(s)(e)(es).
   7. Je suis content(e) parce que ____.

Les Sénégalais au travail

Vocabulaire actif

noms

l'Afrique (f.)   *Africa*
l'Allemagne (f.)   *Germany*
l'Angleterre (f.)   *England*
la Belgique   *Belgium*
bienvenue (f.)   *welcome*
un chanteur, une chanteuse   *singer*
un continent   *continent*
l'Espagne (f.)   *Spain*

l'Europe (f.)   *Europe*
un fleuve   *river*
l'Italie (f.)   *Italy*
le Luxembourg   *Luxembourg (country)*
un pays   *country*
le travail   *work*
une ville   *city*

Names of cities and French rivers do not appear in this vocabulary list. They are included on the illustration in the **Expansion** section.

Nouns of nationality (beginning with a capital letter and referring to the people of the specific area) are not included in the vocabulary.

adjectifs

africain(e)   *African*
allemand(e)   *German*
anglais(e)   *English*
belge   *Belgian*
chaque   *each, every*
content(e)   *happy*
dynamique   *dynamic*
espagnol(e)   *Spanish*

européen, européenne   *European*
français(e)   *French*
important(e)   *important*
intéressant(e)   *interesting*
luxembourgeois(e)   *Luxemburger*
sénégalais(e)   *Senegalese*
suisse   *Swiss*
vivant(e)   *alive, lively, living*

The adjectives **allemand(e)**, **espagnol(e)**, **français(e)** and **anglais(e)** are included in the active vocabulary because they first appear in exercises. They have not been used in the Introductory Dialogue or the **Expansion**. (**L'allemand** and **l'espagnol** were introduced in **Leçon 3**; **le français** and **l'anglais** were introduced in the **Leçon préliminaire**.)

verbes

chanter   *to sing*
interviewer   *to interview*

montrer   *to show*
retourner   *to return*

expressions diverses

ailleurs   *elsewhere*
demain   *tomorrow*
en   *to*
en effet   *indeed, in fact*
parce que (qu')   *because*

partout   *everywhere*
pourquoi   *why*
selon   *according to, in...opinion*
si   *so*
tout   *everything, all*

JE VOYAGE
COMME JE VEUX
AVEC NOUVELLES FRONTIERES

PARIS NAIROBI
ALLER RETOUR
A PARTIR DE 3 990 F

NOUVELLES
FRONTIERES

En Afrique ou en Amérique

Leçon 8

LE VOL
PARIS SAN FRANCISCO
ALLER RETOUR
A PARTIR DE
3 200 F

LE CIRCUIT
DE 22 JOURS
AU MEXIQUE
AVION COMPRIS
8 990 F

LE SÉJOUR
D'UNE SEMAINE
EN GRÈCE
AVION COMPRIS
A PARTIR DE
2 120 F

66, BD SAINT-MICHEL
42 73 10 64 MINITEL 36 16 + NF

NOUVELLES
FRONTIÈRES

Communicative Functions

- expressing your opinions
- naming countries and their capitals
- telling where places are located
- telling someone's nationality
- asking and saying where you live

Carole a une idée géniale

Nouvelles Frontières is
considered passive
vocabulary in this dialogue.

The adjective génial(e) is
very common in colloquial
French. Like super, it
describes someone or
something of superior
quality. It can also mean
"cool."

OK is spelled, pronounced
and used as it is in English.

Morocco is a very popular
destination for French
vacationers.

Wkbk. 1

CAROLE: Julie, j'ai une idée.

JULIE: Tu as toujours des idées, mais elles ne sont pas toujours géniales.

CAROLE: D'accord, mais toi, tu n'as pas d'idées.

JULIE: OK, c'est bon. Tu as raison. J'écoute.

CAROLE: Alors voilà. Pour les vacances de Noël[1] allons au Maroc ou au Canada avec Nouvelles Frontières.[2] Selon Marianne, ils ont des prix vraiment intéressants.

JULIE: Ce n'est pas possible. Nous n'avons pas d'argent pour le voyage.

CAROLE: Si,* tu oublies. On a la Carte Bleue.[3]

* **Si** is used instead of **Oui** in an affirmative response to a negative statement or question in French.

—Tu n'as pas d'idées.   *You don't have any ideas.*
—Si, j'ai des idées.   *Yes (on the contrary), I have (some) ideas.*

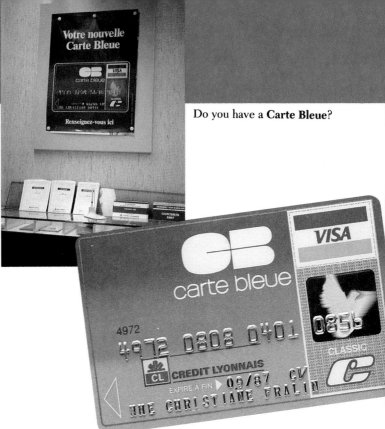

Do you have a **Carte Bleue**?

Nouvelles Frontières
makes travel more
affordable.

Notes culturelles
1. Like American students, French students have two weeks of Christmas vacation.
2. **Nouvelles Frontières** is a large French travel agency that offers air travel to all countries at low prices. Many students travel with **Nouvelles Frontières**.
3. The **Carte Bleue** is a national credit card in France. "Visa" and "Mastercard" are international credit cards.

Compréhension

Répondez en français.

1. Qui a toujours des idées?

   Carole a toujours des idées.

2. Qui n'a pas d'idées?

   Julie n'a pas d'idées.

3. Les idées de Carole sont-elles toujours géniales?

   Non, elles ne sont pas toujours géniales.

4. Selon Julie, qui a raison?

   Carole a raison.

5. Où va-t-on pour les vacances de Noël?

   On va au Maroc ou au Canada pour les vacances de Noël.

6. Selon Marianne, les prix de Nouvelles Frontières sont-ils intéressants?

Oui, ils sont vraiment intéressants.

7. Selon Julie, pourquoi le voyage n'est-il pas possible?

Parce que Carole et elle n'ont pas d'argent pour le voyage.

8. Selon Carole, pourquoi le voyage est-il possible?

Parce qu'elles ont la Carte Bleue.

À propos

1. Selon vous, qui a des idées géniales?
2. Qui a toujours raison à l'école, le prof ou les élèves?
3. Écoutez-vous toujours le professeur?
4. Où allez-vous pour les vacances de Noël?
5. Pour vous, est-ce qu'un voyage au Maroc est possible?

Explain that à never follows a form of écouter since this verb means "to listen (to)."

Expansion

All words in the Expansion are active vocabulary.

Où est le Maroc?

Le Maroc est un pays en Afrique du Nord.
Voici un jeune Marocain. Il s'appelle Ahmad. Il habite à Rabat, la capitale du Maroc.

Ahmad est du Maroc.

Où est le Canada?

Wkbk. 2

Il y a trois pays en Amérique du Nord: le Mexique, les États-Unis et le Canada. Le Canada est au nord des États-Unis. La capitale du Canada est Ottawa. Voici une jeune Canadienne. Elle s'appelle Fabienne Latulippe, et elle habite à Montréal.

La famille Latulippe est canadienne.

Fabienne habite à Montréal.

Les États-Unis et le Mexique sont aussi en Amérique du Nord. Le Mexique est au sud des États-Unis. Voici deux jeunes Mexicains, Carlos et Marta. Ils habitent à Mexico, la capitale du Mexique.

Dans quel pays habitez-vous?

Voilà à gauche un jeune Américain, David, avec un ami français. David habite aux États-Unis, à Washington.

Voici aussi une jeune Brésilienne.

Un Américain avec un jeune Français

Brésil

Maria parle portugais.

Elle s'appelle Maria, et elle habite à Brasilia, la capitale du Brésil. La famille de Maria est d'origine italienne. Donc, Maria parle italien et portugais, la langue du Brésil. Dans quel pays habitez-vous? Dans quelle ville?

Wkbk. 3
Wkbk. 4
Wkbk. 5
Wkbk. 6
Wkbk. 7
Wkbk. 8
Wkbk. 9

Activités

1. Complétez les phrases d'après le dialogue d'introduction.

    1. Carole a ____ géniale.   *une idée*

    2. Selon Julie, les idées de Carole ne sont pas ____   *toujours*
       géniales.

    3. Selon Carole, Julie n'a ____ d'idées.   *pas*

4. On va au Maroc ou au Canada pour ___. les vacances de Noël
5. Les ___ de Nouvelles Frontières sont intéressants. prix
6. Selon Julie, le voyage n'est pas ___. possible
7. Julie et Carole n'ont pas ___ pour le voyage. d'argent
8. Mais Julie ___ la Carte Bleue. oublie

2. Employez la carte et répondez à la question **Quel pays est-ce**?

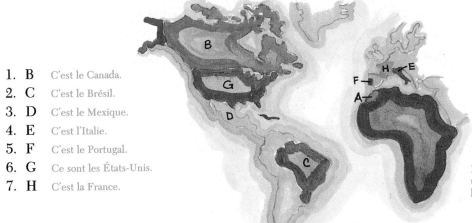

MODÈLE:　A
　　　　　C'est le Maroc.

1. **B**　C'est le Canada.
2. **C**　C'est le Brésil.
3. **D**　C'est le Mexique.
4. **E**　C'est l'Italie.
5. **F**　C'est le Portugal.
6. **G**　Ce sont les États-Unis.
7. **H**　C'est la France.

Make sure that students use the plural verb form here.

3. Trouvez dans la liste suivante l'expression qui complète correctement chaque phrase.

mexicain	l'océan Atlantique
Amérique du Nord	l'Afrique
Alger	Europe
les États-Unis	l'Amérique du Sud
Mexico	Lisbonne
la mer Méditerranée	Rabat

1. ___ sont au sud du Canada et au nord du Mexique.　Les États-Unis
2. ___ est une ville au Maroc.　Rabat
3. Le Canada est en ___.　Amérique du Nord
4. ___ est à l'est des États-Unis et à l'ouest de la France.　L'océan Atlantique
5. Le Luxembourg est un pays en ___.　Europe
6. Le Brésil est un pays de ___.　l'Amérique du Sud

Où est l'océan Atlantique? (Hendaye)

Le Luxembourg est un pays européen.

Les Alpes et la
Méditerranée à Antibes

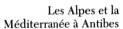

7. La capitale du Mexique est ___. Mexico

8. La mer au sud de la France et au nord de l'Afrique
s'appelle ___. la mer Méditerranée

4. Jacques tells you the countries the following people are from. Ask him if their nationality is that of the country where they're from.

MODÈLE: Philippe est du Sénégal.
Est-il sénégalais?

1. Juan est du Mexique. Est-il mexicain?
2. Claudette est du Canada. Est-elle canadienne?
3. Jenny est des États-Unis. Est-elle américaine?
4. Gina est d'Italie. Est-elle italienne?
5. Ahmad est du Maroc. Est-il marocain?
6. Maria est du Portugal. Est-elle portugaise?
7. Roberto est du Brésil. Est-il brésilien?
8. Axel est d'Allemagne. Est-il allemand?

Quelle langue parle-t-on en France?

5. Marianne is curious about the languages spoken in the various countries. Answer her questions.

MODÈLE: Quelle langue parle-t-on en France?
On parle français.

1. Quelle langue parle-t-on en Angleterre?   On parle anglais.
2. Quelle langue parle-t-on au Brésil?   On parle portugais.
3. Quelle langue parle-t-on en Italie?   On parle italien.
4. Quelle langue parle-t-on en Allemagne?   On parle allemand.
5. Quelle langue parle-t-on en Espagne?   On parle espagnol.
6. Quelle langue parle-t-on au Mexique?   On parle espagnol.
7. Quelle langue parle-t-on aux États-Unis?   On parle anglais.
8. Quelle langue parle-t-on au Canada?   On parle anglais et français.

Structure et usage

le pluriel de l'article indéfini: *des*

The plural of the indefinite article **un(e)** is **des**, which means "some" or "any."

Voici Lyon sur la carte. C'est une ville.
Et voici Lille et Nice. Ce sont aussi **des** villes.
Voilà le Portugal. C'est un pays.
Et l'Italie et la Suisse? Ce sont aussi **des** pays.

Des must be used in French, but "some" or "any" is often omitted in English.

Ce sont des villes.   *They're (some) cities.*
Ce sont des pays.   *They're (some) countries.*
As-tu des amis?   *Do you have (any) friends?*

Ce sont des musiciens. (Guadeloupe)

Paris est sur la Seine.

ATTENTION: The plural of **c'est** or **ce n'est pas** is **ce sont** or **ce ne sont pas.**
Ce ne sont pas des élèves.   *They're not students.*

6. Your little sister needs help identifying in French **les pays**, **les continents**, **les fleuves** and **les villes**. Give her the right information.

MODÈLES: a)   La Seine?
   C'est un fleuve.
   b)   Paris et New York?
   Ce sont des villes.

1. L'Europe et l'Afrique?   Ce sont des continents.
2. Les États-Unis et le Canada?   Ce sont des pays.
3. Rome et Madrid?   Ce sont des villes.
4. Le Portugal?   C'est un pays.
5. La Garonne et le Rhône?   Ce sont des fleuves.
6. Dakar et Rabat?   Ce sont des villes.
7. L'Amérique du Nord?   C'est un continent.
8. La Seine et la Loire?   Ce sont des fleuves.

7. After you have identified everything on the map including seas and oceans, your sister is confused. Help clarify things for her.

MODÈLE: Lisbonne et Mexico sont des pays?
   Non, ce ne sont pas des pays. Ce sont des villes.

1. L'Amérique du Nord est un pays?   Non, ce n'est pas un pays. C'est un continent.

C'est un château de la Loire.

La Méditerranée à Banyuls.

2. La Seine et la Loire sont des océans? — Non, ce ne sont pas des océans. Ce sont des fleuves.

3. Le Mexique et le Canada sont des continents? — Non, ce ne sont pas des continents. Ce sont des pays.

4. La Méditerranée est un océan? — Non, ce n'est pas un océan. C'est une mer.

5. Montréal et Brasilia sont des fleuves? — Non, ce ne sont pas des fleuves. Ce sont des villes.

6. L'Afrique et l'Europe sont des pays? — Non, ce ne sont pas des pays. Ce sont des continents.

7. La Garonne et le Rhône sont des mers? — Non, ce ne sont pas des mers. Ce sont des fleuves.

8. Le Brésil et le Portugal sont des villes? — Non, ce ne sont pas des villes. Ce sont des pays.

8. Changez les mots en italique au pluriel et faites tous les changements nécessaires.

MODÈLE: Jean-Paul parle à *une amie*.
Jean-Paul parle à des amies.

1. Carole a *une idée géniale*. — Carole a des idées géniales.

2. Yves demande *une place* au guichet. — Yves demande des places au guichet.

3. Bernard écoute *un professeur*. — Bernard écoute des professeurs.

4. Julien voyage dans *un pays africain*. — Julien voyage dans des pays africains.

Jean-Paul est avec des amis.
(Laon)

Ils regardent des affiches
de cinéma.

5. Je regarde *une affiche*. Je regarde des affiches.
6. On cherche *une passagère* dans le train. On cherche des passagères dans le train.
7. Tu rencontres *une copine* dans la cour. Tu rencontres des copines dans la cour.
8. Il y a *un cours* d'anglais ici. Il y a des cours d'anglais ici.

les vs. *des*

The plural definite article **les** and the plural indefinite article **des** are used in different ways and must not be confused. **Les** means "the" and often implies "all" or "in general." **Des** means "some" or "any." This meaning is implied and often omitted in English.

You may wish to review briefly the definite article of generality in **Leçon 4**.

Les lycéens sont des élèves.	*(All) High school students are pupils.*
Les Allemands sont des Européens.	*(All) Germans are Europeans.*
Voilà les parents de Marco.	*There are Marco's parents (the parents of Marco).*
Ce sont des Italiens.	*They are Italians.*
Les Allemands ont des idées intéressantes.	*(The) Germans have (some) interesting ideas.*

ATTENTION: Remember that adjectives of nationality begin with a small letter in French. When used as nouns, however, the first letter is capitalized.

Julien Clerc aime la musique sénégalaise et les Sénégalais.

9. Jean-Pierre is checking the nationality of International Club members. Verify his information.

MODÈLE: Marta et Carlos sont mexicains?
Oui, ce sont des Mexicains.

1. Les Gomez sont portugais? Oui, ce sont des Portugais.
2. Becky et Carolyn sont américaines? Oui, ce sont des Américaines.

Les copains voyagent
ensemble.

Les Dumas sont des Français. (Biarritz)

3. Les Sabatini sont brésiliens?   Oui, ce sont des Brésiliens.
4. François et Marie sont canadiens?   Oui, ce sont des Canadiens.
5. Charles et Claude sont belges?   Oui, ce sont des Belges.
6. Marie-Thérèse est française?   Oui, c'est une Française.
7. Carla et Sofia sont italiennes?   Oui, ce sont des Italiennes.
8. Ahmad est marocain?   Oui, c'est un Marocain.

You may want to turn the answers to this **Activité** into questions. Then have students respond in the negative, using adjectives of nationality.
Modèle:
Ce sont des Mexicains?
Non, ils ne sont pas mexicains.

10. Complétez les phrases avec **les** ou **des**, selon le cas.

1. J'aime beaucoup ___ Espagnols et j'aime aussi l'Espagne.   les
2. Nous avons ___ amies espagnoles.   des
3. ___ copains de Marc sont sympathiques.   Les
4. Tu as ___ idées géniales.   des
5. Voilà ___ Dumas. Ce sont ___ Français.   les/des
6. Paris et Londres sont ___ villes formidables.   des
7. L'Algérie et le Sénégal sont ___ pays africains.   des
8. ___ langues sont utiles.   Les
9. L'italien et l'espagnol sont ___ langues vivantes.   des
10. ___ Mexicains parlent espagnol.   Les

A-t-on des prix intéressants
ici? (Paris)

le présent du verbe irrégulier *avoir*

Here is the present tense of the verb **avoir** (*to have*).

avoir		
j' **ai**	J'**ai** une idée.	I have an idea.
tu **as**	Tu **as** une place?	Do you have a seat?
il/elle/on **a**	Elle **a** la Carte Bleue.	She has the Blue Card.
nous **avons** [z]	Nous n'**avons** pas d'argent.	We don't have any money.
vous **avez** [z]	**Avez**-vous de l'argent?	Do you have some money?
ils **ont** [z]	Ils **ont** des prix intéressants.	They have reasonable prices.
elles **ont** [z]		

Have students repeat after you the forms of **avoir**. You might give 1) affirmative forms to be changed to the negative, 2) plurals to be changed to the singular and vice versa, and 3) subject substitution exercises.

To see if students can hear the difference between ils/elles ont and ils/elles sont, you might say a series of sentences and ask students to tell you which verb is used.
Modèles:
a) Ils ont des vacances.
    Ils sont en vacances.
b) Elles ont un cours de maths.
    Elles sont en cours de maths.

In learning the present tense of **avoir**, note:
* the sound [z] between **nous**, **vous**, **ils**, **elles** and the plural forms of **avoir**.
* the difference between the sound [z] in **ils ont** or **elles ont** and the sound
  [z]   [z]
  [s] in **ils sont** or **elles sont.**

Elles ont des amis. Ils sont français.
  [z]   [s]

* the **t** in the questions **a-t-il**? and **a-t-elle**?
  Jean-Luc a-t-il une place?   *Does Jean-Luc have a seat?*

* the use of the verb **avoir** in many expressions where the verb "to be" is used in English.

Avoir raison (*to be right*) is one of them.

Le prof a toujours raison!   *The teacher is always right!*

Il y a (*there is, there are*) is another of these expressions. The negative of **il y a** is **il n'y a pas** and the inverted form is **y a-t-il?** (*is there? are there?*).

—Y a-t-il des Brésiliens ici?   *Are there any Brazilians here?*
—Oui, il y a des Brésiliens.   *Yes, there are some Brazilians.*

Be sure to explain that il y a also means "there exist(s)" and is not synonymous with voilà, which denotes only location.

Wkbk. 10

11. Yves needs the Latours' address. Tell him that the following people have it.

MODÈLE: Marielle
            Marielle a l'adresse des Latour.

1. je   J'ai l'adresse des Latour.
2. le concierge   Le concierge a l'adresse des Latour.
3. les copines   Les copines ont l'adresse des Latour.
4. le prof   Le prof a l'adresse des Latour.
5. nous   Nous avons l'adresse des Latour.
6. les Grammont   Les Grammont ont l'adresse des Latour.
7. Sandrine   Sandrine a l'adresse des Latour.
8. les dames   Les dames ont l'adresse des Latour.

12. Complétez chaque phrase avec la forme convenable du verbe **avoir**.

THÉRÈSE:	Adèle et moi, nous allons au Maroc.	
GUY:	Ah bon? ____-vous des amis marocains?	Avez
THÉRÈSE:	Oui, beaucoup.	
GUY:	____-vous l'argent pour le voyage?	Avez
THÉRÈSE:	Non, mais nous ____ la Carte Bleue.	avons
GUY:	Mais Georges n'____ pas la Carte Bleue.	a
THÉRÈSE:	Si, il ____ la Carte, et il va aussi au Maroc.	a
GUY:	____-t-il déjà un billet?	A
THÉRÈSE:	Oui, et moi aussi, j'____ un billet. ____-tu la Carte?	ai/As
GUY:	Non, mais Papa et Maman ____ la Carte.	ont

13. You're directing a play for the French Club, and you need certain props. Ask if these things are available.

MODÈLES: a) table
                 Y a-t-il une table?
             b) chaises
                 Y a-t-il des chaises?

1. boîtes   Y a-t-il des boîtes?
2. affiches   Y a-t-il des affiches?

After students learn to use the indefinite article after the negative, you may expand this activity. Have students answer the newly formed question first affirmatively, then negatively.
Modèle:
Y a-t-il une table?
Oui, il y a une table.
Non, il n'y a pas de table.

3. télévision — Y a-t-il une télévision?
4. carte — Y a-t-il une carte?
5. pendule — Y a-t-il une pendule?
6. livres — Y a-t-il des livres?
7. pupitres — Y a-t-il des pupitres?
8. feuille de papier — Y a-t-il une feuille de papier?

l'article indéfini après le négatif: *de, d'*

You may also say that **de** or **d'** is used before the direct object of a negative verb. Review what a direct object is.

You may also add that **un**, **une** and **des** do not change to **de** or **d'** after a negative form of **être** because **être** does not take a direct object.

Wkbk. 11
Wkbk. 12
Wkbk. 13

The indefinite articles **un**, **une** and **des** become **de** or **d'** (*a, any, some*) after a negative verb.

—Avez-vous un stylo?	*Do you have a pen?*
—Non, je n'ai pas de stylo.	*No, I don't have a pen.*
—Avez-vous des écouteurs?	*Do you have some headphones?*
—Non, je n'ai pas d'écouteurs.	*No, I don't have any headphones.*

But **un**, **une** and **des** do not change after a form of the verb **être**.

—Est-ce un médecin?	*Is she a doctor?*
—Non, ce n'est pas un médecin.	*No, she's not a doctor.*

14. Alain asks you if the following people or objects are here. Answer him first affirmatively, then negatively.

MODÈLE: Y a-t-il une télévision ici?
Oui, il y a une télévision ici.
Non, il n'y a pas de télévision ici.

1. Y a-t-il des disquettes ici? — Oui, il a des disquettes ici. Non, il n'y a pas de disquettes ici.
2. Y a-t-il un ordinateur ici? — Oui, il y a un ordinateur ici. Non, il n'y a pas d'ordinateur ici.
3. Y a-t-il des places ici? — Oui, il y a des places ici. Non, il n'y a pas de places ici.
4. Y a-t-il des Européens ici? — Oui, il y a des Européens ici. Non, il n'y a pas d'Européens ici.

Il y a beaucoup de restaurants à Paris.

Y a-t-il des hôtels?

5. Y a-t-il une secrétaire ici?   Oui, il y a une secrétaire ici. Non, il n'y a pas de secrétaire ici.
6. Y a-t-il des sacs ici?   Oui, il y a des sacs ici. Non, il n'y a pas de sacs ici.
7. Y a-t-il un magnétoscope ici?   Oui, il y a un magnétoscope ici. Non, il n'y a pas de magnétoscope ici.
8. Y a-t-il un prof ici?   Oui, il y a un prof ici. Non, il n'y a pas de prof ici.

15. Complétez les phrases avec **de**, **d'**, **des**, **un** ou **une**, selon le cas.

1. Michelle n'est pas ____ garçon. C'est ____ fille.   un/une
2. Nous n'avons pas ____ billets.   de
3. Ce n'est pas ____ affiche. C'est ____ carte.   une/une
4. La famille Joyaux n'a pas ____ télévision.   de
5. Le Rhône n'est pas ____ océan.   un
6. Julie et Carole n'ont pas ____ argent.   d'
7. Les Molinaro? Ce ne sont pas ____ Italiens.   des
8. M. Rochard n'a pas ____ secrétaire.   de

16. Répondez à la forme négative par des phrases complètes.

1. Julie a-t-elle des idées?   Non, elle n'a pas d'idées.
2. Marc oublie-t-il une feuille de papier?   Non, il n'oublie pas de feuille de papier.
3. Écoutons-nous une cassette française?   Non, nous n'écoutons pas de cassette française.
4. Trouvent-elles un appartement?   Non, elles ne trouvent pas d'appartement.
5. L'employée cherche-t-elle des boîtes?   Non, elle ne cherche pas de boîtes.

6. Ont-ils des vacances? Non, ils n'ont pas de vacances.
7. Étudies-tu une langue? Non, je n'étudie pas de langue.
8. Désirez-vous des billets? Non, je ne désire pas de billets.

la préposition à et les noms de pays masculins

Use **au** or **aux** (*to, in*) before the masculine names of countries. Remember that **au** or **aux** is a combination of **à** and **le** or **les**.

Demain on va au Canada. *Tomorrow we're going to Canada.*
Nous habitons aux États-Unis. *We live in the United States.*
　　　　　　　[z]

Remember, too, that **en** precedes feminine names of countries and that **à** comes before names of cities.

Review **en** and **à** from **Leçon 7** if necessary. Next you could give students the following place names: **France, Sénégal, Madrid, Amérique du Sud, États-Unis, Italie, Alger, Angleterre, Mexique** and **Canada.** See whether they can add **à, au, aux** or **en** correctly to complete the sentence **Je vais. . . .**

Wkbk. 14

Additional masculine names of countries are **le Chili, le Vénézuela, le Pérou** and **le Danemark.** (Most European countries are feminine, whereas most American countries are masculine.) **En** is used before masculine singular names of countries beginning with a vowel sound, as in **en Iran, en Iraq, en Afghanistan** and **en Israël.**

17. Fabienne asks you in which countries various cities are located. Answer her questions.

MODÈLE: Où est Dakar?
Dakar est au Sénégal.

1. Où est Brasilia? Brasilia est au Brésil.
2. Où est Lisbonne? Lisbonne est au Portugal.
3. Où est Montréal? Montréal est au Canada.
4. Où est New York? New York est aux États-Unis.
5. Où est Mexico? Mexico est au Mexique.
6. Où est Rabat? Rabat est au Maroc.
7. Où est Luxembourg? Luxembourg est au Luxembourg.

18. Complétez les phrases avec **au**, **aux**, **en** ou **à**, selon le cas.

1. Dieter étudie ___ Allemagne, ___ Bonn. en/à
2. Michel va ___ États-Unis, ___ Washington. aux/à
3. Les Latulippe habitent ___ Amérique du Nord, ___Canada. en/au
4. Il y a des Européens ___ Brésil. au
5. Habites-tu ___ France ou ___ États-Unis? en/aux
6. M. Drouin travaille ___ Rabat, ___ Maroc. à/au
7. Julien Clerc chante ___ Afrique, ___ Sénégal. en/au
8. Après Lyon les Martin vont ___ Marseille. à

This is an optional activity.

19. Comment dit-on en français?

DANIEL: Where is Lucien going for Christmas vacation? Où va Lucien pour les vacances de Noël?

HÉLÈNE: He's going to Portugal, and Robert and Georges are going to Africa. Il va au Portugal, et Robert et Georges vont en Afrique.

DANIEL: Oh really? Where? Ah bon? Où?

HÉLÈNE:	They're going to Algeria and afterwards to Dakar in Senegal.	Ils vont en Algérie et après à Dakar au Sénégal.
DANIEL:	Do they have a flight with Nouvelles Frontières?	Ont-ils un vol avec Nouvelles Frontières?
HÉLÈNE:	Yes, because prices are reasonable (interesting).	Oui, parce que les prix sont intéressants.
DANIEL:	Where are you going for vacation?	Où vas-tu pour les vacances?
HÉLÈNE:	I'm going to the United States. I have friends in New York. I like Americans a lot.	Je vais aux États-Unis. J'ai des amis à New York. J'aime beaucoup les Américains.
DANIEL:	Terrific! Are there any tickets left (remaining) for New York?	Super/Formidable! Est-ce qu'il reste des billets pour New York?
HÉLÈNE:	No, there aren't any tickets left.	Non, il ne reste pas de billets.

Prononciation

le son nasal [ã]

The nasal sound [ã] is represented by **am**, **an**, **em** or **en** within the same syllable. The **m** or **n** is not pronounced, and the sound [ã] comes out through the nose.

allem**and**	appartem**ent**
anglais	**arg**ent
atlantique	comm**ent**
dans	cont**ent**
France	contin**ent**
intéress**ant**	**en**
langue	**ensem**ble
Samson	Luxem**bourg**
vac**ances**	vraim**ent**

If a consonant follows **am**, **an**, **em** or **en**, the sound remains [ã]. But if a vowel follows **am**, **an**, **em** or **en**, the sound is no longer nasal, and the **m** or **n** is pronounced.

Amérique   ami   Canada   dame

Lecture

La leçon° de géographie

lesson

Lucien est en cours de géographie. Aujourd'hui on étudie la France et les pays voisins.° Le professeur est devant la classe. Il parle et il montre la carte. Les élèves regardent et écou-

neighboring

Les élèves sont en cours de géographie. (Paris)

La Belgique est un pays voisin.
(Dinant)

La Belgique est au nord-est de la France.

tent. Lucien cherche la France sur la carte. Où est-elle? Là, au sud de la Belgique et du Luxembourg. Beaucoup de Belges et de Luxembourgeois parlent aussi français. À l'est voici l'Allemagne, mais les Allemands ne parlent pas français. Ils parlent allemand. Voilà maintenant, au sud de l'Allemagne et à l'est de la France, la Suisse où on parle français, allemand et italien. Puis° le professeur montre l'Italie. À côté de° l'Italie, au sud-est de la France, voilà la mer Méditerranée avec une île° française, la Corse.° On parle aussi français en Corse. Quelle est la ville principale° de la Corse? C'est Ajaccio, la ville de Napoléon.

Maintenant voilà l'Espagne au sud-ouest. Lucien étudie l'espagnol, n'est-ce pas? À l'ouest de la France il y a l'océan Atlantique et au nord-ouest, la Manche.° Quel est le pays là-bas au nord de la Manche en face de la France? Mais c'est l'Angleterre. "Quelle est la capitale de l'Angleterre?" demande le professeur. C'est Londres. "Et qui habite en Angleterre?" Ce sont les Anglais. "Très bien. C'est tout. À demain."°

Then/À côté de = Beside

island/Corsica
principal

English Channel

À demain. = See you tomorrow.

Wkbk. 15

206   Leçon 8

On parle français au Luxembourg.

Vous aimez les maisons suisses?

La Corse est une île dans la
Méditerranée. (Bonifacio)

La Manche, au nord de la France
(Picardie)

Répondez en français par des phrases complètes.

1. Où est Lucien? *Il est en cours de géographie.*
2. Est-ce qu'on étudie des pays africains? *Non, on étudie des pays européens.*
3. Où est le professeur? *Il est devant la classe.*
4. Où parle-t-on français? *On parle français en Belgique, au Luxembourg, en Suisse, en Corse et en France.*
5. Quels pays sont à l'est de la France? *L'Allemagne et la Suisse sont à l'est.*
6. Quelles langues parle-t-on en Suisse? *On parle français, allemand et italien.*
7. Où est la mer Méditerranée? *Elle est au sud-est de la France.*
8. Comment s'appelle l'île française dans la Méditerranée? *Elle s'appelle la Corse.*
9. Où est l'océan Atlantique? *Il est à l'ouest de la France.*
10. Quel pays est au nord de la Manche? *C'est l'Angleterre.*

Proverbe

Les murs ont des oreilles.   *Walls have ears.*

Interaction et application pratique

À deux

1. With your partner create an original eight-line dialogue in French about your plans for Christmas vacation. Use only expressions you have learned so far. Then learn your parts and present your dialogue to the class.
2. With a partner take turns pointing out objects in the classroom saying **Voilà des**.... Respond to this statement telling who possesses the objects or what they are a part of.

   MODÈLES: a) Voilà des livres. (professeur)
   Ce sont les livres du professeur.
   b) Voilà des murs. (salle de classe)
   Ce sont les murs de la salle de classe.

3. Interview your partner asking if he/she has certain objects at home. Reverse roles, repeat the activity and then report back to the class what you have learned.

   MODÈLES: a) Élève 1: As-tu une télévision?
   Élève 2: Oui, nous avons une télévision.
   b) Élève 1: As-tu un ordinateur?
   Élève 2: Non, nous n'avons pas d'ordinateur.

4. Interview your partner to see how many capital cities he/she can identify. Use only the names of countries previously studied. Reverse roles, repeat the activity and see who in your class can identify the most capitals.

   MODÈLE: Quelle est la capitale du Mexique?
   C'est Mexico.

5. With your partner quickly sketch a small map of France, her neighboring countries and bodies of water. Take turns pointing to a country or to a body of water and asking **Où est**...? Then respond to the question using the compass directions **nord**, **est**, **sud** and **ouest**.

    MODÈLE: Où est la Suisse?
                    La Suisse est à l'est de la France.

En groupes

6. In a group of five people, each person secretly writes the French name of two or more objects of the same kind visible in the classroom, for example, **pupitres** or **cahiers**. Then the other four group members try to guess what each person has written. See which group can be the first to guess all five items.

    MODÈLE: Élève 2:   Est-ce que ce sont des murs?
                  Élève 1:   **Non, ce ne sont pas des murs.**
                  Élève 3:   Est-ce que ce sont des stylos?
                  Élève 1:   **Non, ce ne sont pas des stylos.**
                  Élève 4:   Est-ce que ce sont des pupitres?
                  Élève 1:   **Oui, c'est ça.**

7. With your group think of as many different place names as possible to complete the sentence **Je vais au**.... Have one person from the group list the possible completions on a transparency. After two minutes see which group has the longest list. Several transparencies can be put on the overhead for all to correct.

Tous ensemble

8. Each student has a sheet of paper with the following statements written on it:
   1. Je voyage avec la famille à Noël.
   2. J'ai une famille intéressante.
   3. Je suis content(e) aujourd'hui.
   4. Je préfère les chanteurs anglais.
   5. J'ai des ami(e)s canadien(ne)s.

Now, as you walk around your classroom, find a different person who can answer each question affirmatively. You will say to someone, for example, **Voyages-tu avec la famille à Noël?** When you find a person who answers **Oui, je voyage avec la famille à Noël**, this person will initial your sheet. The first student to have all five affirmative responses is the winner.

Vocabulaire actif

noms

Point out the difference between the noun est and the verb form est. Model correct pronunciation of the noun: [ɛst].

Most countries whose names end in -e are feminine. Le Mexique, however, is masculine.

The adjective portugais(e) is included in the active vocabulary because it first appears in exercises. It is not used in the dialogue or in the Expansion.

l'Amérique (f.)   *America*
l'argent (m.)   *money*
le Brésil   *Brazil*
l'est (m.)   *east*
les États-Unis (m.)   *United States*
une idée   *idea*
l'italien (m.)   *Italian (language)*
le Maroc   *Morocco*
la Méditerranée   *Mediterranean (Sea)*
une mer   *sea*
le Mexique   *Mexico*

Noël   *Christmas*
le nord   *north*
un océan   *ocean*
une origine   *origin*
l'ouest (m.)   *west*
le portugais   *Portuguese (language)*
le Portugal   *Portugal*
un prix   *price*
une raison   *reason*
le sud   *south*

adjectifs

américain(e)   *American*
atlantique   *Atlantic*
bleu(e)   *blue*
brésilien, brésilienne   *Brazilian*
canadien, canadienne   *Canadian*
gauche   *left*
   à gauche   *to the left, on the left*
génial(e)   *bright, terrific, fantastic, great*

italien, italienne   *Italian*
jeune   *young*
marocain(e)   *Moroccan*
mexicain(e)   *Mexican*
pacifique   *Pacific*
portugais(e)   *Portuguese*
possible   *possible*

verbes

avoir   *to have*
   avoir raison   *to be right*
écouter   *to listen (to)*

oublier   *to forget*
ce sont   *they are*

expressions diverses

de (d')   *some, any, a*
des   *some, any*
donc   *so, therefore*
OK   *OK*

si   *yes (on the contrary)*
voilà   *here it is*
vraiment   *really*

Ils rentrent du lycée.
(Martinique)

Le prof est un ordinateur

The dialogue of this review lesson contains no new active or passive vocabulary words.

VINCENT:	Tiens, Mireille, salut! Ça va?
MIREILLE:	Oui, mais quelle heure est-il?
VINCENT:	Trois heures. Pourquoi? Où vas-tu?
MIREILLE:	Je vais au cours de maths.
VINCENT:	C'est à quelle heure?
MIREILLE:	À trois heures dix.
VINCENT:	Mais, tu n'es pas en retard.
MIREILLE:	Tu as raison, mais le prof de maths est un ordinateur. Il aime les élèves qui arrivent à l'heure.
VINCENT:	Bon alors, à tout à l'heure.
MIREILLE:	Ciao, Vincent.

À tout à l'heure was introduced as passive vocabulary in Leçon 3.

Compréhension

Répondez en français.

1. Est-ce que Mireille va bien?

   Oui, elle va bien.

2. Quelle heure est-il?

   Il est trois heures.

3. Où va Mireille?

   Elle va au cours de maths.

4. Le cours de maths, c'est à quelle heure?

   (Le cours de maths est) À trois heures dix.

5. Pourquoi Mireille arrive-t-elle au cours de maths à l'heure?

   Parce que le prof aime les élèves qui arrivent à l'heure.

6. Le prof aime-t-il les élèves qui arrivent en retard?

   Non, il n'aime pas les élèves qui arrivent en retard.

À propos

1. Avez-vous un prof qui est un ordinateur? Qui?
2. Est-ce que le prof de français est américain ou français?
3. Arrivez-vous toujours à l'heure au cours de français?
4. Avez-vous des amis qui arrivent souvent en retard aux cours?
5. Quelle heure est-il maintenant?

Activités

1. Complétez les phrases d'après les images.

MODÈLE: Laure voyage en ____.
Laure voyage en train.

1. J'arrive à ____ à midi.
   J'arrive à l'aéroport à midi.

2. Je demande une place au ____.
   Je demande une place au guichet.

3. J'ai ____ pour le voyage.
   J'ai l'argent pour le voyage.

4. Je trouve une ____ dans la section non-fumeurs.
   Je trouve une place dans la section fumeurs.

5. À Nice je cherche ____ de la famille Meunier.
   À Nice je cherche l'immeuble de la famille Meunier.

6. Je rencontre la ____ devant la porte.
   Je rencontre la concierge devant la porte.

7. Mais les Meunier sont au ____.
   Mais les Meunier sont au café.

8. Alors, plus tard, je vais à la gare en ____.
   Alors, plus tard, je vais à la gare en autobus.

2. Changez en questions les phrases suivantes. Employez l'inversion si possible.

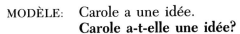

MODÈLE: Carole a une idée.
Carole a-t-elle une idée?

1. Mlle Lara chante un peu partout en Europe.
   Mlle Lara chante-t-elle un peu partout en Europe?

Ils déjeunent au café avec les copains. (Saint-Jean-de-Luz)

On admire le bleu de la mer à Nice.

2. Tu es toujours en retard.   Es-tu toujours en retard?
3. Je déjeune au café avec les copains.   Est-ce que je déjeune au café avec les copains?
4. Vous trouvez l'adresse de la famille Moulin.   Trouvez-vous l'adresse de la famille Moulin?
5. Il y a deux trains pour Nice.   Y a-t-il deux trains pour Nice?
6. Ils sonnent à la porte de la maison.   Sonnent-ils à la porte de la maison?
7. Carole et Julie vont en vacances au Maroc.   Carole et Julie vont-elles en vacances au Maroc?
8. Nous retournons souvent à Londres.   Retournons-nous souvent à Londres?

3. Répondez, selon le cas.

MODÈLE: Quelle heure est-il?
Il est trois heures vingt-cinq.

1.
Il est midi.

2.
Il est cinq heures moins le quart.

3.
Il est une heure et demie.

4.
Il est minuit et demi.

5.

Il est huit heures dix.

6.

Il est onze heures et quart.

7.

Il est neuf heures moins vingt.

4. You want to know when your friend Nicole is doing certain things. Ask her mother.

MODÈLE: aller à l'école
À quelle heure va-t-elle à l'école?

1. arriver à l'école   À quelle heure arrive-t-elle à l'école?
2. avoir le cours de maths   À quelle heure a-t-elle le cours de maths?
3. déjeuner   À quelle heure déjeune-t-elle?
4. aller au cours de géographie   À quelle heure va-t-elle au cours de géographie?
5. être en anglais   À quelle heure est-elle en anglais?
6. étudier avec Marie   À quelle heure étudie-t-elle avec Marie?
7. rentrer à la maison   À quelle heure rentre-t-elle à la maison?
8. regarder la télé   À quelle heure regarde-t-elle la télé?

5. Nicole's mother gives you some more information. She says that Nicole and her friend Thérèse are doing certain things together. Ask her mother where.

MODÈLE: déjeuner
Où déjeunent-elles?

1. étudier   Où étudient-elles?
2. rencontrer les copains   Où rencontrent-elles les copains?
3. travailler ensemble   Où travaillent-elles ensemble?
4. habiter   Où habitent-elles?

Elles ont le cours de maths à deux heures.

à la montagne

à la mer

au village

5. chercher un appartement   Où cherchent-elles un appartement?
6. aller en vacances   Où vont-elles en vacances?
7. voyager   Où voyagent-elles?

6. You're walking down a noisy street with Mireille. Each time she speaks you miss part of what she says indicated below in italics. Ask questions using either **à quelle heure** or **où** that will help you get the information you missed.

MODÈLES: a) Les Lagrange déjeunent *à midi.*
                À quelle heure les Lagrange déjeunent-ils?
          b) Les Lagrange vont *aux États-Unis.*
                Où vont les Lagrange?

1. Je vais *à la maison de Vincent.*   Où vas-tu?

Beaucoup de personnes sont dans la rue. (Saint-Jean-de-Luz)

Déjeunons au café! (Saint-Jean-de-Luz)

2. Vincent habite *en face de l'école*.   Où habite-t-il?
3. Il a un appartement *dans la rue Carnot*.   Où a-t-il un appartement?
4. J'arrive à la maison de Vincent *à onze heures*.   À quelle heure arrives-tu à la maison de Vincent?
5. Nous déjeunons au café *à midi et demi*.   À quelle heure déjeunez-vous au café?
6. Nous rentrons *à deux heures*.   À quelle heure rentrez-vous?
7. Je travaille demain *à neuf heures*.   À quelle heure travailles-tu demain?
8. Je suis secrétaire *à l'université*.   Où es-tu secrétaire?

7. Complétez chaque phrase avec la forme convenable du verbe **aller**.

1. Comment ça ___?   va
2. Est-ce que vous ___ bien?   allez
3. Je ___ très bien, merci.   vais
4. À quelle heure ___-tu à la gare?   vas
5. Marc et moi, nous ___ à l'aéroport.   allons
6. Papa ___ en Afrique.   va
7. Béatrice et Martine ___ au Canada.   vont
8. Madame, ___ au guichet!   allez

8. Tell where the following people are going on vacation.

    MODÈLE: tu / Italie
    Tu vas en Italie.

1. Thérèse et Victorine / Angleterre   Thérèse et Victorine vont en Angleterre.
2. je / États-Unis   Je vais aux États-Unis.
3. Alain / Sénégal   Alain va au Sénégal.
4. nous / Maroc   Nous allons au Maroc.
5. Michel et Marcel / Belgique   Michel et Marcel vont en Belgique.
6. tu / Espagne   Tu vas en Espagne.
7. vous / France   Vous allez en France.
8. Claudine / Mexique   Claudine va au Mexique.

Pas mal, merci. Et vous? (Paris)

Bruges, en Belgique, est une ville charmante.

Answers:
1. Londres est la capitale de l'Angleterre.
2. Washington est la capitale des États-Unis.
3. Dakar est la capitale du Sénégal.
4. Rabat est la capitale du Maroc.
5. Bruxelles est la capitale de la Belgique.
6. Madrid est la capitale de l'Espagne.
7. Paris est la capitale de la France.
8. Mexico est la capitale du Mexique.

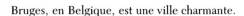

9. Now tell which cities are the capitals of the countries in **Activité 8**.

    MODÈLE: Italie
                  Rome est la capitale de l'Italie.

10. Delphine wants to know where each of the following cities is located. Answer her questions.

    MODÈLE: Dans quel pays est Québec?
                  C'est au Canada.

Le fleuve Saint-Laurent à Québec

Il y a beaucoup de rues pittoresques à Québec.

Le lac Lugano est au sud de
la Suisse.

1. Dans quel pays est New York?   C'est aux États-Unis.
2. Dans quel pays est Lyon?   C'est en France.
3. Dans quel pays est Alger?   C'est en Algérie.
4. Dans quel pays est Genève?   C'est en Suisse.
5. Dans quel pays est Luxembourg?   C'est au Luxembourg.
6. Dans quel pays est Brasilia?   C'est au Brésil.
7. Dans quel pays est Lisbonne?   C'est au Portugal.
8. Dans quel pays est Bonn?   C'est en Allemagne.

11. Mr. Dubois wants to know if the following bodies of water and countries are north, south, east or west of France. Answer his questions.

MODÈLE: Où est l'Angleterre?
Elle est au nord-ouest de la France.

1. Où est la Belgique?   Elle est au nord-est de la France.
2. Où est la Suisse?   Elle est à l'est de la France.
3. Où est l'Espagne?   Elle est au sud-ouest de la France.
4. Où est l'Allemagne?   Elle est à l'est de la France.
5. Où est l'océan Atlantique?   Il est à l'ouest de la France.
6. Où est la mer Méditerranée?   Elle est au sud-est de la France.

L'Espagne. Tout sous le soleil.

Les passagers sont à la gare.

C'est le train de la dame. (Bayonne)

7. Où est le Luxembourg?   Il est au nord-est de la France.
8. Où est l'Italie?   Elle est au sud-est de la France.

12. Complétez les phrases avec **à**, **à la**, **à l'**, **au**, **aux**, **en**, **du**, **de la** ou **des**, selon le cas.

    1. Nous allons ___ café.   au
    2. Marie va ___ école demain.   à l'
    3. Voilà le livre ___ professeur.   du
    4. Madame Renaud est la concierge ___ Latour.   des
    5. Claudine va ___ lycée à huit heures.   au
    6. Yves et Jeanne vont ___ gare.   à la
    7. Nous allons ___ États-Unis.   aux
    8. Voilà le train ___ dame.   de la
    9. On va ___ Lille, ___ France.   à/en

13. Complétez chaque phrase avec la forme convenable de l'adjectif entre parenthèses.

    1. Julien Clerc est un chanteur ___. (français)   français
    2. Juanita et Maria sont ___. (mexicain)   mexicaines
    3. La maman de Sergio est ___. (portugais)   portugaise
    4. La Seine et le Rhône sont des fleuves ___. (important)   importants
    5. L'informatique est ___. (intéressant)   intéressante
    6. Carole et Nicole sont ___. (américain)   américaines

Elles travaillent sur
l'ordinateur.

7. Les élèves de français sont ___. (content)   contents
8. La Suisse est un pays ___. (européen)   européen

14. Changez les mots en italique au pluriel et faites tous les changements nécessaires.

MODÈLE: La *passagère* anglaise va à Londres.
Les passagères anglaises vont à Londres.

1. Le *train* pour Nice est agréable.   Les trains pour Nice sont agréables.
2. La *dame* est contente.   Les dames sont contentes.
3. Je parle à une *artiste* américaine.   Je parle à des artistes américaines.
4. Nous avons un *copain* sympathique.   Nous avons des copains sympathiques.
5. Étudiez-vous une *langue* africaine?   Étudiez-vous des langues africaines?
6. Carole a une *idée* géniale.   Carole a des idées géniales.
7. Le *chanteur* mexicain chante en espagnol.   Les chanteurs mexicains chantent en espagnol.

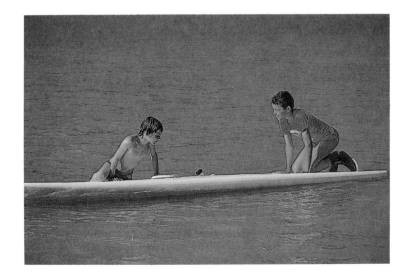

C'est une idée géniale.

15. Écrivez une phrase ou une question convenable. Employez les mots clés qui sont indiqués en ajoutant les articles. Ces mots ne sont pas en ordre.

> MODÈLE: être / fleuve / Seine / français
> **La Seine est un fleuve français.**

1. Maroc / aller / en vacances / nous   Nous allons en vacances au Maroc.
2. idées / je / génial / ne...pas / avoir   Je n'ai pas d'idées géniales.
3. prof / élèves / à l'heure / arriver / aimer / qui   Le prof aime les élèves qui arrivent à l'heure.
4. adorer / copains / musique / italien   Les copains adorent la musique italienne.
5. on / est-ce que / portugais / Brésil / parler   Est-ce qu'on parle portugais au Brésil?
6. États-Unis / sud / Mexique / être   Le Mexique est au sud des États-Unis.
7. rencontrer / après / tu / amis / où / cours de maths   Où rencontres-tu les amis après le cours de maths?

16. Your brother asks too many annoying questions. Answer him in the negative.

> MODÈLE: Es-tu à l'heure?
> **Non, je ne suis pas à l'heure.**

1. Ça va?   Non, ça ne va pas.
2. Déjeunes-tu à l'école?   Non, je ne déjeune pas à l'école.
3. Et Jacques et toi, est-ce que vous étudiez beaucoup ensemble?   Non, nous n'étudions pas beaucoup ensemble.
4. Est-ce que les profs ont toujours raison?   Non, ils n'ont pas toujours raison.
5. Est-ce que Robert et Françoise arrivent en retard?   Non, ils n'arrivent pas en retard.
6. Est-ce que Papa rentre à sept heures?   Non, il ne rentre pas à sept heures.
7. Est-ce que je parle bien français?   Non, tu ne parles pas bien français.
8. Travailles-tu aujourd'hui?   Non, je ne travaille pas aujourd'hui.

Encore des questions?

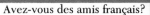
Avez-vous des amis français?

17. Complétez avec la forme convenable du verbe **avoir**.

PHILIPPE:	Vous ____ l'heure, Madame?	avez
MME PERRIN:	Non, je n' ____ pas l'heure.	ai
PHILIPPE:	Alors, Catherine ____ l'heure?	a
MME PERRIN:	Non, elle n' ____ pas l'heure.	a
PHILIPPE:	Pierre et Georges ____ l'heure?	ont
MME PERRIN:	Non, ils n' ____ pas l'heure.	ont
PHILIPPE:	Alors, nous n' ____ pas l'heure.	avons
MME PERRIN:	Vous ____ raison.	avez
PHILIPPE:	Et toi, Luc, tu ____ l'heure?	as
LUC:	Oui, j' ____ l'heure. Il est deux heures cinq.	ai

18. Complétez avec **les**, **des**, **de** ou **d'**, selon le cas.

1. ____ Latour sont au café.	Les
2. Avez-vous ____ amis français?	des
3. ____ Américains habitent aux États-Unis.	Les
4. Paris et Rome sont ____ villes européennes.	des
5. Mexico et Luxembourg ne sont pas ____ pays.	des
6. Martine n'a pas ____ amis.	d'
7. Nous aimons beaucoup ____ Belges.	les
8. Les élèves n'ont pas ____ crayons.	de

Unité 3

Au marché et à table

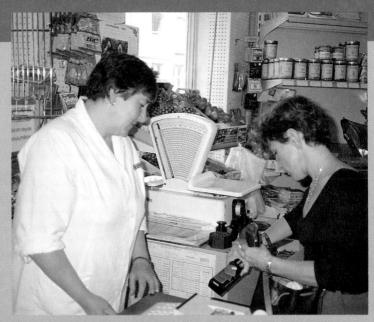

Chez l'épicière[1] et au marché

Leçon 9

Communicative Functions

- asking prices
- expressing prices in *francs*
- expressing weights metrically
- counting from 31–60
- buying and refusing to buy food items
- naming vegetables

Madame Blanchard achète des légumes

All words in the dialogue and **Expansion** are active vocabulary.

Madame Blanchard est chez* l'épicière. C'est une bonne cliente, mais elle demande toujours trop de choses à la fois.

L'ÉPICIÈRE: Bonjour, Madame. Vous désirez?

MADAME BLANCHARD: Euh...qu'est-ce que vous avez? Oh, les grosses tomates! Combien coûtent-elles?

Make sure that students do not pronounce the **c** in **franc**.

L'ÉPICIÈRE: Six francs[2] soixante le kilo.[3] C'est un bon prix. Elles sont en promotion.

MADAME BLANCHARD: Alors, donnez-moi deux kilos de tomates, un kilo de carottes, une livre de** haricots verts et....

You may remind students that **une livre** means "a pound" ("half a kilogram") and **un livre** means "a book."

L'ÉPICIÈRE: Une petite minute.

L'ÉPICIÈRE: Combien de tomates?

MADAME BLANCHARD: Deux kilos.

L'ÉPICIÈRE: Bon alors, voilà les tomates, les haricots et les carottes. Et avec cela?

MADAME BLANCHARD: C'est tout. Ah, j'oublie quelque chose. Euh...un kilo d'oignons, s'il vous plaît. C'est combien?

Wkbk. 1

L'ÉPICIÈRE: Quarante-trois francs cinquante.

* **Chez l'épicier (l'épicière)** means "at the grocer's." The word **chez** (at/to the home of, at/to the place of, at/to the office of) is common in French and used often before names of shopkeepers.

** Some French words like **haricot** begin with an aspirate **h**. When an article precedes an aspirate **h**, there is no **liaison** or contraction. Therefore, **de** does not become **d'** in **combien de haricots**. **Des** is pronounced [de], not [dez], in **des haricots**, and **les** is pronounced [le], not [lez], in **les haricots**.

In current, colloquial French you hear **liaison** after **les** or **des** and before **haricots**.

Est-ce que j'oublie quelque chose?

French paper money bears portraits of famous artists, musicians and authors.

Notes culturelles

1. A French grocery store (unlike a supermarket) has a rather small quantity of canned goods and fresh produce and is somewhat like a small American grocery store. The word for "grocery store" is **l'épicerie** (f.). The names of many different small French shops or stores end in **-ie** and are feminine.

2. The franc (**le franc**) is the basic unit of money in France and in many other French-speaking countries, such as Belgium, Luxembourg, Switzerland and Senegal. (The francs of countries other than France, however, have different values.) The franc is divided into one hundred **centimes**. French money is issued
    *   in bills (**billets**) of twenty, fifty, one hundred, two hundred and five hundred francs,
    *   in coins (**pièces de monnaie**) of one, two, five and ten francs, and
    *   in coins of five, ten, twenty or fifty **centimes**.

3. The abbreviation for **six francs soixante le kilo** is **6F 60/kg** or **F 6,60/kg**. Note the use of the comma instead of the decimal point in the second abbreviation. (Not all French speakers use these standard abbreviations.) **Un kilo** is the shortened form of **un kilogramme**, 1000 grams or approximately 2.2 American pounds. **Une livre** (*a pound*) is the equivalent of **un demi-kilo** (*a half-kilogram or 500 grams*).

Point out the use of the definite article, meaning "per," "a" or "for," before quantities in prices.

six francs soixante le kilo = six francs sixty per (a) kilo

dix francs les douze = ten francs for twelve

This use of the definite article is treated more thoroughly later on.

Compréhension

Répondez en français.

1. Où est Madame Blanchard?

    Elle est chez l'épicière.

2. Pourquoi est-elle chez l'épicière?

    Parce qu'elle achète des légumes.

3. Les tomates sont-elles petites?

    Non, elles sont grosses.

4. La cliente demande-t-elle le prix des tomates?

    Oui, elle demande le prix.

5. Combien coûtent les tomates?

    Elles coûtent six francs soixante le kilo.

6. Combien de tomates et de carottes l'épicière donne-t-elle à la cliente?

    Elle donne à la cliente deux kilos de tomates et un kilo de carottes.

7. Qu'est-ce que la cliente oublie?
8. Combien coûtent les tomates, les carottes, les haricots verts et les oignons ensemble?

Elle oublie les oignons.

Ils coûtent quarante-trois francs cinquante.

À propos

The present tense forms of **acheter** are presented in this lesson.

1. Allez-vous souvent chez l'épicière?
2. Qu'est-ce que vous achetez chez l'épicière?
3. Aimez-vous les légumes? Quels légumes?
4. Avez-vous de l'argent français?
5. Combien d'élèves y a-t-il dans le cours de français?

La cliente achète des légumes.

Les fruits sont en promotion.

Liste de courses

2 kg de tomates
1 kg de carottes
1 livre de haricots verts
1 kg d'oignons

Expansion

à la caisse

MADAME BLANCHARD: Euh...voilà un billet de cinquante francs. Ça va?
L'ÉPICIÈRE: Ah oui, et voilà la monnaie: six francs cinquante.
MADAME BLANCHARD: Merci beaucoup. Au revoir, Madame.

Voici les nombres de 31 à 60.

The word **nombre** was introduced as passive vocabulary in the **Leçon préliminaire**. It becomes active in this lesson.

31 trente et un	**41** quarante et un	**51** cinquante et un
32 trente-deux	**42** quarante-deux	**52** cinquante-deux
33 trente-trois	**43** quarante-trois	**53** cinquante-trois
34 trente-quatre	**44** quarante-quatre	**54** cinquante-quatre
35 trente-cinq	**45** quarante-cinq	**55** cinquante-cinq
36 trente-six	**46** quarante-six	**56** cinquante-six
37 trente-sept	**47** quarante-sept	**57** cinquante-sept
38 trente-huit	**48** quarante-huit	**58** cinquante-huit
39 trente-neuf	**49** quarante-neuf	**59** cinquante-neuf
40 quarante	**50** cinquante	**60** soixante

Wkbk. 2
Wkbk. 3

Stress the sound [s] of the x in **soixante**. Pronounce and have students repeat after you the new French numbers 40, 50 and 60. Then have students count orally from **trente** to **soixante**. Next have them

take turns giving each
number from 30 to 60 or
counting by twos.

Ce n'est pas tout

L'ÉPICIÈRE:	À propos, j'ai d'autres légumes et de jolis fruits en promotion.
MADAME BLANCHARD:	Ah bon?
L'ÉPICIÈRE:	Oui, et j'ai un grand choix. Regardez.
MADAME BLANCHARD:	Non, je n'ai pas le temps maintenant, et j'ai assez de fruits pour aujourd'hui.

Voici les légumes en promotion.

Wkbk. 4
Wkbk. 5

Note that the plural of
pomme de terre is **pommes
de terre.**

Activités

1. Complétez chaque phrase d'après le dialogue d'introduction ou l'**Expansion**.

    1. Une bonne ____ achète beaucoup de choses.   cliente
    2. Préférez-vous les petites tomates ou les ____ tomates?   grosses
    3. C'est un bon prix parce que les tomates sont en ____.   promotion
    4. Il y a ____ minutes dans une heure.   soixante
    5. À la ____ on donne de l'argent à l'épicier.   caisse
    6. Je n'ai pas de billets, mais j'ai beaucoup de ____.   monnaie
    7. Une carotte n'est pas un fruit, c'est un ____.   légume
    8. Chez l'épicière il y a beaucoup de légumes. Donc, les
       clients ont un grand ____.   choix

2. Your little sister wants to know the French name of each vegetable pictured below. Answer her questions.

MODÈLE: Qu'est-ce que c'est?
C'est une tomate.

1. Qu'est-ce que c'est?

C'est un oignon.

2. Qu'est-ce que c'est?

Ce sont des petits pois.

3. Qu'est-ce que c'est?

C'est une carotte.

4. Qu'est-ce que c'est?

Ce sont des épinards.

5. Qu'est-ce que c'est?

C'est une pomme de terre.

6. Qu'est-ce que c'est?

C'est un haricot vert.

7. Qu'est-ce que c'est?

C'est une endive.

Vous aimez les carottes?

Les clients ont un grand choix.

3. Choisissez l'expression qui complète chaque phrase d'après le dialogue d'introduction et l'**Expansion**.

1. Mme Blanchard est ____.   d

   a. une tomate   b. une épicière
   c. en promotion   d. chez l'épicière

2. Mme Blanchard demande ____.   c

   a. un kilo d'épinards   b. un peu
   c. des légumes   d. des fruits

3. Les tomates ____ 6F 60 le kilo.   a

   a. coûtent   b. demandent
   c. ont   d. donnent

4. L'épicière ____ des carottes à Mme Blanchard.   b

   a. achète   b. donne
   c. demande   d. retourne

5. Mme Blanchard n'achète pas ____.   a

   a. l'épicière   b. de haricots verts
   c. d'oignons   d. de légumes

6. Mme Blanchard oublie ____.   d

   a. une cliente   b. une petite minute
   c. les tomates   d. quelque chose

7. Mme Blanchard donne à l'épicière ____.   c

   a. des petits pois   b. un billet de train
   c. cinquante francs   d. six francs cinquante

8. Mme Blanchard n'achète pas ____.   c

   a. de tomates   b. d'oignons
   c. d'autres légumes   d. de carottes

C'est dix francs, Madame.

Où sont les clients?

4. You're a salesperson in a French store. Customers ask you what certain items cost. Tell them.

> MODÈLE: F 5,60
> **Cinq francs soixante.**

1. F 12,35   Douze francs trente-cinq.
2. F 29,50   Vingt-neuf francs cinquante.
3. F 7,43   Sept francs quarante-trois.
4. F 13,40   Treize francs quarante.
5. F 37,15   Trente-sept francs quinze.
6. F 60,20   Soixante francs vingt.
7. F 41,58   Quarante et un francs cinquante-huit.
8. F 16,60   Seize francs soixante.

5. Xavier is still having trouble adding and subtracting numbers in his math class. Help him.

> MODÈLE: Combien font trente et treize?
> **Trente et treize font quarante-trois.**

1. Combien font vingt-sept et trente et un?   Vingt-sept et trente et un font cinquante-huit.
2. Combien font soixante moins douze?   Soixante moins douze font quarante-huit.

3. Combien font trente-deux et vingt et un?

Trente-deux et vingt et un font cinquante-trois.

4. Combien font cinquante-deux moins dix-neuf?

Cinquante-deux moins dix-neuf font trente-trois.

5. Combien font trente-sept et neuf?

Trente-sept et neuf font quarante-six.

6. Combien font vingt-neuf et onze?

Vingt-neuf et onze font quarante.

7. Combien font cinquante-cinq moins trente-neuf?

Cinquante-cinq moins trente-neuf font seize.

Structure et usage

le pronom interrogatif *qu'est-ce que*

The interrogative pronoun **qu'est-ce que** (*what*) usually begins a question and always precedes the subject and the verb.

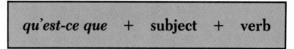

$$qu'est\text{-}ce\ que\ +\ subject\ +\ verb$$

Qu'est-ce que vous cherchez?   *What are you looking for?*

Before a word beginning with a vowel sound, **qu'est-ce que** becomes **qu'est-ce qu'**.

Wkbk. 6

Qu'est-ce qu'il regarde?   *What is he looking at?*

6. You want to know what people are doing or thinking, and Patrick has all the answers. Ask him questions.

> MODÈLE: vous / désirer
> **Qu'est-ce que vous désirez?**

1. nous / demander   Qu'est-ce que nous demandons?
2. tu / regarder   Qu'est-ce que tu regardes?
3. Hélène / aimer   Qu'est-ce qu'Hélène aime?
4. les élèves / étudier   Qu'est-ce que les élèves étudient?
5. Éric / chercher   Qu'est-ce qu'Éric cherche?
6. Mme Blanchard / acheter   Qu'est-ce que Mme Blanchard achète?
7. vous / oublier   Qu'est-ce que vous oubliez?
8. Julien Clerc / chanter   Qu'est-ce que Julien Clerc chante?

7. Mrs. Blanchard is going to the market. Ask what she's doing, using the indicated verb.

> MODÈLE: Mme Blanchard trouve le marché.
> **Qu'est-ce qu'elle trouve?**

Before doing this activity you may tell students not to add **pour** after **chercher**. Likewise, à can't be added after **regarder**. Explain

1. Mme Blanchard cherche des légumes.   Qu'est-ce qu'elle cherche?
2. Mme Blanchard achète des tomates.   Qu'est-ce qu'elle achète?

236   Leçon 9

Ils sont au marché.
(Paris)

3. Mme Blanchard oublie les oignons.   Qu'est-ce qu'elle oublie?

4. Mme Blanchard demande "Où sont les fruits?"   Qu'est-ce qu'elle demande?

5. Mme Blanchard aime les pommes.   Qu'est-ce qu'elle aime?

6. Maintenant Mme Blanchard regarde les prix.   Qu'est-ce qu'elle regarde?

7. Mme Blanchard donne cinquante francs à la dame.   Qu'est-ce qu'elle donne à la dame?

why these prepositions are not needed after these verbs. The second-year book deals with these items.

les expressions de quantité

Certain expressions that ask or tell "how much" may describe verbs. Some of these expressions are:

combien	how much, how many	**Combien** coûte-t-il?
assez	enough	Je voyage **assez**.
beaucoup	much, very much, a lot	Il étudie **beaucoup**.
(un) peu	(a) little, not much, not many	Elle chante **peu**.
trop	too much, too many, too	Vous demandez **trop**.

Wkbk. 7

When **combien**, **assez**, **beaucoup**, **(un) peu** and **trop** are used to express quantities of things, **de (d')** is added before the noun.

$$\text{expression of quantity} + de\ (d') + \text{noun}$$

Point out that in speaking, the French tend to shorten **de** to **d'** before a word beginning with a consonant and to link the sound of **de** with the preceding word of quantity.

beaucoup de choses = [bokudʃoz]

Remind students that **beaucoup** already means "very much."

Expressions of liquid quantity will be explained in the second-year book.

Answers to this **Activité** will vary and do not appear here.

The meaning of **de** (**d'**) is usually omitted in English. The noun after **de** (**d'**) may be singular or plural.

Combien de temps as-tu?	*How much time do you have?*
On a assez d'argent.	*We have enough money.*
Vous avez beaucoup d'amis.	*You have a lot of friends.*
Ils ont un peu de café.	*They have a little coffee.*
Elle achète trop de carottes.	*She buys too many carrots.*

ATTENTION: Never use **très** or **trop** before **beaucoup**.

Certain nouns also express quantity. They are followed by **de** or **d'** as well.

Voilà un kilo de pommes de terre.   *There's a kilo of potatoes.*

Wkbk. 8

8. Your friend André asks you if you do the following things. Answer him using **assez**, **beaucoup**, **peu** or **trop**, as appropriate.

MODÈLE: Chantes-tu?
Je chante peu (beaucoup, assez, trop).

1. Étudies-tu?   J'étudie _____.
2. Travailles-tu?   Je travaille _____.
3. Voyages-tu?   Je voyage _____.
4. Vas-tu au café?   Je vais _____ au café.
5. Aimes-tu la musique française?   J'aime _____ la musique française.
6. Regardes-tu la télé?   Je regarde _____ la télé.
7. Parles-tu en classe?   Je parle _____ en classe.
8. Aides-tu Maman?   J'aide _____ Maman.

9. Your friend Catherine has invited you to a meeting of the International Club. Ask her how many people of different nationalities there are in the club.

MODÈLE: Français
Combien de Français y a-t-il?

1. Sénégalais   Combien de Sénégalais y a-t-il?
2. Anglais   Combien d'Anglais y a-t-il?
3. Canadiens   Combien de Canadiens y a-t-il?
4. Italiens   Combien d'Italiens y a-t-il?
5. Espagnols   Combien d'Espagnols y a-t-il?
6. Américains   Combien d'Américains y a-t-il?
7. Belges   Combien de Belges y a-t-il?
8. Allemands   Combien d'Allemands y a-t-il?

10. A customer at the supermarket where you work wants to know how much or how many of certain items you have. Answer her.

MODÈLE: Combien de télévisions avez-vous? (peu)
Nous avons peu de télévisions.

Tout est en promotion aujourd'hui. (Paris)

1. Combien de stylos avez-vous? (beaucoup)

   Nous avons beaucoup de stylos.

2. Combien de légumes avez-vous? (trop)

   Nous avons trop de légumes.

3. Et combien de haricots verts? (peu)

   Nous avons peu de haricots verts.

4. Combien de café avez-vous? (assez)

   Nous avons assez de café.

5. Combien d'oignons avez-vous? (beaucoup)

   Nous avons beaucoup d'oignons.

6. Combien de magnétophones avez-vous? (très peu)

   Nous avons très peu de magnétophones.

7. Combien de fruits avez-vous? (trop)

   Nous avons trop de fruits.

8. Combien d'épinards avez-vous? (assez)

   Nous avons assez d'épinards.

le présent du verbe *acheter*

Here are the present tense forms of the verb **acheter** (*to buy*). The endings are regular, but note the **accent grave** over the **e** in four of these forms.

Other orthographically changing verbs similar to **acheter** will be presented in **Leçon 12**.

acheter		
j' **achète**	Je n'**achète** pas d'oignons.	I'm not buying onions.
tu **achètes**	Qu'est-ce que tu **achètes**?	What are you buying?
il/elle/on **achète**	**Achète**-t-il un billet?	Is he buying a ticket?
nous **achetons**	Nous **achetons** des fruits.	We're buying fruit.
vous **achetez**	**Achetez**-vous des livres?	Do you buy any books?
ils/elles **achètent**	Elles **achètent** une maison.	They're buying a house.

Have students repeat after you the sentences in the chart.

ATTENTION: 1. The **e** in the stem is not pronounced in the infinitive and in the **nous** and **vous** forms.
2. This **e** is pronounced [ε], however, and has an **accent grave** in the four other present tense forms (**je**, **tu**, **il/elle**, **ils/elles**). The **accent grave** is added when the ending is silent.

Wkbk. 9
Check to see if students have mastered the difference between the unpronounced e and the sound [ε]. Have them change singular forms of acheter to the plural and vice versa.
Modèles:
a) J'achète des légumes.
   Nous achetons des légumes.
b) Vous achetez trop de choses.
   Tu achètes trop de choses.

11. Complétez chaque phrase avec la forme convenable du verbe **acheter**.
1. Jean-Pierre ___ des légumes.   achète
2. Nous n' ___ pas d'oignons.   achetons
3. Qui ___ un magnétoscope?   achète
4. Les clientes ___ beaucoup de choses.   achètent
5. J' ___ un kilo de tomates.   achète
6. ___-vous des endives?   Achetez
7. Les copains ___ des disquettes.   achètent
8. ___-tu un cahier?   Achètes

12. According to your friend Martin, people are buying certain things. Ask him how many of each thing they're buying.

MODÈLE: J'achète des cassettes.
         Combien de cassettes achètes-tu?

1. Marc achète des stylos.   Combien de stylos achète-t-il?
2. Muriel et moi, nous achetons des billets.   Combien de billets achetez-vous?
3. J'achète des petits pois.   Combien de petits pois achètes-tu?
4. Maman et Papa achètent des pommes de terre.   Combien de pommes de terre achètent-ils?
5. Tu achètes des tomates.   Combien de tomates est-ce que j'achète?
6. Marie-Madeleine achète des oignons.   Combien d'oignons achète-t-elle?
7. Nicole et Mireille achètent des haricots verts.   Combien de haricots verts achètent-elles?
8. J'achète des carottes.   Combien de carottes achètes-tu?

quelques adjectifs irréguliers

Some adjectives form the feminine by doubling the final consonant of the masculine form and adding an **e**. **Bon**, **gros**, **quel** and adjectives of nationality whose masculine form ends in **-en** follow this pattern.

Le café est bon.	L'idée est bonne.
Quel chanteur est italien?	Quelle chanteuse est italienne?
L'oignon est gros.	La tomate est grosse.

An **s** is added to the feminine singular form to make it plural.

You may point out that when the feminine adjective ends in -nne, the n is pronounced and the vowel sound is no longer nasal.
Wkbk. 10

La carotte est grosse.	Les carottes sont grosses.

13. Ajoutez la forme convenable de l'adjectif entre parenthèses.

1. C'est une ___ place. (bon)   bonne
2. Londres et Berne sont des capitales ___. (européen)   européennes
3. Maria est ___. (brésilien)   brésilienne
4. Les pommes de terre sont ___. (gros)   grosses
5. ___ heure est-il? (quel)   Quelle
6. Rome est une ville ___. (italien)   italienne
7. Les tomates sont ___. (bon)   bonnes
8. Voilà les cassettes ___. (canadien)   canadiennes

14. Laurent is looking at some pictures. He knows something about one thing or person in each picture but wonders about the other. Answer his questions.

MODÈLE: La carotte est grosse. Et l'oignon?
          Il est gros aussi.

1. Gérard est canadien. Et Claudette?   Elle est canadienne aussi.
2. La cliente est européenne. Et le client?   Il est européen aussi.
3. L'oignon est bon. Et la carotte?   Elle est bonne aussi.
4. L'ouvrière est italienne. Et l'ouvrier?   Il est italien aussi.
5. L'épicier est gros. Et l'épicière?   Elle est grosse aussi.
6. Le garçon est brésilien. Et la fille?   Elle est brésilienne aussi.
7. La cassette est bonne. Et le   Il est bon aussi.
   magnétophone?

la place des adjectifs

In French, adjectives usually follow the nouns they describe.

Ils ont des prix intéressants.
J'ai trop de francs belges.
Fond du Lac est une ville américaine.

Ils ont des prix intéressants.

However, a few frequently used adjectives precede the nouns they describe. These adjectives often express beauty, age, goodness and size. Some of these adjectives are **autre**, **bon**, **grand**, **gros**, **jeune**, **joli** and **petit**. Note the position of these adjectives in the following sentences.

Dominique est une jeune Canadienne.	*Dominique is a young Canadian (girl).*
On cherche un gros sac.	*We're looking for a big bag.*
Tu as une jolie maison.	*You have a pretty house.*
C'est une bonne cliente.	*She's a good customer.*

ATTENTION: 1. **Bon** is pronounced like **bonne** when it precedes a masculine noun beginning with a vowel sound.
> Jean-Paul est un bon‿ami.
> [n]

2. The **d** in **grand** is pronounced [t] before a masculine noun beginning with a vowel sound.
> Ils habitent dans un grand‿immeuble.
> [t]

3. The final **t** in **petit** is pronounced before a masculine noun beginning with a vowel sound.
> C'est un petit‿élève.
> [t]

Help students learn to pronounce **bon** correctly by doing a substitution exercise like this one.
Modèle:
un bon livre (ami)
un bon‿ami
[n]

1. élève — un bon élève
2. cours — un bon cours
3. client — un bon client
4. oignon — un bon oignon

Wkbk. 11

15. Your classmate Roger tells you that he has certain things. Tell him that you also have these things, but add the indicated descriptive adjective in its proper position.

MODÈLE: J'ai un magnétoscope. (grand)
Moi, j'ai un grand magnétoscope.

1. J'ai une maison. (joli)   Moi, j'ai une jolie maison.
2. J'ai des idées. (intéressant)   Moi, j'ai des idées intéressantes.
3. J'ai une place. (bon)   Moi, j'ai une bonne place.
4. J'ai des légumes. (vert)   Moi, j'ai des légumes verts.
5. J'ai un appartement. (petit)   Moi, j'ai un petit appartement.
6. J'ai des francs. (français)   Moi, j'ai des francs français.
7. J'ai des cassettes. (formidable)   Moi, j'ai des cassettes formidables.
8. J'ai une tomate. (gros)   Moi, j'ai une grosse tomate.

16. You and your friend Jérémy are walking down the street. Point out to him the following things or people you see.

MODÈLE: homme / sympathique
Voilà un homme sympathique.

1. immeuble / grand   Voilà un grand immeuble.
2. marché / intéressant   Voilà un marché intéressant.
3. épicière / italien   Voilà une épicière italienne.
4. garçon / jeune   Voilà un jeune garçon.

Une petite rue de Montmartre (Paris)

5. clientes / désagréables   Voilà des clientes désagréables.
6. maison / autre   Voilà une autre maison.
7. affiches / canadien   Voilà des affiches canadiennes.
8. école / petit   Voilà une petite école.

17. Ajoutez à chaque phrase la forme convenable de l'adjectif entre paren- thèses et répétez. Attention à la place de l'adjectif! (Add to each sentence the right form of the adjective in parentheses and repeat. Be careful with adjective position!)

1. Le prof est un homme. (sympa)   Le prof est un homme sympa.
2. Nous aimons les cours. (facile)   Nous aimons les cours faciles.
3. Mme Filou est une cliente. (bon)   Mme Filou est une bonne cliente.
4. Où sont les familles? (italien)   Où sont les familles italiennes?
5. Voilà des parents. (content)   Voilà des parents contents.
6. Luxembourg est une ville. (joli)   Luxembourg est une jolie ville.
7. Regardez dans les boîtes. (gros)   Regardez dans les grosses boîtes.
8. Qui est l'Américain? (petit)   Qui est le petit Américain?

de et l'adjectif au pluriel

De or **d'** is used before most plural adjectives which precede a noun.

L'épicier a **de** jolis légumes.   *The grocer has (some) pretty vegetables.*
J'ai **d'**autres amis.   *I have (some) other friends.*

ATTENTION: When the plural adjective is an inseparable part of the noun, **des** is retained.

       Donnez-moi **des** petits pois.
       Je parle à **des** jeunes filles.

Des precedes a noun whose plural adjective comes afterward.

Je rencontre **des** passagers suisses.
Carole a **des** idées géniales.

Wkbk. 12

18. Ajoutez à chaque phrase la forme convenable de l'adjectif entre parenthèses et répétez.

1. Ce sont des villes. (important)   Ce sont des villes importantes.
2. J'achète des légumes. (vert)   J'achète des légumes verts.
3. Nous avons des amis. (bon)   Nous avons de bons amis.
4. Il y a des rues à Nice. (joli)   Il y a de jolies rues à Nice.
5. On cherche des carottes. (autre)   On cherche d'autres carottes.
6. Voilà des dictionnaires. (gros)   Voilà de gros dictionnaires.
7. Tu voyages avec des copines. (sympathique)   Tu voyages avec des copines sympathiques.
8. Voici des fleuves. (français)   Voici des fleuves français.

19. Your friend Sébastien asks you questions. Answer them in the affirmative, including the indicated adjective.

MODÈLE: Demandes-tu des billets? (autre)
Oui, je demande d'autres billets.

1. Cherches-tu des filles? (jeune)   Oui, je cherche des jeunes filles.
2. As-tu des livres? (bon)   Oui, j'ai de bons livres.
3. Écoutes-tu des cassettes? (intéressant)   Oui, j'écoute des cassettes intéressantes.
4. Étudies-tu des langues? (vivant)   Oui, j'étudie des langues vivantes.
5. Parles-tu à des amis? (mexicain)   Oui, je parle à des amis mexicains.
6. Achètes-tu des pommes de terre? (petit)   Oui, j'achète de petites pommes de terre.
7. Montres-tu à Mme Blanchard des légumes? (joli)   Oui, je montre à Mme Blanchard de jolis légumes.
8. Donnes-tu à l'employé des francs? (belge)   Oui, je donne à l'employé des francs belges.

This is an optional activity.

20. Comment dit-on en français?

The two ladies are at the grocer's.   Les deux dames sont chez l'épicier (l'épicière).

MME LÉVY: There's Mr. Bunuel. He's a good customer, and he's asking for something.   Voilà M. Bunuel. C'est un bon client, et il demande quelque chose.

MME DIOUF:	What's he asking for?	Qu'est-ce qu'il demande?
MME LÉVY:	He's asking for some green beans and peas.	Il demande des haricots verts et des petits pois.
MME DIOUF:	Is he buying other vegetables too?	Achète-t-il aussi d'autres légumes?
MME LÉVY:	Yes, potatoes. How much do they cost?	Oui, des pommes de terre. Combien coûtent-elles?
MME DIOUF:	Eight sixty a (le) kilo. They're not on special. How many potatoes is he buying?	Huit (francs) soixante le kilo. Elles ne sont pas en promotion. Combien de pommes de terre achète-t-il?
MME LÉVY:	Oh no! He isn't buying any potatoes. He doesn't have enough money.	Oh là là! Il n'achète pas de pommes de terre. Il n'a pas assez d'argent.

Prononciation

les sons [ɛ̃] et [jɛ̃]

The nasal sound [ɛ̃] is represented by **in** or **im** before a consonant or at the end of a word. The **n** or **m** is not pronounced, and the sound [ɛ̃] comes out through the nose.

c**in**q	qu**in**ze
important	v**in**gt
information	mat**in**
interprète	médec**in**

The sound [ɛ̃] is also found in words containing the letters **ain** before a consonant or at the end of a word.

m**ain**tenant	cop**ain**
afric**ain**	dem**ain**
Al**ain**	mexic**ain**
améric**ain**	tr**ain**

Words ending in **-ien** contain the sound [jɛ̃]. The **i** in **ien** accounts for the only difference between the sounds [ɛ̃] and [jɛ̃].

b**ien**	informatic**ien**
brésil**ien**	ital**ien**
canad**ien**	Jul**ien**
comb**ien**	music**ien**

Most outdoor markets open early and close
about 2 P. M.(Paris)

Going to the market can
also be a social occasion.

Actualité culturelle

The Open-Air Market

Whether in Paris, Lyons, Nice, Casablanca, Geneva or a small provincial town, the open-air market attracts all kinds of people. It reflects the character or spirit of the surrounding region.

Traditionally the market comes alive early in the morning. There you can find the usual customers doing their daily shopping: the housewife pushing her little grocery carrier (**un caddie**) and filling it with the most beautiful fruit and vegetables, the grandfather trying to avoid getting caught in the late morning rush, the secretary stopping for something before hurrying off to the office. Little by little, the market fills up with young and old alike. Some come to chat a little, while curious onlookers prefer to observe the whole scene from the corner café. Even tourists stop by from time to time, attracted by a vendor's loud cries.

Located in all French-speaking cities, open-air markets operate year-round. In Paris, for instance, several markets serve each neighborhood or district. Some of them function every day except Monday, but most of them do business daily. In big cities at least one outdoor market is open every day. However, in

Paris

Marseilles

Nice

Belgium

little country towns a market takes place only once a week, quite often on Saturdays or Sundays. In general you find the open-air market on an important public square or street.

People go to the market to purchase many varieties of fruit and vegetables, naturally fresher and more appealing than those found in a store. You can find leeks, carrots, potatoes and turnips for the traditional stew (**pot-au-feu**). Here, too, are salad greens, herbs, radishes, cauliflower and cucumbers. The market has everything you need to make **ratatouille**, a dish from southern France: green peppers, zucchini, eggplant, tomatoes and onions. No one can resist the superb displays of fruit, equally attractive.

However, the open-air market offers more than fruit and vegetables for sale. You can buy seafood, all kinds of meat, delicatessen foods, cheese, milk, butter, even flowers and garden tools here. The variety of products corresponds to a comparable variety in types of markets. Each market has its own

A colorful market in Senegal

Bargaining is expected at this market in Fort-de-France. (Martinique)

An array of tropical fruit and vegetables greets customers at a Caribbean market. (Martinique)

Open-air markets remain a central part of life in all French-speaking countries. (Guadeloupe)

identity, its own character which typifies a neighborhood, city, region or country. In Dakar, Rabat or **Algiers**, as in the West Indian islands of Martinique and Guadeloupe, markets offer an animated view of daily life. Buyers and sellers bargain and argue, making a big issue of the smallest transaction. Markets in the Caribbean islands abound with exotic fruit and vegetables: guavas, papayas, bananas, custard-apples, mangoes, avocados, sweet potatoes, manioc, yams, Caribbean cabbage and more. Particularly strong are the odors of spices such as cloves, pepper, varied pimentos and vanilla.

In Caribbean lands the fish market opens at daybreak when fishermen return to unload their boats. A good morning's catch includes multicolored products of the Caribbean Sea: tuna, bonito, white and black sea urchins, clams, flying fish, rays, lobster and edible coral. Not only a place for transactions, the open-air market is a lively, colorful, fragrant and varied stage show that must be seen to be fully appreciated.

Wkbk. 13
Wkbk. 14

Proverbe

L'argent n'a pas d'odeur.　　　*Money has no odor.*

The English equivalent of this proverb is "It doesn't matter how you make money, as long as you make it."

Interaction et application pratique

À deux

1. Using the question **Combien font...?**, create five addition and five subtraction problems to be solved by your partner. Use only numbers between **trente** and **soixante** in your answers.

　　MODÈLES: a)　Combien font trente-cinq et seize?
　　　　　　　　　Trente-cinq et seize font cinquante et un.
　　　　　　　b)　Combien font soixante-neuf moins vingt-sept?
　　　　　　　　　Soixante-neuf moins vingt-sept font quarante-deux.

2. Write down the names of three vegetables in French while your partner does the same. Then ask your partner questions to determine the identity of each vegetable. Reverse roles and continue asking and answering questions until all vegetables are identified.

　　MODÈLE:　Élève 1:　**Est-ce que c'est un légume vert?**
　　　　　　　Élève 2:　**Oui, c'est un légume vert.**
　　　　　　　Élève 1:　**Est-ce que c'est un petit légume?**
　　　　　　　Élève 2:　**Oui, c'est un petit légume.**
　　　　　　　Élève 1:　**Est-ce que ce sont des petits pois?**
　　　　　　　Élève 2:　**Oui, c'est ça.**

3. Imagine that you are a grocer and your partner is a customer. Make a list in French of three vegetables you have in stock along with the price for each item. Now tell your customer what vegetables you have, referring to them one at a time. Your customer will ask for the price of each item on your list, and you will respond, quoting your price. Then reverse roles and repeat the activity.

　　MODÈLE:　ÉPICIER:　**J'ai des oignons.**
　　　　　　　CLIENT:　**Combien coûtent-ils?**
　　　　　　　ÉPICIER:　**Dix-neuf francs le kilo.**

4. Now have your partner order a certain quantity of each vegetable on your list. Tell your partner how much it will cost, according to the prices you quoted in Activity 3. Then reverse roles and repeat the activity.

　　MODÈLE:　CLIENT:　**Donnez-moi deux kilos d'oignons, s'il vous plaît.**
　　　　　　　ÉPICIER:　**C'est trente-huit francs.**

En groupes

5. With your group think of as many different completions as possible for each of the following sentences. Have one person from the group list the possible completions on a transparency. Do one sentence at a time, spend-

ing not more than one minute on each sentence. Afterwards several transparencies can be put on the overhead for all to correct.

1. Les copains n'ont pas de ___.
2. Marc n'aime pas ___.
3. Qu'est-ce que vous ___?
4. Au marché j'achète ___.
5. Combien coûtent ___?
6. Donnez-moi ___.

6. With your group write down five questions in French. Each one will begin with one of the interrogative expressions listed below and will contain the **vous** form of five different verbs. Ask another group your questions and see how they respond. Then answer this other group's questions. Compare the results to see which group's answers are the most interesting and error-free.

1. Qu'est-ce que ___?
2. Quel (Quelle) (Quels) (Quelles) ___?
3. Où ___?
4. Combien de ___?
5. Est-ce que ___?
   MODÈLE: Pourquoi ___?
   Pourquoi chantez-vous?
   Parce que je suis content(e).

7. With your group write ten complete sentences in French. Each one will contain one of the adjectives listed below. Keep the spelling of each adjective as it is and use each adjective to describe a different noun. Place the adjective either before or after the noun it describes. Have one person from the group write the ten sentences on a transparency. After eight minutes several transparencies can be put on the overhead for all to correct.

agréable	grosse
américaine	faciles
bonne	importantes
canadiens	jolies
grands	quel

MODÈLE: géniale
Juliette est une copine géniale.

Tous ensemble

8. With your classmates play **Loto.** (This game was described in **Leçon 4.**) This time divide your card into 60 squares and fill in each square with a number from 1–60 in any order.

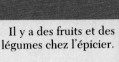

Il y a des fruits et des
légumes chez l'épicier.

Vocabulaire actif

noms

un billet   *bill (money)*
une caisse   *cash register; cashier's (desk)*
une carotte   *carrot*
un choix   *choice*
une chose   *thing*
un(e) client(e)   *customer*
une endive   *endive*
un épicier, une épicière   *grocer*
des épinards (m.)   *spinach*
la fois   *time*
    à la fois   *all at once*
un franc   *franc*
un fruit   *fruit*
un haricot   *bean*

un kilogramme (kilo)   *kilogram*
un légume   *vegetable*
une livre   *pound*
un marché   *market*
une minute   *minute*
la monnaie   *change*
un nombre   *number*
un oignon   *onion*
des petits pois (m.)   *peas*
une pomme   *apple*
    une pomme de terre   *potato*
quelque chose   *something, anything*
le temps   *time; weather*
une tomate   *tomato*

adjectifs

grand(e)   *tall, big, large*
gros, grosse   *fat, big, large*
joli(e)   *pretty*

petit(e)   *short, little, small*
quelque   *some*
vert(e)   *green*

verbes

acheter   *to buy*
coûter   *to cost*

donner   *to give*

expressions diverses

assez   *enough*
cela   *that*
chez   *at/to the home of, at/to the place
    of, at/to the office of*
cinquante   *fifty*
en promotion   *on special*

oh   *oh*
quarante   *forty*
qu'est-ce que   *what*
soixante   *sixty*
trop   *too much, too many, too*

Qu'est-ce qu'on mange aujourd'hui, chérie ? ?

Resto GB

Bonne idée !

Un repas à la maison

Leçon 10

Communicative Functions

- talking about cooking and eating
- describing cooking styles
- talking about food and meals
- naming foods, dishes and beverages
- saying what you're going to do
- changing your mind
- discussing food preferences

Catherine et Denis font la cuisine

All words in the dialogue and **Expansion** are active vocabulary.

Verbs ending in -ger will be explained in **Leçon 12**.

The direct object pronoun **vous** will be presented in the second-year book.

In current, colloquial speech the French often substitute **faire du shopping** for **faire des courses**.

Hamburger, like **haricot**, begins with an aspirate h.

Point out that the English word "mayonnaise" is one of many words that come from French. Stress the French pronunciation [majɔnɛz]. See whether students have noticed other English words that are spelled the same as their French counterparts, e.g., **bureau**, **cuisine**, **dessert**, **facile**, **formidable**, **important** and **restaurant**.

Un soir après le travail M. Durand rentre à la maison, et...

M. DURAND:	Salut, les enfants. Qu'est-ce que vous faites?
CATHERINE:	Nous faisons la cuisine. Ce soir on mange américain.*
M. DURAND:	Ah bon? Mais, où est Maman? Elle ne vous aide pas?
DENIS:	Si, Papa. Elle fait des courses. Elle achète du pain et du fromage.
M. DURAND:	Eh bien, qu'est-ce qu'on va manger?
CATHERINE:	On va avoir du bifteck haché, c'est-à-dire, des hamburgers,[1] des frites** avec du ketchup, du Coca-Cola et un très bon dessert américain.
DENIS:	Ça va être génial! Catherine prépare la viande, et je fais les frites. Je vais faire la mayonnaise maintenant.[2] Donne-moi de la moutarde, Catherine.
M. DURAND (seul):	Du ketchup et du coca?!*** Je vais dîner au restaurant.

M. Durand n'aime pas la cuisine américaine.

* When describing a type of cuisine, French speakers might also say **Ce soir on mange à l'américaine**. In this case **à la (l')** plus a feminine adjective means the style or way in which something is done. The feminine word **mode** (*style, way*) is implied, not said. So instead of saying **à la mode américaine**, one simply says **à l'américaine**.
** The shortened form of **pommes de terre frites** is **pommes frites** or just **frites** (*fries*).
*** **Coca** is both the abbreviation of **Coca-Cola** and the French way of saying "Coke."

Ce soir on mange américain. (Bruxelles)

How many Burger Kings are there in Paris?

Free time offers the usual fast food plus an "American" name.

Oil, mustard and vinegar are the makings of a variety of sauces.

Notes culturelles

1. American fast food restaurants have been popular in French-speaking countries for quite some time. McDonald's and Burger King are probably the best known. But some French equivalents have appeared recently, such as **free time** and **Quick**. The word "hamburger" is pronounced ['āburgœr]. (More traditional French foods will be introduced later on.)

2. French mayonnaise is usually homemade, while mustard comes from Dijon, a city in east central France. Compared to world-famous Dijon mustard, regular American mustard seems very mild.

You may want to bring some Dijon mustard for the class to taste.

Compréhension

Répondez en français.

1. Qui rentre à la maison après le travail?	M. Durand rentre à la maison après le travail.
2. Qu'est-ce que Catherine et Denis font ce soir?	Ils font la cuisine.
3. Est-ce qu'on va manger américain?	Oui, on va manger américain.
4. Où est Maman?	Elle fait des courses.
5. Qu'est-ce que Mme Durand achète?	Elle achète du pain et du fromage.
6. Quelle viande va-t-on manger?	On va manger du bifteck haché.
7. Qu'est-ce que Catherine prépare? Et Denis?	Catherine prépare la viande, et Denis prépare les frites et la mayonnaise.
8. Monsieur Durand aime-t-il la cuisine américaine?	Non, il n'aime pas la cuisine américaine.
9. Va-t-il dîner à la maison?	Non, il va dîner au restaurant.

À propos

1. Faites-vous souvent la cuisine?
2. Mangez-vous souvent italien? Mexicain?
3. Faites-vous souvent des courses?
4. Qu'est-ce que vous mangez sur un hamburger? Du ketchup? Des oignons?

Mangez-vous du ketchup sur un hamburger?

Steak tartare

Pour 6 personnes :
900 g de bifteck haché
6 œufs, 4 oignons
125 g de câpres
6 petites cuillerées
de fines herbes hachées

6 cuillerées à soupe
d'huile d'olive
Worcester sauce
tomato Ketchup
2 citrons
sel, poivre, moutarde

Modelez vous-même la viande hachée dans chaque assiette. ◻ Disposez un jaune d'œuf cru dans sa demi-coquille au sommet du petit tas. Présentez à table les herbes, les oignons hachés, la moutarde, l'huile, les citrons coupés et les câpres. Chacun préparera son bifteck à son goût. Mais vous pouvez préparer de petites coupelles où les herbes, les oignons seront chacun dans une vinaigrette moutardée, salée et poivrée. Les câpres et les sauces anglaises seront présentées nature.

5. Mangez-vous souvent au restaurant?

6. Déjeunez-vous chez McDonald aujourd'hui?

Expansion

Monsieur Durand change d'avis.

MME DURAND:	Comment? Tu ne vas pas manger avec les enfants?
M. DURAND:	Non. Je n'aime pas la cuisine américaine, et puis je n'aime pas le coca. Je préfère l'eau.
MME DURAND:	Écoute, pour une fois tu vas être sympa.
M. DURAND:	Non, je suis trop vieux pour changer.
MME DURAND:	C'est dommage parce que le dessert va être super.
M. DURAND:	Ah bon? Qu'est-ce que c'est?
MME DURAND:	De la glace américaine.
M. DURAND:	Ah, si c'est ça le dessert, je reste.

M. Durand adore la glace américaine.

The word **puis** was introduced as passive vocabulary in **Leçon 8**. It becomes active in this lesson.

You may point out that **si** can mean "yes (on the contrary)," "so" or "if," as it does here.

The verb **rester** was introduced in **Leçon 6** meaning "to remain." Stress that this verb does not mean "to rest."

Wkbk. 1
Wkbk. 2
Wkbk. 3

Activités

1. Complétez chaque phrase d'après le dialogue d'introduction avec une expression de la liste suivante.

dîner	américain
prépare	des courses
la moutarde	du fromage
la cuisine	c'est-à-dire
dessert	

1. Les enfants font ___.

2. Les Durand vont manger ___ ce soir.

3. Mme Durand fait ___.

la cuisine

américain

des courses

Les Français mangent beaucoup de pain. (Bayonne)

4. Mme Durand achète du pain et ___.

5. Selon Catherine, les Durand vont avoir du bifteck haché, ___, des hamburgers.

6. La famille va avoir un bon ___ américain.

7. Catherine ___ la viande.

8. On fait la mayonnaise avec ___.

9. M. Durand va ___ au restaurant.

du fromage

c'est-à-dire

dessert

prépare

la moutarde

dîner

RESTAURANT
« LE PARIS »
Madame R. BUSSONNET

Gastronomie traditionnelle et régionale

LOGIS DE FRANCE

MENUS et CARTES - PRIX NETS
123, bd du Grand-Cerf - POITIERS - Tél. 49.58.39.37
OUVERT LE DIMANCHE

2. You are a member of Denis and Catherine's family. You have just called your friend Sophie to tell her about your family's plans and to invite her for dinner. As she tries to remember what you told her, she makes mistakes. Correct her, according to the dialogue and **Expansion**.

MODÈLE: Alors, on va avoir du bifteck?
Non, on va avoir du bifteck haché.

1. Vous faites la cuisine ensemble?

Non, Catherine et Denis font la cuisine.

Catherine et Denis font la cuisine ensemble.

2. On mange mexicain? — Non, on mange américain.

3. Alors, Mme Durand aide Catherine et Denis à la maison? — Non, elle fait des courses.

4. Vous allez avoir des hamburgers et des épinards? — Non, nous allons avoir des hamburgers et des frites.

5. Vous allez avoir un dessert français? — Non, nous allons avoir un dessert américain.

6. M. Durand aime le coca? — Non, il préfère l'eau.

7. Il va dîner au restaurant? — Non, il va rester à la maison.

8. Il reste à la maison parce qu'il aime le ketchup? — Non, il reste à la maison parce qu'il aime la glace américaine.

3. When Sophie gets to your house for dinner, she can't recognize some of the things you're serving. Tell her what each item is.

MODÈLE: Qu'est-ce que c'est?
C'est le pain.

1. Qu'est-ce que c'est?
C'est la glace.

2. Qu'est-ce que c'est?
Ce sont les frites.

3. Qu'est-ce que c'est?
Ce sont les hamburgers.

4. Qu'est-ce que c'est?
C'est le ketchup.

5. Qu'est-ce que c'est?
C'est l'eau.

6. Qu'est-ce que c'est?
C'est la moutarde.

7. Qu'est-ce que c'est?
C'est le fromage.

8. Qu'est-ce que c'est?
C'est le coca.

Un kilo de bifteck haché, s'il vous plaît.

Elle préfère l'eau minérale.

4. Now imagine you're a guest at the Durands' home. Mrs. Durand asks what you'd like to eat or drink. Answer her questions.

MODÈLE: Préfères-tu l'eau ou le coca?
Je préfère le coca.

Answers to this **Activité** will vary and do not fully appear here.

1. Préfères-tu le bifteck ou le bifteck haché?   Je préfère _____.
2. Préfères-tu les haricots verts ou les épinards?   Je préfère _____.
3. Préfères-tu la glace ou les fruits?   Je préfère _____.
4. Préfères-tu le café ou l'eau?   Je préfère _____.
5. Préfères-tu le ketchup ou la moutarde?   Je préfère _____.
6. Préfères-tu le pain français ou le pain américain?   Je préfère _____.
7. Préfères-tu les carottes ou les tomates?   Je préfère _____.
8. Préfères-tu les frites ou les petits pois?   Je préfère _____.

Structure et usage

le présent du verbe irrégulier *faire*

The basic meaning of the irregular verb **faire** is "to do" or "to make." Here are its present tense forms.

faire		
je **fais**	Je **fais** la cuisine.	I do the cooking.
tu **fais**	Tu **fais** des courses.	You're shopping.
il/elle/on **fait**	Denis **fait** les frites.	Denis makes fries.
nous **faisons**	Nous **faisons** la mayonnaise.	We make the mayonnaise.
vous **faites**	Vous ne **faites** pas de dessert.	You don't make any dessert.
ils/elles **font**	Combien **font** deux et trois?	How much is two and three?

A form of **faire** is not always necessary when answering the question **Qu'est-ce que** + subject + **faire**?

—Qu'est-ce qu'elles font?   *What are they doing?*
—Elles regardent la télé.   *They're watching TV.*

Like the irregular verbs **aller** and **avoir**, **faire** is used in many expressions where a different verb is used in English. We've already seen that **faire** is used in mathematical expressions.

—Combien font vingt et quarante?   *How much is twenty and forty?*
—Vingt et quarante font soixante.   *Twenty and forty is sixty.*

Another such expression is **faire des courses** (*to go shopping, to shop*).

M. Durand fait des courses.   *Mr. Durand is shopping.*

Have students repeat after you the forms of **faire**. Note especially the two different sounds, [ɛ] and [ə], of **ai** and the irregular forms **faites** and **font**. Compare these forms with the **vous** and **ils/elles** forms of **être** and the **ils/elles** forms of **aller** and **avoir**. Do a quick subject substitution exercise.
Modèle:
Je fais la cuisine. (Pierre et Jacques)
Pierre et Jacques font la cuisine.

Qu'est-ce qu'elle fait? (Bruxelles)

Ils préparent un dessert délicieux.

Other expressions with **faire** include **faire un voyage** (*to take a trip*) and **faire + du** (**de la, de l', des**) + school subject (*to study, to learn...*).

Les Durand font un voyage. *The Durands take a trip.*
Je fais du français. *I'm studying (learning) French.*

Wkbk. 4 ATTENTION: The sound of **ai** is normally [ɛ], as in the **je, tu, il/elle** and **vous** forms of **faire**. In the **nous** form, however, the sound of **ai** is [ə].

5. Complétez chaque phrase avec la forme convenable du verbe **faire**.

1. ___-vous des maths?   Faites
2. Non, mais je ___ des sciences.   fais
3. Qui ___ des courses?   fait
4. Nous ___ la cuisine.   faisons
5. Les enfants ___ la mayonnaise.   font
6. Tu ___ le dessert ce soir?   fais
7. Papa ___ le travail.   fait
8. Combien ___ trente moins dix?   font

6. Mrs. Durand wants to know who is doing what to make dinner. Use the subjects in parentheses and answer her questions.

MODÈLE: Qui fait la cuisine? (Catherine et Denis)
Catherine et Denis font la cuisine.

1. Qui fait des courses (tu)   Tu fais des courses.
2. Qui fait le travail? (nous)   Nous faisons le travail.
3. Qui fait les hamburgers? (vous)   Vous faites les hamburgers.
4. Qui fait les légumes? (je)   Je fais les légumes.
5. Qui fait les frites? (les enfants)   Les enfants font les frites.
6. Qui fait la mayonnaise? (Denis)   Denis fait la mayonnaise.
7. Qui fait le dessert? (nous)   Nous faisons le dessert.
8. Qui fait le café? (vous)   Vous faites le café.

Qui fait la cuisine?

Qu'est-ce qu'on fait
ce soir? (Lille)

7. You're planning to invite some people to your house later this evening. Ask
what the following people are doing tonight to know how many to expect.

> MODÈLE: les Durand
> **Qu'est-ce qu'ils font ce soir?**

1. vous   Qu'est-ce que vous faites ce soir?
2. Paul   Qu'est-ce qu'il fait ce soir?
3. tu   Qu'est-ce que tu fais ce soir?
4. Denise   Qu'est-ce qu'elle fait ce soir?
5. les amis   Qu'est-ce qu'ils font ce soir?
6. nous   Qu'est-ce que nous faisons ce soir?
7. Marielle et Sylvie   Qu'est-ce qu'elles font ce soir?
8. on   Qu'est-ce qu'on fait ce soir?

8. Unfortunately, everyone has already made other plans. Tell your friend
Jeanne what excuse each person has given you, using the indicated subjects and verbs.

> MODÈLE: les Durand / faire un voyage
> **Ils font un voyage.**

1. tu / faire de l'espagnol   Tu fais de l'espagnol.
2. Chantal et Rachelle / faire des courses Elles font des courses.
3. Éric / faire le travail   Il fait le travail.
4. Catherine / faire la cuisine   Elle fait la cuisine.
5. les amies / faire des maths   Elles font des maths.
6. le prof / faire un voyage   Il fait un voyage.
7. Sophie / faire un dessert   Elle fait un dessert.
8. les parents / faire beaucoup de choses Ils font beaucoup de choses.

le partitif

When talking about food or beverages, there are some nouns that can't be counted, such as bread, ice cream and water. We often use the words "some" or "any" before these nouns. In French "some" or "any" is expressed by **de** combined with the definite article (**le, la, l'**). This forms what is known as the partitive. The partitive indicates a certain part or quantity of something.

You may point out that the partitive and the possessive structures look alike, but they have different meanings.

On va trouver le livre du prof.
We are going to find the teacher's book.
On va acheter du bifteck.
We're going to buy some steak.

Wkbk. 5

Masculine	Feminine	Vowel Sound
du pain	**de la** glace	**de l'**eau

On fait du pain.   *We're making (some) bread.*
Avez-vous de la glace?   *Do you have (any) ice cream?*
Donnez-moi de l'eau.   *Give me (some) water.*

As you see in the examples above, the partitive (**du, de la, de l'**) is required in French but often omitted in English.

When talking about things that can be counted, such as potatoes and carrots, "some" or "any" is expressed by **des**, the plural of the indefinite article **un(e)**. Here, too, "some" or "any" is often omitted in English.

Il achète **des** pommes de terre.   *He buys (some) potatoes.*
Y a-t-il **des** carottes?   *Are there (any) carrots?*

We've already seen that indefinite articles (**un, une, des**) become **de** or **d'** after a negative verb.

Il n'achète pas **de** pommes de terre.   *He doesn't buy (any) potatoes.*

When the partitive follows a negative verb, it also becomes **de** or **d'**.

On ne fait pas **de** pain.   *We don't make (any) bread.*
Je n'ai pas **de** glace.   *I don't have (any) ice cream.*
On n'a pas **d'**eau.   *We don't have (any) water.*

Il achète des fruits. (Paris)

ATTENTION: However, after the verb **être** in the negative, the partitive does
not change.

Ce n'est pas **de** l'eau.   *This isn't water.*

Wkbk. 6

9. You're eating at a French café that has run out of menus. Ask the waiter if
they have the following items.

MODÈLE: coca
   Y a-t-il du coca?

1. glace   Y a-t-il de la glace?
2. fromage   Y a-t-il du fromage?
3. café   Y a-t-il du café?
4. bifteck   Y a-t-il du bifteck?
5. mayonnaise   Y a-t-il de la mayonnaise?
6. eau   Y a-t-il de l'eau?
7. moutarde   Y a-t-il de la moutarde?
8. pain   Y a-t-il du pain?

Y a-t-il du café? (Paris)

10. You're disappointed when the waiter tells you that they have none of the
items you asked for. Repeat Activity 9, expressing your surprise that the
café has none of these items.

MODÈLE: coca
   Comment? Il n'y a pas de coca?

Answers:
1. Comment? Il n'y a pas
   de glace?
2. Comment? Il n'y a pas
   de fromage?

11. Françoise wants to know if you have certain things. Answer each of her
questions in the negative.

MODÈLE: As-tu du pain?
   Non, je n'ai pas de pain.

3. Comment? Il n'y a pas
   de café?
4. Comment? Il n'y a pas
   de bifteck?
5. Comment? Il n'y a pas
   de mayonnaise?
6. Comment? Il n'y a pas
   d'eau?
7. Comment? Il n'y a pas
   de moutarde?
8. Comment? Il n'y a pas
   de pain?

1. As-tu de la glace?   Non, je n'ai pas de glace.
2. As-tu du fromage?   Non, je n'ai pas de fromage.
3. As-tu du café?   Non, je n'ai pas de café.
4. As-tu de l'eau?   Non, je n'ai pas d'eau.
5. As-tu de la viande?   Non, je n'ai pas de viande.
6. As-tu du ketchup?   Non, je n'ai pas de ketchup.
7. As-tu des légumes?   Non, je n'ai pas de légumes.
8. As-tu des frites?   Non, je n'ai pas de frites.

12. Françoise continue à poser des questions. Continuez à lui répondre
négativement. (Françoise keeps on asking questions. Continue answering
her in the negative.)

1. Cherches-tu des petits pois?   Non, je ne cherche pas de petits pois.
2. Trouves-tu un marché?   Non, je ne trouve pas de marché.

3. Fais-tu des frites?   Non, je ne fais pas de frites.
4. Achètes-tu de la moutarde?   Non, je n'achète pas de moutarde.
5. Manges-tu du fromage?   Non, je ne mange pas de fromage.
6. Prépares-tu un dessert?   Non, je ne prépare pas de dessert.
7. Demandes-tu de l'eau?   Non, je ne demande pas d'eau.
8. As-tu du coca?   Non, je n'ai pas de coca.

13. Complétez les phrases avec **du**, **de la**, **de l'**, **des**, **de** ou **d'**, selon le cas.

1. Nous achetons ＿＿ pain.   du
2. Tu ne donnes pas ＿＿ dessert à Michel?   de
3. Ce sont ＿＿ endives?   des
4. Les enfants demandent ＿＿ eau.   de l'
5. Il y a ＿＿ frites ce soir.   des
6. Vous ne mangez pas ＿＿ épinards?   d'
7. Avez-vous ＿＿ glace?   de la
8. Ils ne trouvent pas ＿＿ eau.   d'
9. Vous désirez ＿＿ mayonnaise?   de la
10. Ce n'est pas ＿＿ bifteck.   du

l'article défini vs. le partitif

In French the definite article and the partitive have different meanings. As you recall, the definite article means "the" and implies all of a thing or the thing in general. The definite article follows forms of **adorer**, **aimer** and **préférer**.

J'aime **le** pain français.   *I like (all) French bread.*
M. Durand préfère **l'**eau.   *Mr. Durand prefers water (in general).*

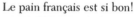
Aimez-vous le fromage?

Le pain français est si bon!

The partitive means "some" and indicates only a part of something. The partitive often follows forms of **acheter**, **avoir**, **donner** and **manger**, for example.

Je mange **du** pain ce soir.　　　*I'm eating (some) bread tonight.*
Donne-moi **de** l'eau.　　　*Give me (some) water.*

Wkbk. 7
Wkbk. 8
Wkbk. 9

14. You're at a French restaurant. The waitress has suggested a certain item. Tell her that you prefer something else. Then ask her if she has any.

> MODÈLE:　café
> **Je préfère le café. Avez-vous du café?**

1. frites　　　Je préfère les frites. Avez-vous des frites?
2. moutarde　　　Je préfère la moutarde. Avez-vous de la moutarde?
3. coca　　　Je préfère le coca. Avez-vous du coca?
4. bifteck　　　Je préfère le bifteck. Avez-vous du bifteck?
5. haricots verts　　　Je préfère les haricots verts. Avez-vous des haricots verts?
6. glace　　　Je préfère la glace. Avez-vous de la glace?
7. fromage　　　Je préfère le fromage. Avez-vous du fromage?
8. eau　　　Je préfère l'eau. Avez-vous de l'eau?

CHAQUE JOUR
Au Choix
Notre MENU à 48 TTC
1 Entrée
1 Plat Garni Jour
1 Fromage ou Dessert Jour
ou PLAT du JOUR 34
RESTAURANT CLIMATISÉ
CÔTÉ RUE BONAPARTE

Avez-vous du fromage?

15. Complétez les phrases avec **le**, **la**, **l'**, **les** ou **du**, **de la**, **de l'**, **des**, **de** ou **d'**, selon le cas.

1. Je préfère ___ viande aux légumes.　　　la
2. Aimes-tu ___ ketchup avec les hamburgers?　　　le
3. D'habitude les Français mangent ___ moutarde avec le　　　de la
   bifteck.
4. Je ne mange pas ___ moutarde maintenant.　　　de
5. ___ eau est utile.　　　L'
6. Pierre, tu aimes ___ petits pois?　　　les
7. Oui, Maman. Donne-moi ___ petits pois et ___ eau.　　　des/de l'
8. On va avoir ___ dessert, n'est-ce pas?　　　du
9. C'est dommage! On n'a pas ___ dessert ce soir.　　　de

aller + l'infinitif

One way of expressing future time in French is to use a present tense form of **aller** before an infinitive. The first verb (**aller**) agrees with the subject, but the second verb is always in the infinitive.

Nous allons être contents.　　　*We're going to be happy.*
Tu vas aller en Amérique?　　　*You're going to go to America?*

To make a sentence negative, put **ne** (**n'**) before the form of **aller** and **pas** after it.

Je ne vais pas rester.　　　*I'm not going to stay.*

Vous n'allez pas faire la cuisine ce soir? *You aren't going to do the cooking tonight?*

16. You've asked various people what they're going to do tonight. Report what they have told you.

> MODÈLE: Maman / faire la cuisine.
> **Maman va faire la cuisine.**

1. les enfants / regarder la télé   Les enfants vont regarder la télé.
2. Sabine et Paulette / aller au café   Sabine et Paulette vont aller au café.
3. Denise / faire de l'anglais   Denise va faire de l'anglais.
4. tu / étudier   Tu vas étudier.
5. Papa / travailler   Papa va travailler.
6. les Latour / rester à la maison   Les Latour vont rester à la maison.
7. nous / faire des courses   Nous allons faire des courses.
8. vous / rencontrer les copains   Vous allez rencontrer les copains.

17. Élodie thinks that everything is happening right now, but you tell her that things are going to happen later.

> MODÈLE: Jean-Joseph arrive?
> **Non, mais il va arriver.**

1. Tu fais des courses?   Non, mais je vais faire des courses.
2. On dîne au restaurant?   Non, mais on va dîner au restaurant.
3. Les Durand mangent américain?   Non, mais ils vont manger américain.
4. Tu as des amis à la maison?   Non, mais je vais avoir des amis à la maison.
5. J'étudie?   Non, mais tu vas étudier.
6. Catherine et toi, vous êtes au café?   Non, mais nous allons être au café.
7. M. Durand change d'avis?   Non, mais il va changer d'avis.
8. Nous achetons des billets?   Non, mais vous allez acheter des billets.

On va dîner au restaurant grec. (Paris)

A louer STUDIO, tout confort + téléphone, libre au 1er janvier prochain - S'ad. : Mme ROUSSEAU. Tél. : 49.46.28.07

Un appartement à Bayonne

18. Récrivez les phrases suivantes au futur en employant **aller** + infinitif. (Rewrite the following sentences in the future using **aller** + an infinitive.)

MODÈLE: On cherche un appartement.
          On va chercher un appartement.

1. Je suis à l'heure.   Je vais être à l'heure.
2. Vous préparez un dessert.   Vous allez préparer un dessert.
3. Tu ne restes pas en classe.   Tu ne vas pas rester en classe.
4. Papa fait la cuisine.   Papa va faire la cuisine.
5. Elles changent d'avis.   Elles vont changer d'avis.
6. Nous aidons Madeleine.   Nous allons aider Madeleine.
7. Vous ne mangez pas de frites.   Vous n'allez pas manger de frites.
8. J'achète du fromage.   Je vais acheter du fromage.

19. Comment dit-on en français?   This is an optional activity.

LAURE:	There's Mr. Durand.	Voilà M. Durand.
DIANE:	What is he doing?	Qu'est-ce qu'il fait?
LAURE:	He's going to the grocer's.	Il va chez l'épicier (épicière).
DIANE:	Is he going to buy something?	Va-t-il acheter quelque chose?
LAURE:	Yes, he's going to buy some meat.	Oui, il va acheter de la viande.
DIANE:	Is he asking for ketchup, too?	Demande-t-il aussi du ketchup?
LAURE:	No, he doesn't like ketchup. He prefers mustard with meat.	Non, il n'aime pas le ketchup. Il préfère la moutarde avec la viande.
DIANE:	Do the boys do the cooking often?	Les garçons font-ils souvent la cuisine?
LAURE:	Yes, but tonight the Durands are going to the restaurant. They aren't going to eat dinner at home.	Oui, mais ce soir les Durand vont au restaurant. Ils ne vont pas dîner à la maison.

F. POULBOT
1879   1979

POSTES

Un "poulbot" est un
enfant qui aime les
petites aventures.

1.30 FRANCE

Prononciation

intonation

In spoken French a long sentence that lists things is divided into short phrases by repeated changes in the pitch of the voice. The lines above the following sentences show how the voice rises and falls.

La cliente demande des tomates et des carottes.

Elle demande des tomates, des carottes et des pommes de terre.

J'ai des tomates, des carottes, des pommes de terre et des oignons.

On déjeune, on va à l'école, on rentre, et on étudie ensemble.

In these sentences the voice rises at the end of a short phrase and then falls back to the beginning pitch to start the next group of words. The voice finally falls to the lowest point at the end of the sentence.

Have the whole class, then individuals, repeat the sentences after you. First, pause for repetition at the end of each short phrase, then give whole sentences for repetition.

You may assign parts to your students and have them read these aventures orally.

Lecture

Les petites aventures° de Dédé

adventures

I. **Dédé va chez l'épicière**
    —Bonjour, Madame. Vous avez du Coca-Cola?
    —Non, mais est-ce que tu connais° le Super-Cola?   know
    —Non. Qu'est-ce que c'est?
    —C'est une nouvelle° sorte° de Coca-Cola, et il est   new/kind
    très bon.
    —Ah bon?
    —Oui, il est délicieux.°   delicious
    —Ah bon?
    —Oui. Avec un hamburger et des frites, c'est très
    bon.
    —Vraiment?
    —Et ça va aussi très bien avec de la glace. Tout le
    monde° achète du Super-Cola.   *Tout le monde* =
    Everybody

—Vraiment? C'est combien?
—C'est huit francs soixante.
—Alors, moi aussi, je vais acheter du Super-Cola.
—Mais, écoute, Dédé. Tout le monde achète du Super-Cola, donc je n'ai plus° de Super-Cola.

n'...plus = no more

La pauvre épicière,
elle n'a plus de Super-Cola.

II.   Dédé demande de l'argent à Maman
    —Encore,° Dédé? Pourquoi as-tu besoin d'°argent?

Again/as-tu besoin d' = do you need/poor

    —C'est pour une pauvre° vieille dame.
    —C'est sympa, Dédé. Tiens, voilà cinq francs. Mais pourquoi aimes-tu la vieille dame?
    —Parce qu'elle vend° des bonbons.°

sells/candy

Tiens, Dédé.
Voilà cinq francs
pour la pauvre
vieille dame.

III.   Dédé à l'école
    —Dédé, combien font vingt-cinq et vingt-trois?
    —Je ne sais° pas, Monsieur.

know

    —Tiens, si je te° donne vingt-cinq francs, et si Madame Loutrel te donne vingt-trois francs, combien de francs as-tu?

to you

    —Euh...cinquante-huit, Monsieur.

—Non, Dédé. vingt-cinq et vingt-trois ne font pas cinquante-huit. Donc, tu n'as pas cinquante-huit francs.

—Mais si, Monsieur. J'ai déjà dix francs à la maison.

Wkbk. 12
Wkbk. 13

Avec les quarante-huit francs des profs, je vais avoir cinquante-huit francs.

Répondez en français.

Aventure I: 1. Qu'est-ce que Dédé demande?

Il demande du Coca-Cola.

2. Le Super-Cola, qu'est-ce que c'est?

C'est une nouvelle sorte de Coca-Cola.

3. Comment est le Super-Cola?

Il est très bon (délicieux).

4. Qui achète du Super-Cola?

Tout le monde achète du Super-Cola.

5. Est-ce qu'il reste du Super-Cola?

Non, l'épicière n'a plus de Super-Cola.

Aventure II: 1. Qui donne de l'argent à Dédé?

Maman donne de l'argent à Dédé.

2. À qui va-t-il donner de l'argent?

Il va donner de l'argent à une pauvre vieille dame.

3. Combien d'argent Maman donne-t-elle à Dédé?

Elle donne cinq francs à Dédé.

4. Qu'est-ce qu'il va acheter avec l'argent?

Il va acheter des bonbons.

Aventure III: 1. Combien font vingt-cinq et vingt-trois?

Vingt-cinq et vingt-trois font quarante-huit.

2. Selon Dédé, combien font vingt-cinq et vingt-trois?

Selon Dédé, vingt-cinq et vingt-trois font cinquante-huit.

3. Qu'est-ce qu'il a à la maison?

Il a déjà dix francs à la maison.

Proverbe

Le temps, c'est de l'argent.   *Time is money*.

Interaction et application pratique

À deux

1. With your partner create an original eight-line dialogue in French between a waiter/waitress and a customer at a French café. You may ask, for instance, if they have certain foods and beverages and then order something to eat and drink. Use only expressions you have learned so far. Then learn your parts and present your dialogue to the class.

2. With your partner take turns asking each other if you have some of the items listed below. Answer **Non** and say that instead you have some of the items in parentheses.

     MODÈLE: coca (café)
               As-tu du coca?
               Non, mais j'ai du café.

   1. café (eau)
   2. tomates (endives)
   3. légumes (viande)
   4. mayonnaise (ketchup)
   5. pain (fromage)
   6. hamburgers (bifteck haché)
   7. épinards (pommes de terre)
   8. fruits (glace)

3. With your partner repeat Activity 2. This time answer **Non** and say that you don't have any of the first item.

     MODÈLE: coca (café)
               As-tu du coca?
               Non, je n'ai pas de coca.

4. Ask your partner what he/she is going to do tonight. Use a form of **aller** plus an infinitive. After your partner responds, reverse roles. Then report to the class what you have found out.

     MODÈLE: Qu'est-ce que tu vas faire?
               Je vais manger italien, et puis je vais faire du français.

En groupes

5. With your group take three minutes and create as many different sentences as you can containing the verb **faire**. You should use each of the present tense forms at least once. Compare lists with other groups to see who has the longest and most error-free list.

6. With your group draw small pictures on one sheet of paper of various foods and beverages you've already learned. Cut them into separate pictures and place them on a flat surface so all can see. Have a person in your group remove one picture while other students close their eyes. After opening their eyes, students can ask this person if a certain item is the one missing.

Answers:
1. As-tu du café? Non, mais j'ai de l'eau.
2. As-tu des tomates? Non, mais j'ai des endives.
3. As-tu des légumes? Non, mais j'ai de la viande.
4. As-tu de la mayonnaise? Non, mais j'ai du ketchup.
5. As-tu du pain? Non, mais j'ai du fromage.
6. As-tu des hamburgers? Non, mais j'ai du bifteck haché.
7. As-tu des épinards? Non, mais j'ai des pommes de terre.
8. As-tu des fruits? Non, mais j'ai de la glace.

Answers:
1. Non, je n'ai pas de café.
2. Non, je n'ai pas de tomates.
3. Non, je n'ai pas de légumes.
4. Non, je n'ai pas de mayonnaise.
5. Non, je n'ai pas de pain.
6. Non, je n'ai pas de hamburgers.
7. Non, je n'ai pas d'épinards.
8. Non, je n'ai pas de fruits.

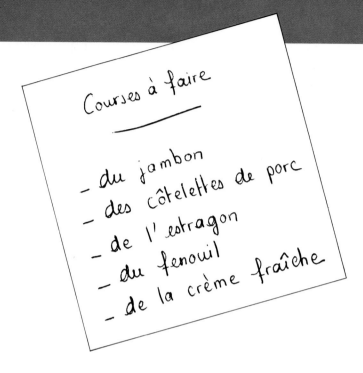

Courses à faire
_____

- du jambon
- des côtelettes de porc
- de l'estragon
- du fenouil
- de la crème fraîche

The student who guesses it is the next to remove a picture from the collage.

      MODÈLE: Est-ce la glace? (glace)
                Oui, c'est la glace.

7. With your group take three minutes and make a grocery list in French. Use **du, de la, de l'** or **des** before each item you list. Then see which group has the longest list with no errors.

Tous ensemble

8. Each student has a sheet of paper with the following statements written on it:
   1. Ce soir je mange mexicain.
   2. Je préfère les hamburgers au bifteck.
   3. Je mange des frites avec de la moutarde.
   4. J'aime beaucoup le café.
   5. Je fais souvent la cuisine.

   Now, as you walk around your classroom, find a different person who can answer each question affirmatively. You will say to someone, for example, **Ce soir manges-tu mexicain?** When you find a person who answers **Oui, ce soir je mange mexicain**, this person will initial your sheet. The first student to have all five affirmative responses is the winner.

Vocabulaire actif

noms

un avis   *opinion*
un bifteck   *steak*
  le bifteck haché   *ground beef*
un Coca-Cola, un coca   *Coca-Cola,*
  Coke
une cuisine   *cooking; kitchen*
un dessert   *dessert*
l'eau (f.)   *water*
un(e) enfant   *child, kid*
une fois   *once*
des frites (f.)   *(french) fries*

le fromage   *cheese*
une glace   *ice cream; ice*
un hamburger   *hamburger*
le ketchup   *ketchup*
la mayonnaise   *mayonnaise*
la moutarde   *mustard*
le pain   *bread*
un repas   *meal*
un restaurant   *restaurant*
la viande   *meat*

adjectifs

seul(e)   *alone*
vieux, vieil, vieille   *old*

verbes

changer   *to change*
  changer d'avis   *to change one's mind*
dîner   *to eat dinner (supper)*
faire   *to do, to make*
  faire des courses   *to go shopping,*
    to shop

faire + du (de la, de l', des) + *school*
  subject   *to study, to learn...*
faire un voyage   *to take a trip*
manger   *to eat*
préparer   *to prepare*
rester   *to stay*

expressions diverses

ça   *that*
ce soir   *tonight*
c'est-à-dire   *that is to say*
de la (l')   *some, any*

dommage   *too bad*
du   *some, any*
puis   *then*
si   *if*

Préférez-vous le
bifteck ou le bifteck
haché?

Leçon 11

**Communicative
Functions**

- talking about
  bicycling
- saying that you're
  hungry or thirsty
- telling what you
  must do
- talking about
  ailments
- naming fruit
- naming parts of the
  body

Alain et Xavier ne vont pas maigrir

Manière is the passive vocabulary word in this dialogue.

Alain et Xavier habitent en Belgique. Aujourd'hui ils font un tour en vélo. Il est midi.

XAVIER: Alain, j'ai faim. Pourquoi est-ce qu'on ne finit pas les petits gâteaux?

ALAIN: Si tu veux, mais tu vas avoir soif.

XAVIER: À quelle heure est-ce qu'on arrive à Bastogne?[1]

You may point out that southern Belgians speak mainly French, whereas northern Belgians speak mainly Flemish. They speak both of these languages in Brussels.

ALAIN: À une heure.

XAVIER: C'est trop tard. Il faut manger avant.

ALAIN: Tu as raison. Moi aussi, je préfère manger tout de suite. Regarde là-bas. Il y a un petit village.

au village

XAVIER: Pardon, Madame. Y a-t-il un café ici?

LA DAME: Oui, il y a un café et aussi une friterie[2] sur la place.[3]

ALAIN: Choisis, Xavier.

D'abord was introduced as passive vocabulary in Leçon 6. It becomes active in this lesson.

XAVIER: Bon alors, on va aller d'abord à la friterie, et....

ALAIN: Après on va aller au café, et....

XAVIER: Et on va finir les petits gâteaux.

ALAIN: Oh là là! Tu veux grossir?

Notes culturelles
1. Bastogne, a small Belgian town located between Liège and Luxembourg, was the site of a famous World War II battle won by General Patton. Today a photo display found in the town square shows how much of the town was destroyed during this battle. Perched on a hilltop just east of the reconstructed town of Bastogne, the huge star-shaped Mardasson overlooks the whole region. This structure commemorates not only the American soldiers who died at Bastogne but also their home states.
2. Nearly everywhere in Belgium there are **friteries**, or french fry snack bars. French fries are a very popular food here.
3. Many European countries have a public square at the center of their small towns or villages. With its fountain in the middle, the village square serves as the focal point for many activities, such as the local market and the annual village festival (**la fête du village**).

Point out that the suffix -rie is often added to a product's name to designate the place or the store where the product is made or sold.
  crémerie
  crêperie
  fromagerie

A famous World War II battle took place in Bastogne.

The Mardasson is a solemn reminder of the lives lost in World War II.

U.S. state names are at the top of the monument.

French fries are very popular in Belgium.

The village square is the hub of commercial and social activity. (Saint-Jean-de-Luz)

cyclisme

Ils font un tour en vélo.

Compréhension

Répondez en français.

1. Qu'est-ce qu'Alain et Xavier font?
2. Dans quel pays habitent-ils?
3. Pourquoi Xavier veut-il finir les petits gâteaux?
4. Quand faut-il manger?
5. Les garçons vont-ils déjeuner dans une grande ville?
6. Où sont le café et la friterie?
7. Qui choisit la friterie?
8. Qu'est-ce que les garçons vont faire après?

Ils font un tour en vélo.

Ils habitent en Belgique.

Parce qu'il a faim.

Il faut manger avant/tout de suite.

Non, ils vont déjeuner dans un petit village.

Ils sont sur la place.

Xavier choisit la friterie.

Ils vont aller au café après.

À propos

1. Avez-vous un vélo? Un vélo français?
2. Faites-vous souvent un tour en vélo?
3. Mangez-vous beaucoup de petits gâteaux?
4. Avez-vous faim? Avez-vous soif?
5. Déjeunez-vous avant ou après midi?

Le Mardasson à Bastogne

Des petits gâteaux
de Bastogne

Voilà un petit hôtel. (Bastogne)

Expansion

à Bastogne

XAVIER: Enfin, voilà Bastogne. Oh là là! J'ai mal aux jambes.

ALAIN: Et moi, j'ai mal au dos. On va passer la nuit ici, d'accord?

XAVIER: Oui, je vais chercher un petit hôtel.

ALAIN: Et moi, je vais faire des courses pour l'excursion au Mardasson. Qu'est-ce que tu veux?

XAVIER: Des fruits et euh…des petits gâteaux de Bastogne, s'il te plaît.

Quels fruits Alain trouve-t-il au marché?

Corps and humain(e) are the passive vocabulary words in this Expansion.

Notice that des is used before the expression petits gâteaux. (Refer back to Leçon 9.)

Wkbk. 1

une
pomme

une
pêche

une
poire

une
cerise

un
raisin

une
fraise

une
banane

une
orange

une
framboise

le corps humain

Où Xavier et Alain ont-ils mal quand ils arrivent à Bastogne? Ont-ils mal à la gorge? Voici un garçon qui a mal au ventre.

Quand avez-vous mal au ventre?

Wkbk. 2
Wkbk. 3
Wkbk. 4

Activités

1. Complétez chaque phrase avec l'expression convenable d'après le dialogue d'introduction.

    1. Xavier veut finir ___ parce qu'il a faim.   d

        a. en Belgique   b. le tour
        c. le café   d. les petits gâteaux

    2. Alain et Xavier vont arriver à Bastogne ___.   c

        a. en train   b. tout de suite
        c. à une heure   d. à midi

    3. Xavier veut manger ___.   c

        a. une friterie   b. à Bastogne
        c. tout de suite   d. le vélo

On a faim!

4. Alain et Xavier vont déjeuner ___.   d

   a. au marché   b. à Bruxelles
   c. à midi   d. au village

5. Les deux amis demandent à une dame s'il y a ___ au village.   b

   a. des petits gâteaux   b. un café
   c. une place   d. des frites

6. Le café et la friterie sont ___.   a

   a. sur la place   b. à la gare
   c. très loin   d. à Bastogne

7. C'est Xavier qui ___ pour les deux garçons.   a

   a. choisit   b. finit   c. maigrit   d. regarde

8. ___ les deux amis vont au café.   b

   a. D'abord   b. Après
   c. Avant   d. D'habitude

2. Complétez les phrases suivantes d'après les images.

MODÈLE: Alain veut des ___ pour l'excursion au Mardasson.
           Alain veut des fruits pour l'excursion au Mardasson.

1. Alain et Xavier font un tour en ___.   vélo

2. Xavier veut manger parce qu'il a ___.   faim

3. Xavier a ___ aussi.   soif

4. Alain et Xavier arrivent à Bastogne à ___.   une heure moins cinq

5. Xavier veut aller d'abord à la ___.   friterie

6. Si les garçons mangent trop, ils vont ____.

grossir

7. Xavier va chercher un petit ____.

hôtel

8. Pour l'excursion au Mardasson, Alain va acheter des ____ de Bastogne.

petits gâteaux

3. Your little cousin asks you the French words for parts of the body. Answer his questions, telling the part of the body that corresponds to the number on the picture.

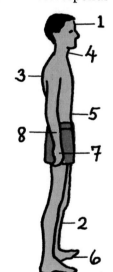

MODÈLE: Qu'est-ce que c'est? / 1
C'est la tête.

1. Qu'est-ce que c'est? / 2
2. Qu'est-ce que c'est? / 3
3. Qu'est-ce que c'est? / 4
4. Qu'est-ce que c'est? / 5
5. Qu'est-ce que c'est? / 6
6. Qu'est-ce que c'est? / 7
7. Qu'est-ce que c'est? / 8

C'est la jambe.
C'est le dos.
C'est la gorge.
C'est le ventre.
C'est le pied.
C'est la main.
C'est le bras.

4. Xavier has the flu and aches all over. Tell where he hurts, using the same parts of the body as shown in **Activité 3** and in the same order.

MODÈLE: Où a-t-il mal?
Il a mal à la tête.

1. Où a-t-il mal?
2. Où a-t-il mal?
3. Où a-t-il mal?
4. Où a-t-il mal?
5. Où a-t-il mal?

Il a mal à la jambe.
Il a mal au dos.
Il a mal à la gorge.
Il a mal au ventre.
Il a mal au pied.

6. Où a-t-il mal?   Il a mal à la main.

7. Où a-t-il mal?   Il a mal au bras.

5. Complétez les phrases avec la forme convenable du verbe **avoir** ou **faire**, selon le cas.

1. J'___ soif. Je veux un coca.   ai

2. Nous ___ un tour en vélo.   faisons

3. Tu ___ raison. Il est midi.   as

4. Tu ___ un voyage en train?   fais

5. Xavier et Alain vont manger tout de suite parce qu'ils ___ faim.   ont

6. Il y ___ un petit village là-bas.   a

7. Combien ___ vingt moins quinze?   font

8. Ce soir Céline ___ de l'espagnol.   fait

9. Quand ___-vous des courses?   faites

6. Identifiez les fruits suivants.

MODÈLE: Qu'est-ce que c'est?
           C'est une cerise.

1. Qu'est-ce que c'est?

C'est un raisin.

2. Qu'est-ce que c'est?

C'est une pomme.

3. Qu'est-ce que c'est?

C'est une fraise.

Pomme was introduced in Leçon 9.

4. Qu'est-ce que c'est?

C'est une poire.

5. Qu'est-ce que c'est?

C'est une framboise.

6. Qu'est-ce que c'est?

C'est une orange.

7. Qu'est-ce que c'est?

C'est une pêche.

8. Qu'est-ce que c'est?

C'est une banane.

Structure et usage

le présent du verbe *falloir*

Il faut is the only present tense form of the irregular verb **falloir** (*to be necessary, must, to have to*). Here the impersonal subject pronoun **il** means "it." **Il faut** or **il ne faut pas** is often followed by an infinitive when expressing necessity.

Il faut faire des courses.	*It is necessary to go shopping.*
Il ne faut pas grossir.	*You must not gain weight.*
Il faut écouter le prof.	*We must listen to the teacher.*

Il faut has the basic meaning "it is necessary." When it expresses general obligation to do something, it means "one (we, you) must, have to."

Wkbk. 5

7. Your parents say what you have to do when you get home from school. Tell what they say.

> MODÈLE: faire des maths
> **Il faut faire des maths.**

1. aider les parents — Il faut aider les parents.
2. chercher des billets — Il faut chercher des billets.
3. aller au marché — Il faut aller au marché.
4. acheter du pain — Il faut acheter du pain.
5. préparer le dessert — Il faut préparer le dessert.
6. manger des légumes — Il faut manger des légumes.
7. rester à la maison — Il faut rester à la maison.
8. finir le travail — Il faut finir le travail.

8. Now they have another list for you. This time they say what you must not do this weekend. Tell what they say.

> MODÈLE: dîner avec les copains
> **Il ne faut pas dîner avec les copains.**

1. faire un tour en vélo — Il ne faut pas faire un tour en vélo.
2. avoir les amis à la maison — Il ne faut pas avoir les amis à la maison.
3. changer d'avis — Il ne faut pas changer d'avis.
4. trop manger — Il ne faut pas trop manger.
5. grossir — Il ne faut pas grossir.
6. oublier l'heure — Il ne faut pas oublier l'heure.
7. rentrer à une heure du matin — Il ne faut pas rentrer à une heure du matin.
8. être en retard — Il ne faut pas être en retard.

9. You are visiting in **Ville Morte** (*Dead City*), and a local resident tells you that people here don't do much. Say what they must do.

Mais il faut manger
des frites! (Belgique)

MODÈLE: Ici on n'étudie pas.
            Mais il faut étudier.

1. Ici on ne mange pas de fruits.   Mais il faut manger des fruits.
2. Ici on n'achète pas de viande.   Mais il faut acheter de la viande.
3. Ici on ne dîne pas au café.   Mais il faut dîner au café.
4. Ici on n'aide pas les amis.   Mais il faut aider les amis.
5. Ici on ne finit pas le travail.   Mais il faut finir le travail.
6. Ici on ne travaille pas.   Mais il faut travailler.
7. Ici on ne va pas à l'école.   Mais il faut aller à l'école.
8. Ici on ne fait pas de français!   Mais il faut faire du français!

10. Now this resident tells you what people in **Ville Morte** do and how they
are. Say what they must not do and how they must not be.

MODÈLE: Ici on grossit.
            Mais il ne faut pas grossir.

1. Ici on reste à la maison.   Mais il ne faut pas rester à la maison.
2. Ici on change d'avis.   Mais il ne faut pas changer d'avis.
3. Ici on arrive en retard.   Mais il ne faut pas arriver en retard.
4. Ici on oublie l'heure.   Mais il ne faut pas oublier l'heure.
5. Ici on chante en classe.   Mais il ne faut pas chanter en classe.
6. Ici on mange trop de frites.   Mais il ne faut pas manger trop de frites.
7. Ici on a soif.   Mais il ne faut pas avoir soif.
8. Ici on est désagréable.   Mais il ne faut pas être désagréable.

le présent des verbes réguliers en *-ir*

The infinitives of many French verbs end in **-ir**. Most of these verbs are
regular, and so their forms follow a predictable pattern. To form the present
tense of a regular **-ir** verb, find the stem of the verb by removing the **-ir**
ending from its infinitive. Now add the endings (**-is, -is, -it, -issons, -issez,
-issent**) to the stem of the verb depending on the corresponding subject
pronoun. Here is the present tense of **finir** (*to finish*).

Have students repeat these sentences after you. Be sure they pronounce double s as [s]. Also do some exercises from affirmative to negative, singular to plural and declarative to interrogative, or vice versa.
Modèles:
a) Je finis le travail.
   Je ne finis pas le travail.
b) Il finit demain.
   Ils finissent demain.
c) Elles finissent le cours.
   Finissent-elles le cours?
Emphasize the three present tense meanings of finir, e.g., je finis = I finish, do finish, am finishing.

Wkbk. 6

finir		
je **finis**	Je **finis** le travail.	I'm finishing the work.
tu **finis**	Tu ne **finis** pas maintenant?	You aren't finishing now?
il/elle/on **finit**	**Finit**-elle demain?	Is she finishing tomorrow?
nous **finissons**	Nous **finissons** le tour.	We're finishing the tour.
vous **finissez**	**Finissez**-vous le coca?	Are you finishing the Coke?
ils/elles **finissent**	Ils **finissent** le cours.	They're finishing the class.

ATTENTION:
1. The final **s**, **t** and **ent** are silent in **je/tu finis**, **il/elle/on finit** and **ils/elles finissent**.
2. The **t** is pronounced in the inverted forms **finit-il/elle/on** and **finissent-ils/elles**.
   Finit‿on aujourd'hui?
   [t]
   Finissent‿elles le travail?
   [t]

11. You see the following people shopping at the supermarket. Tell what they're choosing.

   MODÈLE: Xavier / des fruits
   Il choisit des fruits.

   1. Mme Lejeune / de la viande   Elle choisit de la viande.
   2. nous / des poires   Nous choisissons des poires.
   3. tu / du Coca-Cola   Tu choisis du Coca-Cola.
   4. les enfants / de la glace   Ils choisissent de la glace.
   5. le prof / du café   Il choisit du café.

Mme Lejeune choisit de la viande. (Bruxelles)

6. vous / des tomates — Vous choisissez des tomates.

7. je / un gâteau — Je choisis un gâteau.

8. les filles / du bifteck haché — Elles choisissent du bifteck haché.

12. Your boss tells you what must be done before a meeting with some foreign clients. Assure him that the people named in parentheses are doing what has to be done.

> MODÈLE: Il faut choisir l'interprète. (je)
> **Mais je choisis l'interprète.**

1. Il faut aussi finir le travail. (vous) — Mais vous finissez le travail.
2. Il faut finir les affiches. (les artistes) — Mais les artistes finissent les affiches.
3. Il faut aussi choisir l'heure. (M. Lamy) — Mais M. Lamy choisit l'heure.
4. Il faut choisir l'hôtel. (Mlle Dufour) — Mais Mlle Dufour choisit l'hôtel.
5. Il faut aussi choisir la salle. (Mme Perrier et Mlle Sardou) — Mais Mme Perrier et Mlle Sardou choisissent la salle.
6. Il faut aussi choisir le restaurant. (nous) — Mais nous choisissons le restaurant.

13. Just to make sure that everyone is following instructions, double check. Ask questions, using the subjects in parentheses.

> MODÈLE: choisir le restaurant (nous)
> **Choisissons-nous le restaurant?**

1. choisir l'interprète (je) — Est-ce que je choisis l'interprète?
2. finir le travail (vous) — Finissez-vous le travail?
3. finir les affiches (ils) — Finissent-ils les affiches?
4. choisir l'heure (il) — Choisit-il l'heure?
5. choisir l'hôtel (elle) — Choisit-elle l'hôtel?
6. choisir la salle (elles) — Choisissent-elles la salle?

You may ask students to answer these questions.

14. Complétez logiquement chaque phrase d'après les modèles (*models*). Employez la forme convenable du verbe **grossir** ou **maigrir**.

> MODÈLES: a) Quand on mange peu, on ____.
> **Quand on mange peu, on maigrit.**
> b) Quand je mange trop, je ____.
> **Quand je mange trop, je grossis.**

1. Quand tu manges beaucoup, tu ____. — grossis

Quand on mange trop
de frites, on grossit.
(Paris)

2. Quand Alain mange peu, il ____.   maigrit
3. Quand nous mangeons trop, nous ____.   grossissons
4. Quand Alain et Xavier ne mangent pas assez, ils ____.   maigrissent
5. Quand vous mangez peu, vous ____.   maigrissez
6. Quand je ne mange pas assez, je ____.   maigris
7. Quand on mange trop de frites, on ____.   grossit
8. Quand Isabelle et David mangent beaucoup, ils ____.   grossissent

You may tell students that the form **mangeons** will be explained in **Leçon 12**.

l'impératif des verbes en *-ir*

The imperative forms of **-ir** verbs are the same as the **tu**, **vous** and **nous** forms of the present tense but without these subject pronouns.

Choisis, Xavier.	*Choose, Xavier.*
Finissez les petits gâteaux.	*Finish the cookies.*
Ne grossis pas.	*Don't gain weight.*
Maigrissons.	*Let's lose weight.*

Wkbk. 7
Wkbk. 8
Wkbk. 9

15. Imagine that you're Mr. Durand. You've just served dinner to many guests, but there is still a lot of dessert left. Encourage the following people to finish it.

MODÈLE: Catherine
          Finis le dessert.

1. Mme Durand   Finis le dessert.
2. Mme Cartier   Finissez le dessert.
3. les enfants   Finissez le dessert.
4. Mme Durand et vous aussi   Finissons le dessert.
5. les Latour   Finissez le dessert.
6. Denis   Finis le dessert.
7. M. Leclerc et vous aussi   Finissons le dessert.

le présent du verbe irrégulier *vouloir*

Have students repeat these sentences after you. Emphasize the difference between the sound [ø] in **veux/veut** and the sound [œ] in **veulent**. Have students do some exercises from singular to plural, declarative to interrogative and affirmative to negative, or vice versa.
Modèles:
a) Je veux chanter.
   Nous voulons chanter.
b) Ils veulent des petits gâteaux.

vouloir		
je **veux**	Je ne **veux** pas rester.	I don't want to stay.
tu **veux**	Tu **veux** des pommes?	You want some apples?
il/elle/on **veut**	**Veut**-elle écouter?	Does she want to listen?
nous **voulons**	Nous **voulons** de l'eau.	We want some water.
vous **voulez**	**Voulez**-vous maigrir?	Do you want to lose weight?
ils/elles **veulent**	Ils **veulent** du pain.	They want bread.

Vouloir may be followed by
* a noun

    Nous voulons des fraises.   *We want (some) strawberries.*

* or an infinitive.

    Je veux maigrir.   *I want to lose weight.*
    Je ne veux pas étudier.   *I don't want to study.*

ATTENTION: The **t** in **veut** and **veulent** is pronounced only in the inverted
             forms.
                  Veut‿il des cerises?
                  [t]
                  Veulent‿elles travailler?
                  [t]

Wkbk. 10
Wkbk. 11

Veulent-ils des petits
gâteaux?
c) On veut regarder la
télé.
On ne veut pas
regarder la télé.
You may point out that the
conditional forms **je**
voudrais and **nous**
voudrions are more polite
than je **veux** and nous
voulons. You may also want
to introduce **Que veut**
dire…? (*What*
does…mean?)
—Que veut dire en
anglais l'expression
"C'est dommage?"
—Ça veut dire
"That's too bad."

16. Thierry is buying groceries for the class picnic. Tell him what everybody
wants.

    MODÈLE: Valérie
                 Valérie veut des raisins.

1. tu
   Tu veux des petits gâteaux.

2. Marc et Paul
   Marc et Paul veulent des bananes.

3. Christiane
   Christiane veut du Coca-Cola.

4. Fabienne et Annie
   Fabienne et Annie veulent de l'eau.

5. Anne et moi, nous
   Anne et moi, nous voulons des pêches.

6. je
   Je veux des fraises.

7. Éric et toi, vous
   Éric et toi, vous voulez du fromage.

8. le prof
   Le prof veut du pain.

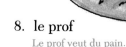

Vous ne voulez pas
d'oranges, Madame?

17. Complétez chaque phrase avec la forme convenable du verbe **vouloir**.

1. ___-vous des framboises? — Voulez
2. Nous ne ___ pas de framboises. — voulons
3. Je ___ choisir un dessert. — veux
4. Madeleine ___-elle aller au marché? — veut
5. Les enfants ___-ils faire la cuisine? — veulent
6. Qui ___ manger une orange? — veut
7. Tu ne ___ pas de cerises? — veux
8. Claire et Marie ___ des petits gâteaux. — veulent

18. Refaites les phrases en employant **vouloir**.

MODÈLES: a) Je travaille.
             Je veux travailler.
          b) Je ne travaille pas.
             Je ne veux pas travailler.

1. Je finis le livre.   Je veux finir le livre.
2. Jacques ne maigrit pas.   Jacques ne veut pas maigrir.
3. Nous sommes à l'heure.   Nous voulons être à l'heure.
4. Tu ne passes pas les vacances en   Tu ne veux pas passer les vacances
   France?   en France?
5. Vous faites un tour en vélo.   Vous voulez faire un tour en vélo.

To personalize the verb
vouloir, have students ask
each other if they want to
do certain things or if they
want to enter a certain
profession.
Modèles:
a) aller à l'université
    **Veux-tu aller à
    l'université?**
b) être médecin
    **Veux-tu être médecin?
    Non, je ne veux pas
    être médecin.**

Voulez-vous faire un
tour en vélo?

6. Céline et Julie restent ici.   Céline et Julie veulent rester ici.
7. Je n'habite pas à Montréal.   Je ne veux pas habiter à Montréal.
8. Ils ne vont pas en Suisse.   Ils ne veulent pas aller en Suisse.

19. Comment dit-on en français?   This is an optional activity.

MME CHEUTIN:	You have to make a choice. Do you want to gain or lose weight?	Il faut faire un choix. Voulez-vous grossir ou maigrir?
XAVIER ET ALAIN:	We want to lose weight—we're losing weight already—and then we want to buy bicycles.	Nous voulons maigrir—nous maigrissons déjà—et puis nous voulons acheter des vélos.
MME CHEUTIN:	But why do you have to buy bicycles?	Mais pourquoi faut-il acheter des vélos?
XAVIER:	Because we want to go on a bicycle tour in Belgium. We're going to Bastogne.	Parce que nous voulons faire un tour en vélo en Belgique. Nous allons à Bastogne.
ALAIN:	But I don't want to go to Belgium, and then, who wants to go to Bastogne?	Mais je ne veux pas aller en Belgique, et puis, qui veut aller à Bastogne?
MME CHEUTIN:	Girls and boys who study history want to go to Bastogne.	Les filles et les garçons qui font de l'histoire veulent aller à Bastogne.
XAVIER:	We also want to go to the Mardasson and eat Bastogne cookies.	Nous voulons aussi aller au Mardasson et manger des petits gâteaux de Bastogne.
ALAIN:	OK, but if you eat too many cookies, you're going to have a stomachache.	D'accord, mais si tu manges trop de petits gâteaux, tu vas avoir mal au ventre.

Prononciation

les sons [s] et [z] de la consonne *s*

The French **s** is pronounced either [s] or [z] depending on its position in a word. It is pronounced [s] when it

* begins a word,

Remind students that the French **s** is usually silent at the end of a word. The **s** in **les** and **des** is silent before a consonant sound.

sac	si
secrétaire	soif
seize	soir
Sénégal	sur

* is followed by a consonant,

artiste	histoire
disquette	magnétoscope
Espagne	restaurant

* or is doubled.

assez	grossir
dessert	maigrissez
finissent	passer
grosse	Suisse

It is pronounced [z] when it

* comes between vowels

cerise	cuisine
chaise	framboise
choisir	maison
chose	raisin

* or is the **s** of **ils** or **elles** before a vowel sound.

ils ont
[z]

elles arrivent
[z]

Actualité culturelle

Eating Habits and Meals

As the proverb in this lesson says, the French eat in order to live. But they also take great pleasure in eating tasty and well-prepared food. Indeed, French cooking is internationally famous for its quality and rich variety. Perhaps you have heard of fine French dishes such as stuffed baby lobster, chateaubriand steak with Béarnaise sauce, rabbit in wine sauce, **coq au vin** and famous French pastry.

Rabbit (shown here) is a
typically French dish.

American restaurants also serve French cuisine. (North Carolina)

Pastry displays tempt passersby.

Note that the fork and spoons are placed face down.

For a French person, eating is a ritual whose rules are passed on from one generation to the next. Parents insist that their children learn at an early age to eat in ways that reflect their country's culture. For example, they keep both hands above or resting on the table during meals. The French leave their bread on the tablecloth and not on the plate unless there is a special bread plate, rare at home but common at a restaurant. While people in different countries use a knife and a fork in various ways, people in French-speaking countries generally operate more efficiently. They cut off one bite-sized piece of meat at a time, keeping it at the end of the fork. They leave the fork in their left hand with its tines pointed downward until the meat is in the mouth. Unlike Americans, the French do not switch the fork from one hand to the other.

The fork stays in the left hand after cutting and while eating.

A beautiful table setting enhances the meal. Generally, people in French-speaking countries take out a tablecloth and cloth napkins, even for ordinary meals at home. These napkins are often held by napkin rings. Families use the same cloth napkins for more than one meal. Unlike Americans, they place forks with the prongs inverted beside the plate and often put teaspoons horizontally above the plate. The French serve soup from a big bowl into deep individual plates placed on the regular dinner plate. They often have soup in the winter for the first course of the evening meal.

Breakfast at a French hotel

McDonald's adapts fast food to a café atmosphere.

The French begin their day with breakfast (**le petit déjeuner**) which usually includes black coffee, coffee with milk (**café au lait**), tea or usually hot chocolate for children. At home many families drink their coffee or hot chocolate from a bowl. Therefore, buttered bread with jelly or jam, as well as **croissants**, can easily be dipped into the beverage.

Most of the larger French business firms have their own restaurants or cafeterias. If not, they give their employees a certain number of **tickets-restaurant** (*vouchers*) allowing them to eat in certain public restaurants. These vouchers are exchanged for courses or dishes of a certain value. Afterwards the restaurants are reimbursed by the business firms.

Fast-food restaurants abroad are more expensive than those in the United States.

These sandwiches could be a **croque-monsieur**, a **hot-dog** or a **sandwich au jambon**. You can also buy **quiche lorraine** on the sidewalk.

Since more and more women occupy positions in the business and professional world, few people can take two hours to enjoy a traditional **déjeuner** (*noon meal*) at home. Consequently, fast-food establishments, both of American and French origin, are as common in French-speaking countries as they are in the United States. Restaurants such as these may set up tables outside on the sidewalk. As soon as the sun comes out, many French people rush to their favorite sidewalk café or restaurant, even if they have only a few minutes for lunch. Those with very little time or who are waiting between buses can get a sandwich on the run or a pizza at a sidewalk stand. People who don't have a minute to lose dash to the first french fry machine they can find. Those less hurried take the time to study menus and prices that are always posted outside a restaurant. Others may prefer to have lunch quietly with their best friend while chatting and soaking up some sun at a sidewalk café.

Menus are always posted outside restaurants and cafés.

A mixed salad may precede the main dish.

Quiche is a popular **entrée** choice.

Meat with vegetables is at the center of every full meal.

When evening comes, the French get bread at the bakery nearby, and then the family gathers around the table for dinner. A typical French main meal usually consists of various dishes served in this order: 1) an **hors-d'œuvre** or an **entrée** (*course before the main course*), such as raw vegetables, **quiche**, cold cuts or sardines, 2) a meat course with vegetables, 3) a green salad, 4) cheese, often **camembert** or **brie** and 5) dessert, usually pastry or fruit. During the meal the French drink mineral water or wine. They have coffee or espresso afterwards. Not all French people are first-rate chefs, but the French culture does expect women to cook well. The French love to invite friends or family members for lunch or dinner. In fact, a successful meal has three main ingredients: good food, good conversation and lots of time.

Wkbk. 12
Wkbk. 13
Wkbk. 14

Pommes dauphines
(deep-fried potato puffs)
may accompany the
main dish.

A green salad
(lettuce only)
follows the
meat course.

With over 360 varieties,
the French are justly
famous for their cheese.

Beaufort

Brebis Pyrenées

St.-Nectaire

Brie de Melun

Cantal

Roquefort

Brie de Meaux

Epoisses

Camembert de Normandie

Fourme d'Ambert

Reblochon

Livarot

Chaource

Bleu d'Auvergne

Pont-l'Evêque

Munster

Pouligny St-Pierre

Selles-sur-Cher

Crottin

Picodon

298   Leçon 11

Proverbe

Il faut manger pour vivre.   *You have to eat to live.*

Interaction et application pratique

À deux

1. Write down the names of three different fruits in French while your partner does the same. Then ask your partner questions to determine the identity of each fruit. Reverse roles and continue asking and answering questions until all the fruit has been identified.

    MODÈLE: Élève 1:   **Est-ce que c'est un gros fruit?**
    Élève 2:   **Non, ce n'est pas un gros fruit.**
    Élève 1:   **Est-ce que c'est un petit fruit?**
    Élève 2:   **Oui, c'est un petit fruit.**
    Élève 1:   **Est-ce que c'est une fraise?**
    Élève 2:   **Oui, c'est ça.**

2. You and your partner are planning a party (**une boum**) with dinner and dancing. Make separate lists in French of six things that must be done first. Then share your ideas with each other and then with the class to see which party sounds the most interesting.

    MODÈLE: **Il faut choisir des cassettes.**

3. Now you must decide who will do what to prepare for your party. Looking at the lists of preparations that both you and your partner have just finished, make two separate lists showing who will assume which responsibilities. Then each partner will report to the class what he/she is doing to prepare for the party.

    MODÈLE: **Tu vas choisir des cassettes.**
    Je vais faire des courses.

4. Take turns with your partner asking and answering the question **Qu'est-ce que tu veux faire?** Do this five times, making sure each response uses a different infinitive. Then report to the class what your partner has said. One student may write the various answers on a transparency for all to see.

    MODÈLE: Qu'est-ce que tu veux faire?
    Je veux aller en Europe.

5. Repeat Activity 4 now asking the question **Qu'est-ce que tu ne veux pas faire?**

    MODÈLE: Qu'est-ce que tu ne veux pas faire?
    Je ne veux pas grossir.

En groupes

6. After you have finished the cultural reading in this lesson, bring paper plates, silverware, French bread and French cheese to class. With your group practice eating as people do in French-speaking countries. Then

Elles achètent des fruits.

have the most skillful student in your group demonstrate French table manners for the class.

Tous ensemble

7. With your classmates play this version of the game "Hangman" — in French, **Le Pendu**. The object of this game is to spell out the French words for parts of the body before the figure of a hanged man takes shape. Students one at a time call out letters, and a person at the blackboard decides if these letters are in the word he/she has chosen. This person draws in one section of the man for each incorrect letter the class guesses, beginning with the whole body, then adding a head, two arms, two hands, a stomach, two legs and two feet. The student who completes the word is the next to go to the board and choose the following word.

8. After learning command forms and parts of the body, your class can play the game "Simon says" — in French, **Jacques dit**. Have someone come to the front of the class and give a command in the **vous** form. Only if this person says **Jacques dit** before the command should everyone perform the action ordered. This person keeps giving orders until someone performs incorrectly or makes a motion when **Jacques dit** has not been said. The person who acts incorrectly is the next to give commands. Some commands you may use are **Levez** (*Raise*), **Baissez** (*Lower*), **Touchez** (*Touch*) and **Tournez** (*Turn*).

MODÈLES: a) "(**Jacques dit,**) Levez le bras."
          b) "(**Jacques dit,**) Touchez le pied."

Vocabulaire actif

noms

une banane   *banana*
un bras   *arm*
une cerise   *cherry*
un dos   *back*
une excursion   *excursion, trip*
la faim   *hunger*
une fraise   *strawberry*
une framboise   *raspberry*
une friterie   *french fry snack bar*
un gâteau   *cake*
   un petit gâteau   *cookie*
une gorge   *throat*
un hôtel   *hotel*
une jambe   *leg*
une main   *hand*

un mal   *pain, ache*
une nuit   *night*
une orange   *orange*
une pêche   *peach*
un pied   *foot*
une place   *(public) square*
une poire   *pear*
un raisin   *grape*
la soif   *thirst*
une tête   *head*
un tour   *tour, trip*
un vélo   *bicycle, bike*
un ventre   *stomach*
un village   *village*

verbes

avoir faim   *to be hungry*
avoir mal (à)   *to hurt, to be in pain, to have pain (in)*
   avoir mal à la gorge   *to have a sore throat*
   avoir mal au dos   *to have a backache*
   avoir mal au ventre   *to have a stomachache*
   avoir mal aux jambes   *to have sore legs*
avoir soif   *to be thirsty*
choisir   *to choose*

faire un tour   *to go on a tour, to take a trip*
falloir   *to be necessary, must, to have to*
   il faut   *it is necessary, one/we/you must, have to*
finir   *to finish*
grossir   *to gain weight*
maigrir   *to lose weight*
passer   *to spend (time); to pass by*
vouloir   *to want*

expressions diverses

avant   *before*
d'abord   *first, at first*
s'il te plaît   *please*
tout de suite   *right away, right now*

Au restaurant et à la boulangerie

Leçon 12

Communicative
Functions

- ordering in a restaurant
- naming foods, dishes and beverages
- saying what you need to do
- naming objects in a table setting
- paying the bill
- describing a French breakfast

Lionel emmène Annie au restaurant

Sa is the passive vocabulary word in this dialogue.

Il est huit heures et demie.[1] Lionel et sa nouvelle amie Annie sont à La Cour Saint Germain,[2] un bon restaurant. Un jeune serveur* arrive, et Lionel commande.

LE GARÇON:	Vous voulez commander, Monsieur?
LIONEL:	Oui, Mademoiselle voudrait** le menu à cent cinquante.[3] Et moi, je préfère le menu à cent soixante francs.
LE GARÇON:	Alors, Mademoiselle veut le poulet. Et vous, Monsieur, vous voulez le saumon.
LIONEL:	C'est ça. J'espère que le poisson est frais.
LE GARÇON:	Bien sûr. On achète le poisson chaque matin. Et qu'est-ce que vous voulez boire?
LIONEL:	Du vin blanc et de l'eau minérale,[4] s'il vous plaît.

The conditional tense is presented in the second-year book.

Lionel would probably go on to specify exactly what kind of white wine he wants. You may want to discuss with your students the French custom of drinking wine with meals.

plus tard

ANNIE:	Oh là là, je mange trop. Demain je commence un régime.
LIONEL:	Mais non, tu n'as pas besoin de maigrir.
ANNIE:	Merci, c'est gentil. Mais...
LE GARÇON:	Pardon. Vous voulez choisir le dessert maintenant?
ANNIE:	Oh, les beaux desserts!

* **Un serveur** is a waiter, usually at a restaurant, and **une serveuse** is a waitress. **Un garçon** is generally a waiter at a café. You call out **Garçon** or **Monsieur** when you want to speak to the waiter and **Mademoiselle** or **Madame** when you want to speak to the waitress.

** **Voudrait** is a conditional tense form of the verb **vouloir**. The French tend to use this tense more often than the present in making a request because it is considered to be more polite. Therefore, it's preferable to use **je voudrais** (*I would like*) or **nous voudrions** (*we would like*) when you ask for something.

Il y a un grand choix de desserts!

To call for the waiter you say **Garçon** or **Monsieur**. (Paris)

Menu à 160 francs (S.N.C.)
soupe du jour
ou
crudités
saumon grillé
salade verte
fromage
dessert au choix

Menu à 150 francs (S.N.C.)
poireaux vinaigrette
poulet à l'ancienne
salade verte
fromage
dessert au choix

Hippopotamus specializes in moderately priced steak dinners.

Mineral water comes with or without carbonation.

Notes culturelles

1. The French generally have dinner later than Americans. French families normally begin to eat their evening meal at 7:30 or 8:00 P.M., and French restaurants are usually busiest between 8:30 and 10:00 P.M.

2. Some French restaurants have colorful names like **Au Chien qui fume** (*The Smoking Dog*) and **Hippopotamus**.

3. It's usually less expensive to order from a menu with fixed prices, like the one shown here, than to order each course separately (**à la carte**). The **S.N.C.** written on the menu means **service non compris**, i.e., the service charge is not included in the price of the food. But it will usually be automatically included in the customer's bill. **Service compris** means that the tip is included.

4. Many French people order mineral water with their meals, although French tap water is perfectly safe to drink. Mineral water is also said to cure many ailments. Among the various brands of mineral water, **Perrier** is probably the most popular internationally. Others include **Évian**, **Vittel** and **Contrexéville**.

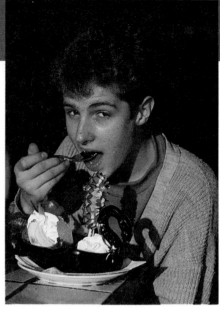

Il commence un régime.

 ## Compréhension

Répondez en français.

1. Qui dîne avec Lionel?

Annie dîne avec Lionel.

2. À quelle heure Lionel et Annie dînent-ils?

Ils dînent à huit heures et demie.

3. Qui commande?

Lionel commande.

4. À combien est le menu de Lionel?

Il est à cent soixante francs.

5. Qu'est-ce qu'Annie veut manger?

Elle veut manger du poulet.

6. Qu'est-ce que Lionel et Annie veulent boire?

Ils veulent boire du vin blanc et de l'eau minérale.

7. Qu'est-ce qu'Annie va faire demain? Pourquoi?

Elle va commencer un régime demain parce qu'elle mange trop.

8. Qu'est-ce qu'elle choisit après?

Elle choisit le dessert.

À propos

1. À quelle heure dînez-vous d'habitude?
2. Qu'est-ce que vous commandez quand vous allez au restaurant?
3. Aimez-vous le poisson? Le poulet?
4. Aimez-vous boire de l'eau minérale?
5. Mangez-vous beaucoup de desserts?
6. Commencez-vous souvent un régime?

Expansion

ANNIE: La tarte aux pommes est géniale.

LIONEL: Moi, je préfère la mousse au chocolat, mais je n'ai pas de cuillère. Je vais appeler le serveur.

Wkbk. 1
Wkbk. 2

All words in the Expansion are active vocabulary.

You may point out to students that names of fruit used as adjectives to describe foods are preceded in French by à la, à l', au or aux. An example in the Expansion is tarte aux pommes. Have students think of other combinations.

Mousse au chocolat is a popular French dessert. You may share with the class a recipe for it and have students bring the ingredients. As a group project make the mousse, and sample it in class.

Here you may review the section on Eating Habits in Leçon 11. Point out the position of the spoon at the top of the plate. Also note that the bread is not on the plate but on the tablecloth.

Voici un couvert.

Wkbk. 3

après le dîner

LIONEL: Garçon, l'addition, s'il vous plaît.

LE GARÇON: Tout de suite, Monsieur.

ANNIE: Je répète, demain je commence un régime.

LIONEL: Moi aussi. Je commence au petit déjeuner.

un petit déjeuner français

Wkbk. 4

Activités

1. Complétez chaque phrase avec l'expression convenable d'après le dialogue d'introduction.

1. Lionel emmène Annie dans un ___ restaurant.   b

   a. français   b. bon   c. nouvelle   d. autre

2. Le menu d'Annie est ___.   d

   a. à 160 francs   b. à huit heures et demie
   c. très frais   d. à 150 francs

3. Annie va manger ___.   b

   a. du saumon   b. du poulet
   c. un gros poisson   d. le menu

4. Lionel ___ du poisson.   d

   a. est   b. aime   c. fait   d. commande

5. Les deux amis vont boire ___.   a

   a. de l'eau minérale   b. de l'eau de mer
   c. du café   d. du coca

6. Annie va commencer un régime ___.   a

   a. demain   b. tout de suite
   c. maintenant   d. ce soir

7. Selon Lionel, Annie n'est pas ___.   b

   a. gentille   b. grosse
   c. un poulet   d. un dessert

8. Annie aime ___ les desserts.   c

   a. peu   b. boire   c. beaucoup   d. faire

2. Complétez les phrases d'après les images.

1. ___ est sur la table.   L'assiette

2. On mange avec ___ et ___.   un couteau/une fourchette

3. Lionel n'a pas de ___.   cuillère

4. Y a-t-il du ___ et du ___ pour la viande?   sel/poivre

5. Après le dîner Annie voudrait ___ de café.

une tasse

Note that **tasse** is a noun that expresses quantity. It is therefore followed by **de** (**d'**).

6. Donnez-moi ___ d'eau, s'il vous plaît.

un verre

7. ___ est très utile quand on mange.

Une serviette

3. Complétez les phrases avec la forme convenable du verbe de la liste suivante.

acheter	donner
avoir	faire
choisir	maigrir
commencer	vouloir

1. Nous ___ des courses avant le dîner.

faisons

2. ___ le menu que tu veux.

Choisis

3. C'est dommage, Monsieur. Il n'y ___ pas de saumon aujourd'hui.

a

4. Est-ce que vous ___ la mousse ou la tarte?

voulez

5. Elles n'___ pas de tarte parce qu'elles n'ont pas assez d'argent.

achètent

6. La serveuse ___ l'addition au client.

donne

7. Pourquoi ___-ils un régime?

commencent

8. Je ___ parce que je mange très peu.

maigris

4. Annie has postponed her diet until next week. Tell what she would like to eat or drink.

MODÈLE:

Elle voudrait du lait.

1. Elle voudrait de l'eau minérale.

2. Elle voudrait du beurre.

3. Elle voudrait de la tarte.

4. Elle voudrait du sucre.

5. Elle voudrait de la confiture.

 6. Elle voudrait du thé.

 7. Elle voudrait des petits gâteaux.

 8. Elle voudrait du pain.

 5. Tell what the following people need to do.

> MODÈLE: Annie / commencer un régime
> **Annie a besoin de commencer un régime.**

1. Marie-France et Carole / être en cours
   Marie-France et Carole ont besoin d'être en cours.
2. nous / trouver un hôtel
   Nous avons besoin de trouver un hôtel.
3. Nadine / faire des courses
   Nadine a besoin de faire des courses.
4. je / étudier
   J'ai besoin d'étudier.
5. tu / boire de l'eau
   Tu as besoin de boire de l'eau.
6. Lionel et Annie / maigrir
   Lionel et Annie ont besoin de maigrir.
7. vous / acheter du lait
   Vous avez besoin d'acheter du lait.
8. Lionel / appeler le serveur
   Lionel a besoin d'appeler le serveur.

Structure et usage

le présent des verbes en *-e-er*

Verbs ending in **e** + a consonant + **er** have pronunciation and spelling changes in the stem but still have the regular **-er** endings. We have already seen these changes in the verb **acheter** (*to buy*). **Emmener** (*to take...along*) and **appeler** (*to call*) are two other verbs that follow this pattern. Like **acheter**, **emmener** has an **accent grave** over the **e** in four of its present tense forms.

emmener			
J' **emmène**		Nous **emmenons**	
Tu **emmènes**	Annie au restaurant.	Vous **emmenez**	Annie au restaurant.
Il/Elle/On **emmène**		Ils/Elles **emmènent**	

Vous aimez l'eau minérale?

Le serveur arrive.

On emmène Papa à Roissy-Charles de Gaulle. (Paris)

Note that the **e** in the last syllable of the stem is not pronounced in the infinitive and in the **nous** and **vous** forms. But it is pronounced [ɛ] and has an **accent grave** in the **je**, **tu**, **il/elle** and **ils/elles** forms. This accent is added when the ending is silent.

The verb **appeler**, however, has a different spelling change. It doubles the final consonant of the stem before a silent ending. The **e** in the stem is pronounced [ɛ] when the ending is silent. But this **e** is not pronounced in the infinitive and in the **nous** and **vous** forms.

Remind students that the **accent grave** appears only over the vowels **a**, **e** and **u** in French. Model the French sentences above for student repetition. Have students do some exercises with **acheter** and **emmener** from singular to plural or vice versa, in order to stress the different pronunciations of the e. Modèle:
J'achète du lait.
Nous achetons du lait.

Wkbk. 5

appeler		
J' **appelle**		Nous **appelons**
Tu **appelles** ⎫ le serveur.		Vous **appelez** ⎫ le serveur.
Il/Elle/On **appelle** ⎭		Ils/Elles **appellent** ⎭

6. Daniel wants to know who is taking whom to certain places. Tell him.

   MODÈLE: Lionel / Annie / au restaurant
   Lionel emmène Annie au restaurant.

1. je / les parents / en France — J'emmène les parents en France.
2. nous / les copains / au café — Nous emmenons les copains au café.
3. le prof / l'élève / au laboratoire — Le prof emmène l'élève au laboratoire.
4. l'employée / le passager / au bureau d'information — L'employée emmène le passager au bureau d'information.
5. vous / les Suisses / au guichet — Vous emmenez les Suisses au guichet.
6. les amis belges / Xavier / à la friterie — Les amis belges emmènent Xavier à la friterie.
7. tu / Jacques / au lycée — Tu emmènes Jacques au lycée.
8. Patrice et Sandrine / Papa / à l'aéroport — Patrice et Sandrine emmènent Papa à l'aéroport.

Voici le restaurant
où elles
emmènent les
parents. (Paris)

7. Complétez avec la forme convenable du verbe entre parenthèses.

1. J'___ le garçon. (appeler)   appelle
2. Madeleine et Élodie ___ les parents au restaurant.   emmènent
   (emmener)
3. ___-tu du poisson? (acheter)   Achètes
4. Où la serveuse ___-t-elle les clients? (emmener)   emmène
5. Vous n'___ pas de pain? (acheter)   achetez
6. Nous ___ les Martin. (appeler)   appelons
7. Les Martin ___ du bifteck pour ce soir. (acheter)   achètent
8. Lionel ___ d'abord le restaurant. (appeler)   appelle

Note that **appeler** can also mean "to call on the phone."

le présent des verbes en -é-er

Verbs ending in **é** + a consonant + **er** also have pronunciation and spelling changes in the stem. Verbs of this type include **préférer** (*to prefer*), **espérer** (*to hope*) and **répéter** (*to repeat*). The **é** in the last syllable of the stem is pronounced [e] in the infinitive and in the **nous** and **vous** forms because the ending is pronounced. But this **é** changes to **è** and is pronounced [ɛ] in the **je**, **tu**, **il/elle** and **ils/elles** forms because the ending is silent. Note the present tense forms of these three verbs.

Make sure that students can hear and recognize the differences between é and è. Model the sentences in the chart for student repetition. Do exercises with these three verbs from singular to plural or vice versa.
Modèle:
Vous préférez la mousse au chocolat.
Tu préfères la mousse au chocolat.
Wkbk. 6
Wkbk. 7
Wkbk. 8

	préférer		espérer		répéter	
Je	préfère		J' espère		Je répète	
Tu	préfères		Tu espères		Tu répètes	
Il/Elle/On	préfère	le lait.	Il/Elle/On espère	maigrir.	Il/Elle/On répète	l'adresse.
Nous	préférons		Nous espérons		Nous répétons	
Vous	préférez		Vous espérez		Vous répétez	
Ils/Elles	préfèrent		Ils/Elles espèrent		Ils/Elles répètent	

8. Your class has taken a survey on the jobs they hope to have in the future. Report the results.

> MODÈLE: Céline / informaticienne
> **Céline espère être informaticienne.**

1. Marc et Cécile / professeurs   Marc et Cécile espèrent être professeurs.

On espère que
c'est un bon
mécanicien!

2. je / artiste — J'espère être artiste.
3. Christiane / ouvrière — Christiane espère être ouvrière.
4. Marielle / médecin — Marielle espère être médecin.
5. nous / chercheuses — Nous espérons être chercheuses.
6. tu / mécanicien — Tu espères être mécanicien.
7. Béatrice et Sylvie / interprètes — Béatrice et Sylvie espèrent être interprètes.
8. vous / ingénieur — Vous espérez être ingénieur.

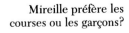

9. Anne-Marie likes to give orders, but other people have different ideas. Tell her so, using **préférer**.

Do **Activité 9** two more times. The first time use **espérer** instead of **préférer**, then use **vouloir**.

MODÈLE: Il faut rentrer ce soir. (Jean-Louis / demain)
Mais Jean-Louis préfère rentrer demain.

1. Il faut préparer les frites. (nous / la mayonnaise) — Mais nous préférons préparer la mayonnaise.
2. Il faut manger des légumes. (les enfants / des petits gâteaux) — Mais les enfants préfèrent manger des petits gâteaux.
3. Il faut acheter des fruits. (les dames / des légumes) — Mais les dames préfèrent acheter des légumes.
4. Il faut boire du lait. (tu / du café) — Mais tu préfères boire du café.
5. Il faut aller à la friterie. (vous / au restaurant) — Mais vous préférez aller au restaurant.
6. Il faut appeler la serveuse. (je / le garçon) — Mais je préfère appeler le garçon.
7. Il faut faire des maths. (Martine / des courses) — Mais Martine préfère faire des courses.
8. Il faut retourner maintenant. (Roger / plus tard) — Mais Roger préfère retourner plus tard.

Mireille préfère les
courses ou les garçons?

le présent des verbes en -cer et en -ger

Verbs ending in **-cer** add a cedilla to the **c** before the **-ons** ending. This **c** would be pronounced [k] before an **o**, but by adding a cedilla, the sound remains [s] as it is in the infinitive. **Commencer** (*to begin, to start*) is a verb of this type.

commencer		
Je **commence** ⎫	Nous **commençons** ⎫	
Tu **commences** ⎬ tout de suite.	Vous **commencez** ⎬ tout de suite.	
Il/Elle/On **commence** ⎭	Ils/Elles **commencent** ⎭	

Point out that ç never precedes an e or an i because the c sound is always soft before these two vowels.

Verbs ending in **-ger** add a silent **e** after the **g** and before the **-ons** ending. This **g** would be pronounced [g] before an **o**, but by adding an **e**, the sound remains [ʒ] as it is in the infinitive. **Manger** (*to eat*) and **voyager** (*to travel*) follow this pattern.

manger		
Je **mange** ⎫	Nous **mangeons** ⎫	
Tu **manges** ⎬ bien.	Vous **mangez** ⎬ bien.	
Il/Elle/On **mange** ⎭	Ils/Elles **mangent** ⎭	

Wkbk. 9

10. Everyone you talk to is starting something. Tell what it is.

> MODÈLE: Annie / un régime
> **Annie commence un régime.**

1. Renée / l'espagnol
2. Patrick et moi, nous / le livre
3. les élèves / un cours de maths

Renée commence l'espagnol.
Patrick et moi, nous commençons le livre.
Les élèves commencent un cours de maths.

Je répète, demain on commence le régime!

Préférez-vous voyager à la Martinique ou au Canada?

4. Denis / le dîner — Denis commence le dîner.
5. je / le travail — Je commence le travail.
6. nous / un voyage en Afrique — Nous commençons un voyage en Afrique.
7. tu / l'histoire — Tu commences l'histoire.
8. Solange et vous, vous / l'allemand — Solange et vous, vous commencez l'allemand.

11. Rachelle asks the following people where they are sight-seeing during vacation. Report what she has learned, using **voyager**.

> MODÈLE: M. Blot / Espagne
> **M. Blot voyage en Espagne.**

1. Anne et moi, nous / Martinique — Anne et moi, nous voyageons à la Martinique.
2. tu / Canada — Tu voyages au Canada.
3. Gérard / Sénégal — Gérard voyage au Sénégal.
4. vous / Suisse — Vous voyagez en Suisse.
5. les Latour / Italie — Les Latour voyagent en Italie.
6. nous / États-Unis — Nous voyageons aux États-Unis.
7. je / Angleterre — Je voyage en Angleterre.
8. Charlotte / Brésil — Charlotte voyage au Brésil.

12. Complétez chaque phrase avec la forme convenable du verbe **appeler**, **commencer**, **emmener**, **espérer** ou **manger**.

1. D'habitude, je ___ du pain avec le fromage. — mange
2. Vous ___ que le pain est frais. — espérez
3. Les parents ___ les enfants au restaurant. — emmènent
4. Aujourd'hui nous ___ un régime. — commençons
5. Les clientes ___ le serveur. — appellent
6. Le cours ___ dans dix minutes. — commence
7. Nous ne ___ pas trop de sel. — mangeons
8. Michelle ___ que j'ai un billet. — espère

les adjectifs *beau, nouveau, vieux* et *gentil*

The adjectives **beau** (*beautiful, handsome*), **nouveau** (*new*) and **vieux** (*old*) have two masculine singular forms as well as irregular feminine and plural forms. These adjectives usually precede the nouns they describe.

Masculine		
Singular		Plural
Before a Consonant Sound	Before a Vowel Sound	
un **beau** livre	un **bel** ami	de **beaux** pays
un **nouveau** livre	un **nouvel** ami	de **nouveaux** pays
un **vieux** livre	un **vieil** ami	de **vieux** pays

Feminine	
Singular	Plural
une **belle** maison	de **belles** maisons
une **nouvelle** maison	de **nouvelles** maisons
une **vieille** maison	de **vieilles** maisons

After modeling these phrases for student repetition, point out that the masculine singular forms before a vowel sound and the feminine singular forms are pronounced the same.

Annie regarde un beau gâteau.
Voilà un bel appartement.

Paris est une belle ville.

J'ai un nouveau copain.
Il achète un nouvel écouteur.

Annie regarde de beaux gâteaux.
Voilà de beaux appartements.
[z]

Paris et Montréal sont de belles villes.

J'ai de nouveaux copains.
Il achète de nouveaux écouteurs.
[z]

Paris et Montréal sont de belles villes.

Il y a de belles maisons
en Bretagne. (Quimper)

Annie est une gentille fille.

Tu veux une nouvelle cassette.	Tu veux de nouvelles cassettes.
On cherche un vieux restaurant.	On cherche de vieux restaurants.
C'est un vieil hôtel.	Ce sont de vieux hôtels.
	[z]
Voici une vieille université.	Voici de vieilles universités.
	[z]

Note the **liaison** between the plural adjectives and a noun beginning with a vowel sound.

The feminine form of **gentil** (*nice*) is **gentille**. This adjective also precedes the noun it describes.

Wkbk. 10
Wkbk. 11
Wkbk. 12

Annie est une gentille fille.

13. You're walking with your friend Germaine. She points out something or someone to you. Tell her that the object or person is beautiful or handsome.

> MODÈLE: Regarde l'hôtel!
> **Ah oui, c'est un bel hôtel.**

1. Regarde le garçon!   Ah oui, c'est un beau garçon.
2. Regarde les maisons!   Ah oui, ce sont de belles maisons.
3. Regarde la femme!   Ah oui, c'est une belle femme.
4. Regarde les tomates!   Ah oui, ce sont de belles tomates.
5. Regarde le fleuve!   Ah oui, c'est un beau fleuve.
6. Regarde l'ami de Thérèse!   Ah oui, c'est un bel ami.
7. Regarde les fruits!   Ah oui, ce sont de beaux fruits.
8. Regarde la tarte!   Ah oui, c'est une belle tarte.

14. Your classmate Vincent asks you if you own certain things. Say that you have new ones.

> MODÈLE: As-tu une télévision?
> **Oui, j'ai une nouvelle télévision.**

1. As-tu un ordinateur?   Oui, j'ai un nouvel ordinateur.
2. As-tu des cassettes?   Oui, j'ai de nouvelles cassettes.

Model all these sentences for student repetition. Note that the **l** in **vieil** is pronounced [j]. Remind students to use **de** instead of des before a plural adjective. You may do the following activity, having students add a form of **beau**.

Je mange des raisins.
Je mange de beaux raisins.

Je mange des tomates.
Je mange de belles tomates.

Je mange des fruits.
Je mange de beaux fruits.

Je mange des fraises.
Je mange de belles fraises.

Je mange des poires.
Je mange de belles poires.

Je mange des légumes.
Je mange de beaux légumes.

Je mange des pêches.
Je mange de belles pêches.

Je mange des petits gâteaux.
Je mange de beaux petits gâteaux.

Paul a une nouvelle amie.

Qu'est-ce que vous buvez?

3. **As-tu des disquettes?**   Oui, j'ai de nouvelles disquettes.
4. **As-tu des cahiers?**   Oui, j'ai de nouveaux cahiers.
5. **As-tu un vélo?**   Oui, j'ai un nouveau vélo.
6. **As-tu une affiche de Paris?** Oui, j'ai une nouvelle affiche de Paris.
7. **As-tu des crayons?**   Oui, j'ai de nouveaux crayons.
8. **As-tu un écouteur?**   Oui, j'ai un nouvel écouteur.

Answers:
1. Oui, j'ai un vieil ordinateur.
2. Oui, j'ai de vieilles cassettes.
3. Oui, j'ai de vieilles disquettes.

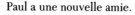

15. Repeat **Activité 14**, this time telling Vincent that the things you have are old.

> MODÈLE: As-tu une télévision?
> **Oui, j'ai une vieille télévision.**

4. Oui, j'ai de vieux cahiers.
5. Oui, j'ai un vieux vélo.
6. Oui, j'ai une vieille affiche de Paris.
7. Oui, j'ai de vieux crayons.
8. Oui, j'ai un vieil écouteur.

16. Ajoutez la forme convenable de l'adjectif entre parenthèses.

1. **La France est un pays. (vieux)**   La France est un vieux pays.
2. **Les États-Unis sont un pays. (nouveau)** Les États-Unis sont un nouveau pays.
3. **Céline aime les garçons. (beau)**   Céline aime les beaux garçons.
4. **Nous allons dans un hôtel. (nouveau)**   Nous allons dans un nouvel hôtel.
5. **Paul rencontre une fille. (gentil)**   Paul rencontre une gentille fille.
6. **Voilà une idée. (nouveau)**   Voilà une nouvelle idée.
7. **Claudine habite dans un appartement. (vieux)**   Claudine habite dans un vieil appartement.
8. **Marthe adore les maisons. (vieux)**   Marthe adore les vieilles maisons.
9. **Tu parles avec un homme. (beau)**   Tu parles avec un bel homme.
10. **Avez-vous des professeurs? (gentil)**   Avez-vous de gentils professeurs?

le présent du verbe irrégulier *boire*

Here is the present tense of the verb **boire** (*to drink*).

boire		
je **bois**	Je ne **bois** pas de chocolat.	I don't drink hot chocolate.
tu **bois**	**Bois**-tu souvent de l'eau?	Do you drink water often?
il/elle/on **boit**	On **boit** du coca.	We're drinking Coke.
nous **buvons**	Nous **buvons** du thé.	We drink tea.
vous **buvez**	Vous **buvez** peu de café.	You drink little coffee.
ils/elles **boivent**	**Boivent**-ils du lait?	Do they drink milk?
	[t]	

After having students repeat these sentences after you, you may do some exercises from singular to plural, declarative to interrogative and affirmative to negative, or vice versa.
Modèles:
a) Il boit du café.
   Ils boivent du café.
b) Tu bois du vin.
   Bois-tu du vin?
c) Nous buvons assez d'eau.
   Nous ne buvons pas assez d'eau.

Wkbk. 13
Wkbk. 14

17. Tell whether Lionel will or will not gain weight if he drinks excessively large amounts of the beverages pictured below.

MODÈLE:

Si Lionel boit beaucoup d'eau, il ne va pas grossir.

  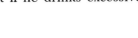

1. Si Lionel boit beaucoup de café, il ne va pas grossir.

2. Si Lionel boit beaucoup de thé, il ne va pas grossir.

3. Si Lionel boit beaucoup de lait, il va grossir.

4. Si Lionel boit beaucoup de coca, il va grossir.

5. Si Lionel boit beaucoup de chocolat, il va grossir.

6. Si Lionel boit beaucoup d'eau minérale, il ne va pas grossir.

18. You've invited some friends to your house, and your mother asks what everyone wants to drink. Tell her.

MODÈLE: Qui boit de l'eau minérale? (Marie)
Marie boit de l'eau minérale.

1. Qui boit du coca? (Paul et moi, nous) Paul et moi, nous buvons du coca.

2. Qui boit du lait? (Anne et Jérémy) Anne et Jérémy boivent du lait.

3. Qui boit du chocolat? (Papa et toi, vous) Papa et toi, vous buvez du chocolat.

4. Qui boit de l'eau? (tu) Tu bois de l'eau.

Ce soir on va au restaurant. (Paris)

5. Qui boit du thé? (Martine)   Martine boit du thé.
6. Qui boit du café? (je)   Je bois du café.

This is an optional activity.

19. Comment dit-on en français?

JACQUES:	Whom are you taking (along) to the restaurant tonight, Thierry?
THIERRY:	I'm taking a new friend, Jean-Marc. We're eating with two young Americans (girls). We like to eat dinner with Americans (girls) a lot because they're very nice.
JACQUES:	I hope that you like Coca-Cola and milk. Americans drink a lot of Coke and milk.
THIERRY:	By the way, Jacques, Patricia is English, isn't she?
JACQUES:	Of course.
THIERRY:	And how is she (doing)?
JACQUES:	Very well. Tonight we're going to the restaurant with Charles, an old friend of Patricia's family.
THIERRY:	I hope that you like tea.

Qui emmènes-tu au restaurant ce soir, Thierry?

J'emmène un nouvel ami, Jean-Marc. Nous mangeons avec deux jeunes Américaines. Nous aimons beaucoup dîner avec des Américaines parce qu'elles sont très gentilles.

J'espère que tu aimes le Coca-Cola et le lait. Les Américains boivent beaucoup de coca et beaucoup de lait.

À propos, Jacques, Patricia est anglaise, n'est-ce pas?

Bien sûr.

Et comment va-t-elle?

Très bien. Ce soir nous allons au restaurant avec Charles, un vieil ami de la famille de Patricia.

J'espère que tu aimes le thé.

Prononciation

le son [ɛ]

The French è is pronounced [ɛ], like the sound of the letters "ai" in the English word "air."

Stress again the difference between the sounds [e] and [ɛ].

achète	emmène
après	espère
cuillère	interprète
élève	très

The sound [ɛ] is also found in many combinations of letters. It can be written as

* **-ai** or **-ai** + consonant (except **l**),

ai	m**ai**son
f**ai**s	r**ai**sin
fr**ai**se	vr**ai**ment

* **-ette**

Ann**ette**	Col**ette**
assi**ette**	disqu**ette**
cass**ette**	servi**ette**

* or **-el(le)**.

app**elle**	hôt**el**
b**el**	Mich**el**
b**elle**	nouv**elle**
elle	s**el**

Lecture

Des éclairs pour le petit déjeuner?

Il est sept heures et demie du matin. C'est Sandra qui va chez le boulanger° pour la famille Laurent. Sandra est la correspondante° anglaise de Martine, et elle reste avec les Laurent. Elle adore les boulangeries françaises. Monsieur et Madame Laurent veulent des petits pains. Yves, le frère° de Martine, voudrait deux croissants, non, trois croissants au beurre et un pain au lait. Il a faim! Martine veut deux brioches,° non, une brioche parce qu'elle ne veut pas grossir.

baker

pen pal

brother

muffin-shaped roll

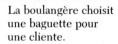

La boulangère choisit
une baguette pour
une cliente.

Un petit déjeuner
traditionnel

SPECIALITE
6F.00

Oh, les belles pâtisseries!

Enfin, Sandra arrive à la boulangerie. Oh là là! Ça sent° bon!   smells
La boulangère, qui est toujours très gentille, choisit une
baguette° pour une cliente. Il y a beaucoup de sortes de   long loaf of bread
pâtisseries:° des éclairs, des tartes, des gâteaux et des crois-   pastries
sants. C'est trop beau. Sandra regarde les pâtisseries, et
enfin, elle choisit des éclairs. Des éclairs pour tout le monde!

Ça fait 54 francs, s'il vous plaît. (Bayonne)

Ils vont être contents! Alors, elle achète deux éclairs pour Monsieur et Madame Laurent, quatre éclairs pour Yves et un éclair pour Martine. Ah! elle oublie. Elle aussi, elle veut des éclairs. Puis elle paie° la boulangère et voilà. C'est tout.

pays

Sandra rentre à la maison et donne les éclairs. Comment? Des éclairs pour le petit déjeuner?

Wkbk. 15

Répondez en français par des phrases complètes.

1. Où va Sandra? — Elle va chez le boulanger.
2. Qui est Sandra? — C'est la correspondante anglaise de Martine.
3. Qu'est-ce que Sandra adore? — Elle adore les boulangeries françaises.
4. Qui veut des petits pains? — Monsieur et Madame Laurent veulent des petits pains.
5. Pourquoi est-ce qu'Yves voudrait trois croissants et un pain au lait? — Parce qu'il a faim.
6. Combien de brioches Martine veut-elle? — Elle veut une brioche.
7. La boulangère est-elle désagréable? — Non, elle est toujours très gentille.
8. Quelles pâtisseries y a-t-il? — Il y a des éclairs, des tartes, des gâteaux et des croissants.
9. Combien d'éclairs achète Sandra en tout? — Elle achète neuf éclairs en tout.
10. Sandra va-t-elle grossir? — Oui, elle va grossir.

À propos

1. D'habitude, qu'est-ce que les Français mangent au petit déjeuner?
2. Qu'est-ce qu'ils boivent?
3. Préférez-vous le petit déjeuner français ou le petit déjeuner américain?

This proverb suggests that a thing never seems more beautiful than when it is completely new.

Proverbe

Tout nouveau, tout beau. *All new, all beautiful.*

HÔTEL - RESTAURANT
BEAUSÉJOUR

LOGIS
DE FRANCE

MONSEC
24340 MAREUIL sur BELLE
Tél. 53.60.92.45

MAQUETTE: ÉDITIONS RENE - 24340 Mareuil sur Belle

Interaction et application pratique

À deux

1. With your partner create an original eight-line dialogue in French between a waiter/waitress and a customer at a French restaurant. You may order a certain menu or **à la carte** items and something to drink. Also order a dessert. At the end, call the waiter/waitress and ask for and pay the check. Use only expressions you have learned so far. Then learn your parts and present your dialogue to the class.

2. You and your partner are planning a dinner for your friends. Make separate lists in French of six things that must be done first. Then share your ideas with each other and with the class to see which dinner sounds the best.

   MODÈLE: **Il faut préparer un menu.**

3. Now you must decide who will do what to prepare for your dinner. Looking at the lists of preparations that both you and your partner have just finished, make two separate lists showing who will assume which responsibilities. Then each partner will report to the class what he/she is doing to prepare for the dinner.

   MODÈLE: **Tu vas préparer le dîner.**
   Je vais faire des courses.

4. Take turns with your partner telling each other what you generally eat and drink for each meal. Use only vocabulary words that you have learned so far. Compare results.

   MODÈLE: **Pour le petit déjeuner je mange du pain, et je bois du lait.**

5. With your partner take turns telling each other which meals, foods and restaurants you don't like and then which ones you prefer. You may disagree on some things and agree on others.

> MODÈLE: —**Je n'aime pas le petit déjeuner. Je préfère le dîner. Et toi?**
> —**Je n'aime pas le dîner. Je préfère le déjeuner.**
> ou
> **Moi aussi, je préfère le dîner.**

6. After finishing Activity 5, take turns reporting to the class what both you and your partner dislike and then what you prefer. With your classmates compile the results of this survey.

> MODÈLE: **Nous n'aimons pas les épinards. Nous préférons les frites.**

En groupes

7. Imagine that your group owns a French restaurant. Create a menu showing the different dishes or foods that you offer but use only expressions that you've already learned. Along with each dish, list its price in French francs. After you have designed your menu, display it on the bulletin board for all to see and compare.

8. With your group plan a French family's breakfast, lunch and dinner for one day. List all the foods and beverages that they will consume. You may use the active vocabulary words you've already learned plus French expressions from the **Actualités culturelles** and the **Lectures** from **Leçons 9–12**. Also list the items needed to set the table for each meal. Then compare your plans with those from other groups.

Vocabulaire actif

noms

une addition   *bill, check (at a restaurant)*

une assiette   *plate*

le besoin: avoir besoin de   *to need*

le beurre   *butter*

une boulangerie   *bakery*

un chocolat   *chocolate; hot chocolate*

la confiture   *jam*

un couteau   *knife*

un couvert   *place setting*

Cuillère can also be spelled cuiller. une cuillère   *spoon*

le déjeuner   *lunch*

   le petit déjeuner   *breakfast*

le dîner   *dinner, supper*

une fourchette   *fork*

un garçon   *waiter*

le lait   *milk*

un menu   *menu*

une mousse   *mousse*

un poisson   *fish*

le poivre   *pepper*

un poulet   *chicken*

un régime   *diet*

un saumon   *salmon*

le sel   *salt*

un serveur, une serveuse   *waiter, waitress*

une serviette   *napkin*

le sucre   *sugar*

une tarte   *pie*

une tasse   *cup*

le thé   *tea*

un verre   *glass*

le vin   *wine*

adjectifs

beau, bel, belle   *beautiful, handsome*

blanc, blanche   *white*

frais, fraîche   *fresh, cool*

gentil, gentille   *nice*

minéral(e)   *mineral*

nouveau, nouvel, nouvelle   *new*

verbes

appeler   *to call*

avoir besoin de   *to need*

boire   *to drink*

commander   *to order*

commencer   *to begin, to start*

emmener   *to take (someone) along*

espérer   *to hope*

il/elle/on voudrait   *he/she/one would like*

répéter   *to repeat*

expressions diverses

cent   *(one) hundred*

que   *that; what*

---

expression courante

bien sûr   *of course*

The Belgian city of Liège is the capital of its province.

This poster invites people to visit Liège.

Xavier adore le café liégeois

Café liégeois is the passive vocabulary word in the dialogue. It will be used in answers to questions in the Compréhension section of this review lesson.

ALAIN:	Il est deux heures et j'ai toujours faim. Je veux une glace.
XAVIER:	Alors, allons à Liège.[1]
ALAIN:	À Liège? Pourquoi Liège?
XAVIER:	Parce que moi aussi, je veux manger une glace.
ALAIN:	Comment? Aller à Liège pour une glace?
XAVIER:	Une glace, non. Mais un café liégeois, oui![2]

> **Notes culturelles**
> 1. Located in the eastern part of Belgium, Liège is an important river port and steel-producing city.
> 2. **Le café liégeois** is not just any ice cream. It's made with rich coffee-flavored ice cream and topped with **crème chantilly** (*whipped cream*). Originally a specialty of the city of Liège, it remains highly appreciated throughout the French-speaking world.

You can find **café liégeois** all over France and Belgium.

Compréhension

Répondez en français.

1. Qu'est-ce que Xavier adore?   Il adore le café liégeois.
2. Qui a toujours faim?   Alain a toujours faim.
3. Où Xavier veut-il aller?   Il veut aller à Liège.
4. Où est Liège?   Liège est en Belgique.
5. Pourquoi vont-ils à Liège?   Parce que Xavier veut un café liégeois.
6. Où trouve-t-on le café liégeois?   On trouve le café liégeois en Belgique et en France.

À propos

1. Aimez-vous la glace?
2. Mangez-vous souvent de la glace?
3. D'habitude, maigrit-on quand on mange trop de glace?
4. Avez-vous toujours faim?
5. Avez-vous besoin de commencer un régime?

Activités

1. Marc and Philippe are two young reporters for your newspaper on assignment in Chad (**le Tchad**). You are worried about them, so you phone your bureau in N'djamena, the capital. Ask questions about them.

    MODÈLE: où / être
    Où sont-ils?

    1. comment / aller   Comment vont-ils?
    2. qu'est-ce que / faire   Qu'est-ce qu'ils font?
    3. où / habiter   Où habitent-ils?
    4. qu'est-ce que / vouloir   Qu'est-ce qu'ils veulent?
    5. qu'est-ce que / manger   Qu'est-ce qu'ils mangent?
    6. est-ce que / boire assez d'eau   Est-ce qu'ils boivent assez d'eau?
    7. où / travailler   Où travaillent-ils?
    8. est-ce que / voyager dans le pays   Est-ce qu'ils voyagent dans le pays?

    Answers:
    1. Comment allez-vous?
    2. Qu'est-ce que vous faites?
    3. Où habitez-vous?
    4. Qu'est-ce que vous voulez?
    5. Qu'est-ce que vous mangez?

2. Just as you finish asking these questions, Marc and Philippe walk into the office in N'djamena. You can now ask them your questions directly. Repeat **Activité 1**, using the **vous** form of each indicated verb.

    MODÈLE: où / être
    Où êtes-vous?

    6. Est-ce que vous buvez assez d'eau?
    7. Où travaillez-vous?
    8. Est-ce que vous voyagez dans le pays?

3. Imagine that you are either Marc or Philippe. Answer the preceding questions, using the **nous** form of each verb. Then give these same answers in the **je** form, as if you were the only reporter in Chad.

Answers to this **Activité** will vary and do not appear here.

Au supermarché . . .

on achète de la viande . . .

You may want students to use the more polite conditional tense form (**je voudrais**) in **Activités 4** and **5**.

4. Your neighbor Mrs. Lemoine has a broken leg. You offer to get groceries for her. When you ask her if she has enough of certain things, she says she doesn't and tells you she'd like some. Play both roles.

MODÈLE: bifteck
—**Avez-vous assez de bifteck?**
—**Non, je veux du bifteck.**

1. tomates — —Avez-vous assez de tomates? —Non, je veux des tomates.
2. café — —Avez-vous assez de café? —Non, je veux du café.
3. cerises — —Avez-vous assez de cerises? —Non, je veux des cerises.
4. petits gâteaux — —Avez-vous assez de petits gâteaux? —Non, je veux des petits gâteaux.

et des fruits .

Céline adore les
petits gâteaux.

5. carottes   —Avez-vous assez de carottes? —Non, je veux des carottes.

6. poulet   —Avez-vous assez de poulet? —Non, je veux du poulet.

7. sucre   —Avez-vous assez de sucre? —Non, je veux du sucre.

8. bifteck haché   —Avez-vous assez de bifteck haché? —Non, je veux du bifteck haché.

5. Now that you know what your neighbor wants, you need to know quantities. Ask her, and then give her answer.

MODÈLE: bifteck / deux biftecks
—Combien de biftecks voulez-vous?
—Je veux deux biftecks.

1. tomates / deux kilos   —Combien de tomates voulez-vous? —Je veux deux kilos de tomates.

2. café / un kilo   —Combien de café voulez-vous? —Je veux un kilo de café.

3. cerises / trois kilos   —Combien de cerises voulez-vous? —Je veux trois kilos de cerises.

4. petits gâteaux / deux boîtes   —Combien de petits gâteaux voulez-vous? —Je veux deux boîtes de petits gâteaux.

5. carottes / un kilo   —Combien de carottes voulez-vous? —Je veux un kilo de carottes.

6. poulet / deux poulets   —Combien de poulets voulez-vous? —Je veux deux poulets.

7. sucre / trois boîtes   —Combien de sucre voulez-vous? —Je veux trois boîtes de sucre.

8. bifteck haché / deux kilos   —Combien de bifteck haché voulez-vous? —Je veux deux kilos de bifteck haché.

6. After you return from the grocery store, tell your neighbor how much each item costs.

MODÈLE: deux biftecks / 30F le bifteck
Deux biftecks coûtent soixante francs.

1. deux kilos de tomates / 11F 50 le kilo   Deux kilos de tomates coûtent vingt-trois francs.

2. un kilo de café / 42F le kilo   Un kilo de café coûte quarante-deux francs.

3. trois kilos de cerises / 19F 50 le kilo   Trois kilos de cerises coûtent cinquante-huit francs cinquante.

4. deux boîtes de petits gâteaux / 27F la boîte   Deux boîtes de petits gâteaux coûtent cinquante-quatre francs.

5. un kilo de carottes / 9F le kilo   Un kilo de carottes coûte neuf francs.

6. deux poulets / 26F le poulet   Deux poulets coûtent cinquante-deux francs.

7. trois boîtes de sucre / 8F la boîte   Trois boîtes de sucre coûtent vingt-quatre francs.

8. deux kilos de bifteck haché / 30F le kilo   Deux kilos de bifteck haché coûtent soixante francs.

Vous aimez les
pique-niques?
(Suisse)

7. Mr. Masson has done some computations, but he wants you to check his figures. Answer his questions.

> MODÈLE: Combien font 30 et 30?
> **Soixante.**

1. Combien font 27 et 27?   Cinquante-quatre.
2. Combien font 60 moins 35?   Vingt-cinq.
3. Combien font 20 et 13?   Trente-trois.
4. Combien font 50 moins 39?   Onze.
5. Combien font 14 et 43?   Cinquante-sept.
6. Combien font 33 et 9?   Quarante-deux.
7. Combien font 55 moins 15?   Quarante.
8. Combien font 100 moins 40?   Soixante.

8. Ajoutez à chaque phrase la forme convenable de l'adjectif entre parenthèses et répétez. Attention à la place de l'adjectif!

1. Le français est une langue. (vivant)   Le français est une langue vivante.
2. Serge a une amie. (petit)   Serge a une petite amie.
3. Ce sont des pays. (européen)   Ce sont des pays européens.
4. Je n'aime pas les villes. (grand)   Je n'aime pas les grandes villes.
5. Qui a une idée? (bon)   Qui a une bonne idée?
6. Voilà un livre. (intéressant)   Voilà un livre intéressant.
7. Où sont les tomates? (gros)   Où sont les grosses tomates?
8. Tu as des copains. (sympathique)   Tu as des copains sympathiques.

LES GRANDES CHAUSSURES VONT DANS UNE GRANDE BOITE.

9. Stéphanie wants to know who is buying certain things for the picnic you're planning. Tell her.

> MODÈLE: Qui achète le bifteck haché? (Martin)
> **Martin achète le bifteck haché.**

You may point out that the definite article instead of the partitive is used after **acheter** when a specific amount is implied.

1. Et le pain? (je)   J'achète le pain.
2. Et les légumes? (tu)   Tu achètes les légumes.
3. Et les fruits? (nous)   Nous achetons les fruits.
4. Et la moutarde? (Carole)   Carole achète la moutarde.
5. Et le coca? (les garçons)   Les garçons achètent le coca.
6. Et le gâteau? (Anne et toi, vous)   Anne et toi, vous achetez le gâteau.
7. Et la glace? (Laure et Paul)   Laure et Paul achètent la glace.
8. Et les assiettes? (nous, on)   Nous, on achète les assiettes.

Qu'est-ce qu'Élise
va acheter à la
boulangerie?

Qu'est-ce que
vous allez boire?

10. Écrivez une phrase convenable au futur en employant **aller** + infinitif. Employez aussi les mots clés qui sont indiqués en ajoutant les articles. Ces mots ne sont pas en ordre.

MODÈLE: aller / frites / Xavier / manger
Xavier va manger des frites.

1. maison / les Durand / demain / rester / aller

   Les Durand vont rester à la maison demain.

2. tu / États-Unis / aller / voyager / ne...pas

   Tu ne vas pas voyager aux États-Unis.

3. ce soir / aller / télé / nous / regarder

   Nous allons regarder la télé ce soir.

4. préparer / ne...pas / filles / déjeuner / aller

   Les filles ne vont pas préparer le déjeuner.

5. je / menu / commander / cinquante francs / aller

   Je vais commander le menu à cinquante francs.

6. petits gâteaux / aller / Élise / boulangerie / acheter

   Élise va acheter des petits gâteaux à la boulangerie.

7. donner / belles cerises / épicier / cliente / aller

   L'épicier va donner de belles cerises à la cliente.

8. vous / boire / aller / qu'est-ce que / dîner / avec

   Qu'est-ce que vous allez boire avec le dîner?

11. Complétez chaque phrase avec la forme convenable du verbe **avoir**, **boire**, **faire**, **falloir** ou **vouloir**.

1. Xavier, tu ___ besoin de maigrir?
2. Mme Tourget ___ boire du café.
3. J' ___ faim. Il ___ manger tout de suite.
4. Martine et Sophie ___ un voyage au Canada.
5. Où ___-vous mal, Monsieur?
6. Je ___ un tour en vélo avec Papa.
7. Les copains ___ beaucoup quand ils ___ soif.
8. Nous ___ du français chaque soir.

as

veut

ai/faut

font

avez

fais

boivent/ont

faisons

12. Someone at school is doing a study for psychology class. Answer the following questionnaire.

MODÈLE: Quel cours préférez-vous?
Je préfère le cours de français.

Answers to **Activités** 12 and 13 will vary and do not appear here.

1. Quel professeur préférez-vous?
2. Quelle ville préférez-vous?
3. Quel pays préférez-vous?
4. Quel restaurant préférez-vous?
5. Quelle viande préférez-vous?
6. Quels légumes préférez-vous?
7. Quels fruits préférez-vous?
8. Quel dessert préférez-vous?

13. The next part of the questionnaire asks about you and your family. Answer using the **nous** form of the verb.

MODÈLE: Où habitez-vous?
Nous habitons à la Nouvelle-Orléans.

1. Combien êtes-vous?
2. Avez-vous une maison ou un appartement?
3. Voyagez-vous ensemble?
4. Faites-vous des courses ensemble?
5. Qu'est-ce que vous buvez au petit déjeuner?
6. Mangez-vous ensemble?

La rue Toulouse à la
Nouvelle-Orléans

7. À quelle heure commencez-vous le dîner?

8. Préférez-vous la cuisine américaine ou la cuisine française?

14. With a partner or by yourself make a list of ten different things that you think are good.

MODÈLES: a) **La glace est bonne.**
b) **Les fruits sont bons.**

Repeat this activity, listing things that are new and then those that are old. Share your lists with the class and compare ideas.

Le Café du Monde à
la Nouvelle-Orléans

15. Joëlle knows something about one or more persons or things, but she wonders about some others. Answer her questions.

MODÈLE: Lionel est jeune. Et Annie?
Elle est jeune aussi.

1. La serveuse est gentille. Et le serveur?   Il est gentil aussi.
2. Les petits gâteaux sont beaux. Et la tarte?   Elle est belle aussi.
3. L'immeuble est vieux. Et les maisons?   Elles sont vieilles aussi.
4. Les cerises sont belles. Et les haricots verts?   Ils sont beaux aussi.
5. M. Bouchard est jeune. Et Mme Bouchard?   Elle est jeune aussi.
6. Les amis de Caroline sont gentils. Et les amies de Jean?   Elle sont gentilles aussi.

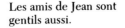

Les amis de Jean sont
gentils aussi.

De petits hôtels . . . et des villages belges

7. Le magnétophone est nouveau. Et les écouteurs?

Ils sont nouveaux aussi.

8. L'école est vieille. Et le lycée?

Il est vieux aussi.

16. Refaites les phrases suivantes au pluriel.

MODÈLE: C'est un prix intéressant.
Ce sont des prix intéressants.

Ce sont les nouveaux incorruptibles

1. C'est un bon client.

Ce sont de bons clients.

2. C'est une belle pomme.

Ce sont de belles pommes.

3. C'est une serveuse sympathique.

Ce sont des serveuses sympathiques.

4. C'est un vieil homme.

Ce sont de vieux hommes.

5. C'est un petit hôtel.

Ce sont de petits hôtels.

6. C'est une fille contente.

Ce sont des filles contentes.

7. C'est un village belge.

Ce sont des villages belges.

8. C'est une idée géniale.

Ce sont des idées géniales.

17. Choisissez l'expression de la liste suivante qui complète chaque phrase.

addition	kilos
boulangerie	sel et du poivre
fourchette	tasse
fruits	ventre
légumes	verre

1. On va à la ___ quand on veut acheter du pain.   boulangerie
2. Le client voudrait deux ___ de fraises.   kilos
3. Quand on mange trop de pommes vertes, on a mal au
   ___.   ventre
4. Les framboises et les cerises sont des ___.   fruits
5. Les épinards et les pommes de terre sont des ___.   légumes
6. La ___ est à gauche de l'assiette.   fourchette
7. On boit de l'eau dans un ___ et du café dans une ___.   verre/tasse
8. Y a-t-il du ___ pour la viande?   sel et du poivre
9. Après le dîner au restaurant vous demandez l'___.   addition

18. Comment dit-on en français?   This is an optional activity.

MME MASSON:	Finally, Miss Boussard, you're finishing the work.	Enfin, Mlle Boussard, vous finissez le travail.
MLLE BOUSSARD:	No, Ma'am. I want to finish but the computer isn't very good.	Non, Madame. Je veux finir, mais l'ordinateur n'est pas très bon.
MME MASSON:	Oh no! You're right. We must do something right away. Which computer do you have?	Oh là là! Vous avez raison. Il faut faire quelque chose tout de suite. Quel ordinateur avez-vous?
MLLE BOUSSARD:	The "Digital One." Why don't we buy the "Digital Sixty?"	Le "Digital Un". Pourquoi est-ce qu'on n'achète pas le "Digital Soixante"?
MME MASSON:	Because we don't have enough money.	Parce que nous n'avons pas assez d'argent.
MLLE BOUSSARD:	Is there any coffee left? I'm very thirsty.	Est-ce qu'il reste du café? J'ai très soif.
MME MASSON:	There's not any coffee, but there's a lot of tea. Do you want milk and sugar?	Il n'y a pas de café, mais il y a beaucoup de thé. Voulez-vous du lait et du sucre?
MLLE BOUSSARD:	No, thanks. I don't drink tea. I hope that we eat before one o'clock because I'm very hungry, too.	Non, merci. Je ne bois pas de thé. J'espère que nous mangeons avant une heure parce que j'ai très faim aussi.

Unité 4

La mode et les quatre saisons

Leçon 13   Les habits et les achats

Leçon 14   Des vacances et une fête

Leçon 15   Le temps, les saisons et les fêtes

Leçon 16   Fêtes en famille

Christian Dior

LUNETTES. MOD. 2428
CHEZ LES OPTICIENS SPECIALISES.

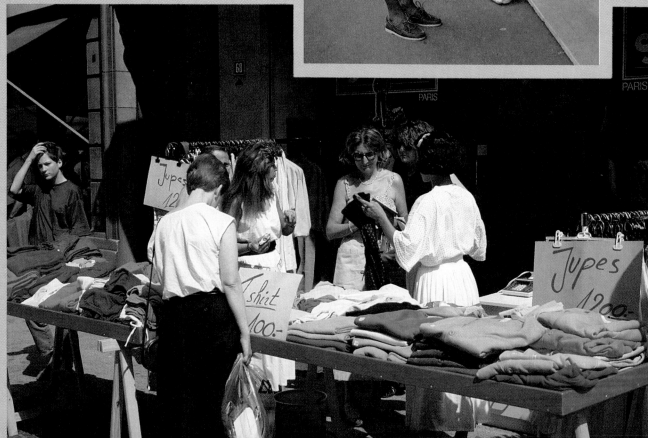

Louis Féraud
PARIS

Prêt-à-porter féminin

STOPPT MAL!

Printemps 75009
64, Bd Haussmann, Paris

Leçon 13

Communicative Functions

- talking about shopping for clothes
- asking prices
- naming items of clothing and their colors
- describing what people are wearing
- talking about age
- counting from 61–999

Sylvie a de la chance

Achats and **vendeur,
vendeuse** are the passive
vocabulary words in this
dialogue.

Voudrais is the conditional
tense form for **je** and **tu.**
Voudrait was introduced in
Leçon 12.

SYLVIE:	Je voudrais voir les jupes, s'il vous plaît.
LA VENDEUSE:	Vous cherchez une jupe de quelle couleur?
SYLVIE:	Une jupe blanche et en solde.
LA VENDEUSE:	Vous avez de la chance. Les jupes sont en solde aujourd'hui.
SYLVIE:	Alors, elles sont ici sur le trottoir, n'est-ce pas?
LA VENDEUSE:	C'est ça, avec les pulls et les manteaux.*
LA VENDEUSE:	Vous voyez quelque chose que vous aimez?
SYLVIE:	Je crois que oui. Combien coûtent la jupe blanche et le manteau bleu?
LA VENDEUSE:	La jupe coûte deux cent soixante-dix-neuf francs, et le manteau, huit cent quatre-vingt-quinze francs.

* Masculine singular nouns and adjectives that end in **-eau** form their plurals by adding **-x.**

Note culturelle
When department stores and specialty shops in French-speaking countries have sales, they often display these items outside on the sidewalk.

Vous aimez les jeans? (Monte Carlo)

Tout est en solde. (Paris)

Compréhension

Répondez en français.

1. Qu'est-ce que Sylvie veut acheter? — Elle veut acheter une jupe.
2. Elle cherche une jupe de quelle couleur? — Elle cherche une jupe blanche.
3. Qui a de la chance? — Sylvie a de la chance.
4. Pourquoi est-ce que Sylvie a de la chance? — Parce que les jupes sont en solde.
5. Où sont les jupes? — Elles sont sur le trottoir.
6. Qu'est-ce que Sylvie aime? — Elle aime la jupe blanche et le manteau bleu.
7. Est-ce que Sylvie demande le prix des pulls? — Non, elle ne demande pas le prix des pulls.
8. Combien coûtent le manteau et la jupe? — Le manteau coûte huit cent quatre-vingt-quinze francs, et la jupe coûte deux cent soixante-dix-neuf francs.

À propos

1. Est-ce que vous aimez les habits?
2. Quels habits voulez-vous acheter?
3. Est-ce que vous achetez souvent des habits en solde?
4. Où allez-vous chercher des habits?
5. Combien de manteaux avez-vous?

Expansion

All words in the **Expansion** are active vocabulary.

Qu'est-ce qu'ils portent?

Voici Sylvie, et elle porte déjà les nouveaux habits.

un chemisier

une jupe

un manteau

des chaussures (f.)

☐ rouge

☐ blanc

☐ bleu

☐ noir

—De quelle couleur est le nouveau manteau de Sylvie?

—Il est bleu, et la nouvelle jupe est blanche. Sylvie porte aussi un chemisier rouge.

—Tiens, ce sont aussi les couleurs du drapeau français: bleu, blanc, rouge.

Jean-Luc est le petit frère de Sylvie. Voici Jean-Luc.

Frère was introduced as passive vocabulary in **Leçon** 12.

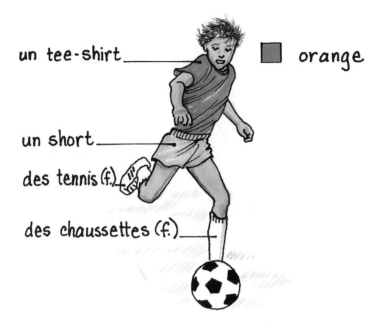

un tee-shirt _____ █ orange

un short _____

des tennis (f.) _____

des chaussettes (f.) _____

Il porte souvent un tee-shirt, un short, des chaussettes et des tennis parce qu'il est sportif. Jean-Luc a treize ans. Quel âge avez-vous?

Expressions of age will be presented later in this lesson.

BOUTIQUE LACOSTE

Le grand frère de Sylvie s'appelle Christophe, et il a dix-huit ans. D'habitude, il porte un tee-shirt avec un blue-jean,* mais aujourd'hui il est très chic.

une chemise _____   ☐ rose

une veste _____   ■ bleu marine

un pantalon _____   ■ gris

    ■ marron

Help students pronounce the nasal sound [ã] correctly in **pantalon** [pãtalɔ̃] and **manteau** [mãto].

The invariable adjective **marron** will be presented later in this lesson.

Les chaussures de Christophe sont marron. De quelle couleur sont les autres habits?

prêt-à-porter masculin - féminin

daniel hechter
paris

* The word for a pair of pants (**un pantalon**) is singular, and so is a pair of jeans (**un blue-jean**). **Blue-jean** and **tee-shirt**, of American origin, are now commonly used in French.

Voici Monsieur Laurent. Il porte un costume.

une cravate _____ ■ vert

un costume _____ □ beige

Et voici Madame Laurent.
Elle porte une jolie robe violette, un chapeau jaune et des chaussures blanches.

un chapeau _____ □ jaune

une robe _____ ■ violet

Be sure students correctly
pronounce the sound [ɔ] in
robe. It's like the open **o** in
école.

Wkbk. 1
Wkbk. 2
Wkbk. 3

Activités

1. Identifiez les habits suivants.

> MODÈLE: Qu'est-ce que c'est?
> **C'est une jupe.**

1. Qu'est-ce que c'est?
   C'est une veste.

2. Qu'est-ce que c'est?
   C'est un blue-jean.

3. Qu'est-ce que c'est?
   C'est une robe.

4. Qu'est-ce que c'est?
   Ce sont des chaussures.

5. Qu'est-ce que c'est?
   C'est un pantalon.

6. Qu'est-ce que c'est?
   C'est un chapeau.

7. Qu'est-ce que c'est?
   Ce sont des chaussettes.

8. Qu'est-ce que c'est?
   C'est un costume.

9. Qu'est-ce que c'est?
   C'est une chemise.

10. Qu'est-ce que c'est?
    C'est un chemisier.

La mer Méditerranée est très bleue. (Saint-Raphaël)

2. Your little sister is learning the colors. Answer her questions.

> MODÈLE: De quelle couleur est le sel?
> **Il est blanc.**

1. De quelle couleur est la pêche?   Elle est jaune et orange.
2. De quelle couleur sont les fraises?   Elles sont rouges.
3. De quelle couleur sont les petits pois?   Ils sont verts.
4. De quelle couleur est le beurre?   Il est jaune.
5. De quelle couleur est la nuit?   Elle est noire.
6. De quelle couleur est le lait?   Il est blanc.
7. De quelle couleur est la mer Méditerranée? Elle est bleue.
8. De quelle couleur est le drapeau américain? Il est rouge, blanc et bleu.

3. Répondez aux questions d'après l'**Expansion**.

> MODÈLE: De quelle couleur sont les chaussures de Madame Laurent?
> **Elles sont blanches.**

1. Qui a de nouveaux habits?   Sylvie a de nouveaux habits.
2. Est-ce que Sylvie porte un pull?   Non, elle porte un chemisier.
3. Qu'est-ce que Jean-Luc porte souvent? Il porte souvent un tee-shirt, un short, des chaussettes et des tennis.
4. Qui est sportif?   Jean-Luc est sportif.
5. Quel âge a Jean-Luc?   Il a treize ans.
6. Qu'est-ce que Monsieur Laurent porte? Il porte un costume.
7. De quelle couleur est le costume de M. Laurent? Il est beige.
8. Est-ce que la cravate de M. Laurent est violette? Non, elle est verte.
9. Est-ce que Madame Laurent porte une jupe? Non, elle porte une robe.

4. You've described the Laurent family to Édouard, but he makes mistakes later when trying to recall the details. Correct him, according to the **Expansion**.

> MODÈLE: Jean-Luc porte un costume?
> **Non, M. Laurent porte un costume.**

1. Sylvie porte un vieux manteau bleu?
   Non, elle porte un nouveau manteau bleu.
2. Aujourd'hui Jean-Luc est très chic?
   Non, aujourd'hui Christophe est très chic.
3. Christophe a treize ans?
   Non, il a dix-huit ans.
4. D'habitude, Christophe porte un costume?
   Non, d'habitude, il porte un tee-shirt avec un blue-jean.
5. Les chaussures de Christophe sont noires?
   Non, elles sont marron.
6. M. Laurent porte un costume bleu marine?
   Non, il porte un costume beige.
7. Mme Laurent porte une robe bleue?
   Non, elle porte une robe violette.
8. Les couleurs du drapeau français sont noir, rouge et jaune?
   Non, les couleurs du drapeau français sont bleu, blanc et rouge.

5. Michèle, the fashion columnist for your school newspaper, wants to interview you for her next article. Answer her questions.

Answers to this **Activité** will vary and do not appear here.

> MODÈLE: Quelle couleur préfères-tu?
> **Je préfère**....

Au lycée on porte . . .

. . . des habits chic

. . . et aussi des jeans et des tennis.

Est-ce que les habits sont en solde?

Vous voulez un jean américain? (Monte Carlo)

Voici les nouveaux modèles.

1. Qu'est-ce que tu portes aujourd'hui?
2. Vas-tu porter un manteau demain?
3. As-tu un pull blanc?
4. Es-tu sportif (sportive)?
5. Préfères-tu les nouveaux jeans ou les vieux jeans?
6. Le prof de français porte-t-il souvent un jean en classe?
7. Qui porte souvent de nouveaux habits?
8. Qui est très chic aujourd'hui?

6. Stéphanie tells you what certain people want to buy. Tell her that these people are lucky, since these things are on sale now.

> MODÈLE: Papa veut acheter un pantalon.
> **Il a de la chance. Les pantalons sont en solde maintenant.**

1. Moi, je veux acheter un blue-jean.
2. Maman veut une robe.
3. M. et Mme Martin veulent acheter des chaussures.

Tu as de la chance. Les blue-jeans sont en solde maintenant.
Elle a de la chance. Les robes sont en solde maintenant.
Ils ont de la chance. Les chaussures sont en solde maintenant.

Point out that the plural of **blue-jean** is **blue-jeans.**

Un pull différent

Ils regardent des cravates chic.

4. Anne-Marie et moi, nous voulons des pulls.
5. Martine et Mylène cherchent des chemisiers.
6. Henri cherche une veste.
7. Tu veux acheter une cravate.
8. Giselle et toi, vous espérez trouver des manteaux.

Vous avez de la chance. Les pulls sont en solde maintenant.

Elles ont de la chance. Les chemisiers sont en solde maintenant.

Il a de la chance. Les vestes sont en solde maintenant.

J'ai de la chance. Les cravates sont en solde maintenant.

Nous avons de la chance. Les manteaux sont en solde maintenant.

Structure et usage

le présent des verbes irréguliers *croire* et *voir*

The verbs **croire** (*to believe, to think*) and **voir** (*to see*) follow the same pattern in their present tense forms.

croire		
je **crois**	Je **crois** que oui.	I think so.
tu **crois**	Tu **crois** qu'il a raison.	You believe (that) he's right.
il/elle/on **croit**	Marc **croit**-il Paul?	Does Marc believe Paul?
nous **croyons**	Nous ne **croyons** pas Paul.	We don't believe Paul.
vous **croyez**	Vous **croyez** tout.	You believe everything.
ils/elles **croient**	**Croient**-ils l'histoire?	Do they believe the story?

voir		
je **vois**	Je ne **vois** pas bien.	I don't see well.
tu **vois**	Tu **vois** tout.	You see everything.
il/elle/on **voit**	Sophie **voit**-elle le tableau noir?	Does Sophie see the blackboard?
nous **voyons**	Nous **voyons** Guy ce soir.	We're seeing Guy tonight.
vous **voyez**	**Voyez**-vous souvent Jean?	Do you see John often?
ils/elles **voient**	Qu'est-ce qu'elles **voient**?	What do they see?

Model the sentences for student repetition. Emphasize the sounds [waj] in **croyons, croyez, voyons** and **voyez**. You may do some exercises from singular to plural, declarative to interrogative and affirmative to negative, or vice versa.

Wkbk. 4
Wkbk. 5

7. Jean-Pierre makes statements that only certain people believe. Tell him who believes them.

> MODÈLES: a) Il faut être à l'heure. (tu)
> **Tu crois qu'il faut être à l'heure.**
>   b) Les jupes sont en solde. (vous)
> **Vous croyez que les jupes sont en solde.**

Modèles:
a) Je crois que oui. (nous)
  Nous croyons que oui.
b) Elle voit les habits.
  Voit-elle les habits?
c) On croit le prof.
  On ne croit pas le prof.

1. La France est un beau pays. (les Français)

Les Français croient que la France est un beau pays.

2. Tout est nouveau. (je)

Je crois que tout est nouveau.

3. On mange des petits gâteaux pour le petit déjeuner. (Sandra)

Sandra croit qu'on mange des petits gâteaux pour le petit déjeuner.

4. Les Américains boivent beaucoup de Coca-Cola. (nous)

Nous croyons que les Américains boivent beaucoup de Coca-Cola.

La France est un beau pays.

Les habits en solde sont souvent sur le trottoir.

Paul porte un jean.

5. Les habits sont en solde maintenant. (Josiane et toi, vous)

Josiane et toi, vous croyez que les habits sont en solde maintenant.

6. La cuisine française est bonne. (tu)

Tu crois que la cuisine française est bonne.

7. Les blue-jeans sont chic. (Paul)

Paul croit que les blue-jeans sont chic.

8. Le prof a raison. (Véronique et Katia)

Véronique et Katia croient que le prof a raison.

8. Éric wants to know who's doing certain things. Tell him who other people think it is.

MODÈLE: Qui fait la cuisine? (je / Denis)
Je crois que Denis fait la cuisine.

1. Qui porte un costume? (tu / Papa)

Tu crois que Papa porte un costume.

2. Qui achète une nouvelle robe? (les copines / je)

Les copines croient que j'achète une nouvelle robe.

3. Qui regarde la télé? (nous / Maman)

Nous croyons que Maman regarde la télé.

4. Qui voyage en Italie? (vous / les Durand)

Vous croyez que les Durand voyagent en Italie.

5. Qui va au marché? (je / vous)

Je crois que vous allez au marché.

6. Qui cherche un appartement? (Myriam / nous)

Myriam croit que nous cherchons un appartement.

7. Qui reste à la maison ce soir? (David / tu)

David croit que tu restes à la maison ce soir.

8. Qui demande l'addition? (les garçons / les filles)

Les garçons croient que les filles demandent l'addition.

Papa porte un costume.

Les dames parlent au marché. (Saint-Jean-Pied-de-Port)

9. The following people all see something. Tell what they see.

MODÈLE: Sylvie / les pulls sur le trottoir
Sylvie voit les pulls sur le trottoir.

1. je / le train à la gare
   Je vois le train à la gare.
2. Papa / les nouveaux habits de Sylvie
   Papa voit les nouveaux habits de Sylvie.
3. nous / une belle tarte
   Nous voyons une belle tarte.
4. les filles / le tableau noir
   Les filles voient le tableau noir.
5. tu / l'immeuble des Pajaud
   Tu vois l'immeuble des Pajaud.
6. les parents / l'océan Atlantique
   Les parents voient l'océan Atlantique.
7. la cliente / quelque chose qu'elle aime
   La cliente voit quelque chose qu'elle aime.
8. vous / une bonne place
   Vous voyez une bonne place.

On voit l'océan Atlantique. (les Landes)

Trouve-t-elle quelque chose qu'elle aime? (Paris)

For additional practice have students substitute forms of **voir** for **croire** in the following:

1. Je crois que la veste est trop petite.
   Je vois que la veste est trop petite.

2. Nous croyons toujours le médecin.
   Nous voyons toujours le médecin.

3. Croyez-vous tout?
   Voyez-vous tout?

4. Tu ne crois pas Henri.
   Tu ne vois pas Henri.

5. Qu'est-ce que Sylvie croit?
   Qu'est-ce que Sylvie voit?

6. Hervé et Claudine croient qu'on est sympa ici.
   Hervé et Claudine voient qu'on est sympa ici.

Les Galeries Lafayette à Montparnasse (Paris)

Les Galeries Lafayette, a major Parisian department store, is mentioned in the **Actualité culturelle** of this lesson.

10. Complétez chaque phrase du dialogue suivant avec la forme convenable de **voir**.

Sylvie et Mireille passent devant les Galeries Lafayette, et elles ____ que tout est en solde.   voient

MIREILLE:	Qu'est-ce que tu ____?	vois
SYLVIE:	Je ____ des chaussures noires. Elles sont très jolies.	vois
L'EMPLOYÉE:	Vous ____ quelque chose que vous aimez?	voyez
MIREILLE:	Oui, Madame. Nous ____ les robes en solde.	voyons
SYLVIE:	Mais, on ne ____ pas bien les prix.	voit

quelques autres expressions avec *avoir*

You've already learned various expressions where the verb **avoir** is used in French instead of the verb "to be." Another of these expressions is **avoir de la chance** (*to be lucky*).

Vous avez de la chance parce que tout est en solde.	*You're lucky because everything is on sale.*

French speakers also use **avoir** to ask and answer questions about someone's age.

—Quel âge avez-vous?	*How old are you?*
Quel âge a M. Laurent?	*How old is Mr. Laurent?*
—J'ai quinze ans.	*I'm fifteen (years old).*
Il a quarante-cinq ans.	*He's forty-five (years old).*

Wkbk. 6
Wkbk. 7

Note that the words "years old" may be omitted in English, but **an(s)** must always be used in French.

11. Pascale tells you certain things. Tell her if the people in parentheses are or are not lucky as a result of these things.

MODÈLES: a)   Marc est à l'heure. (Marc)
Marc a de la chance.

On a de la chance parce
que le pain est frais.
(Bayonne)

b) Marc est en retard. (Marc)
    Marc n'a pas de chance.

1. Les habits sont en solde. (je)   J'ai de la chance.
2. Nous avons mal au ventre. (nous)   Nous n'avons pas de chance.
3. Il n'y a pas de frites. (Xavier)   Xavier n'a pas de chance.
4. La boulangerie a du pain frais. (vous)   Vous avez de la chance.
5. L'épicier n'a pas de carottes.   Les clientes n'ont pas de chance.
   (les clientes)
6. Il faut rester à la maison ce soir.   Les enfants n'ont pas de chance.
   (les enfants)
7. Lionel emmène Annie dans un   Annie a de la chance.
   restaurant très chic. (Annie)
8. Tu grossis. (tu)   Tu n'as pas de chance.

12. Luc wants to know how old the following people are. Answer his questions.

   MODÈLE: Quel âge a M. Laurent? (45)
             Il a quarante-cinq ans.

1. Quel âge a Mlle Brun? (24)   Elle a vingt-quatre ans.
2. Quel âge a le prof d'anglais? (35)   Il a trente-cinq ans.
3. Quel âge a le médecin? (50)   Il a cinquante ans.
4. Quel âge ont les copines? (17)   Elles ont dix-sept ans.

Quel âge ont-ils?

5. Quel âge ont les Verdier? (60)   Ils ont soixante ans.
6. Quel âge as-tu? (15)   J'ai quinze ans.
7. Quel âge est-ce que j'ai? (15)   Tu as quinze ans.
8. Alors, quel âge avons-nous? (15)   Nous avons quinze ans.

les couleurs

Adjectives of color follow the nouns they describe and generally have regular feminine forms.

J'aime la veste noire avec le pantalon noir.

But note the following exceptions:

* **Blanc** and **violet** have irregular feminine forms.

    La dame porte un chapeau blanc et une robe blanche.
    J'achète un chemisier violet et une jupe violette.

* **Marron**, **orange** and **bleu marine** do not change in the feminine and plural forms. (The adjective **chic** doesn't vary, either.)

    Il porte une cravate marron.
    Avez-vous des pulls orange?
    J'adore les costumes chic.

All nouns of color are masculine.

Le rouge est une belle couleur, mais je n'aime pas le jaune.

You may have students guess which colors their classmates like or don't like. Ask Pierre, for example, **Quelles couleurs est-ce que Françoise aime?** After Pierre responds, using **le** before each color, Françoise says if he's right or not.

Wkbk. 8

13. Mrs. Desjardins wants specific items of clothing that your store doesn't have. Offer her the alternatives in parentheses.

Vous avez des pulls blancs?

Non, mais nous avons des vestes blanches.

MODÈLE: Vous n'avez pas de chemisiers gris? (chemises)
          Non, mais nous avons des chemises grises.

1. Vous n'avez pas de vestes bleues? (manteaux)

   Non, mais nous avons des manteaux bleus.

2. Vous n'avez pas de pantalons blancs? (cravates)

   Non, mais nous avons des cravates blanches.

3. Vous n'avez pas de shorts orange? (jupes)

   Non, mais nous avons des jupes orange.

4. Vous n'avez pas de chapeaux violets? (chaussettes)

   Non, mais nous avons des chaussettes violettes.

5. Vous n'avez pas de robes vertes? (chemisiers)

   Non, mais nous avons des chemisiers verts.

6. Vous n'avez pas de chaussures marron? (costumes)

   Non, mais nous avons des costumes marron.

7. Vous n'avez pas de tee-shirts chic? (pulls)

   Non, mais nous avons des pulls chic.

8. Vous n'avez pas de jeans noirs? (tennis)

   Non, mais nous avons des tennis noires.

«Pour ma couleur préférée, je préfère Woolite Couleurs»

14. Now Mrs. Desjardins wants colors that your store doesn't have. Answer her questions in the negative, and offer her the color in parentheses.

   MODÈLE: Vous avez des chemisiers violets? (blanc)
             Non, mais nous avons des chemisiers blancs.

1. Vous avez des robes bleues? (gris)

   Non, mais nous avons des robes grises.

2. Y a-t-il des chaussures roses? (marron)

   Non, mais il y a des chaussures marron.

3. Vous avez des chapeaux verts? (rouge)

   Non, mais nous avons des chapeaux rouges.

4. Vous avez des tee-shirts orange? (bleu)

   Non, mais nous avons des tee-shirts bleus.

5. Vous avez des pulls rouges? (orange)

   Non, mais nous avons des pulls orange.

6. Vous avez des chemises beiges? (violet)

   Non, mais nous avons des chemises violettes.

7. Vous avez des cravates noires? (blanc)

   Non, mais nous avons des cravates blanches.

8. Y a-t-il des jupes jaunes? (vert)

   Non, mais il y a des jupes vertes.

Pulls CACHEMIRE

Combien coûtent
les tee-shirts?
(Paris)

les nombres de 61 à 999

Model all numbers for
student repetition. Then
have students take turns
counting in French from
60–100. Students may also
play **Loto** with these
numbers. (This game was
described in **Leçon 4.**)

The numbers from 70 to 99 are formed differently from the lower numbers.
The numbers 70–79 begin with **soixante**, and the numbers 80–99 begin with
quatre-vingt(s).

60	soixante		80	quatre-vingts
61	soixante et un		81	quatre-vingt-un
62	soixante-deux		82	quatre-vingt-deux
63	soixante-trois		83	quatre-vingt-trois
64	soixante-quatre		84	quatre-vingt-quatre
65	soixante-cinq		85	quatre-vingt-cinq
66	soixante-six		86	quatre-vingt-six
67	soixante-sept		87	quatre-vingt-sept
68	soixante-huit		88	quatre-vingt-huit
69	soixante-neuf		89	quatre-vingt-neuf
70	soixante-dix		90	quatre-vingt-dix
71	soixante et onze		91	quatre-vingt-onze
72	soixante-douze		92	quatre-vingt-douze
73	soixante-treize		93	quatre-vingt-treize
74	soixante-quatorze		94	quatre-vingt-quatorze
75	soixante-quinze		95	quatre-vingt-quinze
76	soixante-seize		96	quatre-vingt-seize
77	soixante-dix-sept		97	quatre-vingt-dix-sept
78	soixante-dix-huit		98	quatre-vingt-dix-huit
79	soixante-dix-neuf		99	quatre-vingt-dix-neuf

In Belgium and Switzerland
70 is **septante**, 80 is **octante**
and 90 is **nonante**.

100	cent
101	cent un
102	cent deux
200	deux cents
201	deux cent un
300	trois cents
900	neuf cents

Remind students that the **t**
in **cent** is silent before a
consonant sound (**cent
places**) and pronounced
before a noun beginning
with a vowel sound (**cent
ans**).

Make sure that students
don't insert **et** in the
number **cent un**. There is
no **liaison** between **cent** and
un.

ATTENTION: 1. **Et** is omitted in 81 and 91.
2. The **s** is dropped from **quatre-vingts** in 81–99.
   On a quatre-vingts clients et quatre-vingt-une places.
3. **Un** never precedes **cent** (*one hundred*).
   J'ai des billets de cent francs.   *I have some one-hundred franc bills.*
4. Multiples of **cent** end in **s**. But, if **cent** is not the last word of the number, the **s** is dropped.
   La robe coûte trois cents francs, et la veste, sept cent cinquante francs.

After reviewing the numbers from 0–69, you may give students some addition and subtraction problems with numbers from 0–999.

Wkbk. 9
Wkbk. 10
Wkbk. 11

15. A French friend has told you the following telephone numbers to call when you get to Paris. Repeat them to make sure you have understood correctly.

Allô? Est-ce que je suis au 47.42.96.76?

MODÈLE: 46.01.00.16
           quarante-six, zéro un, zéro zéro, seize

1. 42.67.96.08   quarante-deux, soixante-sept, quatre-vingt-seize, zéro huit
2. 44.53.87.16   quarante-quatre, cinquante-trois, quatre-vingt-sept, seize
3. 49.02.76.82   quarante-neuf, zéro deux, soixante-seize, quatre-vingt-deux
4. 40.98.27.71   quarante, quatre-vingt-dix-huit, vingt-sept, soixante et onze
5. 45.69.46.37   quarante-cinq, soixante-neuf, quarante-six, trente-sept
6. 48.84.94.13   quarante-huit, quatre-vingt-quatre, quatre-vingt-quatorze, treize
7. 41.30.79.25   quarante et un, trente, soixante-dix-neuf, vingt-cinq
8. 47.62.95.50   quarante-sept, soixante-deux, quatre-vingt-quinze, cinquante

16. Your teacher has planned a field trip and wants to know how much money each student has to take along. Tell how many francs everyone has.

MODÈLE: Combien d'argent Valérie a-t-elle? (100F)
           Elle a cent francs.

Combien d'argent a Kiki?

1. Et combien d'argent a Henri? (72F)   Il a soixante-douze francs.
2. Et Suzanne? (80F)   Elle a quatre-vingts francs.
3. Et Robert? (96F)   Il a quatre-vingt-seize francs.
4. Et toi? (105F)   J'ai cent cinq francs.
5. Et vous deux? (195F)   Nous avons cent quatre-vingt-quinze francs.

6. Et Annette? (71F) Elle a soixante et onze francs.
7. Et Alain? (81F) Il a quatre-vingt-un francs.
8. Et Isabelle? (91F) Elle a quatre-vingt-onze francs.

17. Mr. Arnaud asks the price of various items on sale in the store where you work. Tell him the cost of the pictured items.

MODÈLE: 300F

Le pantalon coûte trois cents francs.

Yves Saint Laurent est en solde.

1. 99F
Le short coûte quatre-vingt-dix-neuf francs.

2. 800F
La veste coûte huit cents francs.

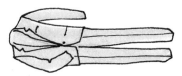

3. 990F
Le costume coûte neuf cent quatre-vingt-dix francs.

4. 170F
La chemise coûte cent soixante-dix francs.

5. 80F 60
La cravate coûte quatre-vingt francs soixante.

6. 580F
Les chaussures coûtent cinq cent quatre-vingts francs.

7. 775F
Le manteau coûte sept cent soixante-quinze francs.

8. 295F
Le pull coûte deux cent quatre-vingt-quinze francs.

18. Comment dit-on en français?

This is an optional activity.

Marcel and Angèle are looking for new clothes.

Marcel et Angèle cherchent de nouveaux habits.

MARCEL: We're lucky because everything is on sale today. Do you see anything that you like?

Nous avons de la chance parce que tout est en solde aujourd'hui. Est-ce que tu vois quelque chose que tu aimes?

ANGÈLE: Oh yes. I see a beautiful green dress for three hundred ninety francs.

Ah oui. Je vois une belle robe verte pour trois cent quatre-vingt-dix francs.

MARCEL: I believe that I'm going to look over there. I want to buy a suit.

Je crois que je vais regarder là-bas. Je veux acheter un costume.

ANGÈLE: A suit? But you always wear jeans and T-shirts.

Un costume? Mais tu portes toujours des jeans et des tee-shirts.

MARCEL: You're right, but I'm taking Christine (along) to (*dans*) a very stylish restaurant tonight.

Tu as raison, mais j'emmène Christine dans un restaurant très chic ce soir.

Rédaction (*Composition*)

In a magazine, newspaper or other printed material find a picture of someone dressed in an outfit that you like. Then write a description in French of this outfit, telling the color of each item of apparel for which you know the French word. See how many items you can describe. Attach your description to the picture, and display it with those of your classmates on the bulletin board for all to see and compare.

Prononciation

le son [k]

The sound [k] in French is different from the sound of "k" in English. In producing the French sound, no air escapes from the mouth. To see if you pronounce the French [k] correctly, hold a sheet of paper about two inches in front of your mouth. They say the following sentences without making the paper move.

De quelle couleur est la cravate?
Carole et Colette boivent du Coca-Cola.
Nicolas croit que les carottes coûtent quatre francs.
Combien de Canadiens ont des copains américains?
À quelle heure commence le cours?
Qui croit Claude?

After repeating these sentences, students may go to the board and write them from dictation.

Yves Saint Laurent is a popular French designer.

The paper should move only when you pronounce the English word of each pair below.

French	English
carte	card
capitale	capital
cuisine	cuisine

Review from **Leçon 12** the sound [s] of ç before **a**, **o** and **u**.

The sound [k] is written as **c** (before **a**, **o** or **u**), **k**, **qu** or final **q**.

Actualité culturelle

Department Stores and Boutiques

The elegance, good taste and originality of French fashions are famous throughout the world. Paris, as the center of high fashion (**haute couture**), houses the leading designers (**couturiers**). Every season designers such as Saint Laurent, Lanvin, Cardin and Dior invite a carefully selected group of fashion critics, important clients and store representatives to view their new collections and order the latest creations. Many designers also create and sell their own perfume (**parfum**) and other beauty products. For instance, when you see the name Chanel, you think of perfume as well as fashion. It's hard to pass by stylish boutiques like those of Ted Lapidus and Ungaro on the **rue du Faubourg St-Honoré** without stopping to take a look at their displays.

The **rue du Faubourg St-Honoré** (Paris)

A woman can wear designers' perfume as well as their clothes.

French men
match their
companions
in style and
elegance.
(Martinique)

Whether they can afford a designer original or not, the French tend to be very aware of their personal appearance and especially of their clothes. Since they like to be well dressed, they follow fashion very closely. One of their favorite pastimes is window shopping, preferably with a friend on Sunday afternoons along favorite streets. Men as well as women browse in fashion boutiques. Usually very style conscious, French men also enjoy buying clothes.

Department stores like **Printemps** and the **Galeries Lafayette** swarm with customers, especially when there are sales. There you can find anything for anyone, because they sell clothing for all members of the family plus items for the home. Those shoppers who need to take a break can stop at the restaurant on the top floor. France has fewer malls than the United States. They appeal mainly to young people who like to browse in the modern setting of a shopping center (**centre commercial**).

Boutiques offer more
personal attention.

The French have a natural
flair for style.

Also particularly popular with young people are the renovated inner-city
areas, reserved for pedestrians. There shoppers, curiosity seekers and casual
strollers often mingle. Buying T-shirts and blue jeans always interests teen-
agers. These originally American items never seem to go out of style. Now
made and styled in France and in other European countries, jeans and T-shirts
have a distinctive European look or cut. You can find popular American
brands of jeans in France but at a much higher price. Some T-shirts feature
our cartoon hero Snoopy. He's successfully broken the language barrier, since
his French is just as good as his English.

Although department stores and shopping centers attract most of the customers, many people still prefer small shops or boutiques that are more personal
and relaxing. They find it more pleasant to try on something quietly, without
hassle and with the advice of a helpful, smiling salesperson. There, too, they
can find items of apparel or an outfit (**ensemble**) that no one else has. Whether
in department stores, malls, boutiques or on the sidewalk, the French enjoy
shopping for clothes. But they remember that quality is more important than
quantity.

Wkbk. 12
Wkbk. 13

Proverbe

L'habit ne fait pas le moine.   *Clothing doesn't make the monk.*

See if students can
interpret this proverb to
mean that clothes don't
make the man. This
proverb suggests that one
should not judge a person
by the way he/she dresses.
The English proverb is
"Don't judge a book by its
cover."

Interaction et application pratique

À deux

1. With your partner create an original dialogue in French between a salesperson and a customer in a French clothing store. If you are the customer,

begin by exchanging greetings with the salesperson who asks what you want to buy. Tell him/her what you're looking for. He/she shows you the item in colors that you don't like. Then ask to see the clothes on sale. You see something, say that it's pretty and ask for its price. The salesperson quotes a price under 500 francs. Pay with a 500-franc bill. The salesperson gives you change (**la monnaie**). Finally thank him/her and say "Good-bye." Use only expressions you have learned so far. Then learn your parts and present your dialogue to the class.

2. Take turns with your partner describing what each other is wearing, telling the color of each item. Describe only those items for which you know the French word. Then present descriptions to the entire class.

> MODÈLE: **Aujourd'hui tu portes un pull rose, des blue-jeans, des chaussettes blanches et des tennis blanches.**

3. Alternating with your partner, count from 60 to 100 in French.

> MODÈLE: Élève 1: **soixante**
> Élève 2: **soixante et un**
> Élève 1: **soixante-deux**
> Élève 2: **soixante-trois**

Next count by twos from 101 to 201.

> MODÈLE: Élève 1: **cent un**
> Élève 2: **cent trois**
> Élève 1: **cent cinq**
> Élève 2: **cent sept**

Finally count from 100 to 490 by tens.

> MODÈLE: Élève 1: **cent**
> Élève 2: **cent dix**
> Élève 1: **cent vingt**
> Élève 2: **cent trente**

4. Using the question **Combien font. . .?**, create five addition and subtraction problems to be solved by your partner. Remember not to use numbers higher than 999 in either your problems or answers. Take turns asking and answering questions.

> MODÈLE: Combien font deux cents et cent quarante?
> **Deux cents et cent quarante font trois cent quarante.**

5. Imagine that you're traveling in Belgium. You've entered the country with bills of 20, 50 and 100 French francs that you need to exchange for Belgian francs. (About six Belgian francs equal one French franc.) With your partner, who plays the role of the clerk at the money exchange bureau, act out the following dialogue five times, each time using one of the following amounts of French francs: 100, 70, 120, 40, 160. Then reverse roles.

> MODÈLE: —**Voilà cent cinquante francs français. Je voudrais des francs belges, s'il vous plaît.**
> —**D'accord. Voilà neuf cents francs belges.**

Les prix sont en francs luxembourgeois.

Vous aimez les petites boutiques?
(Monte Carlo)

6. Now with your partner repeat Activity 5 in reverse. You've entered France with Belgian francs that you need to exchange for French francs.

MODÈLE:　—**Voilà neuf cents francs belges. Je voudrais des francs français, s'il vous plaît.**
　　　　　—**D'accord. Voilà cent cinquante francs français.**

Tous ensemble

7. With your classmates play **Dring** in French. (This game was described in **Leçon 4**.) Pick a number less than 10 and count off in French from 0–100. Remember to say **Dring** each time the selected number, one containing it or a multiple of it comes up.

8. With your classmates play **Qui suis-je**? ("Who am I?") in French. One student secretly selects a classmate, comes to the front of the room and answers questions from the class trying to determine the identity of the mystery student. Classmates may ask questions answerable by "yes" or "no." The person who correctly guesses who the mystery student is can pick the next one and answer questions from the class.

MODÈLE:　Élève 1:　**Qui suis-je?**
　　　　　Élève 2:　**Es-tu un garçon?**
　　　　　Élève 1:　**Oui, je suis un garçon.**
　　　　　Élève 3:　**Portes-tu une chemise marron?**
　　　　　Élève 1:　**Non, je ne porte pas de chemise marron.**
　　　　　Élève 4:　**Portes-tu un pull vert?**
　　　　　Élève 1:　**Oui, je porte un pull vert.**
　　　　　Élève 5:　**Es-tu François?**
　　　　　Élève 1:　**Oui, c'est ça.**

Vocabulaire actif

noms

un âge *age*
   Quel âge avez-vous? *How old are you?*
un blue-jean (jean) *(pair of) jeans*
la chance *luck*
un chapeau *hat*
une chaussette *sock*
une chaussure *shoe*
une chemise *shirt*
un chemisier *blouse*
un costume *man's suit*
une couleur *color*
   de quelle couleur *what color*

une cravate *necktie*
un drapeau *flag*
les habits (m.) *clothes*
une jupe *skirt*
un manteau *coat*
un pantalon *(pair of) pants*
un pull (un pull-over) *sweater*
une robe *dress*
un short *(pair of) shorts*
un tee-shirt *T-shirt*
des tennis (f.) *tennis shoes*
un trottoir *sidewalk*
une veste *sport coat, jacket*

adjectifs

beige *beige*
bleu marine *navy blue*
chic *stylish*
gris(e) *gray*
jaune *yellow*
marron *brown*

noir(e) *black*
orange *orange*
rose *pink*
rouge *red*
sportif, sportive *athletic*
violet, violette *purple*

Other adjectives of color — **blanc, bleu** and **vert** — have been introduced in previous lessons.

verbes

avoir . . . ans *to be . . . (years old)*
avoir de la chance *to be lucky*
croire *to believe, to think*
   Je crois que oui. *I think so.*
porter *to wear; to carry*
voir *to see*
je/tu voudrais *I/you would like*

expressions diverses

en solde *on sale*
quatre-vingt-dix *ninety*
quatre-vingts *eighty*
soixante-dix *seventy*

Boutique
BOURCIER PICHEREAU
TAILLEUR CHEMISIER
COSTUMES - VESTES - PANTALONS...
IMPERMEABLES - PULLS - CHEMISES - etc...
18, rue Gaston-Hulin à POITIERS
OUVERT de 9 h à 19 h sans interruption

Des vacances et une fête

Leçon 14

Communicative Functions

- naming the days of the week
- making vacation plans
- expressing ownership
- talking about tests and grades
- talking about winter sports

All words in the dialogue are active vocabulary. (**Encore** was introduced as passive vocabulary in **Leçon** 10.)

Le prof va rendre le contrôle.

Aimez-vous faire du ski? (Cauterets)

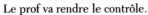

Arnaud perd la tête

Use of the definite article with parts of the body will be explained later in this lesson.

Jeanne et Arnaud déjeunent à l'école.

JEANNE: Quel jour sommes-nous?

ARNAUD: Nous sommes mercredi. Pourquoi?

JEANNE: Dans trois jours c'est le week-end, et les vacances commencent.[1]

ARNAUD: Oh là là!

JEANNE: La semaine prochaine je vais faire du ski[2] avec ma copine Arielle. Et toi?

ARNAUD: Oh là là!

The idiomatic expression **Qu'est-ce que tu as?** is explained in this lesson.

JEANNE: Qu'est-ce que tu as? Tu perds la tête?

Make sure your students know that **préféré** is used as an adjective in this sentence and is not a form of the verb **préférer**.

ARNAUD: Oh là là! J'ai un gros problème. Le ski est mon sport préféré, mais si je ne réussis pas en maths, je ne vais pas en vacances.

JEANNE: Et tes parents attendent ta note,[3] bien sûr.

You may point out that **attendre** (*to wait for*) is a false cognate.

ARNAUD: Oui, mon prof va rendre notre contrôle vendredi, et je crois que je vais encore avoir une mauvaise note.

JEANNE: Pourquoi?

You may point out to students that Arnaud repeats the expression **Oh là là!** three times in this dialogue because indeed **Arnaud perd la tête**.

ARNAUD: Parce que je réponds mal sous pression. Je perds la tête.

Notes culturelles
1. French schools close for a week during the month of February, and many people go skiing in the Alps or Pyrenees.
2. Skiing is the most popular winter sport in France, Switzerland, Italy and Austria. These countries have many of the best ski slopes in the world.
3. French students are graded on a scale from one to twenty points. The highest grade is twenty, and the lowest passing grade is ten.

Répondez-vous bien sous pression?

Ils font du ski avec leurs amis. (Cauterets)

Compréhension

Répondez en français.

1. Quel jour est-ce? — C'est mercredi.
2. Combien de jours y a-t-il avant les vacances? — Il y a trois jours avant les vacances.
3. Où va Jeanne la semaine prochaine? — Elle va faire du ski.
4. Qui va faire du ski avec Jeanne? — Arielle va faire du ski avec Jeanne.
5. Si Arnaud réussit en maths, où va-t-il? — Il va en vacances.
6. Quand est-ce que le professeur de maths va rendre le contrôle? — Il va rendre le contrôle vendredi.
7. Est-ce qu'Arnaud croit qu'il va avoir une bonne note? — Non, il croit qu'il va avoir une mauvaise note.
8. Est-ce qu'Arnaud répond bien ou mal sous pression? — Il répond mal sous pression.

À propos

1. Allez-vous en vacances la semaine prochaine?
2. Aimez-vous faire du ski?
3. Est-ce que vous réussissez en maths?
4. Avez-vous de bonnes notes en français?
5. Est-ce que les contrôles de français sont très faciles?
6. Répondez-vous bien ou mal sous pression?
7. Perdez-vous souvent la tête?

Expansion

la semaine de vacances de Jeanne

All words in the **Expansion** are active vocabulary. (**Frère** was introduced as passive vocabulary in **Leçon 12.**)

Point out that on French calendars Monday is the first day of the week.

Wkbk. 1
Wkbk. 2
Wkbk. 3

lundi:*	Jeanne arrive à Cauterets.[1]
mardi:	Elle fait du ski avec son ami Michel.
mercredi:	Elle fait du ski avec son amie Arielle.
jeudi:	Elle fait du ski et va au restaurant avec ses amis.
vendredi:	Elle fait du ski avec son frère.
samedi:	Le matin** elle va à Gavarnie.[2] Le soir elle va danser.
dimanche:	Elle fait du ski de fond.

* Names of days of the week usually do not begin with a capital letter in French.
** Note that **le** before a part of the day means "in the." (**Le** before a day of the week shows repeated action and means "on.")

la semaine d'Arnaud

Pauvre Arnaud! Il ne va pas faire de ski, mais il ne perd pas son temps. Il étudie chaque jour.

Jeanne et Arielle attendent leurs vacances. Et vous?

les jours de la semaine

—Quels sont les jours de la semaine?
—Lundi, mardi, mercredi, jeudi, vendredi, samedi et dimanche.
—Quel est votre jour préféré?

Wkbk. 4

Jeanne va à Gavarnie.

Notes culturelles
1. Cauterets, a well-known ski resort in the Pyrenees, is famous for the curing waters of its thermal spas.
2. The **Cirque de Gavarnie**, located high in the Pyrenees near the Spanish border, is noted for its spectacular waterfalls and gigantic solar station.

There's great skiing in the Pyrenees.

Arnaud et ses copains attendent le week-end.

Activités

1. Complétez chaque phrase avec l'expression convenable d'après le dialogue d'introduction.

1. Aujourd'hui c'est ___.   d
   a. le week-end   b. une fête
   c. vendredi   d. mercredi

2. Les vacances commencent ___.   c
   a. dans deux jours   b. aujourd'hui
   c. dans trois jours   d. vendredi

3. Jeanne va faire du ski ___.   c
   a. mercredi   b. avec Arnaud
   c. la semaine prochaine   d. sous pression

4. Arnaud a ___.   b
   a. mal à la tête   b. un gros problème
   c. beaucoup de bonnes notes   d. des parents contents

5. Si Arnaud ___ en maths, il ne va pas en vacances.   a
   a. ne réussit pas   b. réussit
   c. a une bonne note   d. a un contrôle

6. Les parents d'Arnaud attendent ___.   a
   a. la note d'Arnaud   b. la tête d'Arnaud
   c. le prof   d. les vacances

7. Le prof d'Arnaud va rendre ___.   d
   a. un gros problème   b. les parents d'Arnaud
   c. la tête   d. un contrôle

8. Arnaud répond ___ sous pression.   b
   a. toujours   b. mal
   c. la semaine prochaine   d. bien

2. Your little brother is learning the days of the week. Answer his questions.

> MODÈLE: Quel est le jour après mardi?
> **C'est mercredi.**

1. Quel est le jour après vendredi?   C'est samedi.
2. Quel est le jour avant mardi?   C'est lundi.
3. Quel est le jour avant jeudi?   C'est mercredi.
4. Quel est le jour après mardi?   C'est mercredi.
5. Quel est le jour avant samedi?   C'est vendredi.
6. Quel est le jour après lundi?   C'est mardi.
7. Quel est le jour avant lundi?   C'est dimanche.
8. Quel est le jour après mercredi?   C'est jeudi.

3. Arnaud is so busy studying that he loses track of time. He's always one day behind. Correct his statements.

> MODÈLE: Jeanne va danser vendredi.
> **Non, elle va danser samedi.**

1. Aujourd'hui nous sommes mardi.   Non, aujourd'hui nous sommes mercredi.
2. Dans trois jours c'est vendredi.   Non, dans trois jours c'est samedi.
3. Le prof rend le contrôle jeudi.   Non, il rend le contrôle vendredi.
4. Jeanne arrive à Cauterets dimanche.   Non, elle arrive à Cauterets lundi.
5. Jeanne fait du ski avec Michel lundi.   Non, elle fait du ski avec Michel mardi.
6. Elle fait du ski avec Arielle mardi.   Non, elle fait du ski avec Arielle mercredi.
7. Elle va au restaurant mercredi.   Non, elle va au restaurant jeudi.
8. Jeanne fait du ski de fond samedi.   Non, elle fait du ski de fond dimanche.

Arnaud ne perd pas son temps.

Quand va-t-on aux cours en France?

4. Tell if Jeanne and Arnaud normally go to class at the times indicated below. (For a quick review, see the **Actualité culturelle** in **Leçon 3**.)

MODÈLE: le jeudi matin
On va aux cours le jeudi matin.

1. le vendredi soir   On ne va pas aux cours le vendredi soir.
2. le mercredi après-midi   On ne va pas aux cours le mercredi après-midi.
3. le mardi   On va aux cours le mardi.
4. le dimanche   On ne va pas aux cours le dimanche.
5. le jeudi matin   On va aux cours le jeudi matin.
6. le lundi après-midi   On va aux cours le lundi après-midi.
7. le samedi matin   On va aux cours le samedi matin.
8. le samedi après-midi   On ne va pas aux cours le samedi après-midi.

5. Répondez aux questions d'après les images.

MODÈLE: Qu'est-ce qu'Arnaud attend?
Il attend les vacances.

1. Quand est-ce que les vacances commencent?   Elles commencent samedi (le week-end).

2. Que font beaucoup de Français?   Ils font du ski.

3. Qui va rendre le contrôle?

Le prof va rendre le contrôle.

4. Voici la note de contrôle d'Arnaud. Est-elle bonne?

Non, elle est mauvaise.

5. Qu'est-ce qu'Arnaud perd sous pression?

Il perd la tête sous pression.

6. Qu'est-ce qu'Arnaud ne perd pas quand il étudie?

Il ne perd pas son temps quand il étudie.

7. Qu'est-ce que Jeanne va faire samedi?

Elle va danser.

8. Qu'est-ce qu'elle va faire dimanche?

Elle va faire du ski de fond.

6. Complétez chaque phrase avec la forme convenable du verbe de la liste suivante.

commencer	perdre
croire	répondre
faire	réussir
être	

1. Quel jour ____-nous?
2. Nous ____ les vacances samedi.
3. Jeanne et Arielle ____ du ski.
4. Je ____ toujours en français parce que j'étudie chaque jour.
5. ____-vous que vous allez réussir?
6. ____-tu bien sous pression?
7. Arnaud ____ la tête.
8. Jeanne ne ____ pas son temps.

sommes

commençons

font

réussis

Croyez

Réponds

perd

perd

Structure et usage

le présent des verbes réguliers en -re

Many French verbs have infinitives that end in **-re**. Most of these verbs are regular. To form the present tense of a regular -re verb such as **attendre** (*to wait for*), **perdre** (*to lose, to waste*), **rendre** (*to give back, to return*) or **répondre** (*to answer*), find its stem by removing the **-re** ending from its infin-

itive. Now add the endings (**-s, -s, —, -ons, -ez, -ent**) to the stem of the verb depending on the corresponding subject pronoun. Here is the present tense of **perdre**. Note that no ending is added to the stem in the **il/elle/on** form.

perdre		
je **perds**	Je **perds** tout.	I lose everything.
tu **perds**	Tu **perds** la carte.	You lose the map.
il/elle/on **perd**	**Perd**-il son temps?	Does he waste his time?
nous **perdons**	Nous ne **perdons** pas la tête.	We aren't losing our minds.
vous **perdez**	Vous **perdez** une chaussure.	You lose a shoe.
ils/elles **perdent**	Ils/Elles **perdent** cent francs.	They lose one hundred francs.

ATTENTION: 1. Of the five endings, only **-ons** and **-ez** are pronounced. The others are silent.
2. The **d** is silent in the singular forms and pronounced in the plural forms.
3. The **d** is pronounced [t] in the inverted forms of **il/elle/on**.
   Perd-il la tête?   Perd-elle le contrôle?
   [t]   [t]

Have students repeat these sentences in unison and then individually. Then have them do subject substitutions like the following.
Modèle:
Je perds la tête.
(tu/Thomas/les filles)
Tu perds la tête.
Thomas perd la tête.
Les filles perdent la tête.

You might have students conjugate the verbs **attendre, rendre** and **répondre** in these sentences.
J'attends les vacances.
Je n'attends pas l'autobus.
Est-ce que je réponds bien? Réponds-tu bien? etc.
Je rends l'argent au client.

Wkbk. 5

7. Pierre-Jean wants to know if the following people in your class answer well or poorly under pressure. Tell him how they answer, according to these grade indications:

0 à 4 = très mal; 5 à 11 = mal; 12 à 15 = bien; 16 à 18 = très bien; 19 à 20 = très, très bien

MODÈLE: toi / 15
Je réponds bien sous pression.

1. Thierry / 17   Thierry répond très bien sous pression.
2. moi / 8   Tu réponds mal sous pression.
3. Julie et Michelle / 16 et 18   Julie et Michelle répondent très bien sous pression.
4. toi / 15   Je réponds bien sous pression.
5. Anne et Marc / 3 et 4   Anne et Marc répondent très mal sous pression.
6. Élodie et toi / 13 et 15   Nous répondons bien sous pression.
7. Cécile et moi / 10 et 8   Vous répondez mal sous pression.
8. Marielle / 19   Marielle répond très, très bien sous pression.

8. Now repeat **Activité 7**, telling Pierre-Jean if these people do or do not lose their minds under pressure, as indicated by their grades.

MODÈLES: a)   toi / 15
                     Je ne perds pas la tête sous pression.
            b)   Carole et Marie / 3 et 7
                     Elles perdent la tête sous pression.

Answers:
1. Il ne perd pas la tête sous pression.
2. Tu perds la tête sous pression.
3. Elles ne perdent pas la tête sous pression.
4. Je ne perds pas la tête sous pression.

5. Ils perdent la tête sous pression.
6. Nous ne perdons pas la tête sous pression.
7. Vous perdez la tête sous pression.
8. Elle ne perd la tête sous pression.

9. You've just finished visiting a castle in the Loire Valley with your classmates. As some of you wait for the others to return to the bus, you see Marielle, who organized the tour. Ask her whom the following people are waiting for.

MODÈLE: Georges
Qui attend-il?

Chambord est un des châteaux de la Loire.

Quel tee-shirt
préférez-vous?

1. toi   Qui attends-tu?
2. Antoine et Jacques   Qui attendent-ils?
3. Marie-Laure   Qui attend-elle?
4. toi et moi   Qui attendons-nous?
5. Guy et toi   Qui attendez-vous?
6. Isabelle et Sophie   Qui attendent-elles?
7. Pierre   Qui attend-il?

10. Many people you know are not satisfied with the gifts they received. Tell what they are returning.

> MODÈLE: Jeanne / les chaussures
> **Jeanne rend les chaussures.**

1. tu / les chaussettes   Tu rends les chaussettes.
2. Marianne / l'ordinateur   Marianne rend l'ordinateur.
3. nous / les pulls   Nous rendons les pulls.
4. je / les jeans   Je rends les jeans.
5. Guillaume et Charles / les skis Guillaume et Charles rendent les skis.
6. vous / les cassettes   Vous rendez les cassettes.
7. Papa / la cravate rose   Papa rend la cravate rose.
8. Carole et Élodie / les tee-shirts Carole et Élodie rendent les tee-shirts.

Since the **passé composé** is not included in the first-year book, you may want to introduce it orally at this point so that students can use it in classroom activities. Its presentation and uses could be limited to **-er**, **-ir** and **-re** verbs conjugated with **avoir** and whose past participles are formed regularly. The **passé composé** will be introduced early in the second-year book.

11. Complétez les phrases avec la forme convenable du verbe entre parenthèses.

1. ___-vous les vacances? (attendre)   Attendez
2. Je ne ___ pas une minute. (perdre)   perds
3. Marielle ___ toujours bien en classe. (répondre) répond
4. Nous ___ les billets au guichet. (rendre)   rendons
5. On ___ six heures de New York à Paris. (perdre) perd

Qu'est-ce qu'elles
attendent?

6. Qu'est-ce que tu ___? (attendre) *attends*

7. Les élèves ___ souvent en français. (répondre) *répondent*

8. Sylvie et Mme Laurent ___ les habits.   (rendre) *rendent*

quelques expressions avec *avoir*, *faire* et *perdre*

Note the use of **avoir**, **faire** and **perdre** in the following expressions:

* **Qu'est-ce que** + subject + **avoir?** = What's wrong with...?

  Qu'est-ce que Sylvie a?   *What's wrong with Sylvie?*

* **faire du ski** = to go skiing, to ski
  faire du ski de fond = to go cross-country skiing, to cross-country ski

  —Fais-tu souvent du ski?   *Do you go skiing often?*
  —Oui, je fais du ski de fond.   *Yes, I go cross-country skiing.*

* **perdre la tête** = to lose one's mind

ATTENTION: In French the definite article usually precedes a part of the body.

perdre son temps = to waste one's time

Arnaud perd la tête sous pression. *Arnaud loses his mind under pressure.*

Wkbk. 6

Je ne perds pas mon temps.   *I don't waste my time.*

12. The following people aren't in class today. Ask what's wrong with them.

MODÈLE: Arnaud
          Qu'est-ce qu'il a?

1. le prof   Qu'est-ce qu'il a?

2. Denis et Claire Qu'est-ce qu'ils ont?

3. toi   Qu'est-ce que tu as?

4. Sara   Qu'est-ce qu'elle a?

5. toi et moi   Qu'est-ce que nous avons?

6. les copines   Qu'est-ce qu'elles ont?

7. Patrick et toi   Qu'est-ce que vous avez?

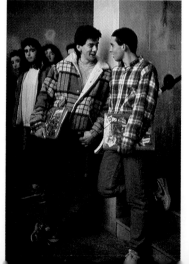

Les filles, qu'est-ce
qu'elles ont?

Ils font des
courses au
marché.
(Guadeloupe)

13. Complétez chaque phrase avec la forme convenable du verbe **avoir**, **faire**
ou **perdre**.

1. Béatrice ___ des courses au marché.
2. Les bons élèves ne ___ pas la tête sous pression.
3. Tu ___ de la chance.
4. Où ___-vous du ski?
5. J' ___ besoin d'appeler les parents.
6. Elles ne vont pas bien? Qu'est-ce qu'elles ___?
7. Est-ce qu'on ___ souvent son temps en classe?
8. Nous ___ très faim. Mangeons!

fait
perdent
as
faites
ai
ont
perd
avons

les adjectifs possessifs

Possessive adjectives show possession, relationship or ownership. Note the
different forms of each possessive adjective and how they correspond in
gender (masculine or feminine) and number (singular or plural) with the nouns
that follow.

	Singular			**Plural**
	Masculine	Feminine Before a Consonant Sound	Feminine Before a Vowel Sound	
my	mon	ma	mon	mes
your	ton	ta	ton	tes
his, her, one's, its	son } stylo	sa } maison	son } école	ses } parents
our	notre	notre	notre	nos
your	votre	votre	votre	vos
their	leur	leur	leur	leurs

Notre and votre are
pronounced [nɔtr(ə)] and
[vɔtr(ə)]. The sound [ɔ] is
like the open o in école.
The e is pronounced before
a word beginning with a
consonant sound but not
before a word beginning
with a vowel sound.

Samuel porte son
short aujourd'hui.
(Martinique)

ATTENTION: 1. The possessive adjective corresponds in gender and number with the noun it describes, not with the owner.

Leur maison (*f. sing.*) est grande.	*Their house is large.*
Son short (*m. sing.*) est nouveau.	*His/Her shorts are new.*
Notre prof (*m. sing.*) est sympa.	*Our teacher is nice.*
Mes notes (*f. pl.*) sont bonnes.	*My grades are good.*
Ses habits (*m. pl.*) sont beaux. [z]	*His/Her clothes are beautiful.*

2. **Son**, **sa** and **ses** may mean either "his," "her," "its" or "one's," depending on the gender of the owner.

Henri rend sa cravate.	*Henri returns his necktie.*
Jeanne commence son régime.	*Jeanne is starting her diet.*
Annie est avec ses amis.	*Annie is with her friends.*
J'aime la ville et son histoire.	*I like the city and its history.*
On ne perd pas son temps.	*One doesn't waste one's time.*

3. **Mon**, **ton** and **son** are also used before a feminine word beginning with a vowel sound.

Voilà mon ami Jean avec [n] mon amie Julie. [n]	*There's my friend John with my friend Julie.*
Voici ta jupe bleue. Où est ton autre jupe? [n]	*Here's your blue skirt. Where's your other skirt?*

4. Use **ton**, **ta** and **tes** with people you address as **tu**. Use **votre** and **vos** with people you address as **vous**.

Nicole, tu perds ton temps.	*Nicole, you're wasting your time.*
Monsieur, vous perdez votre temps.	*Sir, you're wasting your time.*

5. There is **liaison** after **mon**, **ton**, **son**, **mes**, **tes**, **ses**, **nos**, **vos** and **leurs** when the next word begins with a vowel sound.

Georges est mon ami.
　　　　　　[n]
Tes amis sont mes amis.
[z]　　　　　　[z]
Les professeurs sont avec leurs élèves.
　　　　　　　　　　　　　[z]

Have students repeat after you these French sentences, stressing the pronunciation of **mon** [mɔn] and **ton** [tɔn] before words beginning with a vowel sound. Then have students repeat after you the expressions below. Be careful to distinguish nasal [mɔ̃], [tɔ̃] and [sɔ̃] from non-nasal [mɔn], [tɔn] and [sɔn].

nasal
mon cours
mon livre
ton problème
son costume

non-nasal
mon hôtel
mon école
ton ami
son idée

La Cité de Carcassonne est de l'époque médiévale.

6. Generally the definite article, not the possessive adjective, precedes a part of the body.

Wkbk. 7
Wkbk. 8
Wkbk. 9
Wkbk. 10
Wkbk. 11
Wkbk. 12

    J'ai mal à la gorge.   *I have a sore throat.*
                                            (My throat is sore.)

    Il perd la tête.   *He's losing his mind.*

14. You believe that certain people you see are wasting their time. Tell them so, using either **tu** or **vous**, as appropriate.

    MODÈLE: le professeur
                Vous perdez votre temps.

1. les copains   Vous perdez votre temps.
2. un ami   Tu perds ton temps.
3. Arnaud   Tu perds ton temps.
4. une copine   Tu perds ton temps.
5. une serveuse   Vous perdez votre temps.
6. deux dames   Vous perdez votre temps.
7. un petit garçon   Tu perds ton temps.
8. un employé de gare   Vous perdez votre temps.

15. Say you don't like things that the following people have.

    MODÈLE: Christine / le tee-shirt
                Je n'aime pas son tee-shirt.

1. Jean-Pierre / la cassette   Je n'aime pas sa cassette.
2. Madame Bertier / le cours   Je n'aime pas son cours.
3. toi et moi / les places   Je n'aime pas nos places.
4. Antoine / l'idée   Je n'aime pas son idée.
5. Marie-France / les habits   Je n'aime pas ses habits.
6. M. et Mme Dupré / la boulangerie   Je n'aime pas leur boulangerie.
7. toi / la chemise   Je n'aime pas ta chemise.
8. Charles et toi / les chaussures   Je n'aime pas vos chaussures.
9. moi / les notes   Je n'aime pas mes notes.

Have students do this activity again, warning these people not to lose the following things.
Modèle:
le professeur / le dictionnaire
Il ne faut pas perdre votre dictionnaire.
1.   les copains / les billets
    Il ne faut pas perdre vos billets.
2.   un ami / les livres
    Il ne faut pas perdre tes livres.
3.   Arnaud / le contrôle
    Il ne faut pas perdre ton contrôle.
4.   une copine / la serviette
    Il ne faut pas perdre ta serviette.
5.   une serveuse / l'argent
    Il ne faut pas perdre votre argent.
6.   deux dames / les places
    Il ne faut pas perdre vos places.
7.   un petit garçon / le vélo
    Il ne faut pas perdre ton vélo.
8.   un employé de gare / le stylo
    Il ne faut pas perdre votre stylo.

16. Complétez chaque phrase avec la forme convenable de l'adjectif possessif qui correspond au sujet. (Complete each sentence with the right form of the possessive adjective which corresponds to the subject.)

> MODÈLE: Arnaud attend ___ note.
> **Arnaud attend sa note.**

1. Je cherche ___ amis.   mes
2. Nous rencontrons ___ parents.   nos
3. Ils trouvent ___ cahiers.   leurs
4. J'emmène ___ copine Julie au café.   ma
5. Denis va parler à ___ autre amie.   son
6. Ce soir nous allons voir ___ prof.   notre
7. Arnaud ne passe pas ___ vacances à Cauterets.   ses
8. M. Mollard, quel est ___ jour préféré?   votre
9. Comment passes-tu ___ week-ends?   tes

17. You see your older cousin for the first time in several years. As he refers to certain people and things, ask him where they are, using the appropriate possessive adjective.

> MODÈLE: La maison de Monsieur Lacombe est grande.
> **Où est sa maison?**

1. Mon appartement est petit.   Où est ton appartement?
2. L'immeuble de Cécile est là-bas.   Où est son immeuble?
3. Mes amis sont en vacances.   Où sont tes amis?
4. Ma copine Hélène est en Afrique.   Où est ta copine?
5. Les amis des Martin sont intéressants.   Où sont leurs amis?
6. Le restaurant des Martin est génial.   Où est leur restaurant?
7. Les enfants de M. Benoît sont en Europe.   Où sont ses enfants?

Sa maison est en France.

Elles vont faire du ski
dans les Pyrénées.
(Cauterets)

18. Comment dit-on en français?

This is an optional activity.

Daniel and Sabine are talking about vacation.

Daniel et Sabine parlent des vacances.

SABINE:	Next week I'm going to be on vacation.	La semaine prochaine je vais être en vacances.
DANIEL:	Me, too. My vacation starts Friday. What day does your vacation begin?	Moi aussi. Mes vacances commencent vendredi. Quel jour est-ce que tes vacances commencent?
SABINE:	Monday. Where are you going?	Lundi. Où vas-tu?
DANIEL:	I'm going to go skiing with the guys in the Pyrenees.	Je vais faire du ski avec les copains dans les Pyrénées.
SABINE:	Great! Are your parents going to go skiing with you (all)?	Super/Formidable! Est-ce que tes parents vont faire du ski avec vous?
DANIEL:	No, our family is from Marseilles. My parents don't go skiing.	Non, notre famille est de Marseille. Mes parents ne font pas de ski.
SABINE:	Your friend Maïté goes skiing a lot with her family, doesn't she?	Ton amie Maïté fait beaucoup de ski avec sa famille, n'est-ce pas?
DANIEL:	Yes. She's lucky because her parents are from Cauterets.	Oui. Elle a de la chance parce que ses parents sont de Cauterets.

Note that when the expression **faire du ski** is negative, **du** changes to **de**.

Note also that when an expression of quantity is used with the expression **faire du ski**, **du** becomes **de**.

Rédaction

Imagine that you will soon have a week's vacation. Make a calendar of your activities (like Jeanne's in the **Expansion**). Write in complete French sentences what you're planning for each day of the week. Try to list two different activities for each day. Use possessive adjectives and the present tense of verbs, including the new verbs in this lesson if possible. Some verbs you may be able to include are: **acheter**, **aller**, **danser**, **faire du ski**, **faire des courses**, **faire un tour**, **manger**, **parler**, **passer**, **regarder**, **travailler**, **voir** and **voyager**.

Prononciation

révision des sons [e] et [ɛ]

You have already studied the sound [e] in **Leçon 6** and the sound [ɛ] in **Leçon 12**. As your listening and writing skills develop, it becomes more and more important to distinguish between these two sounds. Turn back to **Leçons 6** and **12** and review them. Note the letters or combinations of letters that have these sounds. For example, the sound [e] can be written as **é**, and the sound [ɛ] can be written as **è**. Now contrast these sounds in the following pairs of words and sentences.

I		II		III	
[e]	[ɛ]	[e]	[ɛ]	[e]–[ɛ]	[ɛ]–[e]
et	est	les	lait	préfère	espérons
mes	mais	thé	tête	élève	chercher
Dupré	après	ouvrier	ouvrière	épicière	rester

[ɛ] Elle espère que tu achètes une cuillère.
[e] Vous préférez acheter votre thé préféré au marché.

 # Lecture

Une fête au Pays Basque

Michel habite à Ossès, un village dans le Pays Basque. Aujourd'hui c'est samedi, et c'est un jour de fête. Ce soir Michel et son frère Christophe vont à la fête. Leur amie Maïté va faire des danses° folkloriques.° Elle a de la chance.   dances/folk

À la fête Michel et Christophe trouvent une place à côté de leurs parents. On va commencer. D'abord c'est la danse des adultes.° Quels beaux habits! Les femmes portent une jupe   adults
noire et un chemisier blanc. Les hommes portent un pantalon noir, une chemise blanche et un béret noir. Tiens! Tout le monde rigole.° C'est parce qu'un homme perd sa chaussette.   is laughing

Maintenant voilà les garçons et les filles qui arrivent. Maïté est là aussi, et elle est belle avec sa jupe rouge, son chemisier blanc, son chapeau blanc et ses chaussures blanches. Les garçons aussi sont beaux. Ils portent un pantalon blanc et un béret rouge.

Puis voici les hommes qui font une danse acrobatique.°   acrobatic
Michel voudrait danser aussi, mais il est trop jeune. Il attend d'avoir dix-huit ans.

Ossès est un village du sud-ouest de la France.

Les adultes portent des habits noirs et blancs.

Un danseur perd sa chaussette.

Maintenant les garçons et les filles dansent.

Les hommes font une danse acrobatique.

Les filles ont de belles robes.

La vache fonce!

"Olé!"

Et maintenant ce sont les filles qui dansent. Michel et Christophe regardent leurs habits. Elles ont des robes blanches, bleues, vertes et marron. C'est beau.

Après la danse les clowns Jojo et Martin font des acrobaties° avec des vaches.° Ah, ça commence! Voilà Martin sur des échasses.° Oh là là! La vache fonce!° Mais elle passe sous les échasses. Super, Martin! Et Jojo, qu'est-ce qu'il fait? Il fait aussi le pitre° avec une autre vache. On rigole, mais c'est aussi très dangereux.° Enfin, Martin fait le toréador,° et tout le monde crie:° "Olé!"

acrobatic tricks

cows

stilts/is charging

fait le pitre = is is clowning around/dangerous/ *fait le toréador* = acts like a bullfighter/yells

Note culturelle
A people whose origin remains a mystery to this day, the Basques are the dominant ethnic group in southwestern France, the western Pyrenees and northwestern Spain. Independent in spirit, they maintain a distinct identity through their life-style, customs, dances and sports. One of these sports, **les courses landaises**, involves non-violent, yet dangerously playful fighting with cows. These sharp-horned, vicious animals come from the flat, sandy area of southwestern France known as **les Landes**.

The **béret** is a part of traditional Basque attire. (Baigorry)

The Basque Country lies in both France and Spain. (Saint-Jean-Pied-de-Port)

La pelote is a Basque game similar to jai alai.

Répondez en français par des phrases complètes.

1. Où habite Michel?

    Il habite à Ossès dans le Pays Basque.

2. Quel jour sommes-nous?

    Nous sommes samedi.

3. Où vont Michel et Christophe?

    Ils vont à la fête.

4. Qui est Maïté?

    C'est l'amie de Michel et de Christophe.

5. Qu'est-ce que les femmes portent?

    Elles portent une jupe noire et un chemisier blanc.

6. Qu'est-ce que les hommes portent?

    Ils portent un pantalon noir, une chemise blanche et un béret noir.

7. Pourquoi est-ce que tout le monde rigole?

    Parce qu'un homme perd sa chaussette.

8. De quelle couleur est la jupe de Maïté?

    Elle est rouge.

9. Qu'est-ce que les hommes font?

    Ils font une danse acrobatique.

10. Pourquoi Michel ne danse-t-il pas avec les hommes?

    Parce qu'il est trop jeune.

11. De quelle couleur sont les robes des filles?

    Elles sont blanches, bleues, vertes et marron.

12. Qu'est-ce que Jojo et Martin font?

    Ils font des acrobaties.

 ## Proverbe

This proverb can be interpreted to mean that if you go away, you lose your seat or your place in line.

Qui va à la chasse perd sa place.

Whoever goes hunting loses his/her seat.

Interaction et application pratique

À deux

1. With your partner create an original eight-line dialogue in French about plans for your next vacation. First you may ask when vacation begins. Then ask each other what you're going to do on specific days and with whom. Use only expressions you have learned so far. Then learn your parts and present your dialogue for the class.

2. Take turns with your partner naming popular American TV programs. See if your partner knows what day each one is shown.

    MODÈLE: "60 Minutes"
    "60 Minutes" est le dimanche soir.

3. Interview your partner as if it were the first time you've met. Ask questions in French that will help you find out as much as you can about this person. You may ask questions about name, age, nationality, city of residence, what street (**dans quelle rue**) he/she lives on, where and at what time he/she goes to school, how many and which classes he/she has, favorite colors and so on. Use **comment**, **quel(s)**, **quelle(s)**, **où**, **quand**, **à quelle heure**, **combien**, **qu'est-ce que** and **pourquoi** to begin your questions. After both partners have asked and answered questions, some pairs may present their interviews for the class.

4. Interview your partner about his/her preferences regarding the things listed below. Take turns asking and answering questions. Begin your questions with **Quel est** when the noun is masculine and **Quelle est** when the noun is feminine.

couleur	cuisine	fruit	légume	professeur
cours	dessert	jour	pays	ville

MODÈLES: a) restaurant
Quel est ton restaurant préféré?
b) cassette
Quelle est ta cassette préférée?

Report back to the class your partner's answers. As other pairs tell their preferences, note those who have the same ones you do. Then tell them so in French, according to the model.

MODÈLE: pays
—**Je crois que notre pays préféré est l'Angleterre.**
—**C'est ça.**

5. Interview your partner about a specific class he/she is taking. You may ask your partner if he/she has problems in that class, if he/she is passing that class, if he/she is going to get a good grade, if that class is easy or hard and if the teacher is nice or not. After both partners have asked and answered questions, some pairs may want to report back to the class what they have learned.

MODÈLES: a) Tu fais des maths?
Oui, je fais des maths.
b) Tu as des problèmes en maths?
Oui, j'ai des problèmes en maths.

En groupes

6. With your group plan a weekend ski trip for yourselves. Use French to create a time schedule for daily activities. Also calculate the cost per person in dollars (**dollars**). Consider expenses such as **les billets**, **les skis**, **les leçons** (lessons), **les repas**, **l'hôtel**, **la musique** and **les films** (movies). Then compare your schedules and costs with those of other groups.

7. With your group think of as many different completions as possible for each of the following sentences. Have one person from the group list the possible completions on a transparency. Do one sentence at a time, spending not more than one minute on each sentence. Afterwards several transparencies can be put on the overhead for all to correct.

1. Nicolas perd sa ____.
2. Marianne achète beaucoup d'habits. Elle achète ____.
3. Stéphanie n'aime pas son ____.
4. On a de la chance quand ____.
5. Voilà Michel. Sa ____ est sur son ____.
6. Nous attendons ____.

Tous ensemble

8. Each student has a sheet of paper with the following statements written on it:

1. Je réussis toujours en maths.
2. Je réponds mal sous pression.
3. Mes parents perdent la tête quand je suis en retard.
4. Je fais beaucoup de ski.
5. Le week-end prochain je vais danser.

Now, as you walk around your classroom, find a different person who can answer each question affirmatively. You will say to someone, for example, **Réussis-tu toujours en maths?** When you find a person who answers **Oui, je réussis toujours en maths**, this person will initial your sheet. The first student to have all five affirmative responses is the winner.

On fait beaucoup de ski dans les Pyrénées. (Gavarnie)

Arnaud parle à ses copains en classe.

Vocabulaire actif

noms

un contrôle *unit test*
dimanche (m.) *Sunday*
une fête *festival; holiday*
jeudi (m.) *Thursday*
un jour *day*
   Quel jour sommes-nous? *What day is it?*
lundi (m.) *Monday*
   le lundi *on Monday(s)*
mardi (m.) *Tuesday*
mercredi (m.) *Wednesday*

une note *grade*
la pression *pressure*
un problème *problem*
samedi (m.) *Saturday*
une semaine *week*
le ski *skiing; ski*
un sport *sport*
vendredi (m.) *Friday*
un week-end *weekend*

adjectifs

leur *their*
mauvais(e) *bad*
mon, ma; mes *my*
notre; nos *our*
pauvre *poor*

préféré(e) *favorite, preferred*
son, sa; ses *his, her, one's, its*
ton, ta; tes *your*
votre; vos *your*

verbes

Qu'est-ce que tu as? *What's wrong with you?*
attendre *to wait (for)*
danser *to dance*
faire du ski *to go skiing, to ski*
faire du ski de fond *to go cross-country skiing, to cross-country ski*

perdre *to lose, to waste*
   perdre la tête *to lose one's mind*
   perdre son temps *to waste one's time*
rendre *to give back, to return*
répondre *to answer*
réussir *to succeed, to pass (a test)*

expressions diverses

encore *again*
l'après-midi *in the afternoon*
le matin *in the morning*
le soir *in the evening*

Le temps, les saisons et les fêtes

Leçon 15

**Communicative
Functions**

- talking about skiing
- saying how someone
  looks
- talking about the
  weather
- naming the seasons
- saying that you're
  warm or cold
- telling the
  temperature

La chaussure de ski
nouvelle génération.

**SALOMON
C'EST FUN !**

Thierry ne comprend pas

All words in the dialogue and **Expansion** are active vocabulary.

Ce sont les vacances de Pâques.[1] On est à Vars, une station de ski dans les Alpes.

LAURENT: Je vais à la leçon de ski. Et toi?

THIERRY: Pas moi. Je prends le petit déjeuner avec Mélanie sur la terrasse,* ensuite nous descendons au village.[2]

LAURENT: Alors, si Mélanie et toi, vous ne prenez pas de leçon, pourquoi mets-tu ta tenue de ski?

THIERRY: Pour avoir l'air sportif.

sur la terrasse

THIERRY: Il fait presque chaud aujourd'hui, tu ne crois pas?

MÉLANIE: Ah oui. C'est déjà le printemps. Quelle chance!

THIERRY: Tu n'aimes pas l'hiver?

MÉLANIE: Non, pas trop.

THIERRY: Alors, je ne comprends pas. Pourquoi es-tu ici?

MÉLANIE: Je suis ici surtout pour bronzer.

THIERRY: Ah bon?

MÉLANIE: Oui. J'attends l'été avec impatience pour apprendre à faire du ski nautique.

You may point out that there are essentially three types of skiing: **le ski alpin** or **le ski de piste** (*downhill skiing*), **le ski de fond** (*cross-country skiing*) and **le ski nautique** (*waterskiing*).

* The word **terrasse** has several meanings. It may suggest a terrace, a porch deck or the wide, flat sidewalk section in front of a café or restaurant.

Notes culturelles
1.   At Easter, French schools close for two weeks, and many students go skiing. In fact Easter is one of the busiest times for ski resorts in the Vosges Mountains and the Alps. Some of the most popular French ski resorts are Avoriaz, Chamonix, Megève, Val d'Isère, Peisey-Nancroix and Vars, to name just a few.
2.   A short distance below the ski slopes, the ski lodge, cottages, apartments or hotels is the town or village that gives a ski resort its name.

la France

les Vosges

Avoriaz *
Chamonix *
Megève *
Peisey-Nancroix **
Val d'Isère *

les Alpes

Vars *

Flags of many nations welcome skiers to Megève.

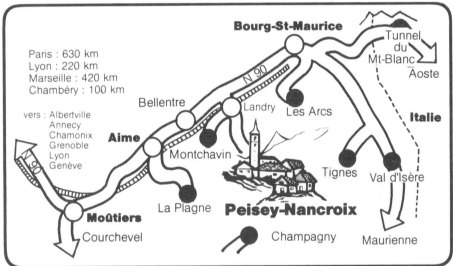

Paris : 630 km
Lyon : 220 km
Marseille : 420 km
Chambéry : 100 km

vers : Albertville
Annecy
Chamonix
Grenoble
Lyon
Genève

N 90

Bourg-St-Maurice

Tunnel du Mt-Blanc

Aoste

Italie

Bellentre

Landry

Les Arcs

Aime

Montchavin

Peisey-Nancroix

Tignes

Val d'Isère

Moûtiers

La Plagne

Champagny

Maurienne

Courchevel

Swiss chalets are nestled in the shelter of the Alpine slopes.

STATION
ÉTÉ-HIVER
Peisey Nancroix

Peisey-Nancroix is both a winter and summer resort.

Compréhension

Répondez en français.

1. Thierry prend-il une leçon de ski aujourd'hui?
2. Où Thierry va-t-il rencontrer Mélanie?
3. Où vont Thierry et Mélanie après le petit déjeuner?
4. Qu'est-ce que Thierry porte?
5. Est-ce que c'est l'hiver?
6. Qu'est-ce que Mélanie n'aime pas trop?
7. Pourquoi est-elle là?
8. Qu'est-ce que Mélanie attend avec impatience?

Non, il ne prend pas de leçon de ski aujourd'hui.

Il va rencontrer Mélanie sur la terrasse.

Ils descendent au village.

Il porte sa tenue de ski.

Non, c'est le printemps.

Elle n'aime pas trop l'hiver.

Elle est là pour bronzer.

Elle attend l'été avec impatience.

À propos

1. Combien de jours de vacances avez-vous au printemps?
2. Est-ce qu'on fait du ski au printemps aux États-Unis?
3. Êtes-vous sportif (sportive)?
4. Faites-vous du ski nautique?
5. Préférez-vous l'hiver ou l'été?
6. Attendez-vous l'été avec impatience?

Préférez-vous
l'été?
(Guadeloupe)

Expansion

Kiki, son maître et les saisons

« Tiens, il fait du vent ! »

« Mince ! Je n'aime pas l'automne. En automne il fait du vent et il fait frais, trop frais. »

« Mais il fait beau en automne aussi. »

« Quel temps fait-il aujourd'hui ? »

« Mince ! Il neige encore et j'ai froid. En hiver il fait froid, trop froid pour rester dehors. Je n'aime pas l'hiver. »

« Mais on est si content quand il neige. »

« Tiens, il pleut ! »

« Mince ! Je n'aime pas le printemps, surtout quand il pleut et qu'il fait mauvais. »

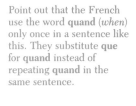

« Mais au printemps il fait beau aussi. Quand on est sportif, on adore le printemps. »

« Quelle chance ! Il fait du soleil et il fait chaud. On va bronzer aujourd'hui. »

« Mince ! Je n'aime pas l'été. En été il fait vraiment trop chaud et je n'aime pas avoir chaud. J'attends l'automne avec impatience ! »

Make sure your students use **au** with **printemps** and **en** with **été**, **automne** and **hiver**. These structures, as well as weather expressions with **faire**, are presented only in the Introductory Dialogue and in the **Expansion**. Also stress the sound [n] of **mn** in **automne** and **liaison** in the expressions **en été**, **en automne** and **en hiver**.

Point out that the French use the word **quand** (*when*) only once in a sentence like this. They substitute **que** for **quand** instead of repeating **quand** in the same sentence.

Wkbk. 1

Lise habite à
Boston.

Sylvie va visiter
Boston en automne
ou au printemps.

Fahrenheit et Celsius

LISE: Quelquefois en été il fait très chaud à Boston. Il fait quatre-vingt-quinze degrés Fahrenheit, c'est-à-dire, trente-cinq degrés Celsius. En hiver il fait souvent très froid, c'est-à-dire, moins vingt ou moins trente Celsius.

SYLVIE: Ah bon? Alors, je vais visiter Boston en automne ou au printemps. À Boston il fait trop chaud en été et trop froid en hiver pour une Française.

The word **degrés** may be omitted from temperature expressions when it's obvious that the speaker is referring to temperature and not to anything else.

Wkbk. 2
Wkbk. 3

You may explain that temperatures in France do not vary from season to season as much as they do in the heartland of the United States. Except at high elevations, temperatures in France are roughly the same as those on our West Coast from the Canadian border southward to central California.

Wkbk. 4
Wkbk. 5

Note culturelle

All French-speaking countries and most other countries in the world use the Celsius thermometer or scale. Like all scales in the metric system, which the French invented, the Celsius scale is based on a division of measurements into hundredths or thousandths. Water freezes at 0° and boils at 100° Celsius. (It freezes at 32° and boils at 212° Fahrenheit.) Consult the two thermometers pictured here when using the Celsius scale in the activities.

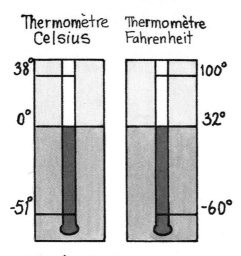

Thermomètre Celsius   Thermomètre Fahrenheit

38°   100°

0°   32°

-51°   -60°

Il fait zéro. Je crois qu'il va neiger.

Activités

1. Trouvez dans la liste suivante l'expression qui complète correctement chaque phrase d'après le dialogue d'introduction.

apprendre	le petit déjeuner
attend	leçon de ski
au village	met
de Pâques	pour
l'hiver	station de ski

1. Laurent et Thierry passent les vacances ⎯⎯ à Vars.   *de Pâques*
2. Vars est un village et c'est aussi une ⎯⎯.   *station de ski*
3. Aujourd'hui Laurent va prendre une ⎯⎯.   *leçon de ski*

Ils vont prendre des leçons de ski. (Cauterets)

Quelle saison
est-ce?

4. Thierry et Mélanie vont prendre ____ ensemble. le petit déjeuner
5. Après le petit déjeuner ils vont aller ____. au village
6. Thierry ____ sa tenue de ski pour avoir l'air sportif. met
7. Mélanie préfère l'été à ____. l'hiver
8. Mélanie n'est pas à Vars pour faire du ski mais ____ pour
   bronzer.
9. Mélanie ____ l'été avec impatience. attend
10. En été Mélanie va ____ à faire du ski nautique. apprendre

2. Your little cousin is learning the seasons. Answer her questions.

MODÈLE: Quelle est la saison après l'été?
C'est l'automne.

1. Quelle est la saison avant l'hiver? C'est l'automne.
2. Quelle est la saison avant l'été? C'est le printemps.
3. Quelle est la saison après l'hiver? C'est le printemps.
4. Quelle est la saison après le printemps? C'est l'été.
5. Quelle est la saison avant le printemps? C'est l'hiver.
6. Quelle est la saison après l'automne? C'est l'hiver.
7. Quelle est la saison avant l'automne? C'est l'été.

3. Répondez aux questions d'après l'**Expansion**.

MODÈLE: En quelle saison pleut-il?
Il pleut au printemps.

Kiki n'aime pas
le printemps
quand il pleut.

1. Kiki aime-t-il l'automne?

Non, il n'aime pas l'automne.

2. Fait-il chaud en automne?

Non, il fait frais en automne.

3. Kiki a-t-il froid ou chaud en hiver?

Il a froid en hiver.

4. Quand adore-t-on le printemps?

On adore le printemps quand on aime les sports.

5. Est-ce qu'on bronze en hiver?

Non, on bronze en été.

6. En quelle saison fait-il trop chaud?

Il fait trop chaud en été.

7. Fait-il moins vingt degrés Celsius à Boston en été?

Non, il fait moins vingt degrés Celsius à Boston en hiver.

8. Quand est-ce que Sylvie va visiter Boston?

Elle va visiter Boston en automne ou au printemps.

4. As the weather reporter for a French radio station, you give the morning broadcast for travelers. Looking at the map below, tell what kind of spring weather these French cities are having. Use the following temperature classifications, and be as complete as possible.

très froid: de −20° à −5°
froid: de −4° à 3°
très frais: de 4° à 10°

frais: de 11° à 20°
chaud: de 21° à 30°

MODÈLE: Biarritz
À Biarritz il fait frais, et il fait beau. Il fait aussi du soleil.

1. Toulouse

À Toulouse il fait chaud, et il fait beau. Il fait aussi du soleil.

2. Marseille

À Marseille il fait chaud, et il fait beau. Il fait aussi du soleil.

3. Grenoble

À Grenoble il fait frais, et il fait mauvais. Il pleut.

Quel temps fait-il
à Avoriaz?

À Paris il fait du
soleil.

4.	Avoriaz	À Avoriaz il fait très froid, et il fait du vent. Il neige aussi.
5.	Strasbourg	À Strasbourg il fait froid, et il neige.
6.	Lille	À Lille il fait froid, et il fait du soleil.
7.	Brest	À Brest il fait très frais, et il fait mauvais. Il pleut.
8.	Bordeaux	À Bordeaux il fait frais, et il fait du soleil. Il fait aussi du vent.
9.	Paris	À Paris il fait très frais, et il fait du soleil.

5. As your broadcast continues, give the temperature for each city on the map.

MODÈLE: Biarritz
Il fait vingt à Biarritz.

1.	Toulouse	Il fait vingt et un à Toulouse.
2.	Marseille	Il fait vingt-trois à Marseille.
3.	Grenoble	Il fait quinze à Grenoble.
4.	Avoriaz	Il fait moins six à Avoriaz.
5.	Strasbourg	Il fait moins deux à Strasbourg.
6.	Lille	Il fait trois à Lille.
7.	Brest	Il fait six à Brest.
8.	Bordeaux	Il fait dix-huit à Bordeaux.
9.	Paris	Il fait dix à Paris.

LE TEMPS

**Sans
grand
changement**

Températures enregistrées hier : minimale 1° à 13 h : 10°.

6. You work at a travel agency in France. Customers want to know if the weather in certain states in the U.S. is hot, very hot, cold, very cold, cool or very cool during the different seasons. Tell them, beginning with spring.

> MODÈLE: Missouri
> **Il fait chaud et frais au printemps. En été il fait très chaud. En automne....**

1. New York
2. Alaska
3. Florida
4. Texas
5. Hawaii

6. California
7. Colorado
8. Illinois
9. Maine

Answers to this **Activité** will vary and do not appear here. You may ask students to give more information, if they can. For example, they can also say when and how much it rains or snows.

Structure et usage

quelques autres expressions avec *avoir*

Here are some other expressions which use the verb **avoir**.

* **avoir l'air** = to look, to seem
  The expression **avoir l'air** is often followed by an adjective to describe how someone looks.

Thierry a l'air sportif.	*Thierry looks athletic.*
Christelle et André ont l'air content.	*Christelle and André look happy.*

Make sure that students don't use the verb **regarder** to express this idea.

When describing a person, the adjective after **air** can agree either with **air** (m.) or with the person. Therefore, this sentence can also be written **Christelle et André ont l'air contents.**

* **avoir chaud** = to be warm, hot
  avoir froid = to be cold
  To say that a person or animal is warm or cold, use the expression **avoir chaud/froid**. **Chaud** and **froid** do not agree with the noun.

Kiki a chaud.	*Kiki is warm.*
Marie, as-tu froid maintenant?	*Marie, are you cold now?*

ATTENTION: **Il fait chaud/froid** is used only to describe the weather or temperature in a room.

Wkbk. 6
Wkbk. 7

Ils ont l'air sportif.

Quel air a-t-elle?

7. Laurent asks you how the following people or things look. Tell him.

MODÈLE: Kiki / content
Kiki a l'air content.

1. Jean et Céline / gentil
2. la cliente / désagréable
3. le prof / vieux
4. Brigitte / sympa
5. tu / beau
6. je / sportif
7. les ouvrières / jeune

Jean et Céline ont l'air gentil.
La cliente a l'air désagréable.
Le prof a l'air vieux.
Brigitte a l'air sympa.
Tu as l'air beau.
J'ai l'air sportif.
Les ouvrières ont l'air jeune.

8. Tell if the following people are warm or cold, depending on the outside temperature given in Celsius degrees.

MODÈLE: le maître / 38°
Le maître a chaud.

1. Mélanie et Thierry / 5°
2. vous / 32°
3. M. Blot / −15°
4. je / 29°
5. Sylvie / 35°
6. nous / −7°
7. tu / 40°

Mélanie et Thierry ont froid.
Vous avez chaud.
M. Blot a froid.
J'ai chaud.
Sylvie a chaud.
Nous avons froid.
Tu as chaud.

9. Complétez chaque phrase avec une expression de la liste suivante. Soyez logique.

avons faim
a l'air
ai seize ans
ont soif
as

ont mal aux jambes
âge avez
a besoin d'
a de la chance
ont froid

La Carte Bleue
est très utile.

1. Tu ne vas pas bien? C'est dommage. Qu'est-ce
que tu ___?   as

2. On ___ parce qu'on a la Carte Bleue.   a de la chance

3. —Quel ___-vous?   âge avez
   —J'___.   ai seize ans

4. Rachelle n'a pas de crayon. Alors, elle ___   a besoin d'
   un crayon.

5. Nous mangeons souvent parce que nous ___.   avons faim

6. Les Américains boivent du coca quand ils ___.   ont soif

7. Oh là là! Il fait moins vingt. Sylvie et Lisa ___.   ont froid

8. —Tu aimes mon nouvel ami?
   —Ah oui. Il ___ génial.   a l'air

9. Après leur tour en vélo, Alain et Xavier ___.   ont mal aux jambes

le présent des verbes irréguliers *mettre* et *prendre*

The verbs **mettre** (*to put, to put on, to turn on, to set*) and **prendre** (*to take; to have*) have the endings of regular **-re** verbs (**-s, -s, —, -ons, -ez, -ent**). However, their stems change in different ways.

mettre		
je **mets**	Je ne **mets** pas mon chapeau.	I'm not putting my hat on.
tu **mets**	**Mets**-tu l'eau sur la table?	Do you put the water on the table?
il/elle/on **met**	**Met**-elle un jean? [t]	Is she putting on jeans?
nous **mettons**	Nous **mettons** la télé.	We're turning on the TV.
vous **mettez**	**Mettez**-vous une veste?	Are you putting on a jacket?
ils/elles **mettent**	Ils **mettent** la table.	They are setting the table.

Have students repeat these sentences after you. Emphasize the silent **t** in the singular forms and the pronounced **t** in the plural forms as well as in the inverted forms **met-il, met-elle** and **met-on**.

Note that **sur** (*on*) is not used after **mettre** when it concerns putting on clothes or turning something on.

Wkbk. 8

Leçon 15   409

Il prend son
temps. (Paris)

Point out the use of **prendre** to express the idea of having a meal (**prendre le petit déjeuner**) or something to drink (**prendre du café**).

Have students repeat these sentences after you. Emphasize the nasal sound in the singular forms, the non-nasal sound of e in **prenons** and **prenez**, the non-nasal sound in **prennent**, the letter d pronounced [t] in **prend-il**, **prend-elle** and **prend-on** and the absence of the letter d in the plural forms. You may have students do some exercises from singular to plural, declarative to interrogative and affirmative to negative, or vice versa.
Modèles:
a) Tu prends du thé. (vous)
   Vous prenez du thé.
b) Elle prend son temps.
   Prend-elle son temps?
c) Ils prennent des leçons.
   Ils ne prennent pas de leçons.
Remind students that the verb **emmener**, not **prendre**, is used to express the idea of taking someone somewhere.
   Emmènes-tu Charles à la gare?
   Are you taking Charles (along) to the (train) station?

prendre		
je **prends**	Je **prends** mon temps.	I take my time.
tu **prends**	Tu ne **prends** pas de café?	You aren't having coffee?
il/elle/on **prend**	**Prend**-il votre livre? [t]	Is he taking your book?
nous **prenons**	Nous **prenons** le petit déjeuner.	We're having breakfast.
vous **prenez**	Vous **prenez** des vacances?	You're taking a vacation?
ils/elles **prennent**	**Prennent**-ils le train? [t]	Are they taking the train?

ATTENTION: 1. The forms of **apprendre** (*to learn, to teach*) and **comprendre** (*to understand*) are like those of **prendre** but with the prefixes **ap-** and **com-**.

2. **Apprendre** is followed by à before an infinitive.

Wkbk. 9

J'apprends à parler français.　　*I'm learning to speak French.*

10. Your father has asked that certain things in your house be put where they belong. Tell him where the following people are putting these things.

MODÈLE:　je / l'affiche sur le mur
Je mets l'affiche sur le mur.

1. Marc / la viande sur l'assiette

   Marc met la viande sur l'assiette.

2. les enfants / les fourchettes sur la table

   Les enfants mettent les fourchettes sur la table.

3. nous / les chaises sur la terrasse

   Nous mettons les chaises sur la terrasse.

4. Sabine / les disquettes dans la boîte

   Sabine met les disquettes dans la boîte.

5. les filles / les fruits dans le sac

   Les filles mettent les fruits dans le sac.

6. Sabine et Marc / les manteaux dans le coin

   Sabine et Marc mettent les manteaux dans le coin.

Les filles ont leur
tenue de ski.
(Cauterets)

7. je / les cahiers dans le bureau   Je mets les cahiers dans le bureau.
8. tu / les skis là-bas   Tu mets les skis là-bas.

11. Mélanie and you are at Vars with some friends, and everyone is supposed to be getting ready to go skiing. Tell Mélanie who's putting on his or her ski suit. Pay attention to possessive adjectives.

     MODÈLE: Laurent et Thierry
              Laurent et Thierry mettent leur tenue de ski.

1. je   Je mets ma tenue de ski.
2. Aurelle   Aurelle met sa tenue de ski.
3. Michèle et toi, vous   Michèle et toi, vous mettez votre tenue de ski.
4. Victor   Victor met sa tenue de ski.
5. Corinne et Nicole   Corinne et Nicole mettent leur tenue de ski.
6. tu   Tu mets ta tenue de ski.
7. toi et moi, nous   Toi et moi, nous mettons notre tenue de ski.
8. Denis et Olivier   Denis et Olivier mettent leur tenue de ski.

12. You work at a small ski resort hotel. Ask if the following people are having breakfast on the terrace. Use inversion except with **je**.

     MODÈLE: vous
              Prenez-vous le petit déjeuner sur la terrasse?

1. Mlle Tourdot   Mlle Tourdot prend-elle le petit déjeuner sur la terrasse?
2. je   Est-ce que je prends le petit déjeuner sur la terrasse?
3. M. Vincent   M. Vincent prend-il le petit déjeuner sur la terrasse?
4. nous   Prenons-nous le petit déjeuner sur la terrasse?
5. tu   Prends-tu le petit déjeuner sur la terrasse?
6. vous   Prenez-vous le petit déjeuner sur la terrasse?
7. les Anglaises   Les Anglaises prennent-elles le petit déjeuner sur la terrasse?
8. les Boussard   Les Boussard prennent-ils le petit déjeuner sur la terrasse?

Note the singular form **tenue** (instead of **tenues**) in the model sentence **Laurent et Thierry mettent leur tenue de ski**. Explain to your students that in French when two or more people possess the same kind of thing, the thing is treated as if it were singular.

You may have students do **Activité 11** two more times.

First you want to know who's putting on his or her ski suit. Ask these questions, using the given subjects.
Modèle:
Laurent et Thierry
Laurent et Thierry mettent-ils leur tenue de ski?
Then say that the people in question are not putting on their ski suits.
Modèle:
Laurent et Thierry
Laurent et Thierry ne mettent pas leur tenue de ski.

Les copines prennent
des vacances en été.
(La Rochelle)

13. Laure wants to know who's taking a vacation and when. Tell her.

> MODÈLE: Antoine / Pâques
> **Antoine prend des vacances à Pâques.**

1. je / Noël
2. Laure, tu / hiver
3. Mélanie et Thierry / printemps
4. ma famille et moi / Pâques
5. Arnaud et toi / hiver
6. Daniel / automne
7. mes copines / été
8. Joëlle / printemps

Je prends des vacances à Noël.

Laure, tu prends des vacances en hiver.

Mélanie et Thierry prennent des vacances au printemps.

Ma famille et moi, nous prenons des vacances à Pâques.

Arnaud et toi, vous prenez des vacances en hiver.

Daniel prend des vacances en automne.

Mes copines prennent des vacances en été.

Joëlle prend des vacances au printemps.

14. Some people do certain things, and you don't understand why. Tell this to your friend Mélanie.

> MODÈLE: Thierry / mettre sa tenue
> **Je ne comprends pas pourquoi Thierry met sa tenue.**

1. Laurent et toi, vous / mettre un jean
2. les filles / mettre un short pour faire du ski
3. je / mettre un costume
4. nous / mettre un chapeau
5. tu / mettre la télé
6. Marianne / mettre une jupe
7. Arnaud / mettre la table
8. mes parents / mettre du sucre dans leur café

Je ne comprends pas pourquoi Laurent et toi, vous mettez un jean.

Je ne comprends pas pourquoi les filles mettent un short pour faire du ski.

Je ne comprends pas pourquoi je mets un costume.

Je ne comprends pas pourquoi nous mettons un chapeau.

Je ne comprends pas pourquoi tu mets la télé.

Je ne comprends pas pourquoi Marianne met une jupe.

Je ne comprends pas pourquoi Arnaud met la table.

Je ne comprends pas pourquoi mes parents mettent du sucre dans leur café.

Ils attendent le
bus au coin de
la rue.

15. Complétez les phrases avec la forme convenable du verbe entre parenthèses.

1. Nous ___ pourquoi vous êtes en retard. (comprendre)   comprenons
2. Mes parents ___ du vin blanc. (prendre)   prennent
3. Qu'est-ce que vous ___ en classe? (apprendre)   apprenez
4. Les filles ___ l'anglais et l'allemand. (apprendre)   apprennent
5. Est-ce que tu ___ le train pour Nice? (prendre)   prends
6. Thomas ne ___ pas les maths. (comprendre)   comprend
7. Je ___ le bus au coin de la rue. (prendre)   prends
8. Mélanie ___ à faire du ski nautique. (apprendre)   apprend

la préposition *pour* + infinitif

We've seen that the preposition **pour** before a noun or pronoun means "for."

pour le cours   *for the course*
pour vous   *for you*

Before an infinitive, though, **pour** means "in order to." In this case **pour** expresses a reason or purpose for doing something. The words "in order" may be omitted in English.

Il faut travailler pour réussir.   *You have to work (in order) to succeed.*

Wkbk. 10

Elles vont à Zurich pour
visiter la cathédrale.
(Suisse)

16. Quite a few people you know are going to Switzerland. Tell your friend Pascal why they're going.

MODÈLE: Marie / faire du ski
Marie va en Suisse pour faire du ski.

1. Thierry / rencontrer ses amies
2. mes parents / voir les Alpes
3. Geneviève et Chantal / faire du ski de fond
4. Mélanie / bronzer
5. nous / apprendre le français
6. David et toi, vous / faire un tour en vélo
7. moi, je / étudier les langues
8. toi, tu / acheter des skis

Thierry va en Suisse pour rencontrer ses amies.

Mes parents vont en Suisse pour voir les Alpes.

Geneviève et Chantal vont en Suisse pour faire du ski de fond.

Mélanie va en Suisse pour bronzer.

Nous allons en Suisse pour apprendre le français.

David et toi, vous allez en Suisse pour faire un tour en vélo.

Moi, je vais en Suisse pour étudier les langues.

Toi, tu vas en Suisse pour acheter des skis.

17. Françoise wants to know why some people are doing certain things. Use **pour** to answer her.

MODÈLE: Pourquoi vas-tu à Vars? (faire du ski)
Je vais à Vars pour faire du ski.

1. Pourquoi est-ce que je prends des leçons? (apprendre à faire du ski)
2. Pourquoi est-ce que les Lambert descendent au village? (trouver un bon restaurant)

Tu prends des leçons pour apprendre à faire du ski.

Les Lambert descendent au village pour trouver un bon restaurant.

Ils mettent leurs skis pour descendre au village. (Gavarnie)

3. Pourquoi est-ce que Danièle met ses skis? (descendre au village)

   Danièle met ses skis pour descendre au village.

4. Pourquoi est-ce que Thierry porte une tenue de ski? (avoir l'air sportif)

   Thierry porte une tenue de ski pour avoir l'air sportif.

5. Pourquoi est-ce que nous restons sur la terrasse? (prendre du café)

   Vous restez sur la terrasse pour prendre du café.

6. Pourquoi est-ce que tes amies sont à Grenoble? (voir leurs parents)

   Mes amies sont à Grenoble pour voir leurs parents.

7. Pourquoi vas-tu visiter l'Espagne? (parler espagnol)

   Je vais visiter l'Espagne pour parler espagnol.

8. Pourquoi veux-tu parler espagnol? (être interprète)

   Je veux parler espagnol pour être interprète.

18. Comment dit-on en français?

This is an optional activity.

LAURENT:	You have to take lessons in order to learn to ski.	Il faut prendre des leçons pour apprendre à faire du ski.
MÉLANIE:	Me, I don't understand why Louise and you (*toi*) take lessons. You're already good.	Moi, je ne comprends pas pourquoi Louise et toi, vous prenez des leçons. Vous êtes déjà bonnes.
LAURENT:	We don't understand why you don't take lessons, Mélanie.	Nous ne comprenons pas pourquoi tu ne prends pas de leçons, Mélanie.
MÉLANIE:	Because I'm here especially (in order) to get a suntan. I don't like skiing a lot.	Parce que je suis ici surtout pour bronzer. Je n'aime pas beaucoup le ski.
LAURENT:	Well then, why aren't you outside on the porch deck? It's sunny today.	Alors, pourquoi n'es-tu pas dehors sur la terrasse? Il fait du soleil aujourd'hui.
MÉLANIE:	Of course, but it's too cold to stay outside on the porch deck.	Bien sûr, mais il fait trop froid pour rester dehors sur la terrasse.
LAURENT:	You're right, Mélanie. It's ten below. You have to put on a ski suit (in order) to stay outside.	Tu as raison, Mélanie. Il fait moins dix. Il faut mettre une tenue de ski pour rester dehors.

Rédaction

Write a paragraph in French which describes the weather during each season in the area where you live. Include in your description observations about the temperature (in Celsius degrees) and weather conditions in general. If appropriate, tell how much, how little or how often such conditions occur or exist. Use expressions such as **beaucoup**, **trop**, **très**, **(un) peu**, **très peu**, **souvent** and so on.

Prononciation

les sons [l] et [j]

Double l and final l may be pronounced either [l] or [j]. The sound [j] is similar to the sound of the letters "yu" in the English word "yum." Double l and final l are pronounced [l] in the following words.

aller	village
appelle	ville
belle	bel
elle	hôtel
pull	il
quelle	quel

Double l and final l arc pronounced [j] in the following words.

billet	taille-crayon
cuillère	travailler
famille	vieille
feuille	soleil
fille	travail
gentille	vieil

Point out that final l has the sound [j] when it follows the vowel combinations **ei** or **ai**.

Actualité culturelle

Holidays

Since France has such a long, rich history filled with strong religious traditions, the French take the opportunity to celebrate at various times throughout the year. They observe some holidays at home, others at church and still others at restaurants or even on the streets. Besides the big national and religious holidays, rural areas and towns also commemorate many other smaller ones also of a religious origin. Many of these events, however, continue to be observed mainly for commercial reasons or because they give people time off from work.

In all parts of France the first major holiday of the year is New Year's Day (**le Jour de l'An**). As in this country, people begin the festivities on December 31st when they gather around an attractive table with friends at home or in a restaurant. Customarily the meal starts out with fresh raw oysters along with bread and butter and served with wine or champagne. Since a festive mood prevails, the meal may last for several hours, and so does the conversation. Afterwards dancing begins, with or without a partner. At the stroke of midnight, however, everything stops. People give each other kisses on the cheek (**les bises**), wish each other a Happy New Year (**Bonne Année**) with a champagne toast and then begin to dance again.

Raw oysters begin the New Year's Eve meal.

A beautifully decorated table entices New Year's Eve diners.

Good food and good conversation — two ingredients for a French celebration.

Dancing caps off the evening.

People celebrate **Mardi Gras** in the streets. (Martinique)

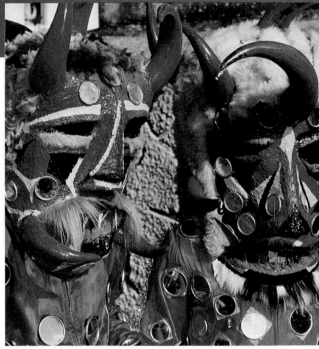

Elaborate costumes recall the African heritage of many **Martiniquais**.

On New Year's Day many families and friends also get together for another big meal. At this time adults offer New Year's gifts (**les étrennes**) to children, usually gifts of money. On January 1st most people also offer a monetary gift to those who have done services for them during the year, like the **concierge** and the postal carrier. Instead of sending greeting cards before Christmas, the French send New Year's cards in January.

Mardi Gras, literally, "Fat Tuesday," marks the last day before Lent. It offers one last chance for unrestrained eating and drinking before beginning the traditional period of fasting. The perfect dish for this occasion, then, is **crêpes** (similar to pancakes, but wafer thin and much wider), which everyone consumes in large quantities, whether they expect to fast or not. Normally people put sugar or jam on them before they're rolled up and eaten. In some French-speaking countries like Martinique, Mardi Gras is one of the most important holidays of the year. It takes place on the last day of the Carnival season. At this time many people wear a costume and dance in the streets.

Easter (**Pâques**) ends the forty-day Lenten season. In France there is no Easter Bunny. Instead, children are told that the church bells go to Rome on Good Friday and return on Easter Sunday with Easter eggs, chocolate fish and chocolate hens that fill bakers' and candy makers' shop windows. Since schools close for two weeks at Easter, many families and students take trips or go skiing.

Students also have time off from school during **la Toussaint** (*All Saints' Day* on November 1st) and Christmas.

Spectators perch anywhere they can to watch the Bastille Day parade. (Paris)

This military parade goes down **les Champs-Élysées**. (Paris)

The National Guard adds a touch of pageantry. (Paris)

The Eiffel Tower in all its glory

On July 14th the French celebrate their national holiday (**la Fête nationale**). It commemorates the capture and burning of the royal prison, the Bastille, on July 14, 1789. Today at the **Place de la Bastille** (*Bastille Square*) in Paris, a tall monument marks the spot where the prison used to stand. It serves not only as a reminder of the origin of the French Revolution but also as a symbol of freedom. Every Bastille Day, Parisians flock to a wide avenue, almost always **les Champs-Élysées**, to see the long military parade. Some spectators arrive very early to find a good viewing spot. The best seats, though, are reserved for small children on their fathers' shoulders. To signal the beginning of the parade, jet planes fly over the avenue, leaving behind exhaust trails of blue, white and red smoke. The air show begins, other aircraft fly over and then the President rides down the avenue. Next come the regiments of police, the Foreign Legion, the Navy and other military forces, both male and female. The crowd's traditional favorites are the mounted National Guard (**la Garde Républicaine**) and the tanks. When night falls, dancing begins in the streets and continues well into the morning hours, interrupted only by the magnificent fireworks display near the Seine River.

A new building complex to house the **Opéra** is being constructed at the **Place de la Bastille**. It was scheduled for completion in 1989 to mark the bicentennial.

Frosted branches decorate this Parisian store.

Christmas on **les Champs-Élysées**

A homemade **crèche** recreates the Nativity. (Créteil)

Arnaud and his brother enjoy their gifts.

As in America the last major holiday of the year in France is Christmas (**Noël**). First to reflect the spirit of the season, stores decorate their windows with quite original displays. All stores large and small, fashionable boutiques, restaurants and even banks seem to light up for Christmas. So do the big cities themselves with millions of lights in the trees along the main streets. To celebrate this family holiday, parents and children decorate a tree and set up a manger scene (**une crèche**) with traditional figurines. On Christmas Eve small children put their shoes in front of the fireplace expecting a visit from Father Christmas (**le Père Noël**). After midnight mass many families return home for the big Christmas feast (**le réveillon**) which usually consists of turkey (**la dinde**) with chestnut stuffing. A Christmas dinner usually ends with the traditional Yule log (**la bûche de Noël**), a rolled cake in the shape of a log, filled and covered with chocolate or coffee frosting. On Christmas Day children discover their gifts from Father Christmas, and the family generally stays home.

Wkbk. 11
Wkbk. 12
Wkbk. 13

La bûche de Noël is a chocolate-filled cake rolled in the form of a log.

Proverbe

On apprend à tout âge.　　　　　*You learn at any age.*

The English equivalent of this proverb is "You're never too old to learn."

Interaction et application pratique

À deux

1. With your partner take turns asking each other about weather conditions during the different seasons in the countries whose French names you know. (You may consult the newspaper for current conditions.) Afterwards each pair can present information on several countries to the rest of the class for all to hear and compare.

　　MODÈLE:　　Quel temps fait-il en hiver au Canada?
　　　　　　　Il fait froid et il neige souvent au Canada en hiver.

2. With your partner take turns asking each other in French if you put on various clothes for different weather conditions.

　　MODÈLE:　　Mets-tu un pull quand il fait chaud?
　　　　　　　Non, je ne mets pas de pull quand il fait chaud.

3. Find different weather scenes in old magazines, cut them out and bring them to class. Then take turns with your partner showing each other these pictures and asking **Quel temps fait-il?** In your answer give all the information you can in French about each picture. If magazines aren't available, make quick sketches. Afterwards you may write your description on one of the pictures and display it on the bulletin board for all to see.

4. Find pictures of interesting people in the magazines you used in Activity 3 and cut them out. Then take turns showing your partner these pictures and asking **Quel air a-t-il(elle)?** In your answer use only those French adjectives

ERE NOËL

you already know. Afterwards you may write your descriptive sentence on one of the pictures and display it on the bulletin board for all to see.

5. Write down five different questions in French that ask why your partner does certain things. Your partner will also write five questions to ask you. Then ask each other these questions and answer them. (Each answer should contain **pour** before an infinitive.) Afterwards you may report to the class several of your partner's responses.

        MODÈLES: a) Pourquoi es-tu en classe?
                       Je suis en classe pour apprendre le français.
                b) Pourquoi travailles-tu?
                       Je travaille pour avoir de l'argent.

En groupes

6. In a group of four, have each person pick a season and describe the weather conditions during that particular season for the area where you live. Also refer to temperature, rain and snow (if appropriate). Remember to use only those expressions you have learned so far.

7. See how many different completions your group can think of for each of the following sentences. Have one person from the group list the possible completions on a transparency. Do one sentence at a time, spending not more than one minute on each sentence. Afterwards several transparencies can be put on the overhead for all to correct.

    1. Ici il ____ en ____.
    2. Nous sommes ici surtout pour ____.
    3. Il faut ____ pour être content.
    4. Nous prenons ____?
    5. Comprends-tu ____?
    6. Pourquoi mets-tu ____?

Tous ensemble

8. Each student has a sheet of paper with the following statements written on it:

    1. Je prends des leçons de musique.
    2. Je prends toujours le petit déjeuner.
    3. Ma saison préférée est l'hiver.
    4. Je fais du ski nautique en été.
    5. Je ne comprends pas mes parents.

Now, as you walk around your classroom, find a different person who can answer each question affirmatively. You will say to someone, for example, **Prends-tu des leçons de musique?** When you find a person who answers **Oui, je prends des leçons de musique,** this person will initial your sheet. The first student to have all five affirmative responses is the winner.

Vocabulaire actif

noms

l'air (m.)   *air; appearance*
l'automne (m.)   *fall, autumn*
un degré   *degree*
l'été (m.)   *summer*
l'hiver (m.)   *winter*
l'impatience (f.)   *impatience*
une leçon   *lesson*
un maître, une maîtresse   *master, mistress*

Pâques (f.)   *Easter*
le printemps   *spring*
une saison   *season*
le soleil   *sun*
une station de ski   *ski resort*
une tenue   *outfit, suit*
une terrasse   *terrace, porch deck*
le vent   *wind*

adjectifs

chaud(e)   *warm, hot*
froid(e)   *cold*

verbes

apprendre   *to learn, to teach*
attendre...avec impatience   *can't wait for...*
avoir chaud   *to be warm, hot*
avoir froid   *to be cold*
avoir l'air   *to look, to seem*
bronzer   *to get a (sun)tan*
comprendre   *to understand*
descendre   *to go down, to descend*
faire du ski nautique   *to water-ski, to go waterskiing*
Quel temps fait-il aujourd'hui?   *How's the weather today? What's the weather like today?*
Il fait beau.   *It's (The weather's) beautiful (nice).*
Il fait chaud.   *It's (The weather's) hot (warm).*

Il fait du soleil.   *It's sunny.*
Il fait du vent.   *It's windy.*
Il fait frais.   *It's (The weather's) cool.*
Il fait froid.   *It's (The weather's) cold.*
Il fait mauvais.   *The weather's bad.*
Il fait...(degrés).   *It's...(degrees).*
Il fait moins...(degrés).   *It's...below. It's minus...(degrees).*
neiger: Il neige.   *It's snowing.*
pleuvoir: Il pleut.   *It's raining.*
mettre   *to put, to put on, to set, to turn on*
prendre   *to take; to have (referring to food or drink)*
visiter   *to visit*

Explain that **neiger** and **pleuvoir** have only the **il** form.

expressions diverses

dehors   *outside*
pour   *in order to*
presque   *almost*
quelquefois   *sometimes*
surtout   *especially*

> ### expression courante
>
> Mince!   *Darn!*

Leçon 16

Communicative Functions

- talking about family relationships
- talking about a birthday celebration
- saying the date
- telling the year
- naming the months
- expressing ordinal numbers

The French are world-renowned
for their delicious pastries.

L'anniversaire de Christian

Salle à manger, Mémé,
Pépé, même and nez are
the passive vocabulary
words in this dialogue.

Emphasize the two
different meanings of **fille**
(*girl, daughter*).

Point out the irregular
pronunciation of **fils** [fis].
Have students repeat the
word several times after
you.

Explain that an s is added
to each part of the
hyphenated nouns in this
lesson to form the plural.
Examples in the dialogue
are **grands-parents**,
grands-mères and **grands-
pères**. **Petits-enfants**
appears in the Expansion.
Many other compound
nouns may be pluralized
differently and will be
presented later on.

Call attention to the sound
[rə] of the first syllable in
ressembler and the use of
the preposition à after this
verb.

Il y a quatre personnes dans la famille Perrin. Ce sont M. et Mme Perrin (le
père et la mère) et leurs enfants Christian et Hélène. C'est le seize mai, et
c'est l'anniversaire de Christian, le frère d'Hélène. M. et Mme Perrin sont
avec leur fille.

M. PERRIN:	Je ne peux pas croire que notre fils a déjà quinze ans.
MME PERRIN:	J'ai mille choses à faire cet après-midi, et vous pouvez aider.
M. PERRIN:	D'accord. Qu'est-ce que je dois faire?
MME PERRIN:	Tu peux aller chercher le gâteau,[1] si tu veux.
HÉLÈNE:	Et moi, je vais mettre la table. Combien de personnes?
MME PERRIN:	Cette fois-ci nous sommes dix avec tes grands-parents, ton oncle, ta tante et tes cousins.

ce soir-là dans la salle à manger

CHRISTIAN:	Alors, Mémé, tu crois que je ressemble à Pépé?*
LA GRAND-MÈRE:	Bien sûr. Tu as les yeux noirs** de ton grand-père et...
LE GRAND-PÈRE:	Le même nez et...
HÉLÈNE:	Bon alors, est-ce qu'on peut voir les cadeaux maintenant?
M. PERRIN:	Non, vous devez attendre un peu. Il faut d'abord manger le gâteau.[2]

* French children address their grandparents in various ways. The most common and
affectionate terms are **Mémé** and **Pépé** or **Mamie** and **Papie**. Small children find these
words easier to say than **Grand-maman** and **Grand-papa** or **Grand-mère** and **Grand-
père**.
** Dark brown eyes are considered to be black. Brown eyes are simply **les yeux
marron**.

Notes culturelles
1. The French usually buy bread, cake and pastry from a bakery or a
   pastry shop instead of making them at home. This is usually because
   of tradition or because the bread and pastry from these French shops
   are exceptionally good and very attractive.
2. The French have generally adopted the American custom of celebrating a birthday with a cake and candles (**bougies**). They say
   Joyeux anniversaire and may sing the English version of the song
   "Happy Birthday."

Compréhension

Répondez en français.

1. Combien de personnes y a-t-il dans la famille Perrin?

   Il y a quatre personnes dans la famille Perrin.

2. Comment s'appelle la fille des Perrin?

   Elle s'appelle Hélène.

3. Quel âge a Christian aujourd'hui?

   Il a quinze ans.

4. Qui a mille choses à faire aujourd'hui pour l'anniversaire de Christian?

   Mme Perrin a mille choses à faire aujourd'hui.

5. Qu'est-ce que M. Perrin peut faire pour aider Mme Perrin?

   Il peut aller chercher le gâteau.

6. Qu'est-ce qu'Hélène va faire?

   Elle va mettre la table.

7. Hélène va mettre la table pour combien de personnes?

   Elle va mettre la table pour dix personnes.

8. Qu'est-ce qu'on va donner à Christian après le gâteau?

   On va donner à Christian des cadeaux après le gâteau.

À propos

1. Combien de personnes y a-t-il dans votre famille?
2. Avez-vous des frères? Combien?
3. Devez-vous aider vos parents à la maison?
4. Avez-vous toujours un gâteau pour votre anniversaire?
5. Qui met la table dans votre famille?
6. Ressemblez-vous à votre mère ou à votre père?
7. Avez-vous les yeux noirs, marron, gris, bleus ou verts?

Quel beau gâteau!

Est-ce que les enfants ressemblent
à leurs parents? (Bruxelles)

 Expansion

la famille de Christian

son père,
Jacques Perrin

sa sœur,
Hélène

son grand-père,
M. Roud

sa grand-mère,
Mme Roud

Christian

sa tante,
Claire
Géraud

sa mère,
Nathalie Perrin

son cousin,
Bruno

son oncle,
Christophe Géraud

sa cousine,
Delphine

Naissance is the passive vocabulary word in the **Expansion**.

Emphasize the two different meanings of **femme** (*woman, wife*).

Wkbk. 1

Claire Géraud est la sœur de Nathalie Perrin. Ce sont les filles de M. et Mme Roud.

Les Roud ont quatre petits-enfants. Ce sont les enfants des Perrin et des Géraud.

Claire est la femme de Christophe Géraud. Claire et son mari sont la tante et l'oncle préférés de Christian.

jour/mois/année

—L'anniversaire de Christian est en mai, le cinquième mois de l'année. Si Christian a quinze ans en mil neuf cent quatre-vingt-dix, quelle est sa date de naissance?
—Le 16 mai 1975.
—C'est ça, le 16/5/75. Regardons le calendrier.
Janvier est le premier mois de l'année, et décembre* est le douzième mois.

> * Note that names of the months are not capitalized in French.

Not all the ordinal numbers are presented in the **Expansion**. Their formation and use are explained in the **Structure et usage** section. The ordinals first through twelfth are listed in the vocabulary of the lesson.

Pâques

JANVIER						
L	M	M	J	V	S	D
		1	2	3	4	5
6	7	8	9	10	11	12
13	14	15	16	17	18	19
20	21	22	23	24	25	26
27	28	29	30	31		

FÉVRIER						
L	M	M	J	V	S	D
					1	2
3	4	5	6	7	8	9
10	11	12	13	14	15	16
17	18	19	20	21	22	23
24	25	26	27	28		

MARS						
L	M	M	J	V	S	D
					1	2
3	4	5	6	7	8	9
10	11	12	13	14	15	16
17	18	19	20	21	22	23
24	25	26	27	28	29	30
31						

AVRIL						
L	M	M	J	V	S	D
	1	2	3	4	5	6
7	8	9	10	11	12	13
14	15	16	17	18	19	20
21	22	23	24	25	26	27
28	29	30				

MAI						
L	M	M	J	V	S	D
			1	2	3	4
5	6	7	8	9	10	11
12	13	14	15	16	17	18
19	20	21	22	23	24	25
26	27	28	29	30	31	

JUIN						
L	M	M	J	V	S	D
						1
2	3	4	5	6	7	8
9	10	11	12	13	14	15
16	17	18	19	20	21	22
23	24	25	26	27	28	29
30						

JUILLET						
L	M	M	J	V	S	D
1	2	3	4	5	6	
7	8	9	10	11	12	13
14	15	16	17	18	19	20
21	22	23	24	25	26	27
28	29	30	31			

AOÛT						
L	M	M	J	V	S	D
			1	2	3	
4	5	6	7	8	9	10
11	12	13	14	15	16	17
18	19	20	21	22	23	24
25	26	27	28	29	30	31

SEPTEMBRE						
L	M	M	J	V	S	D
						1
2	3	4	5	6	7	8
9	10	11	12	13	14	15
16	17	18	19	20	21	22
23	24	25	26	27	28	29
30						

OCTOBRE						
L	M	M	J	V	S	D
	1	2	3	4	5	6
7	8	9	10	11	12	13
14	15	16	17	18	19	20
21	22	23	24	25	26	27
28	29	30	31			

NOVEMBRE						
L	M	M	J	V	S	D
				1	2	3
4	5	6	7	8	9	10
11	12	13	14	15	16	17
18	19	20	21	22	23	24
25	26	27	28	29	30	

DÉCEMBRE						
L	M	M	J	V	S	D
						1
2	3	4	5	6	7	8
9	10	11	12	13	14	15
16	17	18	19	20	21	22
23	24	25	26	27	28	29
30	31					

Noël

Have students notice that in French numerical abbreviations of dates the order is day, month, year. (This will be presented later on in the lesson.) Mention also the use of **an** after numbers and **année** mainly after non-numerical words such as **cette**.

Have students repeat after you the names of the months. Point out that **août** may be pronounced either [u] or [ut]. The p is pronounced in **septembre**, and **octobre** has two open o's [ɔktɔbr].

Wkbk. 2
Wkbk. 3

Activités

1. Dans chaque phrase il y a une faute en italique. Corrigez-la d'après le dialogue d'introduction. (In each sentence there is a mistake in italics. Correct it according to the Introductory Dialogue.)

> MODÈLE: L'anniversaire de Christian est le 16 *avril*.
> **L'anniversaire de Christian est le 16 mai.**

1. Hélène est la *sœur* de M. et Mme Perrin. fille
2. *La fille* des Perrin a déjà quinze ans. Le fils
3. M. Perrin ne *veut* pas croire que Christian a déjà quinze ans. peut

4. Mme Perrin a mille *gâteaux* à faire pour l'anniversaire de Christian.   choses

5. M. Perrin peut *faire* le gâteau d'anniversaire.   aller chercher

6. Hélène va mettre la table pour dix *enfants*.   personnes

7. La *mère* de Christian croit qu'il ressemble à son grand-père.   grand-mère

8. D'abord, on va manger *les cadeaux*.   le gâteau

2. You have been invited to join the Perrin family for Christian's birthday party. Since you don't know all the other guests, you ask Christian to tell how they're related to him. Give his answers.

MODÈLE: Qui est Hélène?
C'est ma sœur.

1. Et Nathalie Perrin?   C'est ma mère.
2. Et M. Roud?   C'est mon grand-père.
3. Et Bruno Géraud?   C'est mon cousin.
4. Et Jacques Perrin?   C'est mon père.
5. Et Delphine Géraud?   C'est ma cousine.
6. Et Mme Roud?   C'est ma grand-mère.
7. Et Christophe Géraud?   C'est mon oncle.
8. Et Claire Géraud?   C'est ma tante.

3. Martine knows the names of Christian's relatives, but she has trouble remembering how they are related. Answer her questions.

MODÈLE: M. et Mme Roud sont les parents de Christian?
Non, M. et Mme Roud sont ses grands-parents.

1. Et Hélène est la cousine de Jacques?   Non, Hélène est sa fille.
2. Alors, Jacques est le grand-père de Christian?   Non, Jacques est son père.
3. Mais Christian et Hélène sont les enfants des Roud?   Non, Christian et Hélène sont leurs petits-enfants.
4. Alors, Claire est la sœur de Christian?   Non, Claire est sa tante.
5. Alors, Christian est le cousin d'Hélène?   Non, Christian est son frère.
6. Alors, Delphine est la femme de Bruno?   Non, Delphine est sa sœur.
7. Mais Nathalie est la tante de Jacques?   Non, Nathalie est sa femme.
8. Et Bruno est le frère de Christophe?   Non, Bruno est son fils.
9. Et Christophe est l'oncle de Claire?   Non, Christophe est son mari.

4. Your little nephew is learning the months. Answer his questions.

MODÈLE: Quel est le mois après août?
C'est septembre.

On voit le Père Noël en décembre.

Quel mois est-ce?

En janvier on fait du ski. (Savoie)

Les raisins sont beaux en septembre. (Nérigean)

1. Quel est le mois avant janvier?   C'est décembre.
2. Quel est le mois avant mai?   C'est avril.
3. Quel est le mois après février?   C'est mars.
4. Quel est le mois avant août?   C'est juillet.
5. Quel est le mois après janvier?   C'est février.
6. Quel est le mois avant novembre?   C'est octobre.
7. Quel est le mois après mai?   C'est juin.
8. Quel est le mois après juillet?   C'est août.

Les Français vont
en vacances en
août. (Nice)

5. Trouvez dans la liste suivante l'expression qui complète correctement chaque phrase.

mille	mois
tante	année
gâteau	oncle
cadeau	ressemble
personnes	

1. Il y a douze mois dans une ____.   année
2. Neuf cents et cent font ____.   mille
3. Préférez-vous la tarte ou le ____?   gâteau
4. Il y a vingt élèves et un professeur dans la salle de classe, c'est-à-dire, vingt et une ____.   personnes

Combien de personnes y a-t-il en classe?

Elle préfère la tarte. (Martinique)

5. La sœur de votre mère est votre ___.　　　　tante

6. Le père de votre cousin est votre ___.　　　oncle

7. C'est l'anniversaire de Denise demain. Il faut acheter
son ___.　　　　　　　　　　　　　　　　　cadeau

8. Delphine est petite et sa mère est petite aussi. Delphine
___ à sa mère.　　　　　　　　　　　　　　ressemble

9. D'habitude, il y a trente ou trente et un jours dans un
___.　　　　　　　　　　　　　　　　　　mois

6. Répondez aux questions suivantes d'après le calendrier dans l'**Expansion.**

1. Combien de mois y a-t-il dans une
année?　　　　　Il y a douze mois dans une année.

2. Quels sont les mois de l'année?　　Les mois de l'année sont janvier, février, mars, avril, mai, juin,
juillet, août, septembre, octobre, novembre et décembre.

3. Quels sont les mois d'été?　　　Les mois d'été sont juin, juillet et août.

4. Quel est le premier mois de l'année?　C'est janvier.

5. Quel est le troisième mois de l'année?　C'est mars.

Voulez-vous prendre
des vacances à la
Guadeloupe?

Saint-Tropez en été

Answers to this question
will vary and do not appear
here.

6. En quel mois est votre anniversaire?
7. Combien de jours y a-t-il en février?
8. Combien de jours y a-t-il en octobre?

Mon anniversaire est en ____.

Il y a vingt-huit jours en février.

Il y a trente et un jours en octobre.

Structure et usage

le présent des verbes irréguliers *pouvoir* et *devoir*

Here is the present tense of the verbs **pouvoir** (*to be able, can, may*) and **devoir** (*to have to, must, to owe*). Note that they are often followed by an infinitive.

pouvoir		
je **peux**	Je ne **peux** pas chanter.	I am not able to sing.
tu **peux**	Tu **peux** croire tes amis.	You can believe your friends.
il/elle/on **peut**	**Peut**-elle mettre la table?	Can she set the table?
nous **pouvons**	Nous ne **pouvons** pas finir.	We can't finish.
vous **pouvez**	**Pouvez**-vous faire du ski?	Are you able to ski?
ils/elles **peuvent**	Elles **peuvent** aller à Lyon.	They can go to Lyons.

Wkbk. 4

You may point out the
similarities between
pouvoir and **vouloir** in the
present tense.

Have students repeat after
you all these sentences.
Then you may have
students do some exercises
from singular to plural,
declarative to interrogative
and affirmative to negative,
or vice versa.
Modèles:
a) Je peux parler français.
(nous)
**Nous pouvons parler
français.**
b) Ils peuvent voir les
cadeaux.
**Peuvent-ils voir les
cadeaux?**
c) Tu dois être à l'heure.
**Tu ne dois pas être à
l'heure.**
You may do some verb
substitution exercises, too.
Modèles:
a) Veut-on choisir un
cadeau? (pouvoir)
**Peut-on choisir un
cadeau?**

devoir		
je **dois**	Je **dois** étudier.	I must study.
tu **dois**	Tu ne **dois** pas rester.	You don't have to stay.
il/elle/on **doit**	**Doit**-on écouter?	Must we listen?
nous **devons**	Nous **devons** descendre.	We have to go down.
vous **devez**	Vous **devez** voir la maison.	You must see the house.
ils/elles **doivent**	Ils **doivent** attendre.	They have to wait.

ATTENTION: When **devoir** is not followed by an infinitive, it means "to owe."

Wkbk. 5
Wkbk. 6
Wkbk. 7

Je dois mille francs à Marc.

*I owe Marc one thousand
francs.*

b) Ils ne veulent pas
apprendre cette leçon.
(devoir)
**Ils ne doivent pas
apprendre cette leçon.**

7. Christian is asking his parents' permission to do certain things. Give their responses.

MODÈLE: Est-ce que je peux rendre mes cadeaux? (oui)
Oui, tu peux rendre tes cadeaux.

1. Est-ce que je peux finir le travail demain? (oui)

Oui, tu peux finir le travail demain.

2. Est-ce que vous pouvez aider? (oui)

Oui, nous pouvons aider.

3. Est-ce qu'Hélène et moi, nous pouvons regarder la télé ce soir? (non)

Non, vous ne pouvez pas regarder la télé ce soir.

4. Est-ce que je peux acheter un nouveau vélo? (non)

Non, tu ne peux pas acheter un nouveau vélo.

5. Est-ce qu'Hélène peut faire du ski la semaine prochaine? (non)

Non, elle ne peut pas faire de ski la semaine prochaine.

6. Est-ce que Bruno peut passer la nuit ici? (oui)

Oui, il peut passer la nuit ici.

7. Est-ce que Bruno et moi, nous pouvons faire des hamburgers? (oui)

Oui, vous pouvez faire des hamburgers.

8. Est-ce que les Géraud peuvent rester aussi? (non)

Non, ils ne peuvent pas rester.

8. Jean-Marie is giving a birthday party for Marianne and has asked you and some other people to help. Find out who can do what by completing each of Jean-Marie's statements with the correct form of **pouvoir**.

> MODÈLE: Je ____ trouver des cassettes.
> **Je peux trouver des cassettes.**

1. Catherine ____ finir les affiches.   peut
2. Stéphane ____ aider Catherine.   peut
3. Solange et Julie ____ faire des courses.   peuvent
4. Alice et toi, vous ____ mettre la table.   pouvez
5. Tu ____ aussi aller chercher le gâteau.   peux
6. Pauline et Vincent ____ aller chercher Marianne.   peuvent
7. Georges et moi, nous ____ acheter le cadeau.   pouvons
8. Je ____ appeler Victor.   peux

Georges et Solange peuvent faire des courses.

Answers: doit, doit, doivent, devez, dois, doivent, devons, dois

9. Refaites l'**Activité 8** en employant le verbe **devoir** à la place du verbe **pouvoir**.

> MODÈLE: Je ___ trouver des cassettes.
> **Je dois trouver des cassettes.**

10. Jean-Marie has finished his list of who owes how much to pay for Marianne's party and gift. Tell what he says.

> MODÈLE: Catherine / 20F
> **Catherine doit vingt francs.**

1. Stéphane / 25F — Stéphane doit vingt-cinq francs.
2. Solange et Julie / 45F — Solange et Julie doivent quarante-cinq francs.
3. Alice et toi / 50F — Alice et toi, vous devez cinquante francs.
4. Pauline et Vincent / 55F — Pauline et Vincent doivent cinquante-cinq francs.
5. moi, je / 18F — Moi, je dois dix-huit francs.
6. Valérie / 30F — Valérie doit trente francs.
7. toi, tu / 23F — Toi, tu dois vingt-trois francs.
8. Sophie et moi, nous / 48F — Sophie et moi, nous devons quarante-huit francs.

11. Richard wants to know who's helping with the class project this afternoon or tomorrow. Tell him that the people he asks about can't help because they have to study.

> MODÈLE: Est-ce que tu aides cet après-midi?
> **Non, je ne peux pas aider. Je dois étudier.**

1. Est-ce que Nicolas aide? — Non, il ne peut pas aider. Il doit étudier.
2. Est-ce que Michel et Stéphane aident? — Non, ils ne peuvent pas aider. Ils doivent étudier.
3. Valérie et toi, aidez-vous demain? — Non, nous ne pouvons pas aider. Nous devons étudier.
4. Et moi, est-ce que j'aide? — Non, tu ne peux pas aider. Tu dois étudier.
5. Est-ce que Valérie et Sophie aident? — Non, elles ne peuvent pas aider. Elles doivent étudier.
6. Et ta sœur, aide-t-elle? — Non, elle ne peut pas aider. Elle doit étudier.
7. Et toi, aides-tu demain? — Non, je ne peux pas aider. Je dois étudier.
8. Et Jacques et moi, est-ce que nous aidons demain? — Non, vous ne pouvez pas aider. Vous devez étudier.

les nombres ordinaux

Numbers like "first," "second" and "third" are called "ordinal numbers" because they show the order in which things are placed. All ordinal numbers except **premier** and **première** end in **-ième** in French. Here are some ordinal numbers.

premier, première	C'est la **première** place.	It's the first seat.
deuxième	Février est le **deuxième** mois de l'année.	February's the second month of the year.
troisième	C'est ma **troisième** leçon de ski.	It's my third skiing lesson.
quatrième	Je suis **quatrième** en maths.	I'm fourth in math.
sixième	Samedi est le **sixième** jour de la semaine.	Saturday is the sixth day of the week.

Point out that another word for **deuxième** is **second(e)**. This word has already been used in **Leçon 6** to indicate travel in second class (**en seconde**) on a train.

Point out that the letter x in **deuxième, sixième** and **dixième** is pronounced [z].

Most ordinal numbers are formed in the following way:

$$\text{cardinal number} \;+\; \textit{-ième} \;=\; \text{ordinal number}$$

sept	+	-ième	=	septième
onzé	+	-ième	=	onzième

Note that the final **e** in a cardinal number is dropped before adding **ième**. The cardinal numbers **un(e)**, **cinq** and **neuf** are exceptions.

$$\text{un(e)} \rightarrow \text{premier, première}$$
$$\text{cinq} \rightarrow \text{cinquième}$$
$$\text{neuf} \rightarrow \text{neuvième}$$

ATTENTION: Ordinal numbers are often used with **fois** (*time*).

Je vais en France pour la première fois.   *I'm going to France for the first time.*

Here the word **fois** means "time" as an instance or occasion. This is different from **temps** meaning "time" in the general sense or measurable "time."

You may explain French abbreviations of ordinal numbers. Point out the difference between the abbreviations 1er and 1ère (*1st*). All the others end in $^{-e}$ or $^{-ème}$, for example, 2e or 2ème (*2nd*) and 3e or 3ème (*3rd*).

Wkbk. 8

12. As your little brother and nephew continue to learn the days and months, they wonder about their order. Answer their questions.

MODÈLE: Quel est le troisième jour de la semaine?
Mercredi est le troisième jour de la semaine.

1. Quel est le neuvième mois de l'année?

    Septembre est le neuvième mois de l'année.

2. Quel est le cinquième mois de l'année?

    Mai est le cinquième mois de l'année.

3. Quel est le premier jour de la semaine?

    Lundi est le premier jour de la semaine.

4. Quel est le onzième mois de l'année?

    Novembre est le onzième mois de l'année.

Note that there is no elision between **le** and **onzième**.

5. Quel est le quatrième jour de la semaine?

    Jeudi est le quatrième jour de la semaine.

C'est la cinquième fois qu'il neige cet hiver. (Megève)

6. Quel est le douzième mois de l'année?

Décembre est le douzième mois de l'année.

7. Quel est le septième jour de la semaine?

Dimanche est le septième jour de la semaine.

8. Quel est le premier mois de l'année?

Janvier est le premier mois de l'année.

13. Some people are wrong about the number of times certain things happen. Tell them so, changing the number in parentheses to an ordinal number.

MODÈLE: C'est la première fois qu'il pleut en avril. (3)
Non, c'est la troisième fois.

1. C'est la sixième fois qu'il neige cet hiver. (5)

Non, c'est la cinquième fois.

2. C'est la cinquième fois que tu manges aujourd'hui. (6)

Non, c'est la sixième fois.

3. C'est la première fois qu'il fait mauvais cet été. (2)

Non, c'est la deuxième fois.

4. C'est la septième fois que tu arrives en retard. (9)

Non, c'est la neuvième fois.

5. C'est la troisième fois que tu bois de l'eau minérale. (4)

Non, c'est la quatrième fois.

6. C'est la deuxième fois que tu portes cette veste. (1)

Non, c'est la première fois.

7. C'est la première fois que tu perds la tête. (3)

Non, c'est la troisième fois.

8. C'est la quatrième fois que tu réussis en maths. (7)

Non, c'est la septième fois.

la date

To express the date in French, follow this pattern:

$$\boxed{le \ + \ \textbf{cardinal number} \ + \ \textbf{month} \ + \ \textbf{year}}$$

le douze avril mil neuf cent quatre-vingt-onze   *April twelfth, 1991*

When this date is abbreviated, note that the day precedes the month: 12/4/91.

ATTENTION: 1. In French only cardinal numbers are used to express the days of the month, unlike English which uses ordinal numbers.

—Quelle est la date aujourd'hui? — *What's today's date?*

—C'est le trente et un mars. — *It's the thirty-first of March.*

The exception is "the first," which is **le premier**.

Non, c'est le premier avril. — *No, it's April first.*

2. The article **le** before the day of the month means either "the" or "on."

Mon anniversaire est le dix-neuf juin. — *My birthday is the nineteenth of June.*

L'hiver commence le 21 décembre. — *Winter begins on December 21st.*

3. To express dates after the year 1000, use **mil**, meaning "one thousand." (The word **mille** means "one thousand" when counting: **J'ai mille choses à faire**.) Such dates can also be expressed using **cent**.

1492 = mil quatre cent quatre-vingt-douze
ou
quatorze cent quatre-vingt-douze

Point out the absence of a comma in the French date.

The French often use periods instead of slash marks in numerical abbreviations of the date: 12.4.91.

Remind students that the preposition **en** means "in" before the name of a month or a year.
Les vacances commencent en juin.
Vacation starts in June.
On va visiter l'Europe en 1998.
We're going to visit Europe in 1998.

Wkbk. 9
Wkbk. 10
Wkbk. 11

14. Abrégez les dates suivantes comme le feraient les Français. (Abbreviate the following dates as the French would.)

MODÈLE: le seize mars mil neuf cent soixante-quinze
16/3/75

1. le cinq décembre mil neuf cent soixante   5/12/60
2. le quatre novembre mil neuf cent vingt-cinq   4/11/25
3. le premier octobre mil neuf cent trente   1/10/30
4. le dix avril mil neuf cent quarante-cinq   10/4/45
5. le onze janvier mil neuf cent soixante-seize   11/1/76
6. le dix-neuf août mil neuf cent quatre-vingt-huit   19/8/88
7. le vingt et un mai mil neuf cent cinquante et un   21/5/51
8. le neuf septembre mil neuf cent quatre-vingt-douze   9/9/92
9. le quatorze juillet mil neuf cent quatre-vingt-neuf   14/7/89

15. Vincent is filling in his calendar for the next school year. As he notes certain events, give him the dates in parentheses.

MODÈLE: L'anniversaire de Papa est ___. (21/8)
L'anniversaire de Papa est le vingt et un août.

For extra practice you could ask students **Quelle est la date de votre anniversaire?** After several students respond, check comprehension by asking **C'est quand l'anniversaire de...?**

1. La rentrée est ___. (12/9)

La rentrée est le douze septembre.

2. L'anniversaire de Maman est ___. (1/10)

L'anniversaire de Maman est le premier octobre.

3. Les vacances de Noël commencent ___. (21/12)

Les vacances de Noël commencent le vingt et un décembre.

4. Les vacances finissent ___. (6/1)

Les vacances finissent le six janvier.

5. On va faire du ski ___. (17/2)

On va faire du ski le dix-sept février.

6. Les vacances de Pâques commencent ___. (30/3)

Les vacances de Pâques commencent le trente mars.

7. Les cours finissent ___. (11/6)

Les cours finissent le onze juin.

8. On va à Biarritz ___. (28/7)

On va à Biarritz le vingt-huit juillet.

On visite Biarritz...

... et après on fait du surf.

les adjectifs démonstratifs

Demonstrative adjectives are used to point out a specific person or thing. The demonstrative adjectives **ce, cet, cette** (*this, that*); **ces** (*these, those*) agree in gender and number with the nouns they describe. Note how the forms vary in the following examples.

	Masculine Before a Consonant Sound	**Masculine Before a Vowel Sound**	**Feminine**
Singular	ce café	cet‿ami [t]	cette rue
Plural	ces cafés	ces‿amis [z]	ces rues

ATTENTION:

1. **Ce** becomes **cet** before a masculine singular word beginning with a vowel sound, and there is **liaison**.

   On travaille ce matin et cet‿après-midi.
   [t]

   We're working this morning and this afternoon.

2. There is **liaison** after **ces** when the next word begins with a vowel sound.

   Ces‿Américaines portent
   [z]
   ces‿habits.
   [z]

   Those Americans wear these clothes.

3. To make a clear distinction between things nearby and those farther away, add **-ci** after the noun to mean "this" or "these" and **-là** after the noun to mean "that" or "those."

   Cette date-ci est bonne.   *This date is good.*
   Cette date-là est mauvaise.   *That date is bad.*
   Ces chaussures-ci coûtent   *These shoes cost 300 francs.*
   300 francs.
   Ces chaussures-là coûtent   *Those shoes cost 250 francs.*
   250 francs.

For additional practice give students the first expression in each pair and have them add the adjective **autre**. Then give them the second expression and have them remove **autre**.
ce cadeau/cet autre cadeau
cet hôtel/cet autre hôtel
ce monsieur/cet autre monsieur
cet homme/cet autre homme
cet élève/cet autre élève
ce fils/cet autre fils

You may tell students that -ci stands for ici (*here*), and -là stands for là-bas (*over there*). Demonstrate the relationship between -ci and -là with two books (one near, one far away) and say **Je préfère ce livre-ci à ce livre-là**. Then use four books (two near, two away from you) and say **Je préfère ces livres-ci à ces livres-là**.

Wkbk. 12
Wkbk. 13
Wkbk. 14

16. Tomorrow is your Uncle Henri's birthday, and your family has told you to get his gift. Ask the salesperson how much the following items cost.

   MODÈLE: le calendrier
             Combien coûte ce calendrier?

   1. l'écouteur   Combien coûte cet écouteur?
   2. le gâteau   Combien coûte ce gâteau?
   3. la cravate   Combien coûte cette cravate?
   4. les deux billets   Combien coûtent ces deux billets?
   5. la tenue de ski   Combien coûte cette tenue de ski?
   6. le pull bleu   Combien coûte ce pull bleu?

Qui sont les
personnes à
l'anniversaire d'oncle
Henri? (Paris)

7. l'autre pull   Combien coûte cet autre pull?
8. les chaussettes   Combien coûtent ces chaussettes?

 17. Your Aunt Alice has invited you to Uncle Henri's birthday party. Since you don't know some of her guests, ask her who they are.

> MODÈLES: a) deux garçons
> **Tante Alice, qui sont ces garçons?**
> b) un jeune homme
> **Et qui est ce jeune homme?**

1. un autre jeune homme   Et qui est cet autre jeune homme?
2. une dame   Et qui est cette dame?
3. un garçon   Et qui est ce garçon?
4. une jolie jeune fille   Et qui est cette jolie jeune fille?
5. un petit monsieur   Et qui est ce petit monsieur?
6. deux dames   Et qui sont ces dames?
7. un enfant   Et qui est cet enfant?
8. d'autres personnes   Et qui sont ces autres personnes?

 18. When Thierry finds good things nearby, you see better ones farther away. If the things he likes are far away, you prefer those nearby. Tell him so.

> MODÈLES: a) Voici un restaurant. Il est très bon.
> **Moi, je préfère ce restaurant-là.**

Préférez-vous ce restaurant-ci ou ce restaurant-là?

b) Voilà des vestes. Elles sont très chic.
   Moi, je préfère ces vestes-ci.

1. Voici des habits. Ils sont beaux.   Moi, je préfère ces habits-là.
2. Voilà un hôtel. Il est nouveau.   Moi, je préfère cet hôtel-ci.
3. Voilà des skis. Ils sont formidables.   Moi, je préfère ces skis-ci.
4. Voici un costume. Il est très chic.   Moi, je préfère ce costume-là.
5. Voilà une affiche. Elle est très jolie.   Moi, je préfère cette affiche-ci.
6. Voici une chemise. Elle est belle.   Moi, je préfère cette chemise-là.
7. Voici un ordinateur. Il est génial.   Moi, je préfère cet ordinateur-là.
8. Voilà un pantalon. Il est en solde.   Moi, je préfère ce pantalon-ci.

19. Comment dit-on en français?   *This is an optional activity.*

THÉRÈSE:	Mom, today's April 8th, and it's Brigitte's birthday, isn't it?	Maman, c'est aujourd'hui le huit avril, et c'est l'anniversaire de Brigitte, n'est-ce pas?
MAMAN:	Yes, and I have a thousand things to do.	Oui, et j'ai mille choses à faire.
THÉRÈSE:	I must study this morning, but I can help this afternoon.	Je dois étudier ce matin, mais je peux aider cet après-midi.
MAMAN:	OK. Can you go get the cake?	D'accord. Peux-tu aller chercher le gâteau?
THÉRÈSE:	Of course, and afterwards what do I have to do?	Bien sûr, et après, qu'est-ce que je dois faire?
MAMAN:	Charles and you can set the table.	Charles et toi, vous pouvez mettre la table.

Rédaction

First draw your family tree, giving the names of relatives such as your mother, father, brothers, sisters, grandparents, aunts, uncles and cousins, as appropriate. Now under your drawing write one paragraph in French that describes your family. In your written description include only those family members for whom you already know the French expressions. Give their names, ages and how they are related to you. You may also tell where these relatives live.

Prononciation

[ø] et [œ]

The vowel combination **eu** is pronounced [ø] when it's in the last syllable of a word ending in **-eu**, **-eut** or **-eux**.

bleu	peu	peux	veut	yeux
deux	peut	pleut	veux	

In most other cases **eu** is pronounced [œ] before a final pronounced consonant other than [z]. The vowel combination **œu** is always pronounced [œ].

beurre	neuf
fleuve	peuvent
heure	seul
jeune	veulent
leur	sœur

Lecture

Vive la reine!°

Aujourd'hui c'est le 6 janvier, la Fête des Rois.° Il y a de très belles galettes° dans les boulangeries et les pâtisseries! Ce soir la famille Beauchamp fête° les rois à la maison. Marie-Christine est contente parce que sa tante Éliane et son oncle Daniel vont dîner avec la famille. En fait,° c'est Marie-Christine qui doit aller chercher le pain et la galette pour le repas.

Au dîner on attend le dessert avec impatience. Enfin, voilà la galette. Elle est géniale et il y a une fève° dedans.° Maman coupe° un morceau° pour tout le monde. Voilà six beaux morceaux, et maintenant il faut choisir. Qui veut ce morceau-ci? Qui préfère ce morceau-là?

Vive la reine! = Long live the queen!
Kings
flaky, flat cakes
is celebrating

En fait = In fact

bean/inside
cuts/piece

Quelles belles galettes!

Marie-Christine achète le pain pour le repas.

Il y a une fève dans la galette.

Elle va trouver la fève?

Et voici le roi, son oncle Daniel.

La reine, c'est Marie-Christine.

M. Beauchamp mange trop vite.° Oh là là! Il va avaler° la fève! Mais non. Cette fois-ci c'est Marie-Christine qui trouve la fève. Alors, la reine, c'est elle, et elle peut choisir son roi. Bien sûr, elle choisit son oncle Daniel. "Vive la reine! Vive le roi!" Demain Marie-Christine va mettre la fève dans sa boîte de souvenirs. Quelle° bonne fête!

fast/to swallow

What a

Wkbk. 15

Note culturelle
La Fête des Rois (Feast of the Kings/Magi) is the celebration of Epiphany on January 6th. The French traditionally serve a **galette** on this occasion. A real bean used to be hidden inside the **galette**. Today, however, the porcelain or plastic object resembles a king, queen or good luck symbol. Bakeries and pastry shops also include a golden paper crown along with the **galette**.

Répondez en français par des phrases complètes.

1. Quelle est la date aujourd'hui?
   C'est le 6 janvier.
2. Où peut-on acheter des galettes?
   On peut acheter des galettes dans les boulangeries et les pâtisseries.
3. Qu'est-ce qu'on va fêter?
   On va fêter les rois.
4. Pourquoi Marie-Christine est-elle contente?
   Sa tante et son oncle vont dîner avec la famille.
5. Qu'est-ce que Marie-Christine doit aller chercher?
   Elle doit aller chercher le pain et la galette pour le repas.
6. Qu'est-ce qu'il y a dans la galette?
   Il y a une fève dans la galette.
7. Qui coupe la galette?
   Maman coupe la galette.

8. Qui trouve la fève dans son morceau de galette?

9. Qui est reine?

10. Est-ce que son père est roi?

Marie-Christine trouve la fève dans son morceau de galette.

Marie-Christine est reine.

Non, c'est son oncle Daniel.

 Proverbe

Tel père, tel fils.   *Like father, like son.*

Interaction et application pratique

À deux

1. With your partner take turns describing to each other your parents, brothers, sisters and a favorite friend. In your description tell the person's name, age, relationship to you and one interesting fact about him/her. Use only vocabulary words that you have learned so far. Then tell the class about one person your partner has described.

2. With your partner take turns asking each other to identify the days of the week and the months of the year. Use ordinal numbers in your questions.

> MODÈLES: a) Quel est le sixième jour de la semaine?
> **C'est samedi.**
>   b) Quel est le troisième mois de l'année?
> **C'est mars.**

3. Write five different dates (day, month, year) in the abbreviated form with all numbers. Your partner will write five different dates. Next show your dates to your partner asking **Quelle est la date?** He/she will answer with a complete sentence. Then reverse roles.

> MODÈLE: 2/11/61
> **C'est le deux novembre mil neuf cent soixante et un.**

4. With your partner take turns asking and answering questions about what you have to or don't have to do this week, this month and this year. Be sure that in your answers you use only those words you have learned so far.

> MODÈLE: Qu'est-ce que tu dois faire cette semaine-ci?
> **Cette semaine-ci je dois étudier pour un contrôle de français.**

En groupes

5. With others in your group make a French calendar that resembles your official school calendar for the current year. Mark on it when the major time periods begin or when special activities take place. Limit your entries to those that you can express in the French you've already learned. Then take turns with other group members asking and telling when these events take place.

MODÈLE: C'est quand la rentrée?
          La rentrée est le 4 septembre.

6. See how many different completions your group can think of for each of the
   following sentences. Have one person from the group list the possible
   completions on a transparency. Do one sentence at a time, spending not
   more than one minute on each sentence. Afterwards several transparencies
   can be put on the overhead for all to correct.
   1. Dans ce cours-ci nous devons ___.
   2. Peux-tu ___?
   3. Je ne peux pas croire que ___.
   4. Cet ___ est beau.
   5. Je préfère cette ___-ci à cette ___-là.
   6. À Noël je vois d'habitude mes ___.

Tous ensemble

7. With your classmates play **Dring** in French, this time using ordinal numbers rather than cardinal numbers. (This game was described in **Leçon 4.**)
   Pick a number less than 10 and count off in French from 1–50 using ordinal
   numbers. Remember to say **Dring** each time the selected number, one
   containing it or a multiple of it comes up.

8. Each student has a sheet of paper with the following statements written on
   it:
   1. Mon anniversaire est en juillet.
   2. Il y a cinq personnes dans ma famille.
   3. J'ai une petite sœur.
   4. Je ressemble à mon frère.
   5. Je dois travailler ce soir.
   Now, as you walk around your classroom, find a different person who can
   answer each question affirmatively. You will say to someone, for example,
   Est-ce que ton anniversaire est en juillet? When you find a person who
   answers **Oui, mon anniversaire est en juillet**, this person will initial your
   sheet. The first student to have all five affirmative responses is the winner.

Combien de
personnes y a-t-il
dans cette famille?

Vocabulaire actif

noms

une année *year*
un anniversaire *birthday; anniversary*
août *August*
avril *April*
un cadeau *gift, present*
un(e) cousin(e) *cousin*
une date *date*
décembre *December*
une femme *wife*
février *February*
une fille *daughter*
un fils *son*
un frère *brother*
un grand-parent *grandparent*
une grand-mère *grandmother*
un grand-père *grandfather*
janvier *January*

juillet *July*
juin *June*
mai *May*
un mari *husband*
mars *March*
une mère *mother*
un mois *month*
novembre *November*
octobre *October*
un oncle *uncle*
un père *father*
une personne *person*
un petit-enfant *grandchild*
septembre *September*
une sœur *sister*
une tante *aunt*
des yeux (m.) *eyes*

adjectifs

ce, cet, cette; ces *this, that; these, those*
   ce (cet, cette; ces)...-ci *this; these*
   ce (cet, cette; ces)...-là *that; those*
premier, première *first*

verbes

devoir *must, to have to, to owe*
pouvoir *to be able, can, may*
ressembler à *to resemble, to look like*

expressions diverses

cinquième *fifth*
deuxième *second*
dixième *tenth*
douzième *twelfth*
huitième *eighth*
mille, mil *one thousand*

neuvième *ninth*
onzième *eleventh*
quatrième *fourth*
septième *seventh*
sixième *sixth*
troisième *third*

Préférez-vous les habits d'hiver ou d'été?

Au petit déjeuner

The dialogue of this review lesson contains no new active or passive vocabulary words.

FRÉDÉRIC:	Bonjour, Maman.
MME CAPUT:	Bonjour, Frédéric. Ça va?
FRÉDÉRIC:	Comme ci, comme ça, merci.
MME CAPUT:	Est-ce que tu veux du chocolat ce matin?
FRÉDÉRIC:	Non, merci. Je n'ai pas faim.
MME CAPUT:	Tu peux emmener ton frère à l'école?
FRÉDÉRIC:	Si tu veux. Mais quel temps fait-il aujourd'hui?
MME CAPUT:	Il fait du vent, et il fait très froid.
FRÉDÉRIC:	Ah bon? Qu'est-ce que je dois mettre?
MME CAPUT:	Mets ton gros manteau. Je crois qu'il va neiger.

Compréhension

Répondez en français.

1. Est-ce que Frédéric est le mari de Mme Caput?

   Non, c'est son fils.

2. Comment va Frédéric?

   Comme ci, comme ça.

3. Frédéric prend-il le petit déjeuner? Pourquoi?

   Non, il ne prend pas le petit déjeuner parce qu'il n'a pas faim.

4. Qui va-t-il emmener à l'école ce matin?

   Il va emmener son frère à l'école.

5. Est-ce que c'est l'été ou l'hiver?

   C'est l'hiver.

6. Pourquoi Frédéric doit-il mettre des habits chauds?

   Parce qu'il fait très froid.

À propos

1. Comment allez-vous aujourd'hui?
2. Buvez-vous du chocolat au petit déjeuner?
3. Prenez-vous toujours le petit déjeuner?
4. Quel temps fait-il aujourd'hui?
5. Portez-vous des habits d'été ou d'hiver?

Vous voulez voir
nos vestes?

Activités

1. For one of your business courses you're studying merchandise and sales techniques at a local department store. Ask a salesperson if you can see the store's collection of the things pictured below.

MODÈLE:

Est-ce que je peux voir vos costumes?

1.
Est-ce que je peux
voir vos chemises?

2.
Est-ce que je peux
voir vos vestes?

3.
Est-ce que je peux
voir vos cravates?

4.
Est-ce que je peux
voir vos pulls?

5.
Est-ce que je peux
voir vos robes?

6.
Est-ce que je peux
voir vos chemisiers?

7.
Est-ce que je peux
voir vos pantalons?

8.
Est-ce que je peux
voir vos jupes?

2. Look at the color of each item pictured in **Activité 1**. Ask if the store has some of these items in the pictured color.

MODÈLE:

Avez-vous des costumes beiges?

Answers:
1. Avez-vous des chemises blanches?
2. Avez-vous des vestes grises?
3. Avez-vous des cravates marron?
4. Avez-vous des pulls noirs?
5. Avez-vous des robes violettes?
6. Avez-vous des chemisiers jaunes?
7. Avez-vous des pantalons orange?
8. Avez-vous des jupes vertes?

1. Combien coûte cette
   chemise?
2. Combien coûte cette
   veste?
3. Combien coûte cette
   cravate?
4. Combien coûte ce pull?
5. Combien coûte cette
   robe?
6. Combien coûte ce
   chemisier?
7. Combien coûte ce
   pantalon?

8. Combien coûte cette
   jupe?

3. Now ask how much one specific item in each of these pictured categories costs.

MODÈLE:

Combien coûte ce costume?

4. Give the salesperson's answers to your questions, using the quoted price that corresponds to each pictured item.

MODÈLE: 1000F
         Il coûte mille francs.

1. 180F   Elle coûte cent quatre-vingts francs.
2. 900F   Elle coûte neuf cents francs.
3. 75F   Elle coûte soixante-quinze francs.
4. 215F   Il coûte deux cent quinze francs.
5. 299F   Elle coûte deux cent quatre-vingt-dix-neuf francs.
6. 95F   Il coûte quatre-vingt-quinze francs.
7. 320F   Il coûte trois cent vingt francs.
8. 160F   Elle coûte cent soixante francs.

5. Marcel likes to comment on people's clothes, and so do you. He notices the colors of things that people are wearing. Ask him about the color of something else worn by each person.

MODÈLE: La jupe de Marie est rouge. (manteau)
          De quelle couleur est son manteau?

1. Le manteau de Marie est   De quelle couleur est son pull?
   blanc. (pull)
2. La robe d'Hélène est rose.   De quelle couleur sont ses chaussures?
   (chaussures)
3. Le chemisier de Mlle Beaupré est De quelle couleur est son pantalon?
   bleu. (pantalon)
4. Les costumes des profs sont beiges. De quelle couleur sont leurs chaussettes?
   (chaussettes)
5. La cravate de Marc est grise. (veste) De quelle couleur est sa veste?
6. Le pantalon d'Arnaud est marron. De quelle couleur est sa chemise?
   (chemise)
7. Mon pantalon est vert. (tee-shirt) De quelle couleur est ton tee-shirt?
8. Les chapeaux des hommes sont noirs. De quelle couleur sont leurs costumes?
   (costumes)

De quelle couleur
sont leurs habits?

6. Everyone you know has trouble finding something. Say what the following people can't find.

> MODÈLE: je / disquettes
> **Je ne peux pas trouver mes disquettes.**

1. les filles / billets   Les filles ne peuvent pas trouver leurs billets.
2. tu / manteau   Tu ne peux pas trouver ton manteau.
3. Élodie / calendrier   Élodie ne peut pas trouver son calendrier.
4. Christian / cadeaux   Christian ne peut pas trouver ses cadeaux.
5. vous / vélo   Vous ne pouvez pas trouver votre vélo.
6. les Savarin / addition   Les Savarin ne peuvent pas trouver leur addition.
7. nous / cassettes   Nous ne pouvons pas trouver nos cassettes.
8. je / chemise   Je ne peux pas trouver ma chemise.

7. Complétez chaque phrase avec la forme convenable du mot entre parenthèses.

> MODÈLE: ___ parents sont de Bruxelles. (mon)
> **Mes parents sont de Bruxelles.**

1. ___ femme est de Liège. (mon)   Ma

La Grand-
Place à
Bruxelles
(Belgique)

Le vieux quartier de Luxembourg
(Luxembourg)

L'architecture typique de Strasbourg

2. ___ sœurs habitent à Luxembourg. (son)   Ses

3. Et ___ frère habite à Strasbourg. (son)   son

4. ___ fils a vingt-cinq ans. (notre)   Notre

5. ___ femme s'appelle Brigitte. (son)   Sa

6. ___ filles habitent à Paris. (leur)   Leurs

7. Ce sont ___ petits-enfants. (notre)   nos

8. Où habitent ___ enfants? (votre)   vos

9. ___ fils a quinze ans, n'est-ce pas? (votre)   Votre

8. Complétez chaque phrase avec une expression de la liste suivante.

a seize ans   a l'air
a faim   a besoin de
a chaud   a froid
a soif   a
a de la chance

1. Sylvie ___ parce que tout est en solde.   a de la chance

2. Ma grand-mère ___ en hiver.   a froid

3. Pauvre Carole! Qu'est-ce qu'elle ___?   a

4. Monique réussit en histoire. Elle ___ content.   a l'air

5. C'est l'anniversaire de Luc. Il ___ aujourd'hui.   a seize ans

6. Thomas n'a pas d'argent. Il ___ vingt francs.   a besoin de

7. Xavier veut manger parce qu'il ___.   a faim

8. Kiki ___ en été.   a chaud

9. Frédéric boit de l'eau parce qu'il ___.   a soif

Luc a quel âge?

Nathalie attend le week-end.

9. Tell your friend Suzette what happens to Nathalie on Friday. Use the following expressions.

> MODÈLE: prendre le petit déjeuner
> **Elle prend le petit déjeuner.**

1. mettre son manteau —— Elle met son manteau.
2. aller à l'école —— Elle va à l'école.
3. arriver à l'heure —— Elle arrive à l'heure.
4. perdre la tête en biologie —— Elle perd la tête en biologie.
5. répondre bien en français —— Elle répond bien en français.
6. réussir en maths —— Elle réussit en maths.
7. comprendre le prof d'anglais —— Elle comprend le prof d'anglais.
8. attendre le week-end avec impatience —— Elle attend le week-end avec impatience.

10. The following people can't wait for summer. Tell why.

> MODÈLE: Mélanie / faire du ski nautique
> **Mélanie attend l'été avec impatience pour faire du ski nautique.**

1. je / bronzer —— J'attends l'été avec impatience pour bronzer.
2. nous / voyager en France —— Nous attendons l'été avec impatience pour voyager en France.

Ils vont voyager en France.

Vous voulez
descendre à Nice
cet été?

3. les Cheutin / voir leurs petits-
   enfants
4. vous / faire un tour en vélo
5. tu / descendre à Nice
6. le prof / commencer un cours d'été
7. mes copines / visiter l'Italie
8. Anne / retourner à New York

Les Cheutin attendent l'été avec
impatience pour voir leurs petits-enfants.

Vous attendez l'été avec impatience pour
faire un tour en vélo.
Tu attends l'été avec impatience pour
descendre à Nice.
Le prof attend l'été avec impatience pour
commencer un cours d'été.
Mes copines attendent l'été avec
impatience pour visiter l'Italie.
Anne attend l'été avec impatience pour
retourner à New York.

11. Choisissez l'expression de la liste suivante qui complète chaque phrase.

dehors   notes
contrôle   mince
pauvre   leçons
drapeau   fête
trottoir

1. Les habits en solde sont sur le ___.

trottoir

Où sont les habits
en solde? (Paris)

Elle prend des
leçons de
musique?

2. On a un ____ de français aujourd'hui?   contrôle

3. Tu as de bonnes ____ en maths?   notes

4. Le ____ allemand est noir, jaune et rouge.   drapeau

5. Quelle est ta ____ préférée?   fête

6. Prends-tu des ____ de musique?   leçons

7. ____! Il pleut encore.   Mince

8. ____ Kiki! Il ne peut pas trouver son maître.   Pauvre

9. Kiki ne reste pas ____ quand il fait mauvais.   dehors

12. Exprimez ces dates en français selon le modèle.

  MODÈLE: 4.7.32

  le quatre juillet mil neuf cent trente-deux

  1. 11.8.70   le onze août mil neuf cent soixante-dix

  2. 25.9.06   le vingt-cinq septembre mil neuf cent six

  3. 22.12.98   le vingt-deux décembre mil neuf cent quatre-vingt-dix-huit

  4. 13.5.51   le treize mai mil neuf cent cinquante et un

  5. 1.2.84   le premier février mil neuf cent quatre-vingt-quatre

  6. 31.1.47   le trente et un janvier mil neuf cent quarante-sept

  7. 14.3.65   le quatorze mars mil neuf cent soixante-cinq

  8. 3.4.80   le trois avril mil neuf cent quatre-vingts

13. Répondez en français par des phrases complètes.

  1. Quel est le premier mois de l'année?   C'est janvier.

  2. Quel est le huitième mois de l'année?   C'est août.

  3. Quel jour est-ce aujourd'hui?

  4. Quel est le septième jour de la semaine?   C'est dimanche.

  5. Quelle est la date aujourd'hui?

  6. Quelle est la date de votre anniversaire?

  7. Quelles sont les quatre saisons de l'année?   Ce sont le printemps, l'été,
                                                   l'automne et l'hiver.

Answers to some of these
questions depend on
current circumstances and
do not appear here.

Il fait très chaud à la Martinique.

Georges et ses questions!

8. En quelle saison fait-il très chaud?   Il fait très chaud en été.
9. Quel temps fait-il aujourd'hui?

14. Georges is doing a survey on students' weekly routines. Use ordinal numbers to answer him.

MODÈLE: C'est la première fois que tu prends le bus? (10)
Non, c'est la dixième fois.

1. C'est la première fois que tu es en retard? (2)   Non, c'est la deuxième fois.
2. C'est la cinquième fois que tu as l'informatique? (3)   Non, c'est la troisième fois.
3. C'est la deuxième fois que tu portes un blue-jean? (4)   Non, c'est la quatrième fois.
4. C'est la quatrième fois que tu déjeunes à l'école? (5)   Non, c'est la cinquième fois.
5. C'est la septième fois que tu bois du coca au déjeuner? (6)   Non, c'est la sixième fois.
6. C'est la troisième fois que tu étudies pour le contrôle de français? (1)   Non, c'est la première fois.
7. C'est la sixième fois que tu regardes la télé? (7)   Non, c'est la septième fois.

15. Your best friend and you have different tastes. Express your preferences as the opposites of your friend's.

MODÈLES: a)   J'aime mon grand-père.
Moi, je préfère ma grand-mère.
b)   J'adore ce chapeau-ci.
Moi, je préfère ce chapeau-là.

1. J'aime ma tante.   Moi, je préfère mon oncle.

2. J'aime mon cousin.   Moi, je préfère ma cousine.
3. J'aime mon frère.   Moi, je préfère ma sœur.
4. J'adore cette tenue-là.   Moi, je préfère cette tenue-ci.
5. J'adore ces habits-ci.   Moi, je préfère ces habits-là.
6. J'adore ce tee-shirt-ci.   Moi, je préfère ce tee-shirt-là.
7. J'adore ces manteaux-là.   Moi, je préfère ces manteaux-ci.

16. Complétez la phrase avec le mot convenable.

1. Le père de votre cousin est votre ——.   oncle
2. La femme de votre grand-père est votre ——.   grand-mère
3. La sœur de votre père est votre ——.   tante
4. Le frère de votre cousine est votre ——.   cousin
5. Votre père est le —— de votre mère.   mari
6. Le fils de vos parents est votre ——.   frère
7. Les parents de votre mère sont vos ——.   grands-parents
8. Votre sœur est la —— de vos parents.   fille

17. Complétez les phrases avec la forme convenable d'un verbe de la liste suivante.

apprendre	mettre
comprendre	pouvoir
croire	prendre
devoir	voir

1. Nous —— nos amis à la boulangerie.   voyons

Elles ne voient pas leur petit frère dans la boulangerie. (Martinique)

2. Mélanie ___ à faire du ski nautique.

3. Vous ne ___ pas rester après le cours parce que vous ___ travailler?

4. Ma famille ___ le dîner à huit heures.

5. On ___ un manteau quand il fait froid.

6. — ___-tu cette leçon de maths?
— Je ___ que oui.

apprend

pouvez

devez

prend

met

Comprends

crois

This is an optional activity.

18. Comment dit-on en français?

JEAN-CLAUDE: Excuse me, Sir, how much do these pants (pairs of pants) cost?

Pardon, Monsieur, combien coûtent ces pantalons?

L'EMPLOYÉ: This pair of pants costs two hundred eighty francs, and that pair of pants, three hundred francs.

Ce pantalon-ci coûte deux cent quatre-vingts francs, et ce pantalon-là, trois cents francs.

JEAN-CLAUDE: Fine, then may I see the second pair of pants, please?

Bon alors, est-ce que je peux voir le deuxième pantalon, s'il vous plaît?

L'EMPLOYÉ: Of course. By the way, our shirts are on sale, too. Are you taking the pants?

Bien sûr. À propos, nos chemises sont aussi en solde. Prenez-vous le pantalon?

JEAN-CLAUDE: No thanks. I like this pair of pants, but I don't have enough money today.

Non, merci. J'aime ce pantalon-ci, mais je n'ai pas assez d'argent aujourd'hui.

L'EMPLOYÉ: That's too bad. But in order to buy clothes, you have to have money.

C'est dommage. Mais pour acheter des habits, il faut avoir de l'argent.

Grammar Summary

Subject pronouns

Singular	Plural
je	nous
tu	vous
il/elle/on	ils/elles

Indefinite Articles

Singular		Plural
Masculine	Feminine	
un	une	des

Definite Articles

Singular			Plural
Before a Consonant Sound		Before a Vowel Sound	
Masculine	Feminine		
le	la	l'	les

À + Definite Articles

Singular			Plural
Before a Consonant Sound		Before a Vowel Sound	
Masculine	Feminine		
au	à la	à l'	aux

De + Definite Articles

Singular				Plural
Before a Consonant Sound		Before a Vowel Sound		
Masculine	Feminine			
du	de la	de l'		des

Partitive

Before a Consonant Sound		Before a Vowel Sound
Masculine	Feminine	
du pain	de la glace	de l'eau

After a negative verb the partitive becomes *de (d')*.

Question Formation

1. By a rising tone of voice
   Vous travaillez beaucoup?
2. By beginning with *est-ce que*
   Est-ce que vous travaillez beaucoup?
3. By adding *n'est-ce pas?*
   Vous travaillez beaucoup, n'est-ce pas?
4. By inversion
   Travaillez-vous beaucoup?

Expressions of Quantity

	combien	how much, how many
	assez	enough
	beaucoup	much, very much, a lot
(un)	*peu*	(a) little, not much, not many
	trop	too much, too many, too

These expressions are followed by *de (d')* before a noun.

Agreement of Adjectives and Nouns

	Masculine	Feminine
add *e*	Il est content.	Elle est contente.
no change	Il est suisse.	Elle est suisse.
double consonant + *e*	Il est gros.	Elle est grosse.

Quel

	Masculine	Feminine
Singular	quel	quelle
Plural	quels	quelles

Position of Adjectives

Most adjectives usually follow their nouns. But adjectives expressing beauty, age, goodness and size precede their nouns. Some of these preceding adjectives are:

autre	joli
beau	mauvais
bon	nouveau
grand	petit
gros	seul
jeune	vieux

Possessive Adjectives

	Singular		Plural
Masculine	**Feminine Before a Consonant Sound**	**Feminine Before a a Vowel Sound**	
mon	ma	mon	mes
ton	ta	ton	tes
son	sa	son	ses
notre	notre	notre	nos
votre	votre	votre	vos
leur	leur	leur	leurs

Demonstrative Adjectives

	Masculine Before a Consonant Sound	Masculine Before a Vowel Sound	Feminine
Singular	ce	cet	cette
Plural	ces	ces	ces

Numbers

0 = zéro	17 = dix-sept	62 = soixante-deux
1 = un	18 = dix-huit	70 = soixante-dix
2 = deux	19 = dix-neuf	71 = soixante et onze
3 = trois	20 = vingt	72 = soixante-douze
4 = quatre	21 = vingt et un	80 = quatre-vingts
5 = cinq	22 = vingt-deux	81 = quatre-vingt-un
6 = six	30 = trente	82 = quatre-vingt-deux
7 = sept	31 = trente et un	90 = quatre-vingt-dix
8 = huit	32 = trente-deux	91 = quatre-vingt-onze
9 = neuf	40 = quarante	92 = quatre-vingt-douze
10 = dix	41 = quarante et un	100 = cent
11 = onze	42 = quarante-deux	101 = cent un
12 = douze	50 = cinquante	102 = cent deux
13 = treize	51 = cinquante et un	200 = deux cents
14 = quatorze	52 = cinquante-deux	201 = deux cent un
15 = quinze	60 = soixante	1 000 = mille
16 = seize	61 = soixante et un	

Ordinal Numbers

1er = premier	7e = septième
2e = deuxième	8e = huitième
3e = troisième	9e = neuvième
4e = quatrième	10e = dixième
5e = cinquième	11e = onzième
6e = sixième	12e = douzième

Time

12:00	Il est midi. / Il est minuit.
1:00	Il est une heure.
2:00	Il est deux heures.
3:15	Il est trois heures et quart.
4:30	Il est quatre heures et demie.
5:45	Il est six heures moins le quart.
7:05	Il est sept heures cinq.
8:50	Il est neuf heures moins dix.
12:30	Il est midi et demi. / Il est minuit et demi.

Regular Verbs

-er parler	
je parle	nous parlons
tu parles	vous parlez
il/elle/on parle	ils/elles parlent

-ir finir	
je finis	nous finissons
tu finis	vous finissez
il/elle/on finit	ils/elles finissent

-re perdre	
je perds	nous perdons
tu perds	vous perdez
il/elle/on perd	ils/elles perdent

Regular Imperatives

-er	-ir	-re
parler	**finir**	**perdre**
Parle	Finis	Perds
Parlons	Finissons	Perdons
Parlez	Finissez	Perdez

Irregular Verbs

acheter	
j' achète	nous achetons
tu achètes	vous achetez
il/elle/on achète	ils/elles achètent

aller	
je vais	nous allons
tu vas	vous allez
il/elle/on va	ils/elles vont

-e-er appeler	
j' appelle	nous appelons
tu appelles	vous appelez
il/elle/on appelle	ils/elles appellent

avoir	
j' ai	nous avons
tu as	vous avez
il/elle/on a	ils/elles ont

-cer **commencer**	
je commence	nous commençons
tu commences	vous commencez
il/elle/on commence	ils/elles commencent

croire	
je crois	nous croyons
tu crois	vous croyez
il/elle/on croit	ils/elles croient

boire	
je bois	nous buvons
tu bois	vous buvez
il/elle/on boit	ils/elles boivent

devoir	
je dois	nous devons
tu dois	vous devez
il/elle/on doit	ils/elles doivent

-e-er **emmener**	
j' emmène	nous emmenons
tu emmènes	vous emmenez
il/elle/on emmène	ils/elles emmènent

être

je suis	nous sommes
tu es	vous êtes
il/elle/on est	ils/elles sont

faire

je fais	nous faisons
tu fais	vous faites
il/elle/on fait	ils/elles font

falloir

il faut

-ger
manger

je mange	nous mangeons
tu manges	vous mangez
il/elle/on mange	ils/elles mangent

mettre

je mets	nous mettons
tu mets	vous mettez
il/elle/on met	ils/elles mettent

pouvoir

je peux	nous pouvons
tu peux	vous pouvez
il/elle/on peut	ils/elles peuvent

-é-er **préférer**	
je préfère	nous préférons
tu préfères	vous préférez
il/elle/on préfère	ils/elles préfèrent

prendre	
je prends	nous prenons
tu prends	vous prenez
il/elle/on prend	ils/elles prennent

voir	
je vois	nous voyons
tu vois	vous voyez
il/elle/on voit	ils/elles voient

vouloir	
je veux	nous voulons
tu veux	vous voulez
il/elle/on veut	ils/elles veulent

Dialogue and *Expansion* Equivalents

This reference section gives the English equivalents for the Introductory Dialogue and the *Expansion* of each lesson except the review lessons.

Leçon préliminaire

Dialogue: Who speaks French?

1. —My name is Emmanuelle.
   I'm 14 years old.
   I speak French.
   I live in Paris. Paris is in France.

2. —My name is Christophe.
   I'm 16 years old.
   I speak French.
   I live in Toulouse. Toulouse is in France.

3. —My name is Brigitte.
   I'm 13 years old.
   I speak French.
   I live in Lyons. Lyons is in France.

4. —My name is Jean-Marc.
   I'm 18 years old.
   I also speak French.
   I live in Geneva. Geneva is in Switzerland.

5. —My name is Myriam.
   I'm 15 years old.
   I also speak French.
   I live in Dakar. Dakar is in Senegal.

6. —My name is André.
   I'm 19 years old.
   I also speak French.
   I live in Montreal. Montreal is in Canada.

7. —My name is Hélène.
   I'm 17 years old.
   I also speak French.
   I live in Fort-de-France. Fort-de-France is in Martinique.

—And you?
  Do you speak French or English?
—I speak English. And I speak a little French.

Expansion

—And the boy?
  What's his name?
—His name is...

—And the girl?
  What's her name?
—Her name is...

—And you?
  What's your name?
—My name is....

—And Christophe Subrenat?
  How old is he?
—He's 16.

—And you?
  How old are you?
—I'm. . . .

—What day is it?
—It's Saturday.
  It's January twelfth.

—And Emmanuelle Verdier?
  How old is she?
—She's 14.

The first day of school

Dialogue: In front of the high school

Today is the first day of school, and Martine is talking to a friend.

MARTINE:	Hello, Marie-Christine. How's it going?
MARIE-CHRISTINE:	Very well, thanks. By the way, how is Sylvie?
MARTINE:	She's fine.
MARIE-CHRISTINE:	And where is Jean-Luc? Is he in school?
MARIE-CHRISTINE:	Yes, he's in class.
MARIE-CHRISTINE:	Hey, there's Philippe.
MARTINE:	Who's Philippe?
MARIE-CHRISTINE:	He's a friend. He's nice.

Expansion

greetings

Hello.	Hi.	Good evening.
Good-bye.	Bye.	Good evening (Good-bye).

an encounter

PHILIPPE:	Hi, Marie-Christine.
MARIE-CHRISTINE:	Hi. Philippe, this is Martine. Martine, Philippe.
PHILIPPE:	Hello, Martine. Excuse me, but Mr. Blot's class is starting now.
MARIE-CHRISTINE:	Well then, good-bye, Philippe.
PHILIPPE:	Bye.

a teacher and a language laboratory

MARTINE:	Who is Mr. Blot?
MARIE-CHRISTINE:	He's a teacher, a language teacher.

Here is the language laboratory.

Who's that?

—Here's a woman.
—Who is she?
—She's Mrs. Blot. She's a doctor.

—Here's a boy.

—Who is he?

—He's Stéphane Durand. He's a high school student. He's a student of Mr. Blot.

—Here's a girl.

—Who is she?

—She's Madeleine Lenoir. She's a high school student, and she's also a student of Mr. Blot.

—Here's a man.

—Who is he?

—He's Mr. Garneau. He's a computer specialist.

—Here's also Miss Lombard. She's an interpreter. She speaks French and English.

—Finally, here are an artist and a secretary, Mr. and Mrs. Bouquet.

Leçon 2

The use of the definite article in French is explained in Leçon 4.

At school with friends

Dialogue: In the courtyard

CHANTAL: Hi, Paul. How's it going?

PAUL: Not bad, thanks. Where is François? Is he here in the courtyard?

CHANTAL: No, he is in front of the (high) school with the guys.

PAUL: Hey, they are late.

CHANTAL: Wow! Me, too.

PAUL: Well, then, good-bye, Chantal.

Expansion

at (the) school

JACQUES: Hey, where's Carole?

GEORGES: She is already in class with Marie.

JACQUES: They are early.

in the classroom

ALAIN: Please, Sir, where is the pencil sharpener?

THE TEACHER: Over there on the wall.

SYLVIE: And the computer?

THE TEACHER: There, on the table.

SYLVIE: And the diskettes are in the bag?

THE TEACHER: No, in the box under the table.

in the street

ÉLISE: Hello, Nicole. Is everything OK?

NICOLE: So-so.

ÉLISE: And (your) classes?

NICOLE: Everything's fine.

Courses and teachers

Dialogue: Where is the English room?

It's still the first day of school and the students are in the courtyard.

MARIELLE:	There are two English classes. Where are you?
JÉRÔME:	Me, I'm in room six. And you?
MARIELLE:	I'm in room four with Mr. Bertier.
JÉRÔME:	See you in a little while, then.
MARIELLE:	Excuse me, Madam, where is Mr. Bertier's class?
THE TEACHER:	There, opposite (you). But, it's not Mr., it's Mrs. Bertier.
MARIELLE:	Oh really? And it's now?
THE TEACHER:	Yes, and we are on time.
MARIELLE:	Oh, you are....
THE TEACHER:	Yes, I am Mrs. Bertier.

Expansion

after the English class

MARIELLE:	Mrs. Bertier is nice, isn't she?
RACHELLE:	No, she's unpleasant and English is hard.
MARIELLE:	(But) No. It's great. Me, I love languages. A language is always useful.
(GIRL):	(But) No. A language is always useful.
RACHELLE:	I don't like English, German and Spanish. I prefer biology, science and math.
(TEACHER):	Count from zero to ten.
(CHILDREN):	It's easy: zero, one, two, three, four, five, six, seven, eight, nine, ten.

School and professions

Dialogue: At the Carons' home

Bernard is eating lunch at home.

BERNARD:	It's great, Mom! I am in Michel's class.
MRS. CARON:	Oh really! And how many of you are there?
BERNARD:	There are twenty-five of us. Paul and Carole are still at the university?
MRS. CARON:	Yes, they aren't coming home. But Dad is here.
BERNARD:	Oh, Dad's here? Well then, let's eat lunch now, OK?

Expansion

How many of you are there?

ANNE:	How many of you are there in math?
MARC:	There are twenty-seven of us, eleven boys and eighteen girls.
ANNE:	But there aren't twenty-seven of you. How much is eleven and eighteen?
MARC:	Twenty-nine.
ANNE:	Well then, there are twenty-nine of you.
MARC:	Say now, you count well. Me, I don't like math.

You are...?

My name is Christian. I live in Lille, and I'm a (factory) worker.

My name is Bruno. I'm a mechanic, and I like music. And you, do you like music?

Me, I'm Mohammed. I'm a scientist and researcher. I like biology, math and computer science. I speak French, and I live in Algiers, the capital of Algeria. Do you study computer science?

Me, I'm Julie. I am a high school student. I don't like computer science. I prefer history and geography. I live in Paris, the capital of France.

And me, my name is Mrs. Desroches. I am a math teacher, and I love math. Count with me.

—How much is ten and ten?
—Ten and ten is twenty.
—And how much is thirty minus fifteen?
—Thirty minus fifteen is fifteen.

Leçon 5   From Luxembourg to Nice

Dialogue: Two friends travel together

Patrick is going to Nice. When he arrives at the Luxembourg airport, he meets a friend, Éric.

PATRICK:	Hey, Éric, hello!
ÉRIC:	Hi, Patrick. Where are you going?
PATRICK:	I'm going on vacation with the (my) family. We're going to Nice.
ÉRIC:	Oh, you're going to Nice? Me, too. Then, we're traveling together, aren't we (isn't that so)?

later

ÉRIC:	I'm working in Nice now.
PATRICK:	Oh really? Whom do you work for?
ÉRIC:	For Air Inter. I give information, and I help passengers.
PATRICK:	Then you're at the information desk?
ÉRIC:	Yes, that's right. And you?
PATRICK:	Me, I'm still with Luxair, and I travel a lot. I really like to travel by airplane.

Expansion

Éric wants a ticket and asks for a seat.

He goes to the Luxair ticket counter.

THE EMPLOYEE:	What can I do for you, Sir?
ÉRIC:	A one-way ticket for Nice, please.
THE EMPLOYEE:	In the smoking or non-smoking section?
ÉRIC:	Non-smoking.
THE EMPLOYEE:	One moment, please. I'm looking.
ÉRIC:	Thanks, Sir.
THE EMPLOYEE:	Flight 017, uhm..., there's one seat left (remaining) in the airplane. It's in the non-smoking section.
ÉRIC:	Very good (well).

later

ÉRIC:	By the way, where is Claudine? Still in Luxembourg?
PATRICK:	No, she's living in Paris.
ÉRIC:	And does she still work for Matra?
PATRICK:	Yes, she's an engineer. But she travels often.

From Paris to Lyons

Dialogue: A train trip (A trip by train)

We are in Paris. It is five o'clock in the afternoon (5:00 P.M.). Jeanne and Yves Martin arrive by bus at the Lyons train station, and they go to the ticket window.

THE EMPLOYEE:	Sir, Madam.
YVES:	(At) What time is the next train for Lyons, please?
THE EMPLOYEE:	At eight o'clock. Uhm...no, excuse me. It's at 8:05 on the dot (sharp). Do you want two seats?
YVES:	Yes, in second class. Thanks. And when does it arrive?
THE EMPLOYEE:	At midnight.

It's nine o'clock in the evening (9:00 P.M.). In the train Jeanne and Yves speak to the two other passengers in the compartment.

JEANNE:	Do you often travel by train?
THE LADY:	Always. It's very pleasant. Are you from Paris?
YVES:	Yes, and you, where are you from?
THE MAN:	From Rouen, and we're going to Dijon.
JEANNE:	Us, we're going to Lyons and after(wards), to Marseilles.

Expansion

It's 11:30 in the morning (A.M.). In Lyons Yves and Jeanne are looking for the address of the Latours, friends of Yves' parents. Finally they find the (apartment) building. They ring the caretaker's doorbell (at the caretaker's door).

YVES:	Excuse me, Ma'am, we're looking for the Latours' apartment.
THE CONCIERGE:	Yes, it's here. But, uhm...what time is it?
YVES:	It's 12:15 (quarter past noon).
THE CONCIERGE:	Then they're probably at the café. They usually eat lunch there at noon.
YVES:	Fine. Well then, we'll go (we're going) to the café. Is it far?
THE CONCIERGE:	No, no. It's on (at) the corner of the street.

In Europe and elsewhere

Dialogue: A 2 interviews the French singer Julien Clerc

MICHEL DRUCKER:	Julien Clerc, welcome to "Champs-Élysées." How are you?
JULIEN CLERC:	Very well, thanks.
MICHEL DRUCKER:	You're singing a lot, aren't you?
JULIEN CLERC:	Yes, I'm singing just about (a little) everywhere in France, and the work is interesting.
MICHEL DRUCKER:	Then you're happy?
JULIEN CLERC:	Very happy and everything is going well.
MICHEL DRUCKER:	But in your opinion (according to you), how's French music (doing)?
JULIEN CLERC:	It's also (doing) very well. It's dynamic and alive.
MICHEL DRUCKER:	You travel a lot, don't you?
JULIEN CLERC:	Yes, indeed. Tomorrow I'm going to Africa, to Senegal.
MICHEL DRUCKER:	Why do you return to Senegal so often?
JULIEN CLERC:	Because it's a pleasant country. I like African music a lot. And I find the Senegalese (to be) nice.

—Here's a map of two continents. It shows Europe and Africa. On the map there are eight European countries and two African countries. There are also ten important cities. Here are the countries and the capital of each country.

What is the capital of France?
—It's Paris.
—Yes, that's right. In France there are four important rivers: the Seine, the Loire, the Garonne and the Rhone.
—Serge Fournel is Belgian. He lives in Brussels, the capital of Belgium, and he speaks French.
—Here's Caroline Savary.
—Where's she from?
—From Berne.
—Berne? That's in which country?
—In Switzerland.
—Then Caroline's Swiss. Does she speak French?
—Yes, a lot of Swiss (people) speak French. But they also speak German in Switzerland.
—Michèle Clair lives in (the city of) Luxembourg. She's (a) Luxemburger, and she also speaks French.

Leçon 8

In Africa or in America

Dialogue: Carole has a bright idea

CAROLE: Julie, I have an idea.

JULIE: You always have (some) ideas, but they aren't always bright.

CAROLE: OK, but you, you don't have any ideas.

JULIE: OK, (that's) fine. You're right. I'm listening.

CAROLE: Then here it is. For Christmas vacation let's go to Morocco or (to) Canada with "New Frontiers." According to Marianne, they have really interesting (reasonable) prices.

JULIE: That's not possible. We don't have (any) money for the trip.

CAROLE: Yes (on the contrary), you forget. We have the Blue Card.

Expansion

Where is Morocco?

Morocco is a country in North Africa.

Here is a young Moroccan (boy). His name is Ahmad. He lives in Rabat, the capital of Morocco.

Where is Canada?

There are three countries in North America: Mexico, the United States and Canada. Canada is (to the) north of the United States. The capital of Canada is Ottawa. Here is a young Canadian (girl). Her name is Fabienne Latulippe, and she lives in Montreal.

The United States and Mexico are also in North America. Mexico is (to the) south of the United States. Here are two young Mexicans, Carlos and Marta. They live in Mexico City, the capital of Mexico.

In which country do you live?

There to the left is a young American (boy), David, with a French friend.

David lives in the United States, in Washington.

Here is also a young Brazilian (girl).

Her name is Maria, and she lives in Brasilia, the capital of Brazil. Maria's family is of Italian origin. So Maria speaks Italian and Portuguese, the language of Brazil. In which country do you live? In which city?

At the grocer's and at the market

Dialogue: Mrs. Blanchard buys some vegetables

Mrs. Blanchard is at the grocer's. She's a good customer, but she always asks for too many things all at once.

THE GROCER:	Hello, Ma'am. What would you like?
MRS. BLANCHARD:	Uhm...what do you have? Oh, (the) big tomatoes! How much do they cost?
THE GROCER:	Six francs sixty a (the) kilo. It's a good price. They're on special.
MRS. BLANCHARD:	Well then, give me two kilos of tomatoes, a kilo of carrots, a pound of green beans and....
THE GROCER:	Just a minute (A little minute).
THE GROCER:	How many tomatoes?
MRS. BLANCHARD:	Two kilos.
THE GROCER:	Well then, there are the tomatoes, the beans and the carrots. And what else (And with that)?
MRS. BLANCHARD:	That's all. Oh, I'm forgetting something. Uhm...a kilo of onions, please. How much is it?
THE GROCER:	Forty-three francs fifty.

Expansion

at the cash register

MRS. BLANCHARD:	Uhm...there's a fifty-franc bill. Is that (Is everything) OK?
THE GROCER:	Oh yes, and there's the change: six francs fifty.
MRS. BLANCHARD:	Thanks a lot. Good-bye, Ma'am.

Here are the numbers from 31 to 60.

That's not all.

THE GROCER:	By the way, I have (some) other vegetables and (some) pretty fruit on special.
MRS. BLANCHARD:	Oh really?
THE GROCER:	Yes, and I have a large choice. Look.
MRS. BLANCHARD:	No, I don't have (the) time now, and I have enough fruit for today.

Here are the vegetables on special.

A meal at home

Dialogue: Catherine and Denis do the cooking

One evening after work Mr. Durand returns home, and...

MR. DURAND:	Hi, kids (children). What are you doing?
CATHERINE:	We're doing the cooking (We're cooking). Tonight we're eating American (style).
MR. DURAND:	Oh really? But where's Mom? Isn't she helping you?
DENIS:	Yes, Dad. She's shopping. She's buying bread and cheese.
MR. DURAND:	Well then, what are we going to eat?
CATHERINE:	We're going to have ground beef, that is to say, hamburgers, french fries with ketchup, Coca-Cola and a very good American dessert.

DENIS: It's going to be great! Catherine is preparing the meat, and I'm making the fries. I'm going to make the mayonnaise now. Give me some mustard, Catherine.

MR. DURAND (alone): Ketchup and Coke?! I'm going to eat dinner at the restaurant.

Expansion

Mr. Durand changes his mind.

MRS. DURAND: What? You're not going to eat with the kids?

MR. DURAND: No. I don't like American cooking, and then I don't like Coke. I prefer water.

MRS. DURAND: Listen, for once you're going to be nice.

MR. DURAND: No, I'm too old to change.

MRS. DURAND: That's too bad because the dessert is going to be great.

MR. DURAND: Oh really? What is it?

MRS. DURAND: American ice cream.

MR. DURAND: Oh, if that's the dessert, I'm staying.

Leçon 11   Meals and table manners

Dialogue: Alain and Xavier aren't going to lose weight

Alain and Xavier live in Belgium. Today they're going on a bicycle tour (a tour by bicycle). It's noon.

XAVIER: Alain, I'm hungry. Why don't we finish the cookies?

ALAIN: If you want (to), but you're going to be thirsty.

XAVIER: What time are we arriving in Bastogne?

ALAIN: At one o'clock.

XAVIER: That's too late. We have to (must) eat before.

ALAIN: You're right. Me, too, I prefer to eat right away. Look over there. There's a little village.

in the village

XAVIER: Excuse me, Ma'am. Is there a café here?

THE LADY: Yes, there's a café and also a french fry snack bar on the square.

ALAIN: Choose, Xavier.

XAVIER: Fine, then we're going to go first to the french fry place, and...

ALAIN: Afterwards we're going to go to the café, and...

XAVIER: And we're going to finish the cookies.

ALAIN: Wow! Do you want to gain weight?

Expansion

in Bastogne

XAVIER: There's Bastogne, finally. Wow! My legs are sore (hurt).

ALAIN: And me, I have a backache. We're going to spend the night here, OK?

XAVIER: Yes, I'm going to look for a little hotel.

ALAIN: And me, I'm going to go shopping for the trip to the Mardasson. What do you want?

XAVIER: Fruit and uhm...some Bastogne cookies, please.

What fruit does Alain find at the market?

the human body

Where do Xavier and Alain hurt when they arrive in Bastogne? Do they have a sore throat? Here's a boy who has a stomachache.

When do you have a stomachache?

At the restaurant and bakery

Leçon 12

Dialogue: Lionel takes Annie to the restaurant

It's 8:30. Lionel and his new friend Annie are at La Cour Saint Germain, a good restaurant. A young waiter arrives, and Lionel orders.

THE WAITER:	Do you want to order, Sir?
LIONEL:	Yes, the young lady would like the 150-franc menu. And me, I prefer the 160-franc menu.
THE WAITER:	Then the young lady wants the chicken. And you, Sir, want the salmon.
LIONEL:	That's right. I hope that the fish is fresh.
THE WAITER:	Of course. We buy fish each morning. And what do you want to drink?
LIONEL:	White wine and mineral water, please.

later

ANNIE:	Wow, I'm eating too much. Tomorrow I'm starting a diet.
LIONEL:	(But) No, you don't need to lose weight.
ANNIE:	Thanks, that's nice. But...
THE WAITER:	Excuse me. Do you want to choose the dessert now?
ANNIE:	Oh, the beautiful desserts!

Expansion

ANNIE:	The apple pie is fantastic.
LIONEL:	Me, I prefer the chocolate mousse, but I don't have a spoon. I'm going to call the waiter.

Here's a place setting.

after dinner

LIONEL:	Waiter, the check, please.
THE WAITER:	Right away, Sir.
ANNIE:	I repeat, tomorrow I'm starting a diet.
LIONEL:	Me, too. I'm starting at breakfast.

a French breakfast

Clothes and shopping

Leçon 13

Dialogue: Sylvie is lucky

SYLVIE:	I would like to see the skirts, please.
THE SALESPERSON:	What color skirt are you looking for?
SYLVIE:	A white skirt and on sale.
THE SALESPERSON:	You're lucky. Skirts are on sale today.
SYLVIE:	Then they're here on the sidewalk, aren't they?
THE SALESPERSON:	That's right, with the sweaters and the coats.
THE SALESPERSON:	Do you see something (that) you like?
SYLVIE:	I think so. How much do the white skirt and the blue coat cost?
THE SALESPERSON:	The skirt costs two hundred seventy-nine francs, and the coat, eight hundred ninety-five francs.

Expansion

What are they wearing?

Here's Sylvie, and she's already wearing the new clothes.

— What color is Sylvie's new coat?

— It's blue, and the new skirt is white. Sylvie's also wearing a red blouse.

— Hey, they're also the colors of the French flag: blue, white, red.

Jean-Luc is Sylvie's little brother. Here's Jean-Luc.

He often wears a T-shirt, shorts, socks and tennis shoes because he's athletic. Jean-Luc is thirteen. How old are you?

The name of Sylvie's big brother is Christophe, and he's eighteen. Usually, he wears a T-shirt with jeans, but today he's very stylish.

Christophe's shoes are brown. What color are the other clothes?

Here's Mr. Laurent. He's wearing a suit.

And here's Mrs. Laurent.

She's wearing a pretty purple dress, a yellow hat and white shoes.

Leçon 14 — Vacation and a festival

Dialogue: Arnaud is losing his mind

Jeanne an Arnaud are eating lunch at school.

JEANNE:	What day is it?
ARNAUD:	It's Wednesday. Why?
JEANNE:	The weekend is in three days, and vacation begins.
ARNAUD:	Oh no!
JEANNE:	Next week I'm going to go skiing with my friend Arielle. And you?
ARNAUD:	Oh no!
JEANNE:	What's wrong with you? Are you losing your mind?
ARNAUD:	Oh no! I have a big problem. Skiing is my favorite sport, but if I don't pass (in) math, I'm not going on vacation.
JEANNE:	And your parents are waiting for your grade, of course.
ARNAUD:	Yes, my teacher is going to give back our unit test Friday, and I think (that) I'm going to get (have) a bad grade again.
JEANNE:	Why?
ARNAUD:	Because I answer poorly under pressure. I lose my mind.

Expansion

Jeanne's vacation week

Monday:	Jeanne arrives in Cauterets.
Tuesday:	She goes skiing with her friend Michel.
Wednesday:	She goes skiing with her friend Arielle.
Thursday:	She goes skiing and to the restaurant with her friends.
Friday:	She goes skiing with her brother.
Saturday:	In the morning she goes to Gavarnie. In the evening she goes dancing.
Sunday:	She goes cross-country skiing.

Arnaud's week

Poor Arnaud! He's not going to go skiing, but he doesn't waste his time. He studies every day. Jeanne and Arielle are waiting for their vacation. And you?

the days of the week

—What are the days of the week?

—Monday, Tuesday, Wednesday, Thursday, Friday, Saturday and Sunday.

—What's your favorite day?

Weather, seasons and holidays

Dialogue: Thierry doesn't understand

It's Easter vacation. We're in Vars, a ski resort in the Alps.

LAURENT:	I'm going to the ski lesson. And you?
THIERRY:	Not me. I'm having breakfast with Mélanie on the terrace, next we're going down to the village.
LAURENT:	Well then, if Mélanie and you aren't taking a lesson, why are you putting on your ski suit?
THIERRY:	(In order) To look athletic.

on the terrace

THIERRY:	It's almost hot today, don't you think?
MÉLANIE:	Oh yes. It's spring already. What luck!
THIERRY:	Don't you like winter?
MÉLANIE:	No, not too much.
THIERRY:	Then I don't understand. Why are you here?
MÉLANIE:	I'm here especially (in order) to get a tan.
THIERRY:	Oh really?
MÉLANIE:	Yes. I can't wait for summer (in order) to learn to water-ski.

Expansion

Kiki, his master and the seasons

MASTER:	Hey, it's windy!
KIKI:	Darn! I don't like fall. In fall it's windy, and it's cool, too cool.

But it's beautiful in fall, too.

MASTER:	How's the weather today?
KIKI:	Darn! It's snowing again and I'm cold. In winter it's cold, too cold to stay outside. I don't like winter.

But people are so happy when it snows.

MASTER:	Hey, it's raining!
KIKI:	Darn! I don't like spring, especially when it rains and the weather's bad.

But in spring it's beautiful, too. When people like sports, they love spring.

MASTER:	What luck! It's sunny, and it's hot. We're going to get a tan today.
KIKI:	Darn! I don't like summer. In summer it's really too hot and I don't like to be hot. I can't wait for fall!

Fahrenheit and Celsius

LISE:	Sometimes in summer it's very hot in Boston. It's ninety-five degrees Fahrenheit, that is to say, thirty-five degrees Celsius. In winter it's often very cold, that is to say, twenty or thirty below Celsius.

SYLVIE: Oh really? Then I'm going to visit Boston in fall or in spring. In Boston it's too hot in summer and too cold in winter for a French girl.

Leçon 16   Family holidays

Dialogue: Christian's birthday

There are four people in the Perrin family. They are Mr. and Mrs. Perrin (the father and mother) and their children Christian and Hélène. It's May sixteenth, and it's the birthday of Christian, Hélène's brother. Mr. and Mrs. Perrin are with their daughter.

MR. PERRIN: I can't believe that our son is already fifteen (years old).

MRS. PERRIN: I have a thousand things to do this afternoon, and you can help.

MR. PERRIN: OK. What do I have to do?

MRS. PERRIN: You can go get (look for) the cake, if you want.

HÉLÈNE: And me, I'm going to set the table. How many people?

MRS. PERRIN: This time there are ten of us with your grandparents, your uncle, your aunt and your cousins.

that evening in the dining room

CHRISTIAN: Well then, Grandma, you think I look like Grandpa?

GRANDMOTHER: Of course. You have your Grandfather's dark brown eyes and...

GRANDFATHER: The same nose and...

HÉLÈNE: Fine then, can we see the gifts now?

MR. PERRIN: No, you have to wait a little. We have to eat the cake first.

Expansion

Christian's family

Claire Géraud is Nathalie Perrin's sister. They are Mr. and Mrs. Roud's daughters.

The Rouds have four grandchildren. They are the Perrins' and the Gérauds' children.

Claire is Christophe Géraud's wife. Claire and her husband are Christian's favorite aunt and uncle.

day/month/year

—Christian's birthday is in May, the fifth month of the year. If Christian is fifteen (years old) in 1990, what's his date of birth?

—May 16, 1975.

—That's right, 5/16/75. Let's look at the calendar.

January is the first month of the year, and December is the twelfth month.

French/English

All words introduced in *Le français vivant 1* appear in this End Vocabulary. It includes both active words listed at the end of each lesson and passive words. The number following the meaning of each word or expression indicates the lesson in which it appears for the first time. When the same word or expression is introduced passively in one lesson and actively later on, only the lesson number where it first occurs is given. If there is more than one meaning for a word or expression and it has appeared in different lessons, the corresponding lesson numbers are listed.

A

a *has P*

à *in P; to 1; at 2;* à côté de beside 8; À demain. *See you tomorrow.* 8; à l'heure *on time 3;* à propos *by the way 1;* À tout à l'heure. *See you in a little while.* 3

les **achats (m.)** *shopping 13*

acheter *to buy 9*

une **acrobatie** *acrobatic trick 14*

acrobatique *acrobatic 14*

une **addition** *bill, check (at a restaurant) 12*

adore *love, adore 3*

adorer *to love, to adore 4*

une **adresse** *address 6*

un(e) **adulte** *adult 14*

un **aéroport** *airport 5*

une **affiche** *poster 1*

africain(e) *African 7*

l' **Afrique (f.)** *Africa 7*

un **âge** *age P;* Quel âge avez-vous? *How old are you? 13*

agréable *pleasant 6*

ah *oh 3;* ah bon *oh really 3*

j' ai *I have P*

aider *to help 5*

ailleurs *elsewhere 7*

aime *like, love 3*

aimer *to like, to love 4*

l' **air (m.)** *air, appearance 15*

l' **Algérie (f.)** *Algeria 4*

l' **Allemagne (f.)** *Germany 7*

l' **allemand (m.)** *German (language) 3*

allemand(e) *German 7*

aller *to go 5*

un **aller** *one-way ticket 5*

alors *(well) then 1*

américain(e) *American 8*

l' **Amérique (f.)** *America 8*

un(e) **ami(e)** *friend 1*

un **an** *year P*

l' **anglais (m.)** *English (language) P*

anglais(e) *English 7*

l' **Angleterre (f.)** *England 7*

une **année** *year 16*

un **anniversaire** *birthday; anniversary 16*

août *August P*

un **appartement** *apartment 6*

appeler *to call 12*

je m' appelle *my name is P;* il s'appelle/elle s'appelle *his/her name is P;* tu t'appelles *your name is P*

apprendre *to learn, to teach 15*

après *after, afterwards 3*

un **après-midi** *afternoon 4;* de l'après-midi *P.M. (in the afternoon) 6;* l'après-midi *in the afternoon 14*

l' **argent (m.)** *money 8*

arriver *to arrive 5*

un(e) **artiste** *artist 1*

as *have P*

assez *enough 9*

une **assiette** *plate 12*

atlantique *Atlantic 8*

attendre *to wait (for) 14;* attendre...avec impatience *can't wait for...15*

au   *in P; to (the), at (the) 5; in (the) 6;* au revoir *good-bye 1*
aujourd'hui   *today 1*
aussi   *also, too P*
un **autobus (bus)**   *(city) bus 6*
l' **automne (m.)**   *fall, autumn P*
autre   *other, another 6*
aux   *at (the), in (the), to (the) 6*
avaler   *to swallow 16*
avant   *before 11*
avec   *with 2*
une **aventure**   *adventure 10*
un **avion**   *airplane 5*
un **avis**   *opinion 10*
avoir   *to have 8;* avoir besoin de *to need 10;* avoir chaud *to be warm, hot 15;* avoir de la chance *to be lucky 13;* avoir faim *to be hungry 11;* avoir froid *to be cold 15;* avoir l'air *to look, to seem 15;* avoir mal (à) *to hurt, to be in pain, to have pain (in) 11;* avoir mal à la gorge *to have a sore throat 11;* avoir mal au dos *to have a backache 11;* avoir mal au ventre *to have a stomachache 11;* avoir mal aux jambes *to have sore legs 11;* avoir raison *to be right 8;* avoir soif *to be thirsty 11;* avoir...ans *to be...(years old) 13;* Qu'est-ce que tu as? *What's wrong with you? 14*
avril   *April P*

B
une **baguette**   *long loaf of bread 12*
une **banane**   *banana 11*
beau, bel, belle   *beautiful, handsome 12*
beaucoup   *a lot, much, very much 5*
beige   *beige 13*
belge   *Belgian 7*
la **Belgique**   *Belgium 7*
un **béret**   *beret 14*
le **besoin: avoir besoin de**   *to need 12*
le **beurre**   *butter 12*
bien   *well 1; really 5;* bien sûr *of course 12*
bienvenue (f.)   *welcome 7*

un **bifteck**   *steak 10;* le bifteck haché *ground beef 10*
un **billet**   *ticket 5; bill (money) 9*
la **biologie**   *biology 3*
blanc, blanche   *white 12*
bleu(e)   *blue 8;* bleu marine *navy blue 13*
un **blue-jean (jean)**   *(pair of) jeans 13*
boire   *to drink 12*
une **boîte**   *box 2*
bon, bonne   *good, fine, well 6*
un **bonbon**   *piece of candy 10*
bonjour   *hello 1*
bonsoir   *good evening 1*
un **boulanger, une boulangère**   *baker 12*
une **boulangerie**   *bakery 12*
un **bras**   *arm 11*
le **Brésil**   *Brazil 8*
brésilien, brésilienne   *Brazilian 8*
une **brioche**   *muffin-shaped roll 12*
bronzer   *to get a (sun) tan 15*
un **bureau**   *(teacher's) desk P;* un bureau d'information *information desk 5*
un **bus**   *bus 4*

C
c'est   *he/she is 1; they are 3;* C'est ça. *That's right. 5;* c'est-à-dire *that is to say 10*
ça   *it 1; that 10;* Ça va? *Is everything OK? 2;* Ça va. *Everything's fine. 2*
un **cadeau**   *gift, present 16*
un **café**   *café; coffee 6;* un café liégeois *coffee-flavored ice cream dish C*
un **cahier**   *notebook P*
une **caisse**   *cash register; cashier's (desk) 9*
un **calendrier**   *calendar P*
le **Canada**   *Canada P*
canadien, canadienne   *Canadian 8*
une **capitale**   *capital 4*
une **carotte**   *carrot 9*
une **carte**   *map; card 1*
une **cassette**   *cassette 1*
ce (c')   *it, this, that 3;* ce sont *they are 8*
ce, cet, cette; ces   *this, that; these, those 16;* ce (cet, cette; ces)...-ci *this; these 16;* ce (cet, cette; ces)...-là *that; those 16*

cela *that 9*

cent *(one) hundred 12*

une cerise *cherry 11*

cet *this, that 4*

une chaise *chair 1*

la chance *luck 13*

changer *to change 10;* changer
d'avis *to change one's mind 10*

chanter *to sing 7*

un chanteur, une chanteuse *singer 7*

un chapeau *hat 13*

chaque *each, every 7*

chaud(e) *warm, hot 15*

une chaussette *sock 13*

une chaussure *shoe 13*

une chemise *shirt 13*

un chemisier *blouse 13*

chercher *to look for 6*

un chercheur, une chercheuse
researcher 4

chez *at the home (house) of 4; at/
to the home of, at/to the place of,
at/to the office of 9*

chic *stylish 13*

un chocolat *chocolate; hot chocolate 12*

choisir *to choose 11*

un choix *choice 9*

une chose *thing 9*

ciao *bye 1*

cinq *five P*

cinquante *fifty 9*

cinquième *fifth 16*

une classe *class P*

un(e) client(e) *customer 9*

un clown *clown 14*

un Coca-Cola, un coca *Coca-Cola,
Coke 10*

un coin *corner 6*

combien *how much, how many 4*

commander *to order 12*

comme ci, comme ça *so-so 2*

commence *is starting 1*

commencer *to begin, to start 12*

comment *what P; how 1*

un compartiment *compartment 6*

comprendre *to understand 15*

compter *to count 4*

comptez *count 3*

un(e) concierge *caretaker, building
superintendent, doorkeeper 6*

la confiture *jam 12*

connaître *to know 10*

content(e) *happy 7*

un continent *continent 7*

un contrôle *unit test 14*

un copain, une copine *friend 2;*
les copains *guys 2*

un corps *body 11*

un(e) correspondant(e) *pen pal 12*

la Corse *Corsica 8*

un costume *man's suit 13*

une couleur *color 13,* de quelle
couleur *what color 13*

couper *to cut 16*

une cour *courtyard 2*

un cours *course, class 1*

un(e) cousin(e) *cousin 16*

un couteau *knife 12*

coûter *to cost 9*

un couvert *place setting 12*

une cravate *necktie 13*

un crayon *pencil P*

crier *to yell, to shout 14*

croire *to believe, to think 13;*
Je crois que oui. *I think so.
13*

un croissant *croissant 12*

une cuillère *spoon 12*

une cuisine *cooking; kitchen 10*

D

d'abord *first, at first 6*

d'accord *OK 4*

d'habitude *usually 6*

une dame *lady 6*

dangereux,
dangereuse *dangerous 14*

dans *in 2*

une danse *dance 14*

danser *to dance 14*

une date *date 16*

de (d') *of; from 1; in, about
6; some, any, a 8;* de la (l')
some, any 10

décembre *December P*

dedans *inside 16*

un degré *degree 15*

dehors *outside 15*

déjà *already 2*

déjeuner *to eat lunch 4*

le déjeuner *lunch 12;* le petit
déjeuner *breakfast 12*

délicieux,
délicieuse *delicious 10*

demain *tomorrow 7*

demander *to ask (for) 5*

demi(e) *half 6;* et demi(e)
thirty (minutes), half past 6

un départ *departure 6*

des *of (the), from (the), in
(the), about (the) 6; some,
any 8*

désagréable *unpleasant 3*

descendre *to go down, to descend 15*

désirer *to want 5*; **Vous désirez?** *What can I do for you? What would you like? 5*

un **dessert** *dessert 10*

deux *two P*

deuxième *second 16*

devant *in front of 1*

devoir *must, to have to, to owe 16*

un **dictionnaire** *dictionary P*

difficile *hard, difficult 3*

dimanche (m.) *Sunday P*

dîner *to eat dinner (supper) 10*

le **dîner** *dinner, supper 12*

dis donc *say (now) 4*

une **disquette** *diskette 2*

dix *ten P*

dix-huit *eighteen P*

dixième *tenth 16*

dix-neuf *nineteen P*

dix-sept *seventeen P*

dommage *too bad 10*

donc *so, therefore 8*

donner *to give 9*

un **dos** *back 11*

douze *twelve P*

douzième *twelfth 16*

un **drapeau** *flag 13*

du *of (the), from (the), in (the), about (the) 6; some, any 10*

dynamique *dynamic 7*

E

l' **eau (f.)** *water 10*

un **éclair** *eclair 12*

une **école** *school 1*

écouter *to listen (to) 8*

un **écouteur** *headphone 1*

eh bien *well then, in that case 2*

un(e) **élève** *student, pupil 1*

elle *she P; it 3*

elles *they (f.) 2*

emmener *to take (someone) along 12*

un(e) **employé(e)** *employee, clerk, salesperson 5*

en *in P; by 5; to 7*; **en avance** *early 2*; **en effet** *indeed, in fact 7*; **en face (de)** *opposite, facing 3*; **en fait** *in fact 16*; **en promotion** *on special 9*; **en retard** *late 2*; **en solde** *on sale 13*

encore *still 4; again 10*

une **endive** *endive 9*

un(e) **enfant** *child, kid 10*

enfin *finally 1*

ensemble *together 4*

ensuite *next 6*

un **épicier, une épicière** *grocer 9*

des **épinards (m.)** *spinach 9*

es *are 3*

l' **Espagne (f.)** *Spain 7*

l' **espagnol (m.)** *Spanish (language) 3*

espagnol(e) *Spanish 7*

espérer *to hope 12*

est *is P; c'est it is P*

l' **est (m.)** *east 8*

est-ce? *is it? P; is that? is he? is she? 1*

est-ce que *(phrase introducing a question) 5*

et *and P*

les **États-Unis (m.)** *United States 8*

l' **été (m.)** *summer P*

êtes *are 3*

être *to be 2*

étudier *to study 4*

euh *uhm 5*

l' **Europe (f.)** *Europe 7*

européen, européenne *European 7*

une **excursion** *excursion, trip 11*

excuse-moi *excuse me 1*

F

facile *easy 3*

la **faim** *hunger 11*

faire *to do, to make 10*; **faire des courses** *to go shopping, to shop 10*; **faire du ski** *to go skiing, to ski 14*; **faire du ski de fond** *to go cross-country skiing, to cross-country ski 14*; **faire du ski nautique** *to water-ski, to go waterskiing 15*; **faire + du (de la, de l', des) + school subject** *to study, to learn. . .10*; **faire le pitre** *to clown around 14*; **faire le toréador** *to act like a bullfighter 14*; **faire un tour** *to go on a tour, to take a trip 11*; **faire un voyage** *to take a trip 10*; **Il fait beau.** *It's (The weather's) beautiful (nice). 15*; **Il fait chaud.** *It's*

(The weather's) hot (warm).
15; Il fait du soleil. *It's*
sunny. 15; Il fait du vent.
It's windy. 15; Il fait frais.
It's (The weather's) cool. 15;
Il fait froid. *It's (The*
weather's) cold. 15; Il fait
mauvais. *The weather's bad.*
15; Il fait moins. . .(degrés).
It's. . .below. It's
minus. . .(degrees). 15; Il
fait. . .(degrés).
It's. . .(degrees). 15

falloir *to be necessary, must,*
to have to 11; il faut *it is*
necessary, one/we/you must,
have to 11
une famille *family* 5
une femme *woman* 1; *wife* 16
une fenêtre *window* P
une fête *festival; holiday* 14
fêter *to celebrate* 16
une feuille de papier *sheet of*
paper P
une fève *bean* 16
février *February* P
une fille *girl* P; *daughter* 16
un fils *son* 16
finir *to finish* 11
un fleuve *river* 7
la fois *time* 9; à la fois *all at*
once 9; une fois *once* 10
folklorique *folk* 14
foncer *to charge* 14
font *is (from* faire = *to do, to*
make) 4; Combien font 1 et
1? *How much is 1 and 1?* 4;
Combien font 2 moins 1?
How much is 2 minus 1? 4
formidable *great, terrific* 3
une fourchette *fork* 12
frais, fraîche *fresh, cool* 12
une fraise *strawberry* 11
une framboise *raspberry* 11
un franc *franc* 9
le français *French (language)* P
français(e) *French* 7
la France *France* P
francophone *French-*
speaking
un frère *brother* 12
une friterie *french fry snack bar*
11
des frites (f.) *(french) fries* 10
froid(e) *cold* 15
le fromage *cheese* 10
un fruit *fruit* 9

G une galette *flaky, flat cake* 16
un garçon *boy* P; *waiter* 12
une gare *railroad (train) station*
6; en gare *in the station* 6
un gâteau *cake* 11; un petit
gâteau *cookie* 11
gauche *left* 8; à gauche *to the*
left, on the left 8
génial(e) *bright, terrific,*
fantastic, great 8
gentil, gentille *nice* 12
la géographie *geography* 4
une glace *ice cream; ice* 10
une gomme *eraser* P
une gorge *throat* 11
grand(e) *tall, big, large* 9
une grand-mère *grandmother* 16
un grand-parent *grandparent*
16
un grand-père *grandfather* 16
gris(e) *gray* 13
gros, grosse *fat, big, large* 9
grossir *to gain weight* 11
un guichet *ticket counter, ticket*
window 5

H il habite/elle habite *he/she*
lives P; j'habite *I live* P; tu
habites *you live* P
habiter *to live* 4
les habits (m.) *clothes* 13
un hamburger *hamburger* 10
un haricot *bean* 9
l' heure *hour, o'clock, time (of*
day) 6; à quelle heure *(at)*
what time 6; Quelle heure
est-il? *What time is it?* 6
l' histoire (f.) *history, story* 4
l' hiver (m.) *winter* P
un homme *man* 1
un hôtel *hotel* 11
huit *eight* P
huitième *eighth* 16
humain(e) *human* 11

I ici *here* 2
une idée *idea* 8
il *he* P; *it* 3
il y a *there is, there are* 3
une île *island* 8
ils *they (m.)* 2
un immeuble *(apartment)*
building 6
l' impatience (f.) *impatience* 15
important(e) *important* 7
un informaticien, une

informaticienne *computer specialist 1*

l' informatique (f.) *computer science 4*

un ingénieur *engineer 5*

intéressant(e) *interesting 7*

un(e) interprète *interpreter 1*

interviewer *to interview 7*

l' Italie (f.) *Italy 7*

l' italien (m.) *Italian (language) 8*

italien, italienne *Italian 8*

J

une jambe *leg 11*

janvier *January P*

jaune *yellow 13*

je (j') *I P*

jeudi (m.) *Thursday P*

jeune *young 8*

joli(e) *pretty 9*

un jour *day P; Quel jour sommes-nous? What day is it? 14*

juillet *July P*

juin *June P*

une jupe *skirt 13*

K

le ketchup *ketchup 10*

un kilogramme (kilo) *kilogram 9*

L

là *there; here 2*

là-bas *over there 2*

un laboratoire *laboratory 1*

le lait *milk 12*

une langue *language 1*

le, la, l' *the P*

une leçon *lesson 8*

un légume *vegetable 9*

les *the P*

leur *their 14*

un livre *book P*

une livre *pound 9*

loin *far 6*

lundi (m.) *Monday P; le lundi on Monday(s) 14*

le Luxembourg *Luxembourg (country) 7*

luxembourgeois(e) *Luxemburger 7*

un lycée *high school 1*

un lycéen, une lycéenne *high school student 1*

M

Madame *Mrs., Madam 1*

Mademoiselle *Miss; young lady 1*

un magnétophone *tape recorder 1*

un magnétoscope *VCR 1*

mai *May P*

maigrir *to lose weight 11*

une main *hand 11*

maintenant *now 1*

mais *but 1*

une maison *house, home 4*

un maître, une maîtresse *master, mistress 15*

mal *badly, poorly 2*

un mal *pain, ache 11*

maman (f.) *mom, mother 4*

la Manche *English Channel 8*

manger *to eat 10*

une manière *manner 11*

un manteau *coat 13*

un marché *market 9*

mardi (m.) *Tuesday P*

un mari *husband 16*

le Maroc *Morocco 8*

marocain(e) *Moroccan 8*

marron *brown 13*

mars *March P*

la Martinique *Martinique P*

les mathématiques (maths) (f.) *math 3*

un matin *morning 6; du matin A.M. (in the morning) 6; le matin in the morning 14*

mauvais(e) *bad 14*

la mayonnaise *mayonnaise 10*

un mécanicien, une mécanicienne *mechanic 4*

un médecin *doctor 1*

la Méditerranée *Mediterranean (Sea) 8*

même *same 16*

Mémé *Grandma 16*

un menu *menu 12*

une mer *sea 8*

merci *thanks 1*

mercredi (m.) *Wednesday P*

une mère *mother 16*

un métier *trade, profession, craft 4*

un métro *subway 6*

mettre *to put, to put on, to set, to turn on 15*

mexicain(e) *Mexican 8*

le Mexique *Mexico 8*

midi *noon 6*

mille, mil *one thousand 16*

Mince! *Darn! 15*

minéral(e)   *mineral 12*
minuit   *midnight 6*
une minute   *minute 9*
la mode   *fashion; style*
moi   *me, I 2*
moins   *minus 4*
un mois   *month P*
un moment   *moment 5*
mon, ma; mes   *my 14*
la monnaie   *change 9*
Monsieur   *Mr., Sir 1*
un monsieur   *gentleman, man 6*
montrer   *to show 7*
un morceau   *piece 16*
une mousse   *mousse 12*
la moutarde   *mustard 10*
un mur   *wall 2*
la musique   *music 4*

N   n'est-ce pas?   *isn't she? 3;
isn't that so? 5*
une naissance   *birth 16*
ne (n')...pas   *not 3*
ne (n')...plus   *no more, no
longer 10*
neiger: Il neige.   *It's
snowing. 15*
neuf   *nine P*
neuvième   *ninth 16*
un nez   *nose 16*
Noël   *Christmas 8*
noir(e)   *black 13*
un nombre   *number P*
non   *no P*
le nord   *north 6*
une note   *grade 14*
notre; nos   *our 14*
nous   *we, us 3*
nouveau, nouvel,
nouvelle   *new 10*
Nouvelles Frontières   *New
Frontiers (travel agency) 8*
novembre   *November P*
une nuit   *night 11*

O   un océan   *ocean 8*
octobre   *October P*
oh   *oh 9;* Oh là là! *Wow!
Good grief! Oh no! 2*
un oignon   *onion 9*
OK   *OK 8*
on   *one, you, we, they, people
5*
un oncle   *uncle 16*
onze   *eleven P*
onzième   *eleventh 16*
orange   *orange 13*

une orange   *orange 11*
un ordinateur   *computer 2*
une origine   *origin 8*
ou   *or P*
où   *where 1*
oublient   *forget 6*
oublier   *to forget 8*
l' ouest (m.)   *west 8*
oui   *yes P*
un ouvrier, une
ouvrière   *(factory) worker,
laborer 4*

P   pacifique   *Pacific 8*
le pain   *bread 10*
un pantalon   *(pair of) pants 13*
papa (m.)   *dad, father 4*
Pâques (f.)   *Easter 15*
parce que (qu')   *because 7*
pardon   *excuse me 3*
un parent   *parent; relative 6*
il parle/elle parle   *he/she
speaks P;* je parle *I speak P;*
tu parles *you speak P*
parler   *to speak, to talk 4*
partout   *everywhere 7*
pas   *not 2;* pas mal *not bad 2*
un passager, une
passagère   *passenger 5*
passer   *to spend (time); to
pass by 11*
une pâtisserie   *pastry; pastry
store 12*
pauvre   *poor 10*
payer   *to pay 12*
un pays   *country 7*
une pêche   *peach 11*
une pendule   *clock 1*
Pépé   *Grandpa 16*
perdre   *to lose, to waste 14;*
perdre la tête *to lose one's
mind 14;* perdre son temps
to waste one's time 14
un père   *father 16*
une personne   *person 16*
petit(e)   *short, little, small 9*
un petit-enfant   *grandchild 16*
des petits pois (m.)   *peas 9*
(un) peu   *(a) little, not much, not
many P*
un pied   *foot 11*
une place   *seat 5; (public) square
11*
pleuvoir: Il pleut.   *It's
raining. 15*
plus   *more 5*

une poire   *pear 11*
un poisson   *fish 12*
le poivre   *pepper 12*
une pomme   *apple 9;* une pomme de terre *potato 9*
une porte   *door P*
porter   *to wear; to carry 13*
le portugais   *Portuguese (language) 8*
portugais(e)   *Portuguese 8*
le Portugal   *Portugal 8*
possible   *possible 8*
un poulet   *chicken 12*
pour   *for 4; in order to 15*
pourquoi   *why 7*
pouvoir   *to be able, can, may 16*
précis(e)   *precise, sharp, on the dot 6*
préfère   *prefer 3*
préféré(e)   *favorite, preferred 14*
préférer   *to prefer 4*
premier, première   *first 16*
prendre   *to take; to have (referring to food or drink) 15*
prennent   *take 6*
préparer   *to prepare 10*
presque   *almost 15*
la pression   *pressure 14*
principal(e)   *principal 8*
le printemps   *spring P*
un prix   *price 8*
probablement   *probably 6*
un problème   *problem 14*
prochain(e)   *next 6*
un professeur (prof)   *teacher, professor 1*
puis   *then 8*
un pull, un pull-over   *sweater 13*
un pupitre   *student desk P*

Q
qu'est-ce que   *what 9;* Qu'est-ce que c'est? *What is it? P*
quand   *when 5*
quarante   *forty 9*
un quart   *quarter 6;* et quart *fifteen (past), quarter (after) 6;* moins le quart *fifteen (minutes) of/to, quarter of/to 6*
quatorze   *fourteen P*
quatre   *four P*
quatre-vingt-dix   *ninety 13*
quatre-vingts   *eighty 13*

quatrième   *fourth 16*
que (qu')   *that; what 12*
quel, quelle   *what, which P;* Quel temps fait-il aujourd'hui? *How's the weather today? What's the weather like today? 15;* Quel, Quelle...! *What (a)...! 16;* Quelle heure est-il? *What time is it? 6*
quelque   *some 9;* quelque chose *something, anything 9*
quelquefois   *sometimes 15*
qui   *who, whom P*
quinze   *fifteen P*

R
un raisin   *grape 11*
une raison   *reason 8*
regarder   *to look (at), to watch 5*
un régime   *diet 12*
une rencontre   *encounter 1*
rencontrer   *to meet 5*
rendre   *to give back, to return 14*
renseigner   *to give information 5*
la rentrée   *first day of school 1*
rentrer   *to come home, to return 4*
un repas   *meal 10*
répéter   *to repeat 12*
répondre   *to answer 14*
ressembler à   *to resemble, to look like 16*
un restaurant   *restaurant 10*
rester   *to remain 5;* il reste *there is (are)...left (remaining) 5; to stay 10*
retourner   *to return 7*
réussir   *to succeed, to pass (a test) 14*
rigoler   *to laugh 14*
une robe   *dress 13*
un roi   *king 16*
rose   *pink 13*
rouge   *red 13*
une rue   *street 2*

S
s'il vous (te) plaît   *please 2*
sa   *his, her, one's, its 12*
un sac   *bag 2*
une saison   *season P*
une salle   *room 3;* une salle à manger *dining room 16;* une salle de classe *classroom P*
salut   *hi; bye 1*

une **salutation**   *greeting 1*

samedi (m.)   *Saturday P*

un **saumon**   *salmon 12*

savoir   *to know 10*

une **science**   *science 3*

un(e) **scientifique**   *scientist 4*

scolaire   *school*

second(e)   *second 6*

un(e) **secrétaire**   *secretary 1*

une **section**   *section 5;*
une section fumeurs
smoking section 5; une
section non-fumeurs *non-smoking section 5*

seize   *sixteen P*

le **sel**   *salt 12*

selon   *according to,*
in . . . opinion 7

une **semaine**   *week 14*

le **Sénégal**   *Senegal P*

sénégalais(e)   *Senegalese 7*

sentir   *to smell 12*

sept   *seven P*

septembre   *September P*

septième   *seventh 16*

un **serveur,** une
serveuse   *waiter, waitress*
12

une **serviette**   *napkin 12*

seul(e)   *alone 10*

un **short**   *(pair of) shorts 13*

si   *so 7; yes (on the contrary)*
8; if 10

six   *six P*

sixième   *sixth 16*

le **ski**   *skiing; ski 14*

une **sœur**   *sister 16*

la **soif**   *thirst 11*

un **soir**   *evening 6;* ce soir *tonight*
10; du soir *P.M. (in the*
evening) 6; le soir *in the*
evening 14

soixante   *sixty 9*

soixante-dix   *seventy 13*

le **soleil**   *sun 15*

sommes   *are 3*

son, sa; ses   *his, her, one's,*
its 14

sonner   *to ring 6*

sont   *are 2*

une **sorte**   *kind 10*

sous   *under 2*

un **souvenir**   *souvenir 16*

souvent   *often 5*

un **sport**   *sport 14*

sportif, sportive   *athletic 13*

une **station de ski**   *ski resort 15*

un **stylo**   *pen P*

le **sucre**   *sugar 12*

le **sud**   *south 8*

suis   *am 3*

suisse   *Swiss 7*

la **Suisse**   *Switzerland P*

super   *super, terrific, great 4;*
un Super-Cola *Super-Cola*
10

sur   *on 2*

surtout   *especially 15*

sympa (sympathique)   *nice 1*

T

une **table**   *table 1*

un **tableau noir**   *blackboard P*

un **taille-crayon**   *pencil*
sharpener 2

une **tante**   *aunt 16*

tard   *late 5;* plus tard *later 5*

une **tarte**   *pie 12*

une **tasse**   *cup 12*

te   *to you 10*

un **tee-shirt**   *T-shirt 13*

une **télévision (télé)**   *television set*
1

le **temps**   *time; weather 9*

des **tennis** (f.)   *tennis shoes 13*

une **tenue**   *outfit, suit 15*

une **terrasse**   *terrace, porch deck*
15

une **tête**   *head 11*

le **thé**   *tea 12*

Tiens!   *Hey! 1*

toi   *you P*

une **tomate**   *tomato 9*

ton, ta; tes   *your 14*

toujours   *still; always 3*

un **tour**   *tour, trip 11*

tout   *everything, all 7;* tout de
suite *right away, right now*
11; tout le monde *everybody*
10

un **train**   *train 6*

le **travail**   *work 7*

travailler   *to work 5*

treize   *thirteen P*

trente   *thirty P*

très   *very 1*

trois   *three P*

troisième   *third 16*

trop   *too much, too many, too*
9

un **trottoir**   *sidewalk 13*

trouver   *to find 6*

tu   *you P*

U
un, une   *a, an P; one 3*
une université   *university 4*
utile   *useful 3*

V
les vacances (f.)   *vacation 5;* en vacances *on vacation 5*
une vache   *cow 14*
va: Comment ça va?   *How's it going? 1;* Comment va...? *How is...? 1;* Il/Elle va bien. *He's (She's) fine. 1*
un vélo   *bicycle, bike 11*
un vendeur, une vendeuse   *salesperson 13*
vendredi (m.)   *Friday P*
le vent   *wind 15*
un ventre   *stomach 11*
un verre   *glass 12*
vert(e)   *green 9*
une veste   *sport coat, jacket 13*
la viande   *meat 10*
la vie   *life*
vieux, vieil, vieille   *old 10*
un village   *village 11*
une ville   *city 7*
le vin   *wine 12*
vingt   *twenty P*
violet, violette   *purple 13*

visiter   *to visit 15*
vite   *fast 16*
vivant(e)   *alive, lively, living 7*
Vive la reine!   *Long live the queen! 16*
voici   *here is, here are P*
voilà   *there is, there are P; here it is 8*
voir   *to see 13*
voisin(e)   *neighboring 8*
un vol   *flight 5*
votre; vos   *your 14*
je/tu voudrais   *I/you would like 13*
il/elle/on voudrait   *he/she/one would like 12*
vouloir   *to want 11*
vous   *you 3*
un voyage   *trip 6*
voyager   *to travel 5*
vraiment   *really 8*

W
Y   un week-end   *weekend 14*

des yeux (m.)   *eyes 16*

Z   zéro   *zero P*

Vocabulary

English/French

All words introduced in *Le français vivant 1* appear in this End Vocabulary. It includes both active words listed at the end of each lesson and passive words. The number following the meaning of each word or expression indicates the lesson in which it appears for the first time. When the same word or expression is introduced passively in one lesson and actively later on, only the lesson number where it first occurs is given. Verbs are listed in their infinitive forms even though a specific form may appear in an earlier lesson. If there is more than one meaning for a word or expression and it has appeared in different lessons, the corresponding lesson numbers are listed.

A

a, an *un, une* P; **a** *de (d')* 8; **a lot** *beaucoup* 5
to be able *pouvoir* 16
about *de (d')*; **about (the)** *des, du* 6
according to *selon* 7
ache *un mal* 11
acrobatic *acrobatique*; **acrobatic trick** *une acrobatie* 14
address *une adresse* 6
to adore *adorer* 4
adult *un(e) adulte* 14
adventure *une aventure* 10
Africa *l' Afrique (f.)* 7
African *africain(e)* 7
after *après* 3
afternoon *un après-midi* 4; **P.M.** (in the afternoon) *de l'après-midi* 6; **in the afternoon** *l'après-midi* 14
afterwards *après* 3
again *encore* 10
age *un âge* P
air *l' air (m.)* 15
airplane *un avion* 5
airport *un aéroport* 5
Algeria *l' Algérie (f.)* 4
alive *vivant(e)* 7
all *tout* 7
almost *presque* 15
alone *seul(e)* 10
already *déjà* 2
also *aussi* P
always *toujours* 3
am (see **to be**)
America *l' Amérique (f.)* 8
American *américain(e)* 8
and *et* P
anniversary *un anniversaire* 16
another *autre* 6
to answer *répondre* 14

any *de (d'), des* 8; *de la (l'), du* 10
anything *quelque chose* 9
apartment *un appartement*; (apartment) **building** *un immeuble* 6
appearance *l' air (m.)* 15
apple *une pomme* 9
April *avril* P
are (see **to be**)
arm *un bras* 11
to arrive *arriver* 5
artist *un(e) artiste* 1
to ask (for) *demander* 5
at *à* 2; **at (the)** *au* 5, *aux* 6; **at first** *d'abord* 6
athletic *sportif, sportive* 13
Atlantic *atlantique* 8
August *août* P
aunt *une tante* 16
autumn *l' automne (m.)* P

B

back *un dos*; **to have a backache** *avoir mal au dos* 11
bad *mauvais(e)* 14; **The weather's bad.** *Il fait mauvais.* 15
badly *mal* 2
bag *un sac* 2
baker *un boulanger, une boulangère* 12
bakery *une boulangerie* 12
banana *une banane* 11
to be *être* 2; **he/she is** *c'est* 1; **they are** *c'est* 3
bean *un haricot* 9; *une fève* 16
beautiful *beau, bel, belle* 12
because *parce que (qu')* 7
before *avant* 11
to begin *commencer* 12
beige *beige* 13

Belgian *belge* 7
Belgium *la Belgique* 7
to believe *croire* 13
beret *un béret* 14
beside *à côté de* 8
bicycle *un vélo* 11
big *grand(e); gros, grosse* 9
bike *un vélo* 11
bill *une addition* 12; (money) *un billet* 9
biology *la biologie* 3
birth *une naissance* 16
birthday *un anniversaire* 16
black *noir(e)* 13
blackboard *un tableau noir* P
blouse *un chemisier* 13
blue *bleu(e)* 8; navy blue *bleu marine* 13
body *un corps* 11
book *un livre* P
box *une boîte* 2
boy *un garçon* P
Brazil *le Brésil* 8
Brazilian *brésilien, brésilienne* 8
bread *le pain* 10; long loaf of bread *une baguette* 12
breakfast *le petit déjeuner* 12
bright *génial(e)* 8
brother *un frère* 12
brown *marron* 13
bus *un bus* 4; (city) bus *un autobus (bus)* 6
but *mais* 1
butter *le beurre* 12
to buy *acheter* 9
by *en* 5; by the way *à propos* 1
bye *salut, ciao* 1

C

café *un café* 6
cake *un gâteau* 11; flaky, flat cake *une galette* 16
calendar *un calendrier* P
to call *appeler* 12
can *pouvoir* 16
Canada *le Canada* P
Canadian *canadien, canadienne* 8
candy: piece of candy *un bonbon* 10
capital *une capitale* 4
card *une carte* 1
caretaker *un(e) concierge* 6
carrot *une carotte* 9
to carry *porter* 13
cash register *une caisse* 9
cashier's (desk) *une caisse* 9
cassette *une cassette* 1

to celebrate *fêter* 16
chair *une chaise* 1
change *la monnaie* 9
to change *changer*; to change one's mind *changer d'avis* 10
to charge *foncer* 14
check (at a restaurant) *une addition* 12
cheese *le fromage* 10
cherry *une cerise* 11
chicken *un poulet* 12
child *un(e) enfant* 10
chocolate *un chocolat*; hot chocolate *un chocolat* 12
choice *un choix* 9
to choose *choisir* 11
Christmas *Noël* 8
city *une ville* 7
class *une classe* P; *un cours* 1
classroom *une salle de classe* P
clerk *un(e) employé(e)* 5
clock *une pendule* 1
clothes *les habits (m.)* 13
clown *un clown* 14
to clown around *faire le pitre* 14
coat *un manteau*; sport coat *une veste* 13
Coca-Cola, Coke *un Coca-Cola, un coca* 10
coffee *un café* 6
cold *froid(e)*; It's cold. *Il fait froid.*; to be cold *avoir froid* 15
color *une couleur*; what color *de quelle couleur* 13
to come home *rentrer* 4
compartment *un compartiment* 6
computer *un ordinateur* 2; computer science *l'informatique (f.)* 4; computer specialist *un informaticien, une informaticienne* 1
continent *un continent* 7
cookie *un petit gâteau* 11
cooking *une cuisine* 10
cool *frais, fraîche* 12; It's cool. *Il fait frais.* 15
corner *un coin* 6
Corsica *la Corse* 8
to cost *coûter* 9
to count *compter* 4
country *un pays* 7
course *un cours* 1
courtyard *une cour* 2
cousin *un(e) cousin(e)* 16
cow *une vache* 14
craft *un métier* 4
croissant *un croissant* 12

to cross-country ski, to go cross-country skiing *faire du ski de fond* 14

cup *une tasse* 12

customer *un(e) client(e)* 9

to cut *couper* 16

D

dad *papa (m.)* 4

to dance *danser* 14

dance *une danse* 14

dangerous *dangereux, dangereuse* 14

Darn! *Mince!* 15

date *une date* 16

daughter *une fille* 16

day *un jour* P; What day is it? *Quel jour sommes-nous?* 14

December *décembre* P

degree *un degré*; It's . . . (degrees). *Il fait . . . (degrés)*.; It's . . . below. It's minus . . . (degrees). *Il fait moins . . . (degrés)*. 15

delicious *délicieux, délicieuse* 10

departure *un départ* 6

to descend *descendre* 15

desk (teacher's) *un bureau*; student desk *un pupitre* P

dessert *un dessert* 10

dictionary *un dictionnaire* P

diet *un régime* 12

difficult *difficile* 3

dining room *une salle à manger* 16

dinner *le dîner* 12

diskette *une disquette* 2

to do *faire* 10

doctor *un médecin* 1

door *une porte* P

doorkeeper *un(e) concierge* 6

dress *une robe* 13

to drink *boire* 12

dynamic *dynamique* 7

E

each *chaque* 7

early *en avance* 2

east *l' est (m.)* 8

Easter *Pâques (f.)* 15

easy *facile* 3

to eat *manger*; to eat dinner (supper) *dîner* 10; to eat lunch *déjeuner* 4

eclair *un éclair* 12

eight *huit* P

eighteen *dix-huit* P

eighth *huitième* 16

eighty *quatre-vingts* 13

eleven *onze* P

eleventh *onzième* 16

elsewhere *ailleurs* 7

employee *un(e) employé(e)* 5

encounter *une rencontre* 1

endive *une endive* 9

engineer *un ingénieur* 5

England *l' Angleterre (f.)* 7

English *anglais(e)* 7; English (language) *l'anglais (m.)* P

English Channel *la Manche* 8

enough *assez* 9

eraser *une gomme* P

especially *surtout* 15

Europe *l' Europe (f.)* 7

European *européen, européenne* 7

evening *un soir*; P.M. (in the evening) *du soir* 6; in the evening *le soir* 14

every *chaque* 7

everybody *tout le monde* 10

everything *tout* 7; Everything's fine. *Ça va.* 2

everywhere *partout* 7

excursion *une excursion* 11

excuse me *excuse-moi* 1; *pardon* 3

eyes *des yeux (m.)* 16

F

facing *en face (de)* 3

fall *l' automne (m.)* P

family *une famille* 5

fantastic *génial(e)* 8

far *loin* 6

fashion *la mode*

fast *vite* 16

fat *gros, grosse* 9

father *papa (m.)* 4; *un père* 16

favorite *préféré(e)* 14

February *février* P

festival *une fête* 14

fifteen *quinze* P

fifth *cinquième* 16

fifty *cinquante* 9

finally *enfin* 1

to find *trouver* 6

fine *bon, bonne* 6; He's/She's fine. *Il/ Elle va bien.* 1

to finish *finir* 11

first *d'abord* 6; *premier, première* 16

fish *un poisson* 12

five *cinq* P

flag *un drapeau* 13

flight *un vol* 5

folk *folklorique* 14

foot *un pied* 11

for *pour* 4

to forget *oublier* 8

fork *une fourchette* 12

forty *quarante* 9
four *quatre* P
fourteen *quatorze* P
fourth *quatrième* 16
franc *un franc* 9
France *la France* P
French *français(e)* 7; French (language) *le français* P; French-speaking *francophone*
(french) fries *des frites (f.)* 10; french fry snack bar *une friterie* 11
fresh *frais, fraîche* 12
Friday *vendredi (m.)* P
friend *un(e) ami(e)* 1; *un copain, une copine* 2
from *de (d')* 1; from (the) *des, du* 6
fruit *un fruit* 9

G to gain weight *grossir* 11
gentleman *un monsieur* 6
geography *la géographie* 4
German *allemand(e)* 7; German (language) *l'allemand (m.)* 3
Germany *l'Allemagne (f.)* 7
gift *un cadeau* 16
girl *une fille* P
to give *donner* 9; to give back *rendre* 14; to give information *renseigner* 3
glass *un verre* 12
to go *aller* 5; to go down *descendre* 15
good *bon, bonne* 6; good evening *bonsoir* 1; Good grief! *Oh là là!* 2; good-bye *au revoir* 1
grade *une note* 14
grandchild *un petit-enfant* 16
grandfather *un grand-père* 16
Grandma *Mémé* 16
grandmother *une grand-mère* 16
Grandpa *Pépé* 16
grandparent *un grand-parent* 16
grape *un raisin* 11
gray *gris(e)* 13
great *formidable* 3; *super* 4; *génial(e)* 8
green *vert(e)* 9
greeting *une salutation* 1
grocer *un épicier, une épicière* 9
ground beef *le bifteck haché* 10
guys *les copains* 2

H half *demi(e)*; thirty (minutes), half past *et demi(e)* 6
hamburger *un hamburger* 10
hand *une main* 11
handsome *beau, bel, belle* 12
happy *content(e)* 7

hard *difficile* 3
has (see **to have**)
hat *un chapeau* 13
to have *avoir* 8; to have (referring to food or drink) *prendre* 15; to have to *falloir* 11, *devoir* 16; one/we/you have to *il faut* 11
he *il* P
head *une tête* 11
headphone *un écouteur* 1
hello *bonjour* 1
to help *aider* 5
her *son, sa; ses* 14
here *ici, là* 2; here is, here are *voici* P; here it is *voilà* 9
Hey! *Tiens!* 1
hi *salut* 1
high school *un lycée*; high school student *un lycéen, une lycéenne* 1
his *son, sa; ses* 14
history *l'histoire (f.)* 4
holiday *une fête* 14
home *une maison*; at the home (house) of *chez* 4; at/to the home of *chez* 9
to hope *espérer* 12
hot *chaud(e)*; It's hot. *Il fait chaud.*; to be hot *avoir chaud* 15
hotel *un hôtel* 11
hour *l'heure* 6
house *une maison* 4
how *comment*; How is...? *Comment va...?*; How's it going? *Comment ça va?* 1; how much, how many *combien*; How much is 1 and 1? *Combien font 1 et 1?*; How much is 2 minus 1? *Combien font 2 moins 1?* 4
human *humain(e)* 11
(one) hundred *cent* 12
hunger *la faim*; to be hungry *avoir faim* 11
to hurt *avoir mal (à)* 11
husband *un mari* 16

I I *je (j')* P; *moi* 2
ice cream *une glace* 10; coffee-flavored ice cream dish *un café liégeois* C
idea *une idée* 8
if *si* 10
impatience *l'impatience (f.)* 15
important *important(e)* 7
in *à, au, en* P; *dans* 2; *de (d')* 6; in (the) *au, aux, des, du* 6; in fact *en effet* 7; *en fait* 16; in front of *devant* 1; in order to *pour* 15; in that case *eh bien* 2

indeed *en effet* 7

information desk *un bureau d'information* 5

inside *dedans* 16

interesting *intéressant(e)* 7

interpreter *un(e) interprète* 1

to **interview** *interviewer* 7

is (see **to be**) **is** (from *faire* = to do, to make) *font* 4; Is everything OK? *Ça va?* 2; is it? is that? is he? is she? *est-ce? P*; isn't she? isn't that so? *n'est-ce pas?* 3

island *une île* 8

it *ça* 1; *elle, ce (c')* 3; it is *c'est P*; It's raining. *Il pleut.*; It's snowing. *Il neige.* 15

Italian *italien, italienne*; Italian (language) *l'italien (m.)* 8

Italy *l' Italie (f.)* 7

its *son, sa; ses* 14

J

jacket *une veste* 13

jam *la confiture* 12

January *janvier P*

jeans (pair of) *un blue-jean (jean)* 13

July *juillet P*

June *juin P*

K

ketchup *le ketchup* 10

kid *un(e) enfant* 10

kilogram *un kilogramme (kilo)* 9

kind *une sorte* 10

king *un roi* 16

kitchen *une cuisine* 10

knife *un couteau* 12

to **know** *connaître, savoir* 10

L

laboratory *un laboratoire* 1

laborer *un ouvrier, une ouvrière* 4

lady *une dame* 6; young lady *mademoiselle* 1

language *une langue* 1

large *grand(e); gros, grosse* 9

late *en retard* 2; *tard;* later *plus tard* 5

to **laugh** *rigoler* 14

to **learn** *faire + du (de la, de l', des) + school subject* 10; *apprendre* 15

left *gauche;* to the left, on the left *à gauche* 8

leg *une jambe;* to have sore legs *avoir mal aux jambes* 11

lesson *une leçon* 8

life *la vie*

to **like** *aimer* 4

to **listen (to)** *écouter* 8

little *petit(e)* 9; (a) little *(un) peu P*

to **live** *habiter* 4

lively *vivant(e)* 7

living *vivant(e)* 7

Long live the queen! *Vive la reine!* 16

to **look** *avoir l'air* 15; to look (at) *regarder* 5; to look for *chercher* 6; to look like *ressembler à* 16

to **lose** *perdre;* to lose one's mind *perdre la tête* 14; to lose weight *maigrir* 11

to **love** *aimer, adorer* 4

luck *la chance;* to be lucky *avoir de la chance* 13

lunch *le déjeuner* 12

Luxembourg (country) *le Luxembourg* 7

Luxemburger *luxembourgeois(e)* 7

M

Madam *Madame* 1

to **make** *faire* 10

man *un homme* 1; *un monsieur* 6

manner *une manière* 11

map *une carte* 1

March *mars P*

market *un marché* 9

Martinique *la Martinique P*

master *un maître* 15

math *les mathématiques (maths) (f.)* 3

may *pouvoir* 16

May *mai P*

mayonnaise *la mayonnaise* 10

me *moi* 2

meal *un repas* 10

meat *la viande* 10

mechanic *un mécanicien, une mécanicienne* 4

Mediterranean (Sea) *la Méditerranée* 8

to **meet** *rencontrer* 5

menu *un menu* 12

Mexican *mexicain(e)* 8

Mexico *le Mexique* 8

midnight *minuit* 6

milk *le lait* 12

mineral *minéral(e)* 12

minus *moins* 4

minute *une minute* 9

Miss *Mademoiselle* 1

mistress *une maîtresse* 15

mom *maman (f.)* 4

moment *un moment* 5

Monday *lundi (m.) P;* on Monday(s) *le lundi* 14

money *l' argent (m.)* 8

month *un mois P*

more *plus* 5

morning *un matin*; A.M. (in the morning) *du matin* 6; in the morning *le matin* 14
Moroccan *marocain(e)* 8
Morocco *le Maroc* 8
mother *maman (f.)* 4; *une mère* 16
mousse *une mousse* 12
Mr. *Monsieur* 1
Mrs. *Madame* 1
much, very much *beaucoup* 5
music *la musique* 4
must *falloir*; one/we/you must *il faut* 11; *devoir* 16
mustard *la moutarde* 10
my *mon, ma; mes* 14

N name: my name is *je m'appelle*; his/her name is *il s'appelle/elle s'appelle*; your name is *tu t'appelles* P
napkin *une serviette* 12
to be necessary *falloir*; it is necessary *il faut* 11
necktie *une cravate* 13
to need *avoir besoin de* 12
neighboring *voisin(e)* 8
new *nouveau, nouvel, nouvelle* 10; New Frontiers (travel agency) *Nouvelles Frontières* 8
next *ensuite, prochain(e)* 6
nice *sympa (sympathique)* 1; *gentil, gentille* 12; It's nice. *Il fait beau.* 15
night *une nuit* 11
nine *neuf* P
nineteen *dix-neuf* P
ninety *quatre-vingt-dix* 13
ninth *neuvième* 16
no *non* P; no more, no longer *ne (n')...plus* 10
noon *midi* 6
north *le nord* 6
nose *un nez* 16
not *pas* 2; *ne (n')...pas* 3; not bad *pas mal* 2; not many, not much *(un) peu* P
notebook *un cahier* P
November *novembre* P
now *maintenant* 1
number *un nombre* P

O o'clock *l'heure* 6
ocean *un océan* 8
October *octobre* P
of *de (d')* 1; of (the) *du* 6, *des* 8; of course *bien sûr* 12
office: at/to the office of *chez* 9
often *souvent* 5

oh *ah*; oh really *ah bon* 3; *oh* 9; Oh no! *Oh là là!* 2
OK *d'accord* 4; *OK* 8
old *vieux, vieil, vieille* 10; How old are you? *Quel âge avez-vous?* 13
on *sur* 2; on the dot *précis(e)* 6
once *une fois* 10; all at once *à la fois* 9
one *un, une* P; *on* 5
one's *son, sa; ses* 14
onion *un oignon* 9
opinion *un avis* 10; in...opinion *selon* 7
opposite *en face (de)* 3
or *ou* P
orange *une orange* 11; *orange* 13
to order *commander* 12
origin *une origine* 8
other *autre* 6
our *notre; nos* 14
outfit *une tenue* 15
outside *dehors* 15
over there *là-bas* 2
to owe *devoir* 16

P Pacific *pacifique* 8
pain *un mal*; to be in pain, to have pain (in) *avoir mal (à)* 11
pants (pair of) *un pantalon* 13
paper: sheet of paper *une feuille de papier* P
parent *un parent* 6
to pass (a test) *réussir* 14; to pass by *passer* 11
passenger *un passager, une passagère* 5
pastry; pastry store *une pâtisserie* 12
to pay *payer* 12
peach *une pêche* 11
pear *une poire* 11
peas *des petits pois (m.)* 9
pen *un stylo* P; pen pal *un(e) correspondant(e)* 12
pencil *un crayon* P; pencil sharpener *un taille-crayon* 2
people *on* 5
pepper *le poivre* 12
person *une personne* 16
pie *une tarte* 12
piece *un morceau* 16
pink *rose* 13
place: at/to the place of *chez* 9
place setting *un couvert* 12
plate *une assiette* 12
pleasant *agréable* 6
please *s'il vous (te) plaît* 2

poor *pauvre 10*
poorly *mal 2*
porch deck *une terrasse 15*
Portugal *le Portugal 8*
Portuguese *portugais(e);*
Portuguese (language) *le portugais 8*
possible *possible 8*
poster *une affiche 1*
potato *une pomme de terre 9*
pound *une livre 9*
precise *précis(e) 6*
to prefer *préférer 4*
preferred *préféré(e) 14*
to prepare *préparer 10*
present *un cadeau 16*
pressure *la pression 14*
pretty *joli(e) 9*
price *un prix 8*
principal *principal(e) 8*
probably *probablement 6*
problem *un problème 14*
profession *un métier 4*
professor *un professeur (prof) 1*
pupil *un(e) élève 1*
purple *violet, violette 13*
to put, to put on *mettre 15*

Q

quarter *un quart;* fifteen (past), quarter (after) *et quart;* fifteen (minutes) of/to, quarter of/to *moins le quart 6*

R

railroad (train) station *une gare;* in the station *en gare 6*
raspberry *une framboise 11*
really *bien 5; vraiment 8*
reason *une raison 8*
red *rouge 13*
relative *un parent 6*
to remain *rester;* there is (are). . .left (remaining) *il reste 5*
to repeat *répéter 12*
researcher *un chercheur, une chercheuse 4*
to resemble *ressembler à 16*
restaurant *un restaurant 10*
to return *rentrer 4; retourner 7; rendre 14*
right: to be right *avoir raison 8;* right away, right now *tout de suite 11*
to ring *sonner 6*
river *un fleuve 7*
roll (muffin-shaped) *une brioche 12*
room *une salle 3*

S

on sale *en solde 13*
salesperson *un(e) employé(e) 5; un vendeur, une vendeuse 13*
salmon *un saumon 12*
salt *le sel 12*
same *même 16*
Saturday *samedi (m.) P*
say (now) *dis donc 4*
school *une école 1; scolaire;* first day of school *la rentrée 1*
science *une science 3*
scientist *un(e) scientifique 4*
sea *une mer 8*
season *une saison P*
seat *une place 5*
second *second(e) 6; deuxième 16*
secretary *un(e) secrétaire 1*
section *une section 5*
to see *voir 13;* See you in a little while. *À tout à l'heure. 3;* See you tomorrow. *À demain. 8*
to seem *avoir l'air 15*
to sell *vendre 10*
Senegal *le Sénégal P*
Senegalese *sénégalais(e) 7*
September *septembre P*
to set *mettre 15*
seven *sept P*
seventeen *dix-sept P*
seventh *septième 16*
seventy *soixante-dix 13*
sharp *précis(e) 6*
she *elle P*
shirt *une chemise 13*
shoe *une chaussure;* tennis shoes *des tennis (f.) 13*
to shop, to go shopping *faire des courses 10*
shopping *les achats (m.) 13*
short *petit(e) 9*
shorts (pair of) *un short 13*
to shout *crier 14*
to show *montrer 7*
sidewalk *un trottoir 13*
to sing *chanter 7*
singer *un chanteur, une chanteuse 7*
Sir *Monsieur 1*
sister *une sœur 16*
six *six P*
sixteen *seize P*
sixth *sixième 16*
sixty *soixante 9*
ski; skiing *le ski 14*
to ski, to go skiing *faire du ski 14*
ski resort *une station de ski 15*
skirt *une jupe 13*
small *petit(e) 9*
to smell *sentir 12*

smoking section *une section fumeurs;* non-smoking section *une section non-fumeurs* 5

so *si* 7; *donc* 8; so-so *comme ci, comme ça* 2

sock *une chaussette* 13

some *de (d'), des* 8; *quelque* 9; *de la (l'), du* 10

something *quelque chose* 9

sometimes *quelquefois* 15

son *un fils* 16

south *le sud* 8

souvenir *un souvenir* 16

Spain *l' Espagne (f.)* 7

Spanish *espagnol(e)* 7; Spanish (language) *l'espagnol (m.)* 3

to speak *parler* 4

on special *en promotion* 9

to spend (time) *passer* 11

spinach *des épinards (m.)* 9

spoon *une cuillère* 12

sport *un sport* 14

spring *le printemps* P

square (public) *une place* 11

to start *commencer* 12

to stay *rester* 10

steak *un bifteck* 10

still *toujours* 3; *encore* 4

stilt *une échasse* 14

stomach *un ventre;* to have a stomachache *avoir mal au ventre* 11

story *l'histoire (f.)* 4

strawberry *une fraise* 11

street *une rue* 2

student *un(e) élève* 1

to study *étudier* 4; *faire + du (de la, de l', des)* + school subject 10

style *la mode*

stylish *chic* 13

subway *un métro* 6

to succeed *réussir* 14

sugar *le sucre* 12

suit *une tenue* 15; man's suit *un costume* 13

summer *l' été (m.)* P

sun *le soleil* 15

Sunday *dimanche (m.)* P

sunny: It's sunny. *Il fait du soleil.* 15

super *super* 4; Super-Cola *un Super-Cola* 10

superintendent: building superintendent *un(e) concierge* 6

supper *le dîner* 12

to swallow *avaler* 16

sweater *un pull, un pull-over* 13

Swiss *suisse* 7

Switzerland *la Suisse* P

T

table *une table* 1

to take *prendre* 15; to take (someone) along *emmener* 12

to talk *parler* 4

tall *grand(e)* 9

tan: to get a (sun)tan *bronzer* 15

tape recorder *un magnétophone* 1

tea *le thé* 12

to teach *apprendre* 15

teacher *un professeur (prof)* 1

television set *une télévision (télé)* 1

ten *dix* P

tenth *dixième* 16

terrace *une terrasse* 15

terrific *formidable* 3; *super* 4; *génial(e)* 8

test: unit test *un contrôle* 14

thanks *merci* 1

that *ce (c')* 3; *cela* 9; *ça* 10; *que (qu')* 12; *ce, cet, cette; ce (cet, cette). . .-là* 16; that is to say *c'est-à-dire* 10; That's right. *C'est ça.* 5

the *le, la, l', les* P

their *leur* 14

then *puis* 8; (well) then *alors* 1

there *là* 2; there is, there are *voilà* P; *il y a* 3

therefore *donc* 8

these *ces; ces. . .-ci* 16

they *on* 5; they (f). *elles;* they (m.) *ils* 2; they are *ce sont* 8

thing *une chose* 9

to think *croire;* I think so. *Je crois que oui.* 13

third *troisième* 16

thirst *la soif;* to be thirsty *avoir soif* 11

thirteen *treize* P

thirty *trente* P

this *ce (c')* 3; *ce, cet, cette; ce (cet, cette). . .-ci* 16

those *ces; ces. . .-là* 16

(one) thousand *mille, mil* 16

three *trois* P

throat *une gorge;* to have a sore throat *avoir mal à la gorge* 11

Thursday *jeudi (m.)* P

ticket *un billet;* one-way ticket *un aller* 5

ticket counter, ticket window *un guichet* 5

time *la fois, le temps* 9; time (of day) *l'heure;* (at) what time *à quelle heure;* What time is it? *Quelle heure est-il?* 6; on time *à l'heure* 3

to *à 1; en 7;* to (the) *au 5, aux 6*
today *aujourd'hui 1*
together *ensemble 4*
tomato *une tomate 9*
tomorrow *demain 7*
tonight *ce soir 10*
too *aussi P;* too, too much, too many *trop 9;* too bad *dommage 10*
tour *un tour;* to go on a tour *faire un tour 11*
trade *un métier 4*
train *un train 6*
to travel *voyager 5*
trip *un voyage 6;* to take a trip *faire un voyage 10; une excursion, un tour;* to take a trip *faire un tour 11*
T-shirt *un tee-shirt 13*
Tuesday *mardi (m.) P*
to turn on *mettre 15*
twelfth *douzième 16*
twelve *douze P*
twenty *vingt P*
two *deux P*

U

uhm *euh 5*
uncle *un oncle 16*
under *sous 2*
to understand *comprendre 15*
United States *les États-Unis (m.) 8*
university *une université 4*
unpleasant *désagréable 3*
us *nous 3*
useful *utile 3*
usually *d'habitude 6*

V

vacation *les vacances (f.);* on vacation *en vacances 5*
VCR *un magnétoscope 1*
vegetable *un légume 9*
very *très 1*
village *un village 11*
to visit *visiter 15*

W

to wait (for) *attendre 14;* can't wait for...*attendre...avec impatience 15*
waiter *un garçon, un serveur 12*
waitress *une serveuse 12*
wall *un mur 2*
to want *désirer;* What can I do for you? What would you like? *Vous désirez? 5; vouloir 11*
warm *chaud(e);* to be warm *avoir chaud 15*
to waste *perdre;* to waste one's time *perdre son temps 14*

to watch *regarder 5*
water *l' eau (f.) 10*
to water-ski, to go waterskiing *faire du ski nautique 15*
we *nous 3; on 5*
to wear *porter 13*
weather *le temps 9;* How's the weather today? What's the weather like today? *Quel temps fait-il aujourd'hui? 15*
Wednesday *mercredi (m.) P*
week *une semaine 14*
weekend *un week-end 14*
welcome *bienvenue (f.) 7*
well *bien 1; bon, bonne 6;* well then *eh bien 2*
west *l' ouest (m.) 8*
what *comment, quel, quelle P; qu'est-ce que 9; que (qu') 12;* What is it? *Qu'est-ce que c'est P;* What (a)...! *Quel, Quelle...! 16*
when *quand 5*
where *où 1*
which *quel, quelle P*
white *blanc, blanche 12*
who, whom *qui P*
why *pourquoi 7*
wife *une femme 16*
wind *le vent;* It's windy. *Il fait du vent. 15*
window *une fenêtre P*
wine *le vin 12*
winter *l' hiver (m.) P*
with *avec 2*
woman *une femme 1*
work *le travail 7*
to work *travailler 5*
worker: factory worker *un ouvrier, une ouvrière 4*
would like: he/she/one would like *il/elle/on voudrait 12;* I/you would like *je/tu voudrais 13*
Wow! *Oh là là! 2*
wrong: What's wrong with you? *Qu'est-ce que tu as? 14*

Y

year *un an P; une année 16;* to be...(years old) *avoir...ans 13*
to yell *crier 14*
yellow *jaune 13*
yes *oui P;* yes (on the contrary) *si 8*
you *tu, toi P; vous 3; on 5;* to you *te 10*
young *jeune 8*
your *ton, ta, votre; tes, vos 14*

Z

zero *zéro P*

Index